JN436910

파리의 풍경 IV

파리의 풍경 IV

초판 1쇄 인쇄 2014년 10월 10일
초판 1쇄 발행 2014년 10월 15일

지은이 루이세바스티앵 메르시에
옮긴이 이영림 외
펴낸곳 서울대학교출판문화원
펴낸이 성낙인

책임 편집 곽진희
디자인 장혜원

출판등록 제15-3호
주소 (151-742) 서울 관악구 관악로 1
대표전화 02-880-5252 | 팩스 02-888-4148
마케팅팀(주문상담) 02-889-4424, 02-880-7995
이메일 snubook@snu.ac.kr
홈페이지 www.snupress.com

ISBN 978-89-521-1601-7 04920
978-89-521-1597-3 04920(세트)

ⓒ 이영림 외 · 2014
옮긴이와의 협의하에 인지는 생략합니다. 잘못된 책은 바꾸어 드립니다.
이 책의 무단 전재나 복제 행위는 저작권법 제98조에 따라 처벌받게 됩니다.

이 저서는 2010년 한국연구재단의 지원을 받아 수행된 연구임(NRF 2010-322-A00006).

파리의 풍경 IV

루이세바스티앵 메르시에 지음
이영림 외 옮김

서울대학교출판문화원

일러두기

1. 이 책은 18세기 프랑스의 문인 루이세바스티앵 메르시에(Louis-Sébastien Mercier)가 1781~1788년에 출판한 총 12권의 『파리의 풍경(*Tableau de Paris*)』을 번역한 것이다.

2. 각 장의 순서는 원서의 장(chapter)의 순서와 일치하며 총 1,050장으로 이루어져 있다. 각 장은 1~4쪽 분량으로 내용 또한 자유롭게 전개되고, 이러한 80~100개의 장이 모여 다시 하나의 권을 이루며, 전체 12권으로 구성된다.

3. 이 책은 I(1, 2권), II(3, 4권), III(5, 6권), IV(7, 8권), V(9, 10권), VI(11, 12권) 총 6권으로 구성된다.

4. 이 책에서 역자 서문은 대표 역자인 이영림 교수가, 머리말은 원저자인 루이세바스티앵 메르시에가 각각 작성한 것이다.

5. 각 장의 번역은 7명의 번역자들에 의해 이루어졌다. I권은 송기형·최갑수·이영림·양희영·장진영 교수, II권은 장진영·이규현 교수, III권은 주명철·송기형 교수, IV권은 최갑수·장진영 교수, V권은 이영림·양희영·장진영·이규현 교수, VI권은 이규현·주명철 교수가 번역하였다.

6. 번역자들은 지금까지 다양하게 사용되어 온 프랑스 역사와 문화 용어와 개념어의 통일을 시도했으며, 원서의 각주 외에 번역서의 이해에 필요한 상세한 주석을 첨부했다. 따라서 본문의 각주는 원서의 각주와 다르며 번역자의 것이다.

7. 사용된 그림들은 원서에는 없는 것이며, 독자들의 이해에 도움을 주고자 첨부하였다.

8. 프랑스어 표기는 외래어 표기 용례에 근거하였다.

9. 참고문헌은 각 권 말미에 넣었다.

10. 찾아보기는 사항별·인명별로 작성하여 권별로 각각 넣었다.

Tableau de Paris

Louis-Sébastien Mercier

Trans. by Lee Young-Lim et al.

Seoul National University Press

역자 서문

18세기 말 파리에서의 삶과 역사

『파리의 풍경(*Tableau de Paris*)』은 18세기 프랑스 문인 루이세바스티앵 메르시에(Louis-Sébastien Mercier)가 1781~1788년에 출판한 총 12권의 책이다. 방대한 분량의 이 책은 검열 당국의 준엄한 감시망을 피해 스위스에서 처음 씌어져 파리와 스위스, 네덜란드, 독일에서 비밀리에 출판되었는데, 출판되자마자 경찰의 추적을 받는 동시에 엄청난 인기를 누렸다. 1781년 『파리의 풍경』 첫 2권이 출판되자 도처에서 주문이 쇄도했다. 1781년에만 5종류의 위조본이 유통되고, 1782년에 첫판본의 2쇄 3,500부가 재간행되었다. 이 책은 다시 같은 해 4권짜리 판본으로 확대되어 9,000부가 인쇄되었다. 1789년 12권이 모두 한꺼번에 출판될 때까지 간행된 다양한 판본과 재간행본, 위조본을 합치면 수백만 부가 유통되었다. 출판물의 홍수를 이룬 18세기 출판업계에서 『파리의 풍경』은 볼테르나 루소의 저술보다 훨씬 더 성공을 거둔 초대형 베스트셀러였던 것이다. 이렇듯 『파리의 풍경』의 인기는 오늘날의 기준으로 보더라도 상상을 초월한다. 그 비결은 무엇이었을까?

책 제목이 시사하듯 『파리의 풍경』은 18세기 말 파리의 모든 것, 일상생활과 거리를 오가는 사람들의 모습, 사회풍속과 관행, 제도와 정치, 도시문제, 직업, 건강 등을 구체적이고 생생하게 묘사한 관찰 보고서이다. 실제로 『파리의 풍경』은 심오한 정치철학서도, 사회개혁 의지를 담은 사상서도 아니다. 그럼에도 불구하고 이 책이 커다란 성공을 거둔 이유는 무엇일까?

저자 메르시에는 누구인가?

우선 메르시에가 과연 어떤 인물인지, 그리고 그가 위험을 무릅쓰고 그토록 방대한 양의 책을 출판한 이유는 무엇인지 살펴보자.

루이세바스티앵 메르시에는 파리에서 태어나서 활동한 전형적인 파리인이다. 1740년 칼을 갈고 금속 무기의 광을 내는 숙련공 아버지와 석수장이의 딸인 어머니 사이에서 태어난 그는, 노동자 계층 출신이었지만 명문 콜레주 데 카트르나시옹(Collège des Quatre-Nations)에서 수준 높은 정규교육을 받았다. 1763~1765년에는 수사학을 가르치는 교사생활을 하기도 했다. 그러나 문학의 꿈을 포기하지 못한 그는 20대 초부터 『메르퀴르 드 프랑스(*Mercure de France*)』에 습작을 발표하기 시작했다. 1766년에는 볼테르의 작품을 모방한 『아랍 시인 이제르벤 이야기(*Hisotire d'Izerben, poête arabe*)』를 발표함으로써 문인으로서의 신고식을 치렀다. 이후 그는 소설, 희곡, 연극이론, 어휘연구, 신문기사, 수필 등 다양한 장르의 글을 발표하며 문인으로서의 길을 걸었다.

메르시에의 출세작은 1770년에 발표한 『2440년, 한 번 꾸어봄직한 꿈(*L'an 2440, Rêve s'il en fût jamais*)』이다. 무명의 젊은 문필가였던 메르시에가 익명으로 발표한 이 작품은 파리에서 큰 성공을 거두었다. 전국에서 주문이 쇄도해서 1770년의 첫판본이 25쇄 출판될 정도였다. 1775년부터 2년간 그는 『귀부인들의 신문(*Journal des dames*)』의 편집장을 맡고 정기적으로 글을 올렸다. 이때 쌓인 원고의 상당 부분이 『파리의 풍경』에 활용되었다. 1770년대에 살롱과 연극 비평 모임에 참여하며 본격적으로 글을 발표하기 시작한 그는, 평생 쉴 새 없이 글을 쓴 다작가로 총 73편의 작품을 발표했다.

그에게 문학은 삶이자 생존 수단이었다. 프랑스 혁명 이전에 활약한 수많은 문인들 중 글을 써서 자신의 생계를 해결할 수 있는 사람은 30명에 지나지 않았는데, 메르시에는 그중에서도 윤택한 생활을 누릴 수 있었던 극소수의 인기작가에 속했다. 그러나 메르시에에게 글이 갖는 의미는 경제적 차원에서 국한되지 않았다. 그는 단순히 돈벌이만을 좇아다니던 인기작가가 아니었다. 그에게는 글이 곧 행위였고 미래였다. 그는 글을 통해 끊임없이 사회를 비판하고 변화를 꿈꾸며 미래 사회를 설계했다.

메르시에는 그 누구보다 계몽사상의 세례를 듬뿍 받았다. 계몽사상의 태동기인 1740년 파리에서 태어나고, 계몽사상이 절정에 달한 1750~1760년대에 그곳에서 성장하고 교육을 받았으니 말이다. 1694년생 볼테르와 1712년생 루소는 그의 스승이었고, 1743년생 콩도르세와 엘베시위스는 그의 동료였다. 메르시에는 살롱, 문학 클럽, 카페에 드나들며 그들과 교류하고 지적 토론을 벌였다. 그는 인기작가였을 뿐 아니라, 사회에 대한 비판 의식에 가득 찬 지식인이었던 것이다.

메르시에의 출세작 『2440년』은 그의 사회비판 의식이 잘 드러난 대표작이다. 공상소설의 형식을 띤 『2440년』은 메르시에 자신을 암시하는 익명의 남자가 철학자 친구와 파리의 불공평함과 타락에 대해 열띤 토론을 벌이는 장면으로 시작된다. 그 후 잠이 든 주인공은 꿈속에서 700년 후의 파리를 경험한다. 여기서 메르시에는 그 자신이 꿈꾸는 파리의 모습을 묘사한다. 미래의 파리는 성직자도, 사제도, 매춘부도, 군인도, 노예도 없는 사회이다. 그곳에서 사람들은 편안하고 실용적인 복장으로 자유롭게 공론을 즐긴다. 반면 먼 과거의 모습으로 묘사된 1770년 당시의 파리는 부패와 타락이 만연한 곳이다. 『파리의 풍경』은 바로 이 지점에서 출발한다. 그로부터 10년 후 메르시에는 18세기 말 파리를 신랄하게 비판한 『파리의 풍경』을 발표하기 시작했다.

『2440년』과 『파리의 풍경』은 출판되자마자 금서로 지정되고 당국의 추적을 받았다. 그럴수록 인기는 치솟았다. 이상사회를 꿈꾸며 다른 사람들은 무관심하게 지나치는 주변의 모든 위선과 모순을 고발한 메르시에는, 엘베시위스나 돌바크처럼 금서를 통해 계몽사상을 전파한 제3세대 '계몽사상가'였다.

하지만 메르시에는 사상가에 머무르지 않았다. 1780년대 프랑스인들은 대부분 개혁의 필요성을 절감하고 있었지만, 그는 누구보다 용감했다. 1787년에 발표한 『정부에 관한 명백한 관념들(*Notions claires sur les gouvernements*)』에서 그는 세금 감면, 특권 폐지, 능력 위주의 사회, 교회 재산의 일부 몰수, 영국식 농경, 산업 육성책 등 구체적인 정부 개혁안을 제시했다. 혁명이 일어나자 그는 기다렸다는 듯 적극적으로 혁명에 가담했다. 우선 그는 1789년에 일간지 『프랑스 애국 문학 연보(*Annales patrioques et littéraires de la France*)』를 창간하며 언론인으로 활약했다. 1791년에는 루소를 혁명의 선구자로 찬양한 『프랑스 혁명의 일류 저자로 꼽히는 장자크 루소에 대하여(*De J. J. Rousseau, considéré comme l'un des premiers auteurs de la Révolution*)』를 발표했다. 1792년에는 국민공회 의원에 선출되어 직접 정치활동에 나섰다.

메르시에는 확실한 공화주의자였다. 그러나 정치적 현실주의자였던 그는 루이 16세 처형에 반대했다. 공포정치로 치닫던 숨가쁜 상황에서 그의 판단과 선택은 설 곳이 없었다. 결국 그는 로베스피에르와 다투고 감옥에 갇혔다. 메르시에만이 아니라 그 시대 누구도 혁명 과정을 명확히 이해하지 못했고, 또 혁명의 미래를 예측하지도 못했다. 실제로 혁명은 철학자들이나 혁명의 지도자들이 사유하고 의도했던 것과는 상이한 모습과 방향으로 전개되었다.

테르미도르 반동 후 감옥에서 나온 메르시에는 1797년 에콜 상트랄의 역사 교수가 되었다. 1798년에는 『파리의 풍경』의 후편 격으로 혁명 당시의 파리를 묘사한 『새로운 파리』 6권을 발표하며 문인의 자리로 돌아왔다.

혁명가 메르시에에 관해서는 오늘날까지도 거의 알려진 바가 없다. 메르시에는 마라, 당통, 로베스피에르와 동시대 인물이었지만, 혁명 당시 그의 정치적 행적은 화려한 혁명 지도자들의 그늘에 가려졌기 때문이다. 그러나 시대적 변화를 꿰뚫어 보고 이끌어 간 그의 탁월한 통찰력은 『파리의 풍경』을 통해 오늘날까지 생생하게 전해지며 빛을 발하고 있다.

『파리의 풍경』은 어떤 책인가?

파리의 관찰 보고서이자 역사서

총 73편의 작품을 발표한 메르시에의 최고 걸작이자 18세기 말 최대 베스트셀러 중 하나인 『파리의 풍경』은 일종의 관찰 보고서이다. 메르시에의 인생 자체에서 축적된 엄청난 자산이 그 탄생의 밑거름이 되었다. 퐁뇌프와 루브르 사이에 위치한 파리 중심부에서 태어난 그는 파리의 구석구석을 누비며 자랐고, 센 강가에 있던 학교에 다니며 6년을 보냈다. 또한 신문기자로 활약한 경험과 능력, 그리고 정보력을 지닌 그는 누구보다 예리한 관찰자였다. 이 모든 자산을 토대로 그는 자신이 직접 경험하고 목격하던 파리를 신문 기사처럼 간결하고 명쾌하게 묘사했다.

파리는 중세 이래 오랜 역사가 어린 곳이다. 메르시에는 그런 파리에 대해 강한 자부심을 지니고 있었다. 그러나 그는 정작 파리의 빼어난 건축이나 이름난 명소, 기념 건축물에 대해서는 말을 아낀다. 겉모습에 치중한 그러한 종류의 정보를 제공하는 책들은 이미 수없이 많기 때문이다. 실제로 『파리의 풍경』은 광장이나 거리를 지형학적으로 묘사하지 않았다. 대신 마구 뒤엉킨 파리의 모습을 있는 그대로 묘사하고, 그 안에 감추어진 이면의 역사와 변화한 모습을 말해 준다. 건축물의 역사를 전하며 조상의 삶을 이야기하는 『파리의 풍경』이 진정 하고 싶은 이야기는 바로 "18세기 말 파리가 조상이 살던 파리와 얼마나 달라졌는가, 그리고 사회 풍속이 어떻게 바뀌었는가?"이다. 유구한 전통이 서린 도심과 인근 농촌 지역을 잠식해 가는 개발 구역들에 대한 상세한 설명과 다양한 사회구조에 관한 분석을 통해, 우리는 수세기에 걸친 파리의 역사와 사회를 꿰뚫어 볼 수 있다.

『파리의 풍경』이 묘사한 파리의 모습은 만화경처럼 다양하다. 종교생활의 실상 및 결혼과 자살, 카바레의 술주정뱅이, 눈부신 인도산 천, 중국이나 일본산 도자기 등 거리의 다양한 볼거리에 이르기까지 온갖 잡다한 내용의 글을 읽다보면 정치, 사회, 경제, 문화, 종교 면이 총망라된 오늘날의 신문을 읽는 것 같은 느낌을 받는다.

그중에서도 압권은 매일매일 어깨를 부딪히며 살아가던 파리인들의 일상생활에 관한 묘사이다. 18세기 말 당시 파리의 인구는 70만 명에 달했다. 도처에서 몰려든 온갖 부류의 사람들로 들끓는 파리는 거대한 익명의 바다였다. 사람들은 이름도 모르는 채 서로의 팔을 스치거나 혹은 부딪치며 지나갔다. 주인의 심부름으로 온 하인들, 인근 농촌에서 무작정 상경한 어린 소녀들과 아낙들, 머나먼 브르타뉴와 랑그독에서 한밑천 잡으려고 올라온 청년들. 그들은 대부분 파리 성벽에 인접한 변두리 지역에 가까스로 거처를 마련하고, 아침이 되면 중앙시장 근처를 어슬렁거리며 일거리를 찾았다.

파리는 다양한 인종 전시장이기도 했다. 메르시에가 "생각할 줄 아는 사람이라면 파리에서 인류에 관한 모든 것을 알 수 있다"고 언급했듯이, 18세기 말 파리에서는 일본인, 에스키모인, 흑인, 퀘이커교도 등 세계 곳곳에서 온 사람들이 거리를 활보했다.

파리에서는 날마다 한편에서는 사제의 주례하에 한 쌍의 부부가 태어나고, 다른 한편에서는 사제의 종부성사를 받으며 사람들이 죽어갔다. 적어도 외형상으로 보면 파리는 가톨릭 중심지이고, 파리인들은 가톨릭인으로 태어나고 죽었다. 그러나 그들의 일상생활은 신앙심과는 거리가 멀었다. 사람들은 서로 아귀다툼을 벌이고, 거리는 온통 소음과 다툼으로 아수라장이다. 카페에서는 학생들과 글쟁이들이 모여 열띤 토론을 벌이고, 선술집에서는 대낮부터 얼굴이 벌게진 술꾼들이 죽치고 있다. 물장수, 모자장수, 생선 파는 아낙, 서적 행상인들은 손님을 부르기 위해 경쟁하듯 저마다 목청을 높였다. 물건을 팔려는 장사꾼의 찢어지는 목소리 외에도 싸우는 소리, 우는 소리, 사람 찾는 소리로 파리는 하루 종일 소란스러웠다.

시끌벅적한 파리의 모습은 거리의 또 다른 풍경인 사치스런 진열대, 화려한 마차행렬과 기묘한 대조를 이룬다. 마차를 타고 거리를 지나가는 귀족 나리들은 마차 안에서 거만한 눈초리로 거리의 사람들을 내다본다. 이렇듯 『파리의 풍경』에서는 서로 다른 두 세계의 대조적인 모습이 끝없이 펼쳐진다. 위대한 철학자들과 혁명가들의 탄생은 바로 이러한 파리의 양면성에서 비롯된 것이 아닐까?

신랄한 사회 비판서

메르시에는 파리와 살아 숨 쉬는 파리인들의 모습을 묘사했지만, 보이는 것을 글로 표현하는 데 그치지 않았다. 그의 시선에는 철학자의 비판적 시각이 담겨 있다. 실제로 『파리의 풍경』의 진면목은 객관적인 묘사를 하는 동시에, 사회와 풍속에 대한 신랄한 비평을 가하는 중층적이고 복합적인 묘사에 있다.

우선 메르시에가 꿈꾸는 도시는 위생적이고 청결한 근대적 도시이다. 그러나 18세기 말의 파리는 그와는 거리가 멀었다. 그는 센 강으로 온갖 배설물을 쏟아내는 파리의 게걸스러움을 개탄했다. 그가 묘사한 파리에서는 오염과 악취가 진동한다. 도로는 좁고 더러우며 흉측한 건물들로 가득 차 있다. 공중변소와 식수대 주변도 불결하기 짝이 없다. 거리의 공기는 탁하고, 도처에서 온갖 시끄러운 소리들이 울려 퍼진다.

메르시에가 가장 건전한 구역으로 꼽는 곳은 대학가에 인접한, 종교기관과 인쇄소 밀집 지역인 생자크 포부르이다. 반면 가장 불건전한 구역은 파리 한복판의 시테 섬이다. 최고법원이 위치한 시테 섬은 2개의 파리가 압축되어 있는 곳이다. 그곳에서는 사법부의 권위를 뽐내듯 장엄한 건축물이 즐비하고, 정의와 신념을 상징하는 수많은 조상(彫像)들이 늘어서 있다. 경찰의 감시와 염탐도 물샐 틈이 없다. 하지만 그와 동시에 시테 섬은 궁상스런 노점들이 즐비하고, 사기와 협잡, 매춘이 판치는 곳이기도 하다. 거리에는 유랑민들과 거지들이 떼지어 몰려다닌다. 메르시에에 의하면 이들의 수는 10만 명을 넘는다. 『파리의 풍경』에서 그는 권위와 무법, 사치와 빈곤을 대조시키며, 화려한 겉모습에 감추어진 비열한 관습과 폭력, 질병, 매춘, 암거래 등 도시의 온갖 치부를 낱낱이 고발한다.

민중의 삶 자체를 파리의 원천으로 간주한 메르시에는 이 모든 것을 민중의 시선으로 바라보고 묘사했다. 파리 인구의 대다수를 차지하는 민중은 파리의 중앙시장에서 각 구역의 작은 시장으로 연결된 도로망 주변에서 하루 종일 일에 허덕인다. 그러나 파리를 지배하고 있는 사람들은 약 3만 명의 부자 귀족들이다. 파리는 미식가이자 난봉꾼이고 낭비를 일삼는 그들이 판치는 불평등한 세상이다. 부르주아는 그런 가운데서 눈치를 보며 신분상승을 꾀할 뿐이다. 민중을 착취하는 귀족, 기회주의적인 부르주아 외에 경찰의 끄나풀들도 민중의 동요를 감시하고 억압하는 인간 군상으로 자주 등장한다. 『파리의 풍경』이 놀라운 흡입력을 발휘한 비결은 이렇듯 부자와 빈자, 귀족과 평민처럼 계급과 신분의 경계선으로 구분되는 혁명 직전 파리의 사회구조적 모순과 불공평함을 신랄하게 비판한 데 있다.

대중적인 계몽 사상서

메르시에는 어떻게 해서 사회비판자가 되었을까? 그에게 가장 많은 영향을 미친 철학자는 루소이다. 볼테르와 디드로의 영향을 받기도 했지만, 그는 루소의 사상과 문체를 본받으려고 애썼다. 그에게 '루소의 원숭이', '시궁창의 루소'라는 별명이 붙여진 것은 그 때문이다. 그는 특히 루소의 『사회계약론』에 심취했다. '사회계약론'은 홉스와 로크가 주창한 것이지만, 루소에 의해 파리에서 완전히 새로운 어휘로 재탄생했다. 루소의 저술이 인기를 얻으면서 일반의지와 인민주권론은 1780년대 파리에서 정치적 논의의 핵심이 되었다. 그러나 일반 독자들로서는 난해하고 심오한 루소의 『사회계약론』에 접근하기가 결코 쉽지 않았다. 그 징검다리 역할을 한 것이 바로 『파리의 풍경』이다.

18세기 말 파리는 누구나 쉽게 글을 읽고 접할 수 있는 특수한 공간이었다. 17세기 말 유언장에 서명한 파리의 남녀 비율은 이미 각각 85%와 60%로 전국 평균보다 훨씬 높았다. 혁명 직전 프랑스 전체의 문자 해독률이 남녀 각각 48%, 27%인 데 비해, 파리의 문자 해독률은 남녀 각각 90%와 80%로 늘어났다. 더구나 파리인들은 100년 전보다 10배나 더 글을 많이 읽었다. 거리에서는 서적행상인들이 쉽게 눈에 띄었고, 길모퉁이나 노천에서 노점상들이 책을 파는 모습도 파리의 일상적인 풍경 중 하나였다. 파리인들에게 독서는 무료함과 일상의 지루함을 달래줄 수 있는 벗이었다. 독서가 지극히 평범한 일상생활에 자리 잡게 되면서 종교적인 책들은 점차 자취를 감추었다. 사람들이 가장 즐겨 찾는 것은 두껍고 어려운 책보다는 짧은 소책자였으며, 쉽고 재미있는 내용의 글들이었다.

이러한 사회 · 문화적 변화를 예리하게 간파한 메르시에는 책과 독서를 통해 형성된 공중에 희망을 걸었다. 18세기 중엽에 형성된 여론의 기반이 바로 책과 공중이기 때문이다. 우선 그는 공중이 무엇을 원하는지, 그리고 무엇이 그들에게 호소력을 발휘할 수 있는지를 정확하게 파악했다. 그런 다음 『파리의 풍경』에서 계몽사상가들이 제시한 입헌주의, 공화주의, 대의제 등 추상적 담론을 파리의 실상을 통해 구체적으로 전달하는 동시에, 자신의 비판적 시선과 경험으로 재구성했다. 『백과전서』가 모든 지식을 경험론적인 시각에서 총체적으로 재구성한 지식의 나무라면, 『파리의 풍경』은 파리의 모든 것을 메르시에의 경험과 민중의 시선으로 재구성한 문화의 나무였던 것이다.

일찍이 모르네는 『프랑스 혁명의 지적 지원』(1933)에서 지식사회학의 차원에서 제도와 관습, 종교적 광신에 대한 비판, 관용에 대한 찬양과 같은 계몽사상이 어떻게 전파되어 가는가를 추적한 바 있다. 『파리의 풍경』은 모르네가 추적한 지식의 생산과 소비의 관계를 역동적으로 보여주는 증거이다. 메르시에가 파리의 일상생활을 폭로

하고 비판하는 가운데 계몽사상가들의 사상과 담론을 알기 쉽게 용해시켜 전달했으니 말이다. 『파리의 풍경』이야말로 계몽사상을 굴절시키고 전파시킨 공로자였던 것이다.

혁명의 예언서이자 준비서

앙시앵 레짐의 역사는 늘 프랑스사 최대의 화두인 혁명의 기원 문제로 이어진다. 이런 점에서 혁명의 진원지인 파리의 실상을 낱낱이 고발한 『파리의 풍경』은 혁명의 발발과 무관할 수 없다. 그렇다면 『파리의 풍경』은 과연 혁명에 영향을 미쳤을까?

18세기 중엽 이후 출판물의 홍수 속에서 수많은 책들이 사회적 불만과 긴장, 갈등을 토로했다. 어떤 책들은 혁명적 사고와 평등의식을 자각시키는 데 기여했다. 그런 종류의 책 자체가 혁명적 위기를 예고하는 징조였다. 그러나 어떤 책도 혁명의 직접적인 조건을 형성하지는 않았다. 주지하다시피 프랑스 혁명은 정치·사회·경제적 모순에서 비롯되었다. 파리 민중의 불만을 폭발시키고 바스티유 감옥의 습격을 감행시킨 동력은 계급 갈등이었다.

실제로 앙시앵 레짐 말기 파리는 소수의 부자가 극도의 풍요와 사치를 누리고, 대다수 민중은 빵 문제조차 해결하기 어려운 불평등한 사회였다. 1787년 이후 계속된 이상기후 현상은 상황을 더욱 악화시켰다.

민중의 불만은 이미 18세기 후반부터 도처에서 터져 나왔다. 특히 파리는 그러한 동요의 중심지였다. 17세기의 반란은 농촌에서 일어난 국가 조세를 거부한 농민들의 폭동이었다. 루이 14세 시대의 잠복기를 거친 후 저항의 중심지와 주체 세력이 바뀌었다. 18세기의 저항은 도시 노동자들의 음모와 파업의 형태로 나타났다. 노동자들은 선술집에서 회합을 갖고 더 나은 임금과 작업 조건을 요구했다.

불공평하고 불합리한 사회조건에서 그들은 자신도 모르는 사이에 저항의 심성을 공유하고 실천했던 것이다. 노동자들의 저항은 단순히 과거에 대한 동경이 아니라, 장인들에 맞서는 집단적인 계급 저항의 몸짓으로 발전했다. 『파리의 풍경』은 이러한 노동자들의 불복종을 증명하고 또 그것에 영향을 미쳤다.

오랫동안 민중은 사회·경제적인 측면에서 피동적이고 수동적 존재였다. 구태의연한 권위와 신분질서에 억눌려온 그들은 『파리의 풍경』을 읽으며 자유와 해방감을 느꼈다. 역으로 『파리의 풍경』은 그러한 민중이 자신의 삶의 주체로서, 나아가 정치적 주체로서의 인민으로 다시 태어나는 과정을 보여주는 동시에 그들을 일깨워 주었다. 이렇듯 민중이 '천민'에서 '인민'으로 바뀌는 과정은 이미 혁명 이전 앙시앵 레짐 아래에서 서서히 나타나기 시작했고, 『파리의 풍경』은 그 징검다리 역할을 했다. 1793년 메르시에 자신이 『파리의 풍경』에서 1789년의 혁명을 예언했다고 주장했듯이, 혁명의 도래를 예감케 하는 이 책은 프랑스 혁명이라는 엄청난 사회적 격변 직전 의식적 혹은 무의식적으로 불안감을 느끼고 있던 파리인들의 심리적 탈출구의 역할을 했을 뿐 아니라, 혁명을 준비시켰던 것이다.

오늘 우리의 자화상

18세기 말 파리의 일상생활을 적나라하게 묘사한 『파리의 풍경』은 17세기 말 베르사유의 궁정사회를 세밀하게 묘사한 생시몽 공작의 『회고록』과 무척 대조적이다. 그러나 둘 사이에는 일맥상통하는 부분이 있다. 생시몽 공작은 『회고록』에서 궁정이라는 좁은 무대를 중심으로 펼쳐지는 추잡하고 비열한 권력의 암투와 경쟁을 미시적으로 분석했다. 인간 내면에 도사리고 있는 권력에 대한 욕망과 인간의 허약함을 꿰뚫어 본 생시몽 공작의 통찰력은 17세기만이 아니라 오늘 우리 사회에도 적용할 수 있다. 『파리의 풍경』도 마찬가지이다. 메르시에가 꿰뚫어 본 18세기 말 파리의 다양한 모습은 18세기 파리만이 아니라 모든 도시가 갖는 보편적 속성이기 때문이다. 이런 점에서 『파리의 풍경』 역시 시공을 초월해서 오늘날 우리에게 시사하는 바가 크다.

물론 230년 전 메르시에가 묘사한 파리의 모습은 오늘날 파리와는 거리가 있다. 파리의 거리를 오가는 사람들 중에는 귀족도 민중도 찾아볼 수 없다. 230년 전의 파리는 우리가 사는 도시와는 더더욱 다르다. 그러나 메르시에가 전하는 18세기 말 파리의 모습은 겉모습에서는 달라도 그 본질에서는 분명히 21세기의 파리, 나아가 전 세계 모든 도시와 일맥상통하는 부분이 있다.

21세기 한국의 도시도 마찬가지이다. 개발 붐 속에서 엄청난 속도로 변화하는 도시의 외관, 대로변의 고층 빌딩과 지저분한 이면도로의 옹색하고 초라한 건물들, 화려한 진열대와 초라한 노점들, 부자와 가난한 사람, 노숙자들 그리고 도처에서 몰려드는 온갖 부류의 사람과 다양한 인종들. 이렇듯 다양하고 대조적인 모습은 18세기 말의 파리나 오늘 우리가 사는 도시나 똑같다. 서로 누구인지도 모르고 바쁘게 스쳐 지나가는 익명의 물결 속에서 파리인들이 느꼈던 고통과 기쁨, 분노와 소외 역시 오늘 우리 삶의 이야기이다. 이런 점에서 18세기 말 『파리의 풍경』은 멀지만 가까운 우리의 모습이자 자화상이다.

왜 다시 『파리의 풍경』인가?

『파리의 풍경』은 18세기 말 파리의 출판업계에서 이례적인 성공을 거두며 문단의 주목을 받았음에도 불구하고, 국내에서는 오랫동안 잘 알려지지 않았다. 『파리의 풍경』이 국내에 본격적으로 소개되기 시작한 것은 최근의 일이며, 그나마 프랑스 문학 분야에서는 거의 언급되지 않고 있다. 이러한 궤적은 『파리의 풍경』이 서구학계에서 겪은 풍파와 무관하지 않다.

혁명 직전 수백만 부가 팔린 『파리의 풍경』의 인기는 혁명이 끝나자 하루아침에 사그라들었다. 1815년 왕정이 복고되고 정통성의 원리가 천명되면서 예술계는 신고전주의에 의해 지배되었다. 이런 상황에서 제도권을 신랄하게 공격했던 『파리의 풍경』이 문학계로부터 외면당한 것은 당연한 현상이었다.

『파리의 풍경』에 대한 관심이 되살아난 것은 1830년 7월 혁명 이후이며, 그 가치를 재평가한 것은 문학계가 아니라 역사학계였다. 프랑스 혁명을 지지하며 혁명의 원인 규명에 몰두한 미슐레와 루이 블랑, 텐느와 같은 역사가들은 앙시앵 레짐 사회를 비판한 『파리의 풍경』을 높이 평가했다. 그러나 그들은 『파리의 풍경』의 앙시앵 레짐 비판에 초점을 맞추었을 뿐, 파리의 구체적이고 일상적인 삶을 묘사한 『파리의 풍경』의 진정한 가치를 제대로 인식하지는 못했다.

20세기 초 이후 역사학이 사회경제사 연구에 지배되면서 『파리의 풍경』은 역사가들의 관심에서 더욱 멀어졌다. 사회혁명론을 주장한 역사가들은 『파리의 풍경』이 계급의식과 투쟁의 문제보다는 자질구레한 신변잡기식 묘사에 그쳤다고 비난했다. 또한 구조사가들은 평범한 일상생활의 묘사 자체를 무가치하게 여겼다.

역사가들이 『파리의 풍경』에 다시 주목하고 그 가치를 재평가하게 된 것은 서구학계의 새로운 연구 동향과 더불어서이다. 1970년대 이후 역사가들은 사회사의 '장기 지속의 감옥'에 갇혀버린 인간성을 복원해 내기 위한 학문적 도전과 보완 작업을 시도했다. 그 과정에서 구조와 계급 대신 성, 가족, 죽음, 사랑, 의복, 음식물 등이 새롭게 조명되고, 과거에 살아 숨 쉬던 인간의 구체적인 삶의 모습을 복원하려는 노력이 전개되었다.

『파리의 풍경』이 재평가되고 역사적 사료로서의 가치를 인정받게 된 것은 이러한 맥락에서이다. 특히 일상사와 풍속사의 시각에서 민중문화를 연구한 아를레트 파르주는 『18세기 파리의 거리에서의 삶(*Vivre dans la rue à Paris au xviiie siècle*, 1979)』과 『취약한 삶. 18세기 파리의 폭력, 권력, 사회성(*La Vie fragile. Viloence, pouvoirs et solidarités à Paris au xviiie siècle*, 1986)』에서 메르시에의 시선으로 파리 민중의 삶을 복원시켰다. 다니엘 로슈도 『파리의 민중. 18세기 민중문화 연구(*Le Peuple de Paris. Essai sur la culture populaire au xviiie siècle*, 1981)』에서 『파리의 풍경』을 인용하며 계몽주의 시대의 여론과 민중문화를 연구했다.

『파리의 풍경』과 메르시에가 본격적으로 학문적 관심이 대상이 된 것은 1990년대부터이다. 그것은 1980년대 이후 서구학계에서 유행한 책과 독서의 연구 경향에 힘입은 바 크다. 특히 책과 프랑스 혁명의 관계에 주목하며 18세기 여론과 출판문화를 연구한 로버트 단턴, 로제 샤르티에와 같은 역사가들은 『파리의 풍경』을 18세기 독서 관행의 실제를 증언해주는 귀중한 자료이자, 실제 독서문화 그 자체를 대변하는 문화적 조건으로 간주했다. 예를 들어, 앙시앵 레짐 시기의 책과 프랑스 혁명의 관계를 연구한 단턴은 『책과 혁명』(1995; 주명철 옮김, 2003)에서 다양한 장르의 문학과 결합한 계몽사상의 생산과 보급, 그리고 그 영향을 보여주는 여러 사례 중 하나로 『파리의 풍경』을 들고 있다. 로제 샤르티에가 『프랑스 혁명의 문화적 기원』(1990; 백인호 옮김, 1999)에서 주목한 것은 18세기의 독서 관행이다. 그는 책과 사상 그 자체가 아니라, 앙시앵 레짐 말기 구체적인 일상생활 속에서 이루어진 독서 방식의 변화를 분석했다. 정치적 · 종교적 권위를 상징하던 책과 경건하고 진지한 독서 방식이 점차 혼자 있는 시간에 자유롭게 즐기는 독서 혹은 함께 모여 비판적 논의를 즐기는 독서로 바뀌면서, 기존의 사고방식과 체제에 비판적인 책이 인기를 끌었음을 강조했다. 샤르티에에 의하면 『파리의 풍경』과 메르시에 자체가 18세기 말 혁명의 문화적 조건을 갖춘 파리의 상황이었다.

국내에서는 현재까지 『파리의 풍경』이 부분적으로 소개되거나 인용되었을 뿐이며, 본격적인 연구가 이루어지거나 번역이 시도된 바 없다. 저자 메르시에에 관한 연구 논문이 발표되기 시작한 것도 최근이다.

『파리의 풍경』은 어떻게 이루어졌는가?

『파리의 풍경』 전체 12권은 총 1,050장으로 이루어져 있다. 메르시에는 각 장마다 구체적인 제목을 붙여 독자의 관심을 끌고 있다. 각 장의 분량은 1~4쪽으로 자유로운 편이며, 내용 또한 자유롭게 전개된다. 이러한 80~100개의 장이 모여 다시 하나의 권을 이루고 있다.

전체 구성을 보면 제1권은 1~104장, 2권은 105~205장, 3권은 206~297장, 4권은 298~357장, 5권은 358~454장, 6권은 455~541장, 7권은 542~603장, 8권은 604~675장, 9권은 676~766장, 10권은 767~849장, 11권은 850~958장, 12권은 959~1,050장까지이다.

방대한 분량의 이 책은 다양한 판본으로 출판되었으나, 가장 정확한 판본은 파리에 위치한 프랑스 국립도서관에 80L3i52c 등록번호로 보관되어 있는 1789년 판본과, 가장 최근 장클로드 보네의 주도하에 메르퀴르 드 프랑스 출판사에서 출판된 1994년 판본이다. 이 책의 번역은 두 판본을 토대로 이루어졌다.

주지하다시피 『파리의 풍경』은 개인적인 작업으로는 번역이 불가능할 정도로 방대한 분량이다. 더구나 정치, 사상, 제도, 문화, 경제, 종교, 풍속 등 다방면에 걸친 내용으로 말미암아 다양하고도 구체적인 지식과 언어적 훈련이 요구된다. 따라서 이 책의 번역은 2010년 이후 앙시앵 레짐 연구자 2명(이영림, 주명철), 프랑스 혁명 연구자 2명(양희영, 최갑수), 프랑스 어문학 연구자 3명(송기형, 이규현, 장진영)의 공동작업을 통해 완성되었다. 그 과정에서 7명의 번역자들은 지금까지 다양하게 사용되어 온 프랑스 역사와 문화 용어와 개념어의 통일을 시도했으며, 번역서의 이해에 필수적인 상세한 주석을 첨부했다. 이 모든 노력에도 불구하고 여전히 번역이 미진하고 부족하다고 느껴지는 것이 솔직한 심정이다. 크고 작은 오역에 대한 두려움도 피할 길이 없다. 독자 여러분의 관심과 지적을 기대하며 앞으로의 수정 작업을 다짐할 뿐이다.

2014년 9월

이영림

머리말

나는 파리에 대한 이야기를 하려고 한다. 건물, 교회, 기념물, 명소 등에 관한 이야기가 아니다. 그런 이야기는 다른 사람들이 이미 충분히 했다. 나는 공적이고 사적인 풍속, 지배적인 사상, 파리인들의 정신의 현재 상황, 요컨대 말도 안 되거나 또는 합리적인, 그러나 항상 변화하는 여러 가지 관습 중에서 나에게 감명을 준 것에 대해 이야기하려고 한다. 또 파리의 무한한 위대함, 지나칠 정도의 풍요로움, 터무니없는 사치에 대해 이야기할 것이다. 파리는 돈과 사람들을 빨아들인다. 또한 다른 도시들을 흡수하고 집어삼킨다. 언제나 파리는 무엇을 집어삼키려고 애쓴다.

나는 모든 시민 계층을 조사했다. 거만한 부로부터 가장 거리가 먼 대상들도 간과하지 않았다. 이러한 대비를 통해 이 거대한 수도의 정신적인 모습을 더 잘 보여주기 위해서이다.

많은 파리 주민들은 자신의 도시 안에서 외국인이나 다름없다. 이 책은 그들에게 무엇인가를 가르쳐 줄 수도 있다. 아니면 그들이 너무 오랫동안 보아왔기에 더 이상 인식하지 못하는 장면들을 더 분명하고 더 정확한 관점에서 보여줄 것이다. 실제로 우리가 매일 보는 사물들을 아주 잘 알고 있는 것은 아니기 때문이다.

만약 이 책에서 광장과 길에 대한 지형학적 묘사나 또는 지난 일들의 역사를 기대한다면 잘못이다. 나는 정신적인 것과 그 일시적인 뉘앙스에 전념했다. 왕비의 인쇄상-서점상인 무타르 가게에는 4권으로 구성된 두꺼운 사전이 있다. 검열관이 승인하고 왕의 특허를 받은 이 사전에는 성, 콜레주 그리고 아주 작은 골목들의 내력이 실려 있다. 만약 어느 날인가 이 수도를 팔아먹을 공상을 한다면, 이 두꺼운 사전이 그에 대한 목록이나 카탈로그 역할을 할 수 있으리라.

그렇다고 목록이나 카탈로그를 만들지는 않았다. 내가 본 것에 따라 그렸고, 가능한 한 내 '풍경'에 변화를 주었으며, 여기저기 색을 칠했다. 내 눈과 이해력으로 조각들을 모아서 펜으로 그려낸 그림이 바로 이 책이다. 작가가 잘못 보거나 잘못 색칠한 것은 독자들이 스스로 교정해야 한다. 독자들에게는 사물을 다시 보고 비교해 보고 싶은 은밀한 욕구가 생길지도 모른다.

내가 한 것보다 훨씬 더 많은 이야기가 남아 있고 내가 관찰한 것보다 훨씬 더 많이 관찰할 수 있지만, 자신이 알고 있거나 배운 것을 모조리 다 쓰려고 하는 사람이 있다면 그는 미치광이가 분명하다.

설사 내가 호메로스와 베르길리우스가 말한 100개의 입과 200개의 혀 그리고 우렁찬 목소리를 갖고 있더라도, 대도시의 대조적인 모습들은 비교에 의해 더욱 두드러지기 때문에 모두 소개할 수는 없을 것이다. "세상의 축약판이다"와 같은 이야기는 아무짝에도 필요가 없다. 세상을 보고 돌아다니며 그 안에 있는 것을 조사해야 한다. 세상 사람들의 재능과 어리석음, 우유부단함과 어찌할 수 없는 허풍을 연구해야 한다. 일반적인 법칙과 끊임없이 충돌하는 개별적인 법칙을 만들어내는 일상적이고 사소한 모든 관습에 대해 주시해야 한다.

1,000명이 똑같은 여행을 한다고 가정해보자. 저마다 관찰자가 되어 여행기를 쓰더라도, 이 사람들 다음에 오는 사람들이 할 또 다

른 재미있는 이야기는 얼마든지 남아 있을 것이다.

나는 여러 가지 악습에 대해 비판했다. 오늘날 그 어느 때보다도 악습을 개혁하기 위해 노력하고 있는 것은 사실이다. 악습을 고발하는 것은 그 철폐를 준비하는 일이다. 이 글을 쓰고 있는 순간에도 몇몇 악습이 없어졌으며, 이러한 사실을 나는 즐겁게 인정하는 바이다. 하지만 이런 악습들은 아주 최근까지 존재했기 때문에 내 이야기가 시의에 맞지 않는다고 볼 수는 없다.

여전히 야만적인 모든 것이 변하고 정화되고 계몽주의의 철늦은 과실인 선이 그토록 많은 오류에 뒤이어 오길 바라는 우리의 간절한 염원에도 불구하고, 이 도시는 무지의 시대 동안 축적된 모든 천박하고 편협한 사상들에 아직도 집착하고 있다. 이 도시는 그런 것들을 단번에 떨쳐낼 수가 없다. 왜냐하면 이 도시는 그 찌꺼기들과 함께 뒤섞여 있기 때문이다. 완성된 정부의 손으로 만들어진 최신 도시는, 불완전하고 뒤얽힌 법과 조롱의 대상이 되는 종교 관습 그리고 지켜지지 않는 민간 풍습으로 알려진 오래된 도시들보다 가다듬고 개선하기가 더 용이하다. 오래된 도시에서는 권력과 부를 장악하고 있는 소수가 건전하고 새로운 사상과 부흥의 원동력인 원칙들을 금지하고 여론의 외침에 귀를 닫기 때문에 없어지지 않는 오류들이 많다.

거짓으로 된 건물은 시멘트로 붙인 것처럼 견고하기 때문에 공격해도 헛일이다. 보수공사를 하길 원하지만, 이런 작업은 새로 다시 짓는 것보다 훨씬 더 어렵다. 몇 군데를 고쳐도 전체와 어울리지 않기 때문에 여전히 문제가 많다. 책에는 그럴듯한 이론들이 얼마든지 있지만, 아주 작은 선이라도 실천하기는 어려운 법이다. 지나친 집착에 의해 완강해진 사소한 개인적 이해관계들이 공익을 저해한다. 공익을 옹호하는 사람은 한두 명에 불과할 때가 많다. 따라서 사람들과 마찬가지로 아직 나이 들지 않은 도시들이 행복한 법이다. 새로운 도시들만이 만인이 동의하고 심오하며 분별력 있는 법을 만들 수 있다.

이 책에서는 화가의 붓만 사용하고 철학자의 성찰은 거의 하지 않았다는 점을 분명히 해야 한다. 풍자를 위주로 했더라면 이 '풍경'이 쉬웠을 테지만, 나는 풍자를 철저하게 삼갔다. 전형화된 풍자는 자극적이고 무감각하게 만들 뿐, 올바른 길로 인도하거나 제대로 바꾸지 못한다는 점에서 잘못된 것이다. 나는 전체적인 그림만을 그렸고, 이것을 넘어서는 일은 공익을 위해서 하지 않았다.

나는 살아 있는 인물들을 보고 이 '풍경'을 그렸다. 지난 시대 이야기를 자랑스럽게 하는 사람들이 많지만, 나는 페니키아와 이집트 사람들의 불확실한 이야기보다는 우리 시대가 훨씬 더 중요하다고 생각하기 때문에 우리 시대의 모습과 현 세대를 다루었다. 내 주위에 있는 것에 각별한 관심이 가는 것은 당연하다. 스파르타, 로마, 아테네 등을 산책하는 것보다는 내 동류들과 함께 살아야 한다. 고대의 인물들은 아주 멋진 그림 소재이지만, 나에게는 단순한 호기심의 대상일 뿐이다. 나와 같은 시대에 같은 나라에 사는 사람을 특히 잘 알아야 한다. 나는 그 사람과 소통해야 하고, 그래서 그 성격의 모든 뉘앙스들이 더없이 소중하게 느껴진다.

분별력 있는 작가가 각 세기말에 자기 주위에 대한 전체적인 그림을 그렸더라면, 풍속과 관습 등 자신이 본 그대로를 묘사했더라면, 이것들이 모여서 오늘날엔 사물들을 비교할 수 있는 진귀한 진열실이 되었을 것이다. 우리가 모르는 수많은 특성들을 발견할 수 있고, 그 덕에 도덕과 입법이 발전했을 것이다. 그러나 사람은 자기 눈에 직접 보이는 것은 대개 무시하게 마련이고, 지난 시대로 거슬러 올라가길 좋아한다. 쓸데없는 사실과 사라진 관습들을 추측하려고 하지만, 결코 만족할 만한 결과를 얻지 못한다. 쓸모없고 공허한 토론 속에 파묻혀 헤맬 뿐이다.

100년 후에는 내 '풍경'을 참고하게 될 것이라고 감히 믿는다. 그림이 뛰어나서가 아니라, 나의 관찰 기록들을 다가올 세기의 관찰 기록들과 연결해야 하기 때문이다. 그래야 후세가 우리의 광기와 이성을 활용할 수 있을 것이다. 현재의 오류를 시정할 수 있는 유익한 진실들을 조금이라도 밝혀보고 싶은 작가에게 가장 필요한 것은, 그가 함께 살고 있는 사람들에 대한 지식이다. 이것이 내가 인정받길 바라는 유일한 공이라고 말할 수 있다.

수도의 성벽 안 사방팔방에서 그림 소재를 찾다가, 적당한 여유보다는 끔찍한 가난을, 그리고 예전에 파리인들이 누린다고 여겨지던 기쁨과 즐거움보다는 슬픔과 불안을 더 자주 만나게 된 것은, 내가 이 슬픈 색깔을 우선시했기 때문이 아니다. 내 붓이 정직해야 했기 때문이다. 내 붓이 참신한 행정가들에게 새로운 열성을 불러일으키고, 몇몇 적극적이고 고귀한 영혼의 동정심을 자극하게 되리라고 믿는다. 나는 이 달콤한 확신이 있어야만 글을 쓴다. 그런 확신이 사라진다면 절필할 것이다.

모든 애국심에는 오랫동안 발에 밟히면서도 차츰 자라서 커지는 식물의 싹과 비교할 수 있는 보이지 않는 싹이 있다고 나는 믿는다.

선이 악에서 나오는 경우도 이따금 있으며, 불가피한 악습이 있고 인구가 많고 타락한 도시에 미덕은 없지만 큰 범죄가 드문 것을 다행으로 여겨야 하고, 억눌린 내면적인 격정의 충돌 속에서는 표면적인 평온만으로도 이미 대단한 것이라는 점을 나도 모르지 않는다. 거듭 말하지만, 나는 심판하려고 하지 않고 그리려고만 했다.

개인적인 관찰에서 나는 인간이 매우 다양하고 놀라운 변신이 가능한 동물이며, 파리인의 삶이 본질에 있어서는 아프리카와 아메리카 미개인들의 유목생활과 마찬가지이고, 200리외* 사냥과 희가극의 아리에타가 똑같이 단순하고 자연스러운 행위이며, 인간은 여기에서

나 거기에서나 자기 지능과 변덕의 힘을 확대하기 때문에 그가 하는 일에는 모순이 없다는 것을 알고 있다. 그래서 장소, 상황, 시간에 따라 개인을 진정으로 변신시키는 무수한 형태들이 나오는 것이다. 크라수스의 궁전이 과시하는 사치나, 미개인들이 사지에 그려 넣은 빨갛고 파란 줄이나, 똑같이 놀랄 필요가 없는 것이다.

하지만 비교라는 것이 행복을 방해하게 마련이라는 점에 비추어, 파리에서는 행복하기가 거의 불가능하다고 실토하지 않을 수 없다. 부자들의 거만한 향락을 극빈자가 너무 가까이에서 볼 수 있기 때문이다. 꿈도 꾸지 못하는 그 엄청난 낭비를 보면서 극빈자가 탄식하는 것은 너무나 당연하다.

당신이 중산층이라면, 다른 곳에서는 괜찮겠지만 파리에서는 가난하다는 생각이 들 것이다. 파리에서는 다른 곳에서는 생기지 않는 욕구가 생긴다. 향락을 보면 누구나 향락을 누리고 싶은 마음이 든다. 이 거대하고 유동적인 극장의 모든 배우들 때문에 당신도 배우가 되지 않을 수 없다. 평온이라는 것은 없다. 욕망은 더욱 강렬해지고 사치품이 필수품이 된다. 자연이 요구하는 필수품보다 여론이 우리에게 강요하는 필수품이 비할 수 없이 더 절실하게 느껴지는 법이다.

빈곤 그리고 이것에 뒤따르는 더욱 끔찍한 굴욕을 느끼고 싶지 않은 사람, 오만한 부자들의 경멸적인 시선에 상처를 받는 사람, 이런 사람은 파리에서 멀리 떠나야 하고, 절대로 가까이 오면 안 된다.

루이세바스티앵 메르시에

* 구체제의 모든 도량형과 화폐 단위는 프랑스어 발음을 그대로 표기한다. 1리외(lieue)는 약 4km(10리).

차례

7권 나는 내가 본 것을 그렸다

8권 전부를 알 수는 있지만, 그렇다고 해서 전부를 벌할 수는 없다

권외 차례

2권 | 유용한 진리는 적나라한 것도, 너무 꾸며진 것도 바람직하지 않나니

4권 | 무모함도 두려움도 없이

5권 | 다양성, 내 주제는 그대에게 속했나니

433 문에 자기 이름 쓰기
434 잿빛 수녀들
435 재정가의 아내
436 일용직 하인
437 납치
438 인도(人道)
439 구멍가게
440 어린이의 옷을 벗긴 여인
441 영적 지도자
442 돈자루
443 공상
444 궁정의 분위기
445 가제트 독자
446 중이층
447 냉차장수
448 호기심
449 살롱전
450 도로 청소부
451 짐수레
452 튀르고틴
453 큰 길
454 경매심사관

6권 | 아무도 사람들을 속이지 않았고, 사람들은 아무도 속이지 않았다

455 구두닦이 [송기형]
456 가정부
457 초상화가
458 악기 연주자
459 주임신부
460 폭동
461 부제 파리스
462 방탕아
463 길거리 가수
464 암탕나귀 젖
465 새끼 당나귀
466 산모
467 바캉트
468 인장
469 곰
470 앵발리드 병원
471 샤틀레 재판소
472 도시의 문장(紋章)
473 프티 샤틀레 철거
474 생장 아케이드
475 얼굴이 훼손된 성인들
476 사마리텐
477 1리야르에 영국인 3명
478 승마
479 가마
480 마차야 달려라!
481 토끼가죽
482 돼지고기
483 벽보
484 벽보꾼들
485 외설 판화
486 양탄자
487 팔레루아얄 공원
488 관습
489 파출소장
490 자정미사
491 이발소
492 하녀
493 비밀 연극
494 왕들의 축제(주현절)
495 『뮤즈 연감』
496 대참사
497 정치적 꿈
498 화장
499 화분
500 약혼
501 프랑스의 생드니
502 『자연의 체계』 저자에 대해
503 소매치기의 솜씨
504 삼천 기도
505 랑디

506 장의관(葬儀官)
507 고해신부
508 소르본 박사
509 파리에는 직업소개소가 없다!
510 샤르트르회 수사
511 병기창
512 소교구의 책들
513 극장의 문
514 칙령
515 왕립 콜레주
516 순찰등
517 열광
518 경제학자들
519 마르탱주의자들
520 피뢰침
521 수상 창시합
522 글루크
523 볼테르의 저술
524 영묘
525 샤라드
526 종신연금 구입자
527 암소
528 꼬마 검둥이
529 앙리 4세의 기마상
530 사전
531 박물관
532 재치 사무실
533 대중
534 일화
535 2수짜리 동전
536 옷가게 여점원
537 카르멜회 수녀
538 인쇄된 취의서
539 남편
540 새로운 장르의 팬터마임 배우들
541 오텔 드 라포르스

9권 | 소크라테스가 처음으로 철학을 하늘에서 끌어내렸고, 도시에 정착시켰으며, 가정에까지 도입했다. 그리고는 삶, 풍속, 좋은 것과 나쁜 것에 대한 연구를 담당하게 했다.

676 성난 말들 [이영림]
677 궁정에 대하여
678 앞 장의 연속
679 랭스의 성가대원
680 열린 무덤을 지나듯이
681 용변기
682 국무참사회
683 왕의 사적 처소들
684 파리 도
685 시랑감
686 화금석(火金石)을 원하는 사람들
687 세계적인 노아의 홍수 증명하기
688 기이한 일들
689 봉납물
690 성 목요일
691 에티켓
692 의례
693 당나귀 타기
694 특별한 표시를 하지 않는 여성들
695 청원심사관들
696 관료주의
697 무도회장의 스위스 근위병들
698 테데움
699 피가로의 결혼
700 파렴치한 담론
701 참사회의 판결문에 관하여
702 검은색 옷, 흰색 양말
703 대리석
704 국왕 사업 관련자들
705 파리의 광장
706 앙리 4세 광장
707 벵센의 망루
708 푸케
709 가로등

783 건초
784 그림 경매
785 건축
786 판화가들
787 무료 데생 학교
788 트론 방책
789 센 강물
790 아이러니
791 칠면조 [이규현]
792 디오게네스에 관하여
793 왕립 농업협회
794 머리 좋은 사람들
795 풀라예
796 마를리
797 퐁텐블로
798 생제르맹앙레
799 굴
800 도형수의 무리
801 상냥함
802 1783년 12월 1일
803 시청의 명문들
804 냄비 임대료
805 파리와 그 인근의 용수 관리
806 예수 그리스도
807 넘치는 온정
808 교육의 모순
809 다양성
810 생마르탱 축일
811 아스파시아
812 기수
813 만물
814 외방선교
815 성체경배 수녀회의 수녀들
816 취지서
817 희극 시인에 관하여
818 짤막한 게시문
819 외국인에게 강한 인상을 주는 것
820 팔레루아얄
821 팔레루아얄의 후속편 1
822 팔레루아얄의 후속편 2
823 내장 가게
824 유예 판결
825 백만
826 카트린 바상
827 박사-교수
828 애가
829 풍자
830 재봉사
831 옛 신병 모집업자
832 개털 깎사
833 고등법원 지지자
834 루부아 저택
835 정치 소책자
836 소르본의 지하묘소
837 벽난로
838 비명
839 매장
840 어느 터무니없는 책에 관하여
841 비서-소송보고자
842 키놀라
843 천문대
844 화장대
845 여성작가
846 찬모
847 월요일
848 해독제
849 밀린 월세 지불하기

11권 | 글로 호감을 얻고자 한다면, 진지한 것에서 부드러운 것으로, 즐거운 것에서 준엄한 것으로 넘어갈 줄 알아야 하리라

850 약간 고함치는 것은 좋은 일이다 [이규현]
851 주택의 높이
852 조감도
853 두 아름다운 길

854 테라스
855 긴 프록코트
856 머리 맵시
857 구두장이
858 구두 수선공
859 철공
860 민사 재판관의 관저
861 여덟 계층
862 외국인
863 빗물받이 홈통
864 변소
865 말[馬]
866 증권투기업자
867 불운한 리오누아
868 카페 종업원
869 여성 예찬의 소멸
870 각양각색의 머리모양
871 구빈원의 매춘부
872 상자 제조인
873 딸의 혼사
874 반지
875 5월 10일
876 인두세 징수를 위한 가택 점거인
877 부자의 식탁
878 비싼 생선값
879 파리 상수(上水)회사의 주식
880 왕립 운수업체
881 이것이 하렘일까?
882 자선협회
883 연지
884 작은 키
885 임종 성체배령
886 국왕의 파리 행차
887 '하원'
888 영어
889 여배우의 사정
890 작가여! 작가여!
891 부슈리 길의 카페
892 루이 금화
893 독특한 계책
894 공공의 배은망덕
895 살아 있는 금고
896 권투선수
897 무의미한 문학적 언사
898 지방 문인
899 알그랭의 디아나 여신 조각상
900 참된 예절
901 구변 좋은 사람
902 『백과전서』의 문인 100명
903 대식가 시인
904 흰색
905 바람직한 태도
906 몽타르지스의 즉결 재판소
907 공공장소
908 편집자
909 네 형제
910 위조자
911 광인
912 자정 미사
913 유행 신문
914 뤽상부르 궁전
915 금은 세공사들의 강둑길
916 요리사
917 크리스토프 드 보몽
918 티투스 황제
919 생제르맹 포부르의 문인과
생토노레 포부르의 문인
920 마리보
921 세 시인의 대화 [주명철]
922 귀족의 세대
923 가발장수의 소식
924 과학 아카데미의 승인
925 변호사 명단
926 클뤼니 저택
927 알베르 선생의 목욕탕
928 1762년 4월 3일 왕령

12권 | 아! 진실은 얼마나 잔인한가! 보지 못하는 자는 할 말도 없는 법이니

1002 라모
1003 역마차
1004 방패꼴 간판
1005 돈 빌리는 사람
1006 초상 그리기
1007 지방의회
1008 식사시간
1009 극장 바닥석
1010 가정교사
1011 폴리냑 추기경
1012 퀴피스 부자
1013 법적 절차
1014 처치 곤란한 작시가
1015 빵 만들기
1016 2리브르를 저자에게 돌려주기
1017 설교용 만능열쇠
1018 루소 신부
1019 장신구
1020 바니외
1021 술꾼
1022 괘종시계
1023 검술사범
1024 박물관
1025 아메트 3세의 딸
1026 에포케
1027 두 부류의 귀족
1028 장님
1029 펀치
1030 아이스크림
1031 1월의 달력과 연감
1032 기묘한 창고
1033 수요일 모임
1034 농촌 여성의 교육
1035 앵무새
1036 기묘한 사기
1037 요리
1038 식전 기도
1039 승리의 기념물
1040 불복종
1041 뜻밖의 발견
1042 아첨
1043 뗏목
1044 방부처리
1045 소르본의 방
1046 현자들
1047 비법
1048 유심론자
1049 르그로
1050 초상화

7권

나는
내가 본 것을 그렸다

542 아줌마들

덜 고상한 표현을 대체한 관용어.

아줌마(matrone)에도 여러 종류가 있다. 최고위층 정부(情婦)에게는 아줌마가 달려 있어 어디에서나 그녀를 동반한다. 유명한 여배우와 무희에게는 샤프롱(dame de compagnie)이 따라붙는다. 가난한 여성이나 요행, 말하자면 야식을 찾아 극장을 전전하는 분방한 이 미녀들에게는 유모와 도우미가 있다.

아줌마들은 유혹의 수완을 발휘할 필요가 더 이상 없다. 오늘날의 방종한 습속, 방탕의 취향, 그리고 나쁜 조언자인 가난은 아주 자연스럽게 수많은 여성들을 그녀들에게 인도한다.

이른바 짝지어 주는 아줌마들은 얼굴 반반한 바람기 있는 여공(grisette)[1]들에게 은근히 수작을 건다. 아줌마들은 많든 적든 여러 채의 일종의 하숙집을 갖고 있다. 그리고 바로 그 집에서 프티 부르주아들과 점원 아가씨들이 은밀하게 만난다. 이 아가씨들은 옷을 사고 치장을 하기 위해 아줌마들의 집에서 밤을 보낸다.

파리의 규모는 이 아가씨들의 부도덕한 행실을 부모와 선생들의 시야로부터 가려준다. 그녀들은 정숙하고 성실하게 보이나, 겉으로만 그러할 뿐이다. 사교계에서 겉보기에 온갖 품위를 유지하는 여성들 역시 이런 집에 와서 아주 쉽게 방탕에 빠져든다.

1 회색의 싸구려 천으로 만든 작업복 명칭에서 비롯된 이 말은 '하층민 출신'의 여성을 '경멸적으로' 일컫는다.

다른 부류의 아줌마들은 약삭빠름을 베푼다. 그녀들은 궁핍에 처한 아가씨들만을 호출하여 이들을 노총각, 심기증 환자, 통풍 환자, 우울증 환자, 모든 것에 흥미를 잃은 젊은이들 집으로 아침나절에 삯마차로 실어 나른다.

그녀들은 남성들의 일시적 기분과 욕망을 알아내는 법을 경험으로부터 배워 아가씨들에게 온갖 종류의 역할을 하게 한다. 여성복 판매 여점원은 갓 도착한 귀여운 시골처녀가 된다. 또 내의류 여공은 터무니없이 비정하고 광포한 계모를 피해 도망친 소심하고 미숙한 시골뜨기이다. 이와 같이 의상에 따라 말투가 정해진다. 우리의 쾌락은 상상력에 크게 의존하기에, 남성들은 속았지만 그래도 만족감을 느낀다.

다음으로 대규모 매춘사업을 하는 아줌마들이 있다. 여러분은 여기서 '가공이', '인조', '멍청이', '민첩이', '쾌활이', '단골이 많은', '활발이', '경솔이', '건방이', '얼빠진', '씩씩이', '야한 옷차림', '세련이' 식의 별명을 가진 아가씨들을 한꺼번에 또는 차례차례로 볼 수 있다. 거기에 모든 종류의 미묘한 차이가 있다. '귀염둥이', '통통이', '삐쩍이', '창백이', '정열이', '꾸러기', 심지어 '절름발이'까지. 이처럼 종마사육장에서 기마들이 첨명(添名)을 갖듯이, 여기서도 아가씨들에게 키와 생김새를 가리키는 별명이 붙는다.

넓은 아파트나 호화로운 침실을 갖추지 못해 단골이 적은 아줌마들은 규모가 작은 기방을 차린다. 여기서 아가씨들은 먹고 잔다. 그녀들이 받는 돈은 '엄마'에게 간다. '엄마'는 자신이 받아야 하는 고마움만을 이야기한다. 자신이 지방과 시골 출신 무리들의 촌티를 벗겨냈다는 것이다. 그녀들의 현재 모습은 모두 아줌마 덕분이다. 그녀들이 집에서 입는 흰색 실내복, 여름에 입는 짧은 케이프, 겨울에 입는 털외투, '니콜레(Nicolet)', '혼합극(l'Ambigu-Comique)', '노래춤

묶음(Variétés amusantes)'[2] 등의 극장에 가기 위해 입는 비단 드레스 등, 이 귀한 혜택이 누구 덕분이겠는가? 아니면 그녀들은 짧은 블라우스와 덧옷을 입고 손은 더러워지고 못이 박힌 채, 식기를 닦고 짐마차꾼과 함께 자야 한다. 그러니 몫을 갖겠다[3]고 바라는 것은 배은망덕이다. 따라서 그녀들은 동침자를 꼬드겨 리본을 얻어내려고 한다. 이 리본은 사계(斯界)에서 만족해하는 고객이 주는 특별한 답례를 뜻한다.

마지막으로 파산한 늙은 '아줌마'로서 보호소를 피해 나온, 악덕에 찌들고 파렴치한 '색주녀'가 있다. 전투의 포탄이 상이군인으로부터 그의 몸의 절반만을 앗아가듯이, 방탕함의 전염은 이 늙어빠진 희생자를 절반만 엄습하는 법이다. 그러나 그녀들은 여전히 그런 분위기에서 살아야 하며, 다른 것을 결코 바라지 않는다. 그녀들은 무절제함과 그 나날의 현장에 도저히 거역할 수 없을 정도로 익숙해져, 결국은 본능과 필요에 따라 손을 씻지 못한다. 그녀들은 가구 딸린 여관에 머물고 있는 아가씨들을 찾아 나선다. 아가씨들에게는 신발 한 짝과 속치마 한 벌뿐이다. 아가씨들은 단벌 옷을 진창에 내놓아야만 하는가? '색주녀'는 아가씨들을 위해 진흙탕 길에 과감히 맞설 것이다.

모든 이러한 색주녀들에게는 숫처녀를 받아서는 안 되는 경찰의 암묵의 규정이 있다. 처녀성을 잃은 뒤에야 남녀가 빈번하게 접촉하는 곳에 들어갈 수가 있는 법이다. 그리고 만약 아가씨가 그렇지 않

2 번화가의 극장 이름.

3 말하자면 이익의 몫을 받는 것. 이 서술은 특히 여자 포주집에 사는 '꽤 고급 매춘부(boucaneuses)'에 해당한다. 그녀는 포주에게 집세만이 아니라 의상과 속옷의 비싼 임대료도 부담한다.

은 경우라면 누군가가 형사 나리에게 즉각 귀띔해 줄 것이다.

사람들은 이 마지막 단계에 대해 아마도 일소에 부칠 것이다. 이는 잘못이다. 나는 그것에 대해 심각하게 생각하여 썼다. 사람들은 무질서 자체 내에서 일정한 질서가 확립하기를, 매우 큰 악폐에 대비하기를, 순결과 약함을 보호하기를, 너무 지나친 방탕함이 모든 억제를 무너뜨려 가정의 신성한 매듭이라는 사회적 유대를 파괴하는 것을 막기를 원해 왔다. 따라서 어떤 아버지도 불평할 것이 없다. 딸의 비행은 결코 수상쩍은 장소에서 시작되지 않기 때문이다. 이는 핵심적인 사안이다. 그리고 지각 있는 관찰자라면 경찰을 찬양하면서도 이를 지적해야 한다.

파리에서 자신의 매력을 파는 모든 여성들을 다 보여주는 그림을 그려보면, 상징적인 계단식 좌석이 모습을 드러낸다. 이제 그 윤곽을 추적해 보자.

정상에서 우리는 단지 쾌락을 위해 유력인사 및 재력가와 잠을 자는 도도하고 야심찬 여성들을 볼 수 있다. 이 여자들은 냉정하며, 유력자들의 약점으로부터 얻을 수 있는 것이 무엇인지 정치적으로 계산한다.

그 바로 아래에는 오페라 극장의 무희와 여배우들이 있다. 이들은 절반은 애정에, 절반은 타산에 빠져 있다. 이들은 우리가 아직까지 본 적이 없는 정을 주곤 한다.

다음으로 절반만 점잖은 부르주아 여주인들이 있다. 이들은 흔히 남편의 동의 아래 집으로 애인을 불러들인다. 이들은 간통을 기만적인 색조로 가리고 장식하며, 그것에 부여해서는 안 될 평판을 즐기는 위험하고 부정한 족속이다.

이 반원형 계단식 좌석의 중간에는 가정부나 하녀, 정부의 잡다한 수많은 족속이 모습을 보인다.

넓은 기층부에는 자신의 방을 갖고 화류계의 여성과는 미묘하게 다른 아가씨들, 곧 여공들, 여성복 판매 여점원들, 양품가게 여점원들, 내의류 여공들이 깔려 있다. 이들은 덜 세련되고, 쾌락을 사랑하며, 그것에 탐닉하고, 여러분의 신분에 걸맞은 의무 수행에 드는 소중한 시간을 빼앗지 않는다. 사람들은 그녀들을 먹이고 기분전환 해주며, 그녀들은 만족해하고 평온하다. 그녀들에게 축첩자에 이어 애인 한 명만 더 주어진다면, 바로 이 정도에서 그녀들의 부정은 만족을 안다.

그 아래에는 뻔뻔스럽게도 창과 문을 차지하고 대로에서 관능적인 매력을 뽐내는 매춘부들의 무질서한 군단이 자리한다. 사람들은 마치 고급 삯마차처럼 그녀들을 시간 단위로 세놓는다. 그녀들은 대로변의 무희, 여가수, 여배우들과 마구잡이로 뒤섞인다.

진흙탕에 잠긴 최하층에는 포르오블레(Port au Blé), 푸아리에 길, 플랑슈미브레 길[4]의 흉측스러운 피조물들이 속해 있다. 화가는 취향의 섬세한 규칙을 너무 모욕하지 않기 위해 단지 그 상부만을 부각시킬 뿐이다. 여기서 악덕은 그 매력을 상실하며, 정맥을 통해 퍼지는 오한은 방탕함이 스스로를 벌할 수 있음을 말해준다.

이 여성들 사이에서 변신은 매우 돌발적으로 일어나며, 그녀들이 피라미드형의 높은 계단식 좌석에서 갖는 위치를 일순간에 바꾸게 만든다. 그녀들은 우연이 데려다 주는 축첩자의 재산 수준에 따라 그 피라미드에서 올라가기도 하고, 떨어지기도 한다. 알지 못하는 관계의 변덕과 열정이 어제까지만 해도 아무도 거들떠보지 않고

4 '싸구려 매춘'의 소굴인 포르오블레('밀의 적하장'이라는 의미)는 시테 섬과 생루이 섬을 잇는 퐁 루즈(pont Rouge, '붉은 다리'란 의미)를 마주보고 센 강 우안을 따라 퐁 노트르담에서 퐁 마리까지 이어진다. 따라서 그레브 광장(place de Grève)에서 단 두 걸음이다.

무시했던 소녀를 일약 군계일학으로 만든다. 그녀는 숭배자를 찾았지만 아무런 소득이 없었던 바로 그 대로에서 보름 내내 화려한 마차를 타고 떠돈다. 누옥에서 그녀에게 야식을 주었던 연봉 1,500리브르의 서기(書記)가 그녀를 알아본다면 자신의 눈을 믿을 수가 없을 것이다.

다른 소녀는 호화생활을 하다가 적빈의 나락으로 다시 떨어져, 몰락 속에서 6개월 전에 자신을 모셨던 하인들과 운명을 공유하게 된다.

누가 이런 유위전변의 원인들을 간파할 수 있을 것인가? 어째서 고인이 된 데샹[5]은 의자의 구슬선을 영국산 레이스로 덮고 마구(馬具)를 인조보석으로 치장하는 파렴치한 사치를 누릴 정도의 호사에 이를 수 있었는지 누가 정확하게 알 수 있을 것인가?

오페라 극장의 한 무희는 최근 상당한 금액에 달하는 엄청난 규모의 가구류를 남기고 사망했다. 그녀가 다른 이보다 더 예쁘고 머리가 좋았을까? 그렇지 않다. 최하층의 민중 출신인 그녀는 상상할 수 없는 운명의 총애를 받았으며, 그것은 이 상층 세계에서 대신들과 매춘부들을 끌어내리고, 유지시키고, 전복시킨다.

하층민들은 '당나귀 산보'[6]의 광경을 몹시 그리워한다. 이것은 고등법원이 종종 엄숙한 판결을 통해 제공해 주는 즐거움이었다.

그것은 한 근엄한 법률가가 순진하게 말했듯이 '양갓집 규수를

5 Mademoiselle Deschamps: 원명은 파제스(Marie-Anne Pagès)이며 1764년에 사망했다. 희극배우 데샹의 부인이며, 루이 15세 시대의 유명한 화류계 여성이다. 그녀는 자신의 돈으로 루브르 궁의 공사를 마치겠다고 제안할 정도로 재산을 모았다.

6 1734년의 왕령에 따르면, 유죄판결을 받은 여자 포주는 "머리에 '여자 포주'라는 글자가 쓰인 종이 모자를 쓰고 몸을 꼬리 쪽으로 향한 채 당나귀를 타고 산책해야" 했다. 그러고는 채찍질을 당하고 낙인이 찍혀 추방될 수 있었다.

유혹하는 일을 직업으로 하는' 이 아줌마들을 시범적으로 처벌하기 위한 것이었다.

그러나 대신들에게 가난한 처녀들을 제공한 불운한 몇몇이 통상 본보기의 대상이 되었다. 사람들은 장사를 크게 벌여 제후들, 고위성 직자들, 외국인들, 심지어 몇몇 철학자들의 기이한 취향에 봉사해 왔던 이들에게는 주목하지 않았다.

그 '산보'를 내가 보았던 대로 구성해 보자. 행렬의 선두에는 고수(鼓手)가 행진하고, 이어서 창을 든 순경이 뒤따른다. 마부가 고삐를 잡고 당나귀를 이끈다. 긴 귀를 가진 동물의 등 위로 '아줌마'가 거꾸로, 곧 그 가축의 꼬리로 얼굴을 향한 채 올라 앉는다. 여자 포주는 치장을 하여 유혹적인 모습이다. 예술적으로 만든 종이관이 그녀의 머리를 장식한다. 그녀의 등과 가슴에는 '여자 포주'라고 큰 글씨로 쓰인 게시판이 걸린다.

온갖 종류의 하층민들이 모여 소동을 일으키고, 기쁨에 못 이겨 하늘을 향해 더러운 모자를 집어던지고 함성과 음담패설을 지르며 행진을 가로막는 모습을 상상해 보라.

그 이후 여러 해 동안 그런 추잡한 광경은 더 이상 벌어지지 않았다. 사실 그것은 파렴치한 상상을 일깨우고, 하층민들이 거친 욕설을 내뱉는 것을 허용할 뿐이었다. 인구에 회자된 게시판은 정숙한 귀와 무구한 처녀들에게는 추문이기 마련이었다.

게다가 '산보'가 그 비루한 피조물에게 무엇을 행한단 말인가? 그녀는 올라탄 당나귀보다도 더 부끄러움을 느끼지 못한다.

이 비열한 여성은 사방의 조롱을 건방지게 비웃었다. 그리고 어림하여 행진 중에 만난 사거리에서 뻔뻔스럽게 다음과 같이 말했다. "저 3층 창가에 정숙한 체하는 아가씨들이 있다. 그녀들은 감히 모습을 보이지 못하는데, 나를 보면 곧 내가 누구인지 모를 수가 없기 때문이다."

사람들이 이 가장행렬을 여러 차례 재현하지 않았다면, 이는 여주인공을 찾기가 어려워졌기 때문이 아니라, 우리의 프리네(Phryné)와 라이스(Laïs)[7]가 종종 타산적으로 몇몇 귀족의 환심을 사는 데 골몰하는 일에 전혀 개의치 않기에, 사회 밑바닥에서 방황하고 굶주리는 가련한 여성에게 수치스러운 징벌을 내리는 것이 부질없는 짓이라고 느꼈기 때문이다.

이 천하고 수치스런 직업을 위해 미(美)의 왕좌를 내팽개치고 자신만의 매력을 탐욕이나 야망에 팔아넘기는 여성은 얼마나 더 가증스러운가! 그러나 여성들에게 가장 위험스러운 존재는 바로 여성 자신이다.

이 아줌마들은 언제나 남성들보다 더 용감하게 경찰이나 그 끄나풀에 맞선다. 왜냐하면 그녀들은 그들과의 관계와는 별도로 그들의 성(性)이 자신을 다루는 데 일반이 기대하는 엄격함을 언제나 조금은 완화해 줄 것임을 간파하기 때문이다. 그녀들은 비밀스런 본능으로 비록 자신에게 그리고 종교 율법에 어긋나게 죄를 짓지만, 무엇보다도 사람들이 준수해야 하는 법, 곧 국법을 위험스럽게 어기는 것이 아님을 알아챘다.

사람들은 또한 지적하기를, 그녀들은 경찰이 파리에서 자신의 존재를 계속하여 필요로 한다는 점을, 따라서 만일 원근의 지방에서 도착하여 우글거리지 않는다면 사방에서 그녀들을 불러들여 이 필수품을 활용하지 않고 썩히게 그냥 내버려두지 않을 것임을 알아채왔다. 그 이유는 말할 필요도 없다.

7 고대 그리스의 유명한 화류계 여성들.

실제로 한 사제가 치안총감에게 자신의 교구에 매춘부들이 들끓는다고 불평하자, 그는 태연하게 다음과 같이 답변했다. "신부님, 제게는 아직도 3천 명이 부족합니다."

참 기이한 물품이다. 그러나 그것은 수도의 풍경에 불가결한 일부이다. 나로 말하자면 이 주지의 사실에 대해 침묵을 지킬 수 없다. 내가 말한 것은 누구에게나 보이며, 모두의 시선을 끈다. 나머지는 능히 짐작할 수 있다. 내가 손으로 커튼을 들어올린 것이 아니다.

내가 여기서 방금 언급한 무질서는 모든 대도시에 공통적인 것이다. 그것은 모든 시기에 존재한다. 그러나 오늘날 그것은 공익을 염려하는 이들의 관심을 끌어야 할 만한 수준에 도달했다.

방탕함에 너무 개방적인 남자들은 아무런 보람도 없이 기력을 탕진한다. 여성들은 인간다운 감정을 잃고 사악한 성질을 갖게 되어 사귀는 남자들에게 영향을 미친다. 마침내 공공연한 매춘이 보여주는 불쾌하고 파렴치한 광경은 전염이 되어 거의 치명적이 된다.

독창적인 레티프는 『매춘 연구』에서 모든 종류의 화류계 여성들을 위한 계획을 제안했다. 이를 통해 사거리에서 버젓이 벌어지는 방탕함은 최소한 처녀와 그 어머니의 눈에는 공적인 정숙함에 대한 모욕으로 비치지 않을 것이었다. 그것을 최소한 부분적으로 채택하고, 시대의 정신에 부합하는 새 법을 통해 필연적으로 대중의 도덕관의 파멸을 야기할 이 공공의 악덕을 교정하는 것이 과연 불가능할까?

따라서 무엇보다도 화학의 근대적인 성과에 의지하여 가능하다면 이 여성들이 젊음의 피에 내뿜는 독기를 제거하는 것이 필요하다. 그녀들은 비너스의 외양 아래 티시포네[8]의 중독된 열기를 품고 있는 것이다.

이 개혁은 쉽지 않을 것이다. 왜냐하면 그것은 올바른 정신과 철학적인 조망을 요청하기 때문이다. 그러나 그것은 불가결한 일이 되었다.

그것은 타락한 유혹적인 여성이 길바닥에서 젊은 남자에게 노인을 흥분시키기에 걸맞은 매력을 발산하여 그를 꼬드기기 때문도, 그녀가 불쌍한 아버지로부터 18년에 걸친 교육과 보살핌의 성과를 일순간에 박탈하기 때문도 아니다. 그것은 이제껏 충실했던 남편들이 관능을 뽐내고 현모양처가 될 수 없는 이 여성들과 매일 밤 마주치기 때문도 아니다. 이 유혹의 대상을 모두의 시선으로부터 숨겨두자! 이들을 격리시키자! 매춘부의 입에서 나와 두 걸음 떨어진 순결의 귀를 두드릴 말이 그녀의 유혹보다 훨씬 더 위험하다. 그녀의 말은 정숙함에 대한 경멸을 과시한다. 방종의 최후 행위를 숨겨야 한다면, 최초 행위도 똑같아야 하지 않는가? 모든 덕성을 질식시키는 것은 방탕함이 아니라, 바로 그 치명적인 공개성이다. 행정가들이여, 레티프의 『매춘 연구』를 진지하게 읽으시라.

8 Tisiphone: 그리스 신화에 나오는 복수의 여신 가운데 하나.

543 수서신문

고관이나 부자들은 신문들을 훑어보고는 '수서신문(手書新聞, nouvelles à la main)'을 더 세심하게 읽는다. 이것에는 여러 종류가 있으며, 떠도는 기담이 포함된다. 이것은 제한된 수의 사람들 사이에서 떠돌기 때문에, 수도에서 그것이 알려지는 것은 매우 긴 우회로를 거친 뒤에야 가능하다.

익명의 작가는 먼저 떠도는 일화를 접하고, 종종 그것에서 진실의 한 편린(片鱗)만을 발견할 뿐이다. 이어서 악의를 겨냥한 문체는 항상 사실을 약간은 왜곡한다. 필경사의 손을 거치면서 복사본의 내용이 바뀌며, 그들의 실수가 낯설고도 기이한 오류를 낳는다.

여기에는 또한 노골적인 서술이 들어 있다. 그것은 특히 관계자들을 배려하지 않는다. 음험한 복수심이 이 거의 보이지 않는 운하에 침입해 들어오며, 그것은 악의의 말투를 도처에 실어 나른다. 내각은 잘 아는 특정 인물들을 그러한 함정에 빠뜨린다. 이 '수서신문'은 중앙에서 멀어질수록 덜 위험한데, 파리에서보다는 지방에서 더 흔하다.

수도에 배포되는 신문들은 모든 것이 일치하고, 그 어느 것도 어긋나지 않으며, 지원을 받고 또한 같은 이야기를 읊어대는 반면에, '수서신문'은 고유한 특성을 갖는다. 그것은 익숙한 부서의 견해에 따르는 준칙에 덜 구애받기 때문에, 그것이 제시하는 관점은 대상에 대해 새로운 면모를 제공해 준다.

그러나 만일 우리가 정치적 예측의 경우 예상하지 못한 여러 사건들에 얼마나 기만당했는지를 확인하기를 원한다면, 즉시 지난 '수서신문'들을 다시 들춰보라. 그것의 오류나 실수가 명백하게 드러날 것이다.

우리는 1757년에 프로이센 왕이 파멸 직전이었음을 안다. 러시아의 여제(女帝)가 사망하자, 모든 것이 변했다. 프리드리히는 빛나는 성공을 거두었고, 영광스런 평화를 이룩했다. 이를 누가 말했던가?

더 최근으로 와서 '수서신문'의 모든 호를 손에 쥐고 어떤 한 호라도 해당 시기에 폴란드의 분할, 미국혁명, 영국 왕의 결정, 프랭클린의 교섭과 성공, 그리고 막 끝난 전쟁의 결과 등을 예견했던 것이 과연 있었는지 살펴보라. 적어도 제네바 사건의 결말을 누가 예감했는지만이라도 보라. 그 돌발적인 사건들[9]에 대해 오늘날 누가 짐작이라도 했겠는가? 남을 잘 믿고 시간에 쪼들리는 이 '수서신문'의 작가들은 뭐가 뭔지 전혀 모른다.

그들은 몇몇 문인들에 대해 악담을 할 때면 실수를 적게 한다. 문인들은 사람들이 자신에 대해 나쁘게 말하는 것을 종종 무시하기 때문이다. 그러나 그래도 그들은 여전히 실수를 하며, 그렇기에 '수서신문'에 대해 다음과 같은 격언을 적용할 수 있는 것이다. '사람들이 말하는 것을 절반만 믿어야 한다.'

오늘날 그렇게 유명해진 『문단 비사(*Mémoires secrets de la littérature*)』의 자료가 이 갖가지 신문들이라고 일컫는다. 그 저자들은 때때

9 1772년 폴란드의 제1차 분할과 1776년의 미국혁명에 관한 언급이다. '영국 왕의 결정'이란 명백히 1775년 렉싱턴에서의 총격전 후에 '식민지군'에 대한 전쟁이라는 강경책의 선택을 말한다. '프랭클린의 교섭'이란 그가 프랑스에서 미국 독립전쟁에의 참전을 이끌어내기 위한 것을 말하며, 그 전쟁은 1783년 9월 3일에 베르사유 조약으로 종식되었다. '제네바 사건'이란 망명 신교도들의 후손인 '본토파(natifs)'와 부르주아 특권층 사이에 벌어진 1782년의 충돌을 말한다.

로 진실에 접근하기는 하지만, 더 자주 극복할 수 없는 성향으로 인해 그것으로부터 멀어진다. 그들은 풍자의 무절제한 문투로 공중의 악취미에 비위를 맞추어야 하기 때문이다. 그러나 진실되려면 신랄함만으로는 충분하지 않은 법이다.

외국의 궁정들은 정치 및 문단의 뉴스를 위해 파리에 특파원들을 파견한다. 그들은 색안경을 쓰고 본다. 파리에서 모든 관념은 독특한 추락을 경험한다. 지배적인 여론은 참으로 일종의 돌풍이다.

정치 뉴스는 공적이고 전형적인 면모를 갖고 있다. 그것은 미래에 대해서만 잘못될 수 있다. 그러나 문단 뉴스는 여러 입장의 변신에 따라 바뀌게 마련인 섬세한 차이를 지닌다. 따라서 그것은 훨씬 더 부정확하다. 진실의 요체는 포착하기가 어렵기 때문에 놓치기 쉽다. 게다가 이런 종류의 오류는 매우 사소한 결과를 야기할 뿐이다.

한 러시아인은 한 시민에게 문단에서 일어난 일을 세세하게 보고할 책임을 맡겼는데, 5년 끝에 그 시인이 자신의 작품과 좋아하는 이들의 몇몇 성과만을 칭찬한다는 점을 알게 되었다. 그 시인은 멀리 떨어진 교신자에게 자신의 작은 동아리 안에서 자신을 사로잡았던 모든 사소한 열정들을 공유하기를 바랐고, 네바 강(곧 상트페테르부르크)의 거주자는 몇몇 부질없는 소책자를 비방하는 데 그쳤던 이 문학적 흥분의 열기를 지치지 않고 찬미했다.

544 비방문

적절하게 평범하고, 적절하게 잔혹하고, 적절하게 헐뜯는 비방문(誹謗文)이 은밀히 나돌며, 서로 앞을 다투어 가지려고 한다. 사람들은 그것에 엄청난 가격을 지불한다. 글을 읽을 줄 모르고 가난한 가족을 위해 밥벌이를 할 뿐인 행상이 체포된다. 그는 비세트르 감옥에 갇히고는 그럭저럭 버텨낸다.

비방문은 금지될수록 사람들은 그것에 더욱 목을 맨다. 그것을 읽고 자신의 천박한 경솔함을 보상해 줄 만한 것이 전혀 없음을 발견하고는, 왜 그렇게 열심히 추구했는지 부끄러워한다. 그래서 "내가 그것을 읽었어"라는 말을 감히 거의 하지 못한다. 그것은 저질 문학의 찌꺼기이다. 어떤 것이라고 찌꺼기가 없겠는가?

경멸이 아마도 진실만이 아니라 재능과도 거리가 먼 이런 하찮은 문건에 대처하는 가장 확실한 무기일 것이다.

보름이 지나도 여론의 단죄를 받지 않아 야비함의 구렁텅이로 떨어지지 않는 비방문이란 어떤 것인가? 사람들이 그것을 찾는다는 것은 그것에 진지한 중요성을 부여하는 셈이다. 악의는 예고된 것이기에, 그에 마땅한 비밀스런 즐거움을 약속해 준다.

어떻게 유력자가 간사한 아첨꾼의 타산적인 찬사와 함께 배고파서 해대는 풍자에 개의치 않을 수 있겠는가?

게다가 높은 자리를 차지하고 있는 이들은 아랫사람들이 뿜어내는 악의적 언행을 언제나 예상해야 한다. 이는 거의 불가피하다. 그들은 이들에게 더 편한 자리로 보상해 주어야만 한다. 최소한 사람들은 지배층 인사에게 예외적인 향유권이 있음을 인정하며, 그들은 그 일부를 누린다. 그들은 그 점을 스스로 인정하는데, 다중의 위에 있다고 느낄 때만 그럴 것이다. 인간은 본성적으로 시기심을 갖는다. 따라서 유력자는 용인하든지, 아니면 적절하게 숨겨야 한다. 빈정거림이 엄습할 것이다. 그들이 불같은 악의를 무장해제시킬 수 있는 것은 바로 태연자약한 태도를 통해서이다.

되뇌건대, 극장 2층의 칸막이 좌석과 1층의 뒷좌석이 같은 가격일 수는 없다. 그리고 다른 사람들을 그렇게 쉽게 복종하게 할 때는, 불가피하게 여러 다른 특권들이 따르는 즐거움에 대해 기꺼이 대가를 치를 각오를 해야 한다. 그 특권들은 충분히 많다. 왜냐하면 실제로 모든 대신들은 그 자리 때문에 많은 것을 받는데, 그러나 그것이 많기 때문이다.

모욕을 참아낼 줄 모르고 자존심을 민감하게 내세우는 남자는 정치나 문단의 행로에서 두각을 나타낼지는 모르지만, 영광을 위해 태어난 것은 아니다. 칭찬하는 이와 마찬가지로 비난하는 이의 말을 들을 줄 알아야 한다. 스스로 다음과 같이 생각할 수 있을 때만이 오히려 무적(無敵)이 되는 법이다. '이것은 가벼운 상처에 불과하다. 나는 타격을 받지 않았다.'

그렇지만 온갖 중상모략을 구사하기에 억압해야만 하는 가증스런 종류의 비방문이 있다. 이것은 보통 음험하고 독기 어린 복수의 산물이다. 궁정의 비밀스런 술책이 왜 바로 그 문인에게 행해졌겠는가? 그는 역사의 필법에 맞아야 하는 것이 무엇인지 꽤 일찍 알게 될 것이다.

그러나 대담한 비방문은 분노를 통해 격분하고 있거나 또는 역겨운 감정을 표출하며, 더 온건할 경우에 때때로 지나치게 큰 권력에 대한 견제가 된다. 하지만 그것은 부당한 권위가 그러했듯이 선을 넘는 경우도 있다. 건방지고 형편없는 시시한 폭군들이 종종 그것을 유발하기 때문이다. 그리고 이런 경우 공중은 두 극단을 통해 진실을 알아차린다.

난폭한 모든 이가 그러해야 하듯이, 비방문 작가는 처벌해야 한다. 그러나 당사자들은 의사 표명을 삼가야 한다. 왜냐하면 그렇다면 죄와 벌 사이의 균형이 어떻게 되겠는가?

나는 제후 및 특정인의 사생활에 대한 잔인하고 근거 없는 비난은 비방문으로 보지 않는다. 이러한 부당하고 목적 없는 독설은 명예훼손일 뿐이며, 그 작자는 처벌해야 한다.

한 수사관이 이 비방문의 적발 업무를 맡았다. 그는 굶주린 작가들에게 그것의 제작을 제안했고, 몇 푼을 미끼로 그들을 이 악랄한 함정에 끌어들이고는 고발하여 당국에 넘겼다. 그는 체포되었다.

바로 그 협잡꾼은 외견상 열성적으로 그 신랄한 비방문이 날조되는 불법적인 은신처를 자신이 알고 있다고 알렸다. 그는 스스로 돈을 지불했다. 그는 장거리 여행이 필요하다고 했고, 내각에 돈을 받고 넘겼으면 하는 추문 폭로본을 자신의 집에 은익하고는 마치 엄청난 수사와 노력을 들인 듯이 짐짓했다.

이 가련한 종자들은 황금에 대한 타는 듯한 갈증으로 눈이 멀어 대신의 불안감을 즐긴다. 그리고 그들은 그가 두려움의 공포에 빠져드는 것을 볼수록, 기꺼이 그 위험을 과장하고 경고 신호를 증폭시킨다.

영국에서는 자유가 확립되어 내각은 비방문에 무관심할 수 있다. 저작물이 나오기 전부터도 개의치 않는 자세를 확고히 보인다. 풍자가 교묘하면 사람들은 웃지만, 그것을 믿지 않는다. 그것이 진부하면 무시해 버린다. 그러나 어쨌든 어느 것도 타격을 가하지 못한다.

이 유별난 인민에게서 방종은 판화에까지 미친다. 여기서 대신들은 상징적인 형상으로 표상된다. 국왕조차도 판화가의 상상력을 만족시켜 주느냐에 따라 풍자화에 모습을 보인다. 이러한 모든 풍자적인 판화들은 모든 종류의 점포에 다량으로 내걸린다. 사람들은 지나가면서 보고, 웃고, 어깨를 으쓱하고는 더 이상 괘념하지 않는다. 그림이든 책이든 어느 것도 공인(公人)에게 피해를 주지 않는다. 이러한 '비방'은 스스로를 파괴하기 때문이다.

프랑스 정부는 왜 이러한 무관심을 부분적으로나마 채택할 줄 알지 못할까? 이 진부한 허위의 풍자문을 읽는 독자들을 짜증나게 하는 것은 바로 자존심을 자극하려는 이 천박한 익명의 문필에 대한 더 분명한 경멸이다. 그 독자들은 정부가 그것 때문에 진정 상처를 입는다고 상상할 때만이 그것에 탐닉하는 법이다.

공중의 악의에 다소간 비위를 맞추는 이 문건들이, 만약에 억압한다면 화산이 될 수도 있는 큰 불을 덧없는 불똥으로 소산시키고 있음에 주목하자.

이러한 소책자는 정신의 불안과 나쁜 기분을 완벽하게 만족시킨다. 각자는 종이에 잔뜩 써대면 복수했다고 믿는다. 어린애가 경망스럽기에, 또는 무료하게 되면 가구를 부술지도 모른다고 두려워하여 그에게 장난감을 주는 것이 아니겠는가? 작은 북은 시끄러운 소리로 어지럽게 하지만, 동시에 다른 해는 끼치지 않음을 알려준다. 그리고 유력자들은 이 문건들에서 읽을 수 없는 모든 것을 고려하여 그 저자들을 용서할 수 있는 것이다.

545 아테네의 치안총감

아테네의 치안총감은 대부분이 혐오감을 자아내는, 머리에 리본 장식을 한 지저분한 옷차림의 200~300명의 매춘부들이 초라한 단별 치마에 무릎을 선명하게 드러낸 채 그에게 절하고, 이어서 키노사르게스[10]로 가기 위해 차례로 달려가는 것을 매달 지켜보았을까?

그는 케레스[11]의 사제가 투덜댔던 하찮은 소책자를 쫓아다녀야 했을까? 그는 휘하에 불법서적을 다루는 부서와 도난당한 모든 손수건을 취급하는 부서를 함께 가졌을까? 그는 도둑이나 서적상을 추적하는 데 같은 팀을 활용했을까? 그는 야바위꾼이나 밀고자와 같은 불량배를 더 잘 감독하고 이용하기 위해 교묘하게도 그들을 서로 맞서게 하는 수법을 동원했을까?

그는 국가의 이익을 위해서건, 단순한 호기심에서건, 공중목욕탕에서 오고가는 모든 이야기를 알고자 했을까?

그는 소포클레스와 에우리피데스가 관중을 만났을 때, 그 두 사람을 어떻게 대접했을까?

알키비아데스가 자신의 집에서 케레스와 페르세포네[12]의 비의(秘儀)를 모방하여 행하였을 때, 그는 인민과 함께 신성모독을 규탄

10 Cynotarge: 키니코스학파의 학교가 있었던 아테네 북동부의 포부르.

11 Cérès: 그리스 신화에 나오는 죽음의 여신.

12 Proserpine: 그리스 신화에 나오는 농업의 신 데메테르의 딸로, 지하세계의 신인 하데스에 의해 납치되어 그의 부인이 되었다.

했을까? 역사는 아니라고 말한다.

그는 어느 날 밤에 훼손당한 채로 발견된 메르쿠리우스의 동상을 어떻게 다시 세우게 했을까?

그는 염세주의자 티몬에게, 키니코스학파의 디오게네스에게 무엇을 말했을까? 그는 메난더보다 아리스토파네스에게 더 호의를 가졌을까? 메난더는 아리스토파네스와 같은 뻔뻔스러움도 악의도 없었고, 그와 같은 확신을 갖고 진술하지도 않았다.

우리는 그가 연단에서 큰소리로 장광설을 늘어놓는 데모스테네스에게 할 말이 없다는 것을, 그(후자)가 다시 격렬한 인신공격을 벌인다면 매우 예의바른 외근 경관이 나타나서 그를 중단시키지 않을 것임을 안다.

이 달변의 인민 사이에서 그의 기능은 무엇이었을까? 본성적으로 수다 떨기를 좋아하는 아테네인은 혀를 억제하는 것이 불가능하다. 그는 말하지 않으면 안 된다. 누가 그가 말하는 것을 막을 수 있겠는가?

그는 바쿠스 축제를, 이카리아 섬의 농민들이 불빛에 상연하던 익살극을 어떻게 지휘했을까?

아나크레온이나 다모필레가 즐거운 노래를 지었을 때, 행정관은 그 판본을 막거나 변경시키기 위해 필경사를 가가호호 파견했을까?

공공사(公共事)가 아테네인들의 정신을 사로잡았을 때, 티레인들과 페니키아인들의 항해술과 조종술이 아테네인들의 그것보다 우월하다는 점을 사람들이 들려주었을 때, 티레인들의 배가 적장의 다리 사이로 빠르게 빠져나갔을 때, 그는 배우와 무희, 광대들을 새롭게 충원했을까?

국사(國事)에 대해 인민이 이러쿵저러쿵 하는 것을 더 효과적으로 막기 위하여 그는 그들에게 가면극의 경박함을 허락했을까?

그는 프락시텔레스의 아프로디테, 페이디아스의 아테나, 또는 아이스킬로스의 비극을 운위하는 것보다는 테미스토클레스, 밀티아데스, 페리클레스의 행위를 조사하는 것을 더 좋아하는 이들을 유폐시키거나 추방할 정도로까지 이러한 한담(閑談)을 무서워했을까? 그는 발랄한 정신을 타고나서 숨기는 모든 것을 간파하고자 하는 한 인민의 수다를 용인했을까? 그는 불가입(不可入)의 장막으로 가리려고 하는 것을 인민에게 더 잘 은폐하기 위하여 사소한 몇 가지 사실을 공표하게 했을까?

그는 농담의 세련화를 규칙으로 하는 익살꾼들의 이른바 '60인' 아카데미에 대해 어떻게 처신했을까? 악의보다는 농담이 오히려 풍자를 더 잘 자아내어, 그것이 거만한 아르콘(집정관)에게 가해졌을 때, 그는 참으로 화를 냈을까?

그리고 무언극, 바쿠스 신의 무녀(巫女)들, 아도니스의 축제, 이런 모든 것을 그는 어떻게 관리했을까? 그리고 귀부인들의 비밀들, 그는 영혼의 심연에서 이를 홀로 즐겼을까? 그는 서로 전혀 접촉하지 않은 이 다양한 직무의 군상들을 어떻게 한꺼번에 이끌었을까?

그는 철학자, 멋쟁이 부인, 희극배우, 군인, 밀정, 신관(神官), 유녀(遊女), 행상, 스파르타인, 외근 경관을 차례로 만나 이 다양한 인물들의 신분에 따라 억양과 언어를 바꿔야 했을까?

한 남자가 살해되었다, 누군가 악성 속요(俗謠)를 지었다, 이러저러한 건물에 화재가 났다, 극장 입석의 관객들이 이러저러한 어릿광대에 항의해 폭동을 일으켰다는 등의 정보가 그의 귀에 전해졌을까?

아이스킬로스가 「결박당한 프로메테우스」에서 대담하게 몇 구절을 시도했다면, 그는 그 일부를 삭제하기 위해 검열관에게 지시를 내렸을까? 그는 독설을 삭제하면 혹 그것에 중요성을 부여하는 것인지 두려워하거나, 인민이 틀림없이 감지하지 못했을 것을 뛰어난 통찰력으로 감지하는 등, 극장에서 행해지는 모든 암시를 파악할 만큼 날카로운 감각을 가졌을까?

그 어느 것도 시사적인 풍자만큼 시민들을 즐겁게 하는 것이 없고, 그들이 그것을 암송하고, 그것을 마치 승전가처럼 도처에서 읊조릴 경우, 그는 변덕스럽게 폭발하곤 하는 아테네인들의 광기를 어떠한 방식으로 다스렸을까?

펠로폰네소스 전쟁기에 당시 아름다운 산책로였던 디필론[13]에 난처한 소식이 당도하지 못하도록 지시했을까? 그리고 패배를 겪게 되면, 그는 새로이 전투 장면을 재현한 무사들의 춤을 추게 했을까?

또한 그는 도시를 청소하기 위해 청소부의 삽, 감독관의 눈, 병역 면제자의 손을 필요로 했을까? 그리고 그는 인류 가운데 가장 파렴치하고 저열한 부류에 대해 끊임없이 눈길을 던져야 했을까?

우리는 아티카 반도의 수도에서, 수다스러움 및 피레우스 근처에서 팔았다고 하는 고도의 섬세한 시편으로 유명한 그 아름다운 구역에서 일어났던 모든 것을 잘 알고 싶어 한다.

그런데 우리 시대의 치안총감은 약간은 '그리스적인 데'가 있음이 틀림없다. 그는 도박장에서 모든 책략을 써서 고지식함과 무경험의 희생 위에서 먹고사는 직업적인 그리스인들을 상대하고 있는 것만이 아니다. 그는 또한 자연이 정해준 종교의식을 전도시키고, 자연이 정당한 쾌락에 부여한 모든 매력의 전조에도 불구하고 제단과 면병(麵餠)을 존중하지 않은 이 상스러운 그리스인들을 경계하고 있음이 틀림없다.

13 Dipylon: 이중으로 된 아테네의 주 성문.

따라서 그는 아테네 시민이 아닌 '그리스인들'을 감시해야 한다. 사실이 의심스러울 때 진실을 밝히고 무고한 사람에게 피해를 입히지 않기 위해 그에게 얼마나 혜안이 긴요한 것인가? 다른 한편, 악당은 뻔뻔스럽고 말을 꾸밀 줄 안다. 음흉한 데뤼는 기소된 처음에는 범인처럼 보이지 않았다.

우리 시대의 치안총감이 진정한 아테네인처럼 행동한 적이 있었다. 들어보자.

어떤 사람이 여행을 떠날 시점에서 집에 2만 프랑의 돈을 갖고 있어 난처했다. 그에겐 하인이 한 명 있었지만, 그는 그를 신뢰하지 않았고, 또 그 상당한 금액은 그를 유혹할 수도 있었다. 그는 한 친구에게 가서 돌아올 때까지 그것을 잘 맡아줄 것을 요청했다.

보름 후에 그 친구는 보관 사실을 부인했다. 증거가 없었다. 민법은 이 사건에 대해 판결을 내릴 수 없었다.

그는 치안총감에게 호소했다. 치안총감은 잠시 생각하더니, 보관인을 찾아오도록 사람을 보냈고, 고소인을 사무실에 머물게 했다.

친구가 도착했고, 2만 리브르를 받은 적이 없다고 주장했다. 행정관은 말하였다.

> 나는 당신을 믿습니다. 그리고 당신이 결백하다면, 당신 부인에게 내가 불러주는 쪽지를 써 보낸다고 하여 아무런 위험이 없을 것입니다. 받아 쓰시오.
>
> '여보, 모든 것이 밝혀졌소. 당신이 아는 것을 원상회복시키지 않는다면 나는 처벌받을 것이오. 그 돈을 가져오시오. 내가 곤경에서 벗어난 유일한 길은 나를 도우려고 빨리 오는 것이오. 그러면 나는 무죄 방면될 것이오.'

행정관은 덧붙였다.

이 쪽지는 당신의 무죄를 완벽하게 입증해 줄 것이오. 당신 부인은 아무것도 가져올 수 없을 것이오. 왜냐하면 당신은 아무것도 받은 것이 없으니까. 따라서 당신에 대한 고발은 각하될 것이오.

쪽지가 보내졌고, 놀란 부인은 2만 리브르를 갖고 달려왔다.

이처럼 치안총감은 일상적으로 우리 민법의 불완전성과 완만함을 보완할 수 있다. 그러나 그는 이 예외적인 상당한 특권을 매우 신중하게 활용해야 한다.

나는 치안총감이 되기를 바라지 않는다. 그러나 만일 내가 그가 아는 것의 절반을 알 수 있고, 그가 본 것의 절반을 추적할 수 있으며, 그의 몇몇 작전을 지켜볼 수 있다면, 나는 인간의 마음을 아는 데 얼마나 더 큰 진전을 볼 것이며, 나의 글들이 얻는 바가 얼마나 클 것인가!

베이컨이 인간의 마음에 관한 논저를 작성하여 그 제목을 '동굴에 관하여'라고 붙였을 때, 그는 끔찍한 비유를 사용했다. 나는 슬프게도 그런 비유가 치안총감이 보기에 결코 적확함을 결여한 것이 아님을 확신한다. 그는 거의 매 순간마다 얼마나 깊고 어둡고 구불구불한 심연을 탐사해야 하는가!

546 아테네의 부활

나는 무슨 말을 하는 것인가! 뭐라고? 아테네는 훌륭한 황제의 생명의 손길 아래서 불후의 명성을 지닌 여제의 그것 아래서 재탄생하고, 그것에 관한 모든 이념이 참된 영광을 발하게 될 것이라고?[14] 뭐라고? 광대하고 고상한 새로운 기획은 웅변가, 역사가, 철학자, 시인들에게 고대 조국을 가져다 줄 것이라고? 우주는 플라톤과 알키비아데스, 아나크레온과 페리클레스를 다시 보게 될 것이라고? 자유의 여신이 모든 예술이 자신의 고향에서처럼 꽃피는 그러한 아름다운 나라로 비상하여, 우리가 마케도니아의 필리포스를 마음대로 비웃고 데모스테네스의 웅변을 다시 듣는 것을 가능하게 해 줄 것이라고?

친구들이여, 빨리 출발하자. 행복한 하늘 아래 정신이 발랄하면서도 명민하고, 기발하면서도 심오한 곳으로 가자. 북방에서 온 우리의 아르콘들은 여전히 구두 뒤축에 얼음이 묻어 있다. 그들은 우리의 재치 있는 말에 대답할 줄 모른다. 그들은 우리의 책자에 전쟁을 벌인다. 되돌아가자, 우리 뮤즈의 총아들아, 우리가 출발했던 곳으로 되돌아가자.

친구들이여, 나는 스스로 약간은 아테네인 같다고 느낀다. 자유에 대해 이야기하지 않는 나라는 모두 슬픈 나라이며, 곧 모든 다른

14 메르시에는 예카테리나 2세가 1782년에 구상한 '그리스 계획(Projet grec)'을 언급하고 있는 것이다. 여제는 이의 실현에 요제프 2세의 도움을 기대했다. 여제는 손자인 콘스탄틴을 수장으로 하는 옛 그리스 제국의 부활을 그렸다.

사람들도 그렇게 느낄 것이다.

재능의 영광을 되찾자. 웅변술, 철학, 취미, 예절의 학습소를 다시 열자. 사라진 것을 아직도 애석해하는 인민이 있음을 만천하에 보여주자. 우둔함의 도끼가 조형예술의 나무 뿌리를 찍는, 우리의 말을 구속하고 우리의 입을 막으려고 하는, 우리의 가장 기발한 창조물이 종종 싸구려 판지로 뒤바뀌는 야만적인 도시에서보다 바로 그곳에서 우리는 더 발전할 것이다.

경찰의 끄나풀이 천재를 괴롭히는 거친 나라여, 안녕. 나는 곧 프리타네이온의 깨끗한 공기를 호흡하게 될 것이다.

오, 이처럼 아테네의 꽃 파는 여자들은 우리 시대의 그들과는 달리 그들이 파는 꽃들과 닮았노라. 이처럼 유녀들은 우리 시대의 정부(情婦)들이 둔한 것만큼이나 재치가 넘치노라. 이처럼 약초 파는 여자들은 특별한 재간을 가져 사투리의 모든 미묘한 차이를 느낄 수 있노라. 오, 친구들이여, 발언에서 자유로울 수 있고, 아스파지아와 함께 식사를 할 수 있으며, 우리의 짜증나는 박해자들을 비웃을 수 있다니 얼마나 즐거우랴! 박해자들은 모든 것을 심각하게 여기고, 재기발랄한 사람들과 농담할 줄도 모르고, 여러분을 조롱하는 정신적인 독설을 능란하게 쏘아붙이기보다는 밀고자의 외모를 지닌 외근 경관을 여러분에게 보낸다. 그래서 그들은 간수의 봉급을 절약하게 되는 것이다!

자, 친구들이여, 우리는 우리의 재능을 센 강변의 이 비시고트족을 위해 낭비하고, 이 냉혹하고 배은망덕한 영혼을 즐겁게 하기 위해 나막신과 반장화를 신는 잘못을 범했다.[15] 그리스인들의 자식들이여, 우리의 사랑하는 조국에 학예(學藝)의 길 잃은 저장소를 되찾아주자. 격에 맞지 않는 족쇄를 멀리하고 벗어던지자. 호메로스, 플라톤, 에우리피데스의 언어를 말하고자 하고, 금서 지정자들에게 그들이 승인한 책들을 남겨주자.

이제부터 누가 황색 봉납의 특권 아래에서 노래를 부르려고 하겠는가![16] 나는 매력적인 아나크레온이 류트를 쳤고, 소크라테스가 빈정거렸던 곳을 발견할 것이다. 그리고 헤라클레스의 기둥(지브롤터 해협의 2개의 산) 너머에서 무위의 생활을 하는 족속들이 아테네인들에게 가졌던 의미를, 내게 파리인들은 갖지 못할 것이다.

고대 그리스 국가를 파멸로부터 구하고, 옛적에 우주를 영광스럽게 했던 인민을 다시 세우려는 위대한 황제들이여, 예술과 우리들을 야만의 근대 체제로부터 구해주소서!

15 고대에 나막신은 희극배우가 희극을 상연할 때 신었던 싸구려 신발이었다. 반면에 비극에서 배우들은 반장화라 불리는 고급 신발을 신었다. 비유적으로 나막신과 반장화는 희극과 비극을 나타낸다.

16 프랑스에서 14세기 이래로 상서청(chancelleries royale)은 황색 봉납의 사용을 주권의 한 요소로 간주해 왔다.

547 식초장수

우리는 건강에 좋은 식초로 가득한 통을 실은 손수레를 끌면서 "좋은 식초요!"라고 외쳐대는, 붉은 모자를 쓰고 앞치마를 두른 그들을 거리에서 본다. 우리의 주인공인 사발레트(Savalette)가 100년 전에 이러했다. 그리고 내가 아니었더라면 좋은 아버지들의 이 본보기는 잊혀버렸을 것이다.[17] 좋은 식초보다 건강에 좋은 것은 없다. 그리고 나는 '도미니크 아저씨'[18]를 닮은 이들을 좋아한다. 나는 길거리에서 '식초장수의 손수레'를 마주치면 자문한다. 비평가들에게는 크게 놀랍게도 나 역시 유럽의 모든 극장들을 배경으로 내 방식대로 그것을 끄는 것이라고. 그리고 이제 '손수레'는 여기에서 마치 「세미라미스」에서 니노스의 유골을 넣은 금궤처럼 자연스런 소품이 되었다. 나는 이 점을 내 작품의 서문에서 이미 지적한 바 있다.[19] 선량한 아저씨 도미니크는 의상과 인자한 말씨를 통해 다른 등장인물에 못지않은 기쁨을 주었다. 감동적인 손수레는 내 방식대로 품위를 부여받았다.

식초는 놀라운 속성을 보인다. 가장 단순한 것이 언제나 가장 좋다. 사랑하는 독자들이여, 식초에 몸을 허락하시라. 그러면 건강이

17 메르시에는 가장 널리 알려진 그의 희극 「식초장수의 손수레」의 서문에서 전거가 되었던 실제 인물의 실명을 알리지 않았다.

18 희극의 주인공인 식초장수의 이름.

19 1748년 볼테르의 작품인 「세미라미스(Sémiramis)」의 초연에서 니노스(Ninus)의 유골을 담은 궤가 그의 알려지지 않은 아들 아르사크(Arsace)에게 전해지는 장면은 엄청난 극적 효과를 연출했다. 메르시에는 두 서문을 통해 자신의 손수레가 '금박'은 하지 않았지만 동일한 연극적인 기능을 지닌다는 사실을 환기시킨다.

좋아질 것이다. 그리고 나의 「식초장수의 손수레」를 읽으시라. 그것은 시기심의 공격을 받았는데, 그 시기심을 무너뜨리는 데 저를 도와주시기를.

그것은 나쁜 직업이 아니다. '사발레트'와 '르콩트(Le Comte)'는 그것으로 돈을 벌었다. 얼마나 다행인가. 왜냐하면 그 상품이 더 널리 퍼질수록 우리의 건강은 더 좋아지기 때문이다.

그러나 식초장수들의 우두머리는 '마이유(Maille)' 나리이다. 그는 겨자에 관해서는 발명의 천재이다. 그는 건강용이든 청결용이든, 92개 종류의 식초를 배합할 줄 알았다. 그 이전에는 9개 종류만 있었다. 명성과 돈이 그의 노고를 보상했고, 그는 현재 '국왕 식초제조인'이라는 직함을 갖고 있다.

'마이유' 나리의 겨자와 식초는 유럽 전역으로 퍼졌다. 나의 「손수레」를 깎아내리려는 시기심은 이 겨자장수가 누리는 명성에 100분의 1에도 못 미친다. 그 비판은 그의 겨자만큼 섬세하지 못하며, 그것만큼 독자에게 맛깔스럽지 않다.

'마이유' 나리는 부인들에게는 더욱 소중하다. 그는 그들을 위한 용도로 특별 식초를 배합했다. 귀부인들은 '마이유' 나리의 이름과 가게를 안다. 그리고 그녀들은 그에 대해 말은 하지 않더라도 마음속에 약간의 고마운 감정을 갖고 있다.

오, 파리여! 너는 기술이 창조해 낼 수 있는 가장 매력적이고 유용한 모든 것을 지니고 있다! 그리고 자신의 매력을 치장하고 유지하기를 바라는 미인은 우아한 모자와 함께 기력을 북돋는 식초를 같이 산다.

548 영국식 거드름

오늘날 젊은이들 사이에서 영국인의 의상 모방이 하나의 유행이다. 재정가의 아들, 명문가의 젊은이, 상인의 자제들은 좁고 긴 복장, 모자, 풍성한 옷자락, 부푼 넥타이, 장갑, 짧은 머리, 가는 단장을 한다. 하지만 누구도 영국을 가본 적이 없고, 영어를 한 마디도 모른다.

이 모든 것은 나무랄 것이 없다. 왜냐하면 그 차림은 단색과 청결을 요구하기 때문이다. 그러나 여러분이 이 자칭 영국인과 말을 나눠 보면, 첫 마디에서 그가 무지한 파리인인 것을 알아차릴 것이다. 그는 자메이카를 장악해야 한다고 말한다. 그런데 그는 자메이카가 어디에 있는지조차 알지 못한다. 그는 대(大)인도와 아메리카 대륙을 혼동한다. 그는 런던 시티의 주민처럼 옷을 입고, 머리를 꼿꼿하게 세우며 걷고, 공화주의자인 척한다. 그러나 그와 진지한 대화를 나누지 않도록 조심하라. 왜냐하면 여러분은 그의 두뇌가 파리 샤틀레 재판소 정리(廷吏)보다도 더 많은 지식을 갖고 있다고 느끼지 못하기 때문이다.

나의 경솔한 젊은이여, 자네의 프랑스 복장을 되찾아라. 레이스를 착용하라. 수를 놓은 저고리를 입어라. 의상에 장식 줄을 달아라. '깃 모양으로(à l'oiseau royal)' 머리를 손질하고 다녀라. 팔에 패물이 달린 시계 2개를 차고 작은 모자를 써라. 옷을 제대로 입는다고 정신과 인품을 갖추는 데 충분한 것은 아니다. 너의 나라 복장을 하라, 네게 어울릴 것이다. 바로 그런 옷을 입고서만이 너는 쓸데없는 말을 하고, 모든 것에 대해 기분 좋게 횡설수설하며, 너의 심오한 무지의 매력을 과시할 수 있는 것이다.

영국인들로부터 취할 것이 의상뿐인가? 그들은 건방지다. 그러나 그들의 거드름은 자존심에서 비롯하며, 우리의 그것은 유치한 허영심만을 따른다. 그들에게도 못된 사람들이 있다. 그러나 그들이 그렇게 될 가능성은 다른 어떤 곳에서보다 낮다. 왜냐하면 다른 모든 나라에서 그들은 위선적인 행위를 하지 않을 수 없기 때문이다. 또한 그들에게도 도둑이 있다. 그러나 그 도둑들은 일말의 정의감을 갖고 있다. 그들은 다 빼앗지 않으며, 나눠 갖는다. 그들은 프랑스 도둑과는 달리 피를 흘리게 하지 않는다. 나는 영국식 도둑을 당하고 싶다! 그러나 우리의 노상강도는 영국 풍속의 모방자임을 자처하는 우리의 현대 건방꾼보다 더 앞서 있지 않다.

상인들은 간판에 '영국 가게'라고 써붙인다. 카페의 주인은 창에다가 영어로 '펀치(punch)'라고 알린다. 3겹 깃과 어깨망토를 갖춘 프록코트가 멋쟁이 청년들을 감싼다. 어린 소년들이 가루를 뿌리지 않은 채 머리를 둥글고 곧게 한다. 저택을 나서는 그들의 아버지는 큰 나사옷을 걸치고 등을 굽힌 채 영국식으로 말을 몬다. 부인들이 머리를 우아한 모자로 장식한 지는 오래되었는데, 그 양식은 템스 강변에서 왔다. 뱅센에 세워진 경마장은 뉴마켓의 그것을 연상시킨다. 그리고 뒤시스가 번역하여 엄청난 반향을 일으킨 셰익스피어의 연극이 있다.

이처럼 우리는 적국을 더 이상 두려워하지 않는다. 30년 전에는 거만하고 경멸하듯 거부했던 양상들에 결국 친숙해지지 않았는가? 그러나 우리는 더 좋은 것이 있었음을 인정하는가? 이제부터 '펀치', '기수', 위대한 셰익스피어의 작품들 이외에도 다른 것을 채택해야 하는 것은 아닌가?

549 비문(碑文)

모든 것이 라틴어로 되어 있다. 이것이 이 터무니없는 관습을 보급하는 이유인가? 현학자여, 가까이 오라. 그대에게 심지어 공공기념물에까지 국어의 사용을 금지하게 만드는 것이 무엇인지 내게 말하라. '라틴어는 더 정확하다.' 좋다. 그러면 비문이 좀 더 길어질 것이다. 그것이 훌륭하고 더 잘 이해된다면, 몇 음절 길어진다고 대수인가? '라틴어는 프랑스어보다 더 오래 갈 것이다.' 현학자여, 그렇게 생각하는가? 누가 그대에게 그렇게 말했는가? 그대는 앞으로 1,000년 후에 벌어질 일을 어떻게 감히 확언하는가? 그리고 도시 인구의 4분의 3이 틀림없이 읽어주는 것을 전혀 이해하지 못할 것임에도, 40세기의 학자는 누구를 위하여 그대가 쓴 비문을 쉽게 읽어 내려가겠는가? 앙리 4세 동상의 좌대에 새겨놓음직한 이 훌륭한 (국어로 쓰인) 명문을 보라.

빈자(貧者)가 기억을 간직해온 유일한 왕.

더 좋은 예를 보자. 자, 비석의 문투는 몇 가지 건전하고 명석한 생각을 나타낼 때 언제나 멋질 것이다.

아카데미 프랑세즈는 몰리에르 흉상 아래에 이런 명문을 새겼다. 그것은 희극배우의 자격으로는 들어가기 어려운 방에 세워졌다.

그 무엇도 그의 영광에 흠을 내지 못한다. 그는 우리의 것에 흠을 냈다.

생퇴스타슈 교회에 있는 용감한 슈베르의 묘비명을 보자. 그것은 고상한 참신함으로 추천할 만하다.

> 조상도, 재산도, 후원자도 없이
> 어릴 적부터 고아인
> 그는 11세의 나이에 군복무에 들어갔다.
> 그는 시기(猜忌)를 받았음에도 공훈의 힘으로 승진하였고,
> 각각의 계급은 혁혁한 전공의 대가였다.
> 프랑스의 원수(元帥)라는 유일한 직함에만
> 오르지 못했지만, 그의 영광에 흠을 내지 못했다,
> 그러나 그를 전범(典範)으로 여길 이들의 본보기에는 흠을 냈다.

보라, 달랑베르의 이 문구는 콜레주의 선생이 사어(死語)로 말할 수 있음직한 것보다 더 잘 표현하지 않는가?

내가 인용할 수 있는 다른 것들 가운데, 랭스에 있는 루이 15세의 동상 밑에 있는 명문을 그래도 읽어보자. 그런데 여기서는 표현만이 문제시된다.

> 프랑스인들의 사랑으로 영원한 기념물은,
> 지상에 영원토록 깨우친다.
> 루이가 우리의 성벽 안에서 그들의 아버지가 되기로 맹세했음을,
> 그리고 자신의 선서에 충실할 것임을.

그러나 모든 것은 여전히 개선의 여지가 있다. 시민들의 시선을 향하는 광장의 측면에는 프랑스어 비문이, 그 뒤에는 1,200년 후에 그것을 읽을 고고학자를 위해 라틴어 비문이 새겨질 것이다. 이렇게

되면 모두가 만족할 것이다. 심지어 그리스어의 비전문 애호가에게도 그들의 글을 새기는 것을 허용하자. 그러나 항상 표지판의 뒷면에….

60만 명의 시민들이 집, 양말, 신발을 만들고 학자 나리들이 먹는 빵 반죽을 하느라 콜레주에 다닐 여유가 없듯이, 라틴어 학자들은 그들대로 시민들에게 모국어를 사용하게 내버려두고 국왕의 발치 아래에 국왕이 전혀 이해하지 못하는 라틴어를 써넣지 않는 친절함을 보여야 할 것이다. 왜냐하면 자신을 찬양하기 위해 쓰인 것을 스스로 설명할 능력이 국왕에게는 없기 때문이다.

나무 의족에 의지해 걷는 한 상이군인이 있다. 그는 퐁트누아 전투에서 한 팔을 잃었다. 그는 군주의 동상에 다가갔는데, 바로 그 군주를 위해 피 흘려 싸웠던 것이다. 그는 글을 읽을 줄 안다. 하지만 그는 부상을 당했고, 또 스스로가 승리자였던 그 유명한 전투의 이름을 더 이상 알아볼 수 없다. 잔인한 라틴어 학자가 그에게서 큰 만족감과 함께 희생에 대한 대가를 앗아가 버린 꼴이다.

뭐라고! 인민과 아무런 상관이 없다고? 그들은 정신과 영혼을 누리는 것과 언제나 무관하다고? 물장수는 우물가에서 물통에 물을 채우면서 입을 멍하니 벌린 채 2줄의 라틴어 명문을 쳐다볼 것이다. 조국은 심지어 우물가에서조차 그와의 소통을 원하지 않는다는 말인가? 프랑스어 명문으로 되어 있다면, 그는 일상의 노동 속에서 위안을 받을 수도 있을 것이다. 현학자는 그가 위로의 말을 한 마디도 이해하지 못하기를, 공공기념물에까지 그의 물음을 거부하고 그에게 해독 불가능한 찬란한 언어를 구사하는 괴로운 일이 벌어지기를 바란단 말인가?

도시의 적절한 장소에 새겨진 비문은 일종의 도덕 강의이며, 인민의 정신에 그들의 생애 내내 이용 가능한 짧은 경구들을 새겨넣어 주는 셈이다. 그러나 지나간 시대의 오래된 효모를 가진 현학자는 새롭고 좋은 밀가루 반죽을 망쳐 왔다. 그들은 신에게 바치는 찬송가로부터 그것을 감동적이고, 이렇게 감히 말하자면 신성하게 만드는 통속적인 표현들을 박탈해 왔다. 그들은 회화를 신화의 연대기로 가득 채워 왔다. 현학자들의 행세를, 그리고 대학총장의 중세풍의 취임행렬이 무엇을 보여주는지 보라. 그는 파리 거리에서 야만의 시대의 낡은 누더기들을 이끌고 거만하게 행렬을 벌이고 '4개 학부'를 이끌면서 인문학의 선두를 행진한다고 믿는다.[20]

사람들은 옛적에 "나는 성직자이다"라고 사다리 밑에서 소리를 질러 교수형을 면했다. 그러나 그 고약한 특권이 폐지되어 대학의 가장 유명한 라틴어 학자라도 소년 철물공과 똑같이 교수형에 처해질 수 있는 오늘날, 나는 무엇이 콜레주의 앞잡이들에게 우리의 기념물에 죽은 관용어를 새겨 넣을 수 있기를 여전히 바라게 하는지 알 수가 없다. 이러한 그들 사상의 공허함과 편협함을 은폐시켜 주는 것이 더 좋다는 말인가?

20 새 총장의 취임행렬은 13세기에 시작된 의식의 판박이였다. 총장은 은덩이를 손에 든 권표(權標) 기수들을 앞세우고, 짙은 소매가 달린 진홍 자색 옷, 금색의 달걀형의 비단 장식끈을 갖춘 같은 진홍 자색의 비단 혁대, 어깨 끈에 진홍색 벨벳으로 된 고대풍의 지갑이 달린 두터운 리본, 흰 담비 가죽의 소매 없는 반외투, 사각모자 등을 착용했다. '4개 학부'란 신학, 법학, 의학, 교양학부를 말한다.

550 범칙처분

최근 한 술집 주인이 파리인에게 당나귀 고기를 쇠고기로 속여 먹게 했다고 하여 범칙처분(犯則處分, sentence de police)에 의해 벌금형을 받은 것으로 알려졌다. 처분은 '관례에 따른다'고 덧붙였다.

과거에는 말이 죽으면 매장하는 것이 의무였다. 여러 여인숙 주인들이 말고기를 가져다가 포부르에 그득한 싸구려 식당에서 쇠고기로 팔았기 때문이다.

우리는 경찰이 내린 다양한 명령에 관한 기이한 목록을 만들어 보면, 터무니없는 경범죄가 무척 많으며, 새롭고 기발하고 이상한 특성을 지니고 있음을 알게 될 것이다.

사태를 바로잡는 법이 만들어지는 것은 언제나 사고가 생긴 후이다. 연기는 불가피하게 여배우의 속치마에 장식물을 내걸리게 했다. 그 역할이 다하자, 모든 여배우나 무희에게 팬츠 없이는 연극의 무대에 오를 수 없음을 명령한 범칙처분이 뒤따랐다.

볼테르의 비극 「메로페」나 라신의 비극 「아탈리」에서 중요한 역을 맡은 여배우라고 하여, 1층 뒷좌석의 붐비는 속에서 뛰고 곡예를 하는 다른 여배우와 마찬가지로 예외가 아니다. 이 법은 오페라 극장의 홀로부터 '분장실'에까지 확대 적용되었다.

화려하게 치장하고 이미 그 자체로 훌륭하고 멋진 비극의 여배우도 '니콜레' 서커스 단원처럼 예상치 못한 사고에 대비하여 내복을 안에 갖춰 입어야 한다. 그 단원들에게는 그 옷이 불필요한 예방 조치는 아니지만 말이다.

여배우들을 제외하고 파리 여인들은 더 이상 팬츠를 입지 않는다. 그러나 더 추운 나라에서는 여전히 팬츠를 입는다. 만약 파리에서 그것을 착용한다면, 어디든 쏘다니기를 좋아하는 우리의 민감한 여인들은 추위와 습기가 일으키는 수많은 피해로부터 보호를 받을 것이다.

551 세례

아이 태어나면 영아세례를 해 주어야 한다. 법은 24시간 이내에 세례가 행해져야 한다고 규정한다. 영아세례에는 대부와 대모의 출석이 필요하다. 이는 종종 아버지에게는 난처한 일이다. 그는 대부와 대모가 되어 달라고 약간 미안한 자세로 부탁한다. 사이가 나쁘지만 않다면 그것은 가장 가까운 친척에게 주어진다. 그것은 얼마든지 없어도 지낼 수 있는 작은 고역이다. 일반적으로 대부모(代父母)의 시대는 지나갔다.

대부는 대모에게 당과(糖菓)를 주는데, 이는 롱바르 길의 당과업자들에게 이득이 된다. 이들은 교회의 이 첫 번째 성사에 대해 특별한 존경심을 가져야 마땅하다.

산파는 임산부에게 아이에게 영아세례를 해주라고 말하는 것에 소홀히 하지 않는다. “부인, 이교도인을 기독교인으로 만들러 갑시다.” 아! 슬프도다. 이 불쌍한 아이에게는 다른 선택이 없다. 아이가 짐작도 하지 못한 가운데, 사람들은 아이를 지옥으로부터 구한다.

몇몇 부자들은 간단히 말해 오늘날 가장 가난한 이들과 같은 행동을 한다. 그들은 교구의 교회지기를 대부로, 헌금함의 여자 거지를 대모로 취한다. 금화 한 닢 받고 걸인이 사제 앞에서 후작님의 신앙에 응답한다.

산파는 신생아를 세례용 흰 모슬린 천으로 덮는다. 모두 그런 차림으로 교회에 간다.

대부들은 모두 ‘사도신경’을 낭독해야 한다. 100명 가운데 98명은 이에 대해 더 이상 알지 못한다. 사제는 세례반(洗禮盤) 근처에서 기독교인들이 더 이상 신앙의 상징을 알지 못하는 일상의 광경이 벌어지지 않도록 아주 낮은 목소리로 말하는 것을 허용한다.

까다로운 '세례자'가 대부에게 높고 낭랑한 목소리로 '사도신경'을 낭독할 것을 요구하면, 그 대부는 대답한다. "곡조는 잘 아는데, 가사는 잊었습니다."

사제는 아이의 머리에 냉수를 붓는다. 이것이 언제나 문제가 없는 것은 아니다. 이어서 아기의 입에 약간의 소금을 넣는다. 때때로 소금 알갱이가 너무 커서 아기를 울게 한다. 아이는 얼굴이 벌게진다. 소금은 성사의 효과에 본질적인 것이 아니기에, 박물학자는 큰 소금 알갱이가 작은 입에는 해로울 수 있다고 판단한다.

세례 후에는 언제나 간식이 나온다. 하나 이상의 아이를 부양하는 프티 부르주아는 그래도 마실 것을 제공하며, 반면에 유모의 손에 맡겨진 신생아는 농촌을 향해 떠난다. 부모는 2년이 지나서야 아이를 다시 보게 될 것이다. 그때가 되면 그 아이는 그들의 포옹을 피해 젖을 주는 시골 아낙의 품속으로 다시 뛰어들 것이다.

세례는 매우 중요한 의식이다. 그것은 한 개인의 존재, 지위, 운명을 결정하는 호적을 탄생시킨다. 그의 생애의 모든 상황에서 이 세례증명서는 중요한 역할을 한다. 사소한 전치(轉置), 사소한 실수도 심대한 결과를 야기할 수 있다. 이 같은 증명서에 실수를 교정하려면 많은 절차가 필요하다. 따라서 우리는 그것에 큰 주의를 기울여야 한다.

아이의 성(性)에 착오가 있을 때, 실수의 명백한 증거에도 불구하고 증명서를 고치려면 당국에 호소해야 한다.

교구대장에서 재위 중인 왕의 아들 이름이 출생일 난에 무명의 두 이름 사이에 적혀 있는 것을 보면 보통 인간의 아이들 사이의 평등의 이미지를 환기시켜 주어 감동적이지만, 왕세자의 배내옷은 동일한 관심을 갖고 보지 않는다. 그것은 연병장에서 북이 울리는 가운데 교황의 특사가 베르사유에서 열리는 화려한 예식으로 인도한다.[21] 하지만 신생아의 축성된 배내옷을 통로에서 건네받기 위해 도열한 완전 군장의 궁내부보다, 군주가 자신의 아들을 그 전날 태어난 또래와 함께 대장에 기입하는 것이 더 인상적이다.

오! 참으로 중요한 것은 단순하고 감동적인 관행과 더불어 제후와 신민을 함께 깨우치고, 그들의 생각을 화해시키며, 그들의 마음에 각각 정의롭고 위대한 관념을 주는 데 있는 것이다!

21 관행에 따르면, 재위 중인 교황은 특사를 통해 왕세자의 배내옷을 국왕에게 현현(顯現)시키며, 이 배내옷의 전달은 대규모 예식을 통해 이루어진다.

552 파산

이 반사회적 범죄가 증가하고 있다. 왜냐하면 그것은 처벌받지 않기 때문이다. 파산이 증가하면서 상업으로부터 신뢰를 추방해 왔다.

파산을 반복해서 발생하는 일종의 놀이로 만든 요인은 무엇인가? 그것은 채무자에게 가장 유리한 방식으로 파산을 준비하고 이끌고 마무리짓는 치명적인 지식을 가진 사람들이 있기 때문이다. 이 사람들은 불행한 상인에게 겉만 그럴듯한 도매상인을 소개해 주는 위험한 재주를 갖고 있다. 그들은 채권자들의 고지식함과 선의를 불러일으키기 위해 그의 손실을 과장하고 가상의 회수를 설정한다.

채무자는 그 나름대로 어쩔 수 없이 자신의 저당물을 지키지 못하는 절망에 빠진 어려운 처지의 당사자 역할을 하기 시작한다. 그는 남을 속이는 궤변을 늘어놓는다. 그는 자신에게 도움과 시간을 주고 일부를 감면해 주면 채권자들에게 그들의 재산이 유지될 것이라는 점을 암시한다.

그의 책동의 목표는 다중의 채권자들이 모이는 총회의 준비이다. 잡다한 처지의 채권자들은 함께 모인 것에 아연실색한다. 말 상인과 패션 상인은 손에 소송취의서를 쥐고 있는 반면에, 보석상인 옆의 큰 음식점 주인은 우선권을 요구한다.

채무자는 이 회합에 모습을 보이지 않는다. 그는 채권자들이 제풀에 지치기를 기다리며, 이에 어울리는 명예로운 수식어를 아낌없이 남발한다.

그가 선임한 웅변가는 일어나서 성난 이들을 진정시키고, 거드름을 피우며 장광설을 늘어놓고, 채무자를 칭송하며, 그의 성실성을 떠벌린다. 소란한 회의장에서 파산한 사람의 위압적인 외양을 한 채권자가 나선다. 그의 눈에는 분노가, 입에는 욕설이 가득하다. 그는 고함을 치며 파산을 공격하는 것으로 시작한다. 그는 극단적인 조치를 취해야 함을 알리는 도표들을 통해 화를 돋우고는, 갑자기 중단하고 어조를 바꾸어 낮고 감정을 숨기는 목소리로 말한다.

그렇습니다. 신사 여러분, 반복하건대 매일 그렇게 무시무시한 충격을 주어 상업을 망치는 이 채무자들에 대해서 어떠한 동정도 용납해서는 안 됩니다. 그렇지만, 신사 여러분. 저는 이 소름끼치는 목적지에 이르는 도정이 길고 불확실하며 비용이 많이 든다는 점을 지적하지 않을 수 없습니다. 채무자 재산의 잔해들은 경비로 사라질 것이며, 유용한 자본이 의심스런 추적으로 희생되는 것은 아닌지 걱정하지 않을 수 없습니다. 따라서 신사 여러분, 저는 재판보다는 화해 조정이 더 낫다는 견해를 갖고 있습니다.

몇몇 분개한 채권자들이 죄인을 재판에 걸어야 한다고 소리친다. 그러나 선거처럼 수가 결정하는 것이 아니다. 세 사람이 합쳐서 파산액의 4분의 3을 넘는 채권자임이 드러남에 따라, 그들이 기껏 4분의 1의 몫에 불과한 30명의 개인들보다 우선권을 갖게 되며, 통상 나머지 사람들에게 지배력을 행사하는 것은 바로 이 3~4명의 채권자이다.

언제나 상당한 소송 비용을 강조하는 웅변가는 화해 조정 쪽이다.

소문이 무성한 끝에 많은 수가 서명을 한다. 그리고 소심했던 채무자는 뻔뻔스런 머리를 든다. 그가 채권자들에게 60%만 손실을 보게 하여 그들 덕분에 그렇게 되었다고 말한다. 때때로 그는 여전히 유예를 요구하여 얻어낸다. 왜냐하면 그는 공모자들과 협력하여 회의에서 미리 지배력을 장악할 줄 알기 때문이다. 그 공모자들은 가장 행위를 통해 스스로 사태의 주인이 된다.

여기서 묘사한 것은 소설이 아니라, 괴로운 진실이다. 어떻게 교활함과 표리부동이 이 정도까지 입법자의 대비책을 피하는 데, 그리고 인간의 법을 그 출발에서 상업의 안전을 배반하게 하여 악의와 배신을 통해 전면적으로 무효화시키는 데 성공했는가?

우리는 파산자가 채권자들과 계약을 체결하는 시점까지 묘사했다. 그 이후를 보여주지 않는다면 이 풍경화가 불완전할 것이다.

만일 우리가 겸손하고 성실한 수치심이 그의 얼굴을 덮고 현명한 신중함이 그의 행위를 결정한다고 상상한다면, 이는 잘못이다. 그는 파렴치하고 배은망덕하게도 더 상당한 액수의 지출을 과시할 것이다. 그는 장사를 계속하고, 심지어 무모하고 과감하게도 지점을 확대해 나갈 것이다. 몇몇은 재산을 크게 양도해 주고 나서도 당장 다음날 사륜마차에 올라 도시에서는 호화 호텔에, 시골에서는 저택에 묵는다. 수도에서는 매일 마찬가지의 역겨운 광경이 벌어진다. 그러면 이런 공개적인 추문의 치명적인 원인은 무엇인가? 우리가 앞서 폭로한 것 이외에 다른 것이 있을 수 없다. 불성실한 채무자를 위해 힘쓰는 자들의 공모와 조작을 통해 이득을 주는 파산을 매우 쉽게 할 수 있는 것.

검사, 변호사들이 이 사법적 다툼에 개입하고 인지를 붙여야 하는 공문서가 대량으로 소비되면, 이런 종류의 사건은 오래 끌게 되고 법조인들은 다수의 채권자들로부터 수임료를 선취한다. 이는 그들에게는 횡재이며, 만일 파산이 드물어진다면 그들은 크게 애석해할 것이다.

탐욕의 세련화와 천재적인 악의에 비추어 상업은 새로운 법을 필요로 한다. 그것은 단순하고 엄격하며 반박의 여지가 없어야 한다. 특별히 신뢰가 끊임없이 훼손당하는 것은 수치요, 국민적 오점이다. 입법자가 종종 비밀을 덮는 행위를 처벌조차 하지 못하고, 법관들이 법규에 묶여 처벌 불능의 상태에 빠지는 일상적인 파렴치한 술책들을 엄벌에 처하고 난 뒤에야 신뢰는 비로소 되살아날 수 있다.

가혹한 상황으로 참으로 파산을 선고할 수밖에 없는 불행한 도매상인들이야 일부 동정을 받을 권리가 있지만, 앞서 보았듯이 교활한 채무자는 그렇지 않다. 따라서 그를 가려내 엄혹하게 법을 적용하기 위한 확실한 규정이 있어야 할 것이다. 그러나 그것이 이처럼 느슨해져 가장 큰 사기꾼이 뻔뻔스럽게도 파렴치한 싸움을 벌이고 종종 승리하기도 한다.

553 중개인

돈이 궁핍하여 고통받는 이들을 찾아내기 위해 도시를 누비고 다니는, 고리대의 직무에 종사하는 이 무리의 수가 얼마인지 누가 자신 있게 말할 수 있겠는가? 그들의 직업은 돈을 빌려주는 일이고, 그들이 말하는 첫 마디는 언제나 자신은 가난하다는 것이다.

파리 시민들의 절반은 주화를 갈구한다. 그것은 어디에 있는가? 지폐가 주화보다 30배나 많다. 끊임없이 목이 마른 대지를 어떻게 식힐 것인가? 중개인은 물뿌리개를 가진 자이다. 그들은 어디에서 물을 긷는지 알고 있다. 환 중개인과 자본가의 지칠 줄 모르는 대리인으로서, 그들은 여러분의 궁핍을 즐기고 가능한 이용하려고 궁리한다.

여러분에게 대금을 제안하는 사람은 창백하고 허기진 모습을 보이고, 낡은 옷을 입고 있다. 그는 언제나 지쳐 있다. 그는 들어오자마자 자리에 앉는다. 왜냐하면 그는 사고파는 것을 이어주고 다른 상품들의 빈번한 교환을 연결해 주기 위해 하루에 도시의 여러 구역을 돌아다녀야 하기 때문이다.

먼저 여러분은 그에게 어음을 넘겨준다. 그는 떠난다. 중개인들 한 패거리가 한 시간 내에 그것을 조사한다. 그러고는 돌아와서 스타킹, 모자, 장식 줄, 직물, 생사(生絲), 서적과 같은 싸구려 상품을 내보일 것이다. 그는 여러분에게 말까지도 끌고 올 것이다. 그런 물품을 돈으로 변신시키는 것이 바로 여러분이다. 여러분은 졸지에 모자장수, 양품점 주인, 서점 주인 또는 마필 매매상과 마주치는 셈이다.[22]

많은 부수의 『백과전서』가 '짐도 풀지 않은 채' 유통된다. 그리고 한 젊은이는 오페라 극장의 여성과 동거하기 위하여 제목 이외에는 방대한 사전에 대해 아무것도 모른 채 지식의 보따리를 판다. 다른 젊은이는 지하 저장고도 없이 여러 통의 포도주를 받는다.

이처럼 여러분의 어음은 상품으로 지급받는다. 종종 그 4분의 1을 은화로 받는다. 그리고 여러분이 어쩔 수 없이 도움을 청해야 한다면, 같은 중개인이 무거운 상품을 대신 배달해 주기도 한다. 구전이 늘어나게 되고, 여러분의 어음은 곧 가치의 3분의 1로 줄어든다.

중개인은 여러분에게 자신의 알선이 매우 만족할 만한 것이라고 증명해 보이고는, 손실에 덧붙여 1천 리브르당 1루이 금화(곧 20리브르)를 요구하고, 양심을 운위하고는 가버린다.

이 중개인들은 거리에서 만나 끊임없이 싸우고, 사로 사귀고, 산책로에서 떠들고, 사람들이 얼마나 돈이 절박한지, 현재 또는 미래의 전망은 어떤지에 관한 세심한 정보를 주고받는다.

그들은 어디든지 들어간다. 서점의 어음을 양도하기를 원하는 가난한 작가의 집을 찾아 웃음으로 인사하고 서명에 고개를 끄덕인다. 그리고 마를리 살롱의 아름다운 여주인의 집도 찾는다. 그녀는 전날 밤 골똘히 생각하고는 그들에게 거의 빌다시피 도와달라고 청한다.

그들의 유쾌한 반사작용을 이해해야 한다. 그들은 화가 몹시 나는 경우에도 웃으려고 한다. 보라. 작가는 한 궤짝의 철물류를, 아름

22 중개인들은 금속화폐의 부족으로 어음의 소지자에게 주화를 받고 할인하거나, 모든 종류의 현물로 교환할 것을 권한다. 전자의 경우 주화는 고리대금업자로부터 오며, 중개인은 그의 이름만 빌려준 사람에 불과하다. 후자의 경우에 상품의 구입가와 팔 때 받는 어음의 명목가치 사이의 차액이 중개인의 구전이 된다. 어음 소지자는 그것을 넘기고 불쑥 처분해야 할 재고품을 받는다. 하지만 그는 너무 빨리 팔아서는 안 된다. 왜냐하면 그렇게 되면 갑작스럽게 공급을 증대시켜 시가를 떨어뜨려 손해를 보기 때문이다.

다운 여주인은 800온의 피륙을 받았다. 평화를 사랑하는 시인은 칼날을 팔아야 하고, 아름다운 여주인은 모든 주위 사람들에게 "내게 옷감이 있는데, 누구 하인에게 옷을 만들어 주려는 사람 없나?"라고 물어야 한다.

이런 종류의 사업을 하는 ○○○ 후작에게 누군가 맥주로 가득 찬 창고를 장의용으로 빌려주었다. 그 결과 그는 3개월간 파리에서 만드는 모든 치수의 관을 할인하여 팔았다. 판로는 확실했다. 더 많은 돈에 쪼들린 사람들은 이런 물품을 만나기만 하면 더 이상 바랄 것이 없을 것이다.

차용인이 환어음을 내놓는다고 하여 중개인은 그에게 조금도 고마워하지 않는다. 중개인은 어음을 통째로 빼앗지는 않는다. 그는 3분의 2나 4분의 3만을 잃게 만든다. 그러나 이득은 그의 것이 아니다. 그것은 얼굴을 가린 고리대금업자들의 것이다. 그는 그들의 이름을 대지 않은 채 여러분에게 통고하는 심부름을 하는 것이다. 바로 이것이 그 특정의 거래에 가장 파렴치한 속성을 부여하도록 부추기는 요인이다. 그는 얼굴을 붉히지 않고 웃으면서, 여러분이 누구인가에 관계없이 자신의 알선이 필요한 동안 여러분을 마치 가족처럼 대한다.

여러분이 배고프다고 소리를 지를수록 그의 기쁨은 더욱 커져간다. 그가 충분히 교활하지 않아 그의 사기행위가 눈에 띄면, 동업자들은 동료를 비난한다. 그리고 다음날 그는 전혀 새로운 방법으로 여러분을 속인다. 이런 분야에서 대가다운 탁월한 솜씨가 있게 마련이다.

그들은 상업의 매매 계약과 그 사법적 형식을 잘 알기 때문에, 바로 이 동일한 형식을 통해 지폐를 주화로 실현하길 원하는 모든 이들을 얽어맨다. 여러분이 그들을 완전히 굴복시키려면 20번은 소송을 해야 할 것이다. 사기꾼도 그들과 다투려고 한다면 당황할 것이다. 하지만 그들을 함정에 빠뜨렸던 자가 있었다. 그것은 연속으로 3세대에 걸친 중개인들을 그와 같은 실수로부터 지켜주기 마련인 그들 사이에서 끊임없이 인용되는 거의 유일한 본보기였다.

554 노트르담 대성당

이 오래된 건축물의 설계도를 그린 중세 건축가는 누구인가? 그는 대담한 천재성을 지녔다. 여러분은 노트르담 대성당에 들어가면서 이 건축물의 규모와 장중함이 근대 성당의 규칙적이면서 세심한 균형보다 훨씬 더 큰 충격을 준다는 점을 느끼지 못하는가?

성 크리스토프의 거대한 인물상은 첫눈에 놀라움을 자아낸다.

'영벌의 제실(Chapelle du damné)'은 '노트르담 대성당'의 참사회원이자 그 유명한 설교자의 이야기를 되뇌게 한다. 그는 훌륭한 기독교인으로 세상을 뜬 것으로 사람들은 믿었는데, 사람들이 그를 위해 추도의 기도를 드리는 동안 그는 관 속에서 머리를 들고는 다음과 같이 외쳤다. "나는 영벌에 처해졌다!"

그렇다면 이 이야기는 여러분에게 공포심을 불어넣기 위한 것이 아닌가? 그것은 감동적인 방식으로 꾸며진 것이 아닌가? 이 이야기를 이 거대하고 장중한 건축물 안에서 경외심을 부르는 여명을 받으며 성 크리스토프의 상 앞에서 들으면, 내게 이 세 가지 사항은 완벽한 조화를 이룬다. 나는 깊은 감동에 빠진다. 나는 이 높은 궁륭 아래서 그 참사회원의 이야기를 들으면서 높은 상을 보는 즐거움에 빠진다. 그는 관에서 머리를 들고 다음과 같이 세 번 말했다. "나는 하느님의 정의로운 심판을 받았노라." 듣는 이는 창백해진다.

바로 다음 순간에 대성당의 '큰 종'이 울리면, 나는 또다시 강렬한 감동을 받는다. 여기서는 모든 것이 크다. 탑에 올라가서 대도시를 굽어보면, 이 수도는 단지 거대하고 혼란스런 잔해더미로 보일 뿐이다. 오, 이 높은 곳에서 보면, 이 넓은 파리는 특별한 외관을 갖는다. 그것은 연기를 뿜어내며 내게 다음과 같이 말하는 듯하다. "모두가 담배를 피우고 있네."

건축물의 고딕 양식, 검게 변색된 정면 현관, 거대한 종, 구불구불한 계단, 고색창연한 색유리, 부식된 조각 등 모든 것은 지나간 세기들을 되돌아보게 한다. 나는 다시 내려와 여기저기를 걷지만, 이 장엄한 신전의 안팎을 떠날 수 없다. 나는 이 거대하고 쓸쓸한 물체들 앞에서 20번이나 오갔다. 그리고 성가대의 음악이 위풍당당한 종소리와 섞일 때, 성수반(聖水盤)지기인 앉은뱅이가 내게 성수를 주려고 긴 장대를 뻗치자 모든 것이 균형을 이루는 듯 보였다. 그리고 더욱 고양된 나의 영혼은 어떤 다른 성당에서보다도 바로 '노트르담 대성당'에서 더욱 뜨거운 마음으로 신께 기도한다.

나는 이 교회 벽의 때를 벗겨내어 다시 희게 하는 것을 유감스럽게 지켜본 적이 있다. 벽이 세월의 유서 깊은 빛깔을 보일 때가 내겐 훨씬 좋았기 때문이다. 희미한 여명은 영혼의 묵상을 자극한다. 벽들은 내게 초창기의 군주제를 알려준다. 이젠 그 내부에서 새 성당을 볼 뿐이다. 성당은 예스러워야 한다. 나는 탑, 성 크리스토프의 상, '영벌의 제실'을 볼 때만 위안을 느낀다.

오, 아름다운 색유리여! 얼마나 인상적인가! 그것은 여러 세기를 거쳐 빛을 발한다. 오, 누가 내 눈이 겨우 미치는 곳에 돌을 가져다 놓았는가!

넓은 성기실(聖器室)로 들어서면 금과 은으로 된 무더기를 접하는데, 이는 멕시코의 보물을 연상시킨다. 대(大) 미사용 장식 성배, 홀장(笏杖), 무릎 꿇은 사람에게 두 손가락을 펼쳐 세례를 주는 대주교 예하의 머리를 장식할 주교관, 이 모든 기구는 연상작용을 통해 온갖 심각하면서도 유쾌한 생각들을 불러일으킨다.

그러는 사이 대주교 예하는 홀장을 들고 주교관을 쓴 채 화려한 성기실을 나와 지나면서 다른 이에게처럼 내게 서 례를 준다. 오! 나는 이때 사람들과 함께 무릎을 꿇은 곳에서 가장 아름다운 극적 표현에 빠져들지 못한다.

참사회원, 성가대원, 교회지기, 음악, 다중, 교회, 대주교궁, 모든 것이 나의 시선을 끈다. 감탄한 나는 행사의 마지막 목격자로 남는다.

묘비명을 읽어보면, 성당이 텅 비어 있는데도 여전히 흥미롭다. 45개의 제실은 다수의 역사적 기념물을 보여주며, 나는 게브리앙 원수부인의 무담 앞에서 멈춘다.[23] 그녀는 독자적으로 대사의 자격을 가졌던 유일한 여성이다.

업둥이 가운데서 뽑힌 귀여운 모습의 어린아이들이 정장을 하고 내게 자선의 보살핌을 찬미하게 한다. 그렇게 많은 근엄한 대상들의 영향을 누그러뜨리는 것은 바로 가슴 뭉클한 미묘한 차이이다.

그럼 '노트르담 대성당'을 한 번 돌지 않고서는 그 광장을 가로지르는 것이 내게 불가능하다. 나는 생쉴피스 교회를 덜 좋아한다. 생트주느비에브 교회 건물은 장대하다. 그러나 그것은 힐데베르트 1세 때 세워져 고딕 건축물이 아니다. 그곳에는 프랑스의 모든 왕과 샤를마뉴가 묻혀 있다.[24]

23 르네 뒤베크(Renée du Bec, maréchale de Guébriant: ?~1659)는 게브리앙과 결합하기 위해 첫 결혼을 파하고, 그가 원수가 되는 데 큰 도움을 주었다. 1643년에 남편을 여의고, 1645년에 폴란드 왕 블라디슬라프 4세의 미래의 배우자인 공자그 공녀(princesse Louise-Marie de Gonzague)를 데리고 가는 임무를 맡았다. 이 일을 맡고 나서 그녀는 매우 높은 평판을 유지했고, 다른 정치적 활동도 했다. 기 파탱(1601~1672)은 당시로서는 예외적으로 그녀가 종교의 도움을 받지 않고 죽었다는 사실을 특기했다.

24 생트주느비에브 교회란 오늘날 생드니 대성당을 말한다. 메르시에가 생트주느비에브 교회라고 부른 이유는 성녀 주느비에브가 5세기 후반에 그 대성당의 초석을 놓았기 때문이다.

그림을 복원하고 정문 현관과 바람구멍 등 어떤 것도 파괴하지 않고 성 크리스토프의 상에 아무런 상처를 내지 않은 것, 이는 조각가가 아니라 한 석공의 업적이다. 그는 내 연극에서 셰익스피어의 역할을 맡는다. 내가 그를 소중히 여기는 이유이다. 나는 다른 곳에서 훌륭한 동상을 꽤 보았다. 그러나 성 크리스토프, 그것은 유례가 없다.

이 대성당에 대해 상세하게 이야기하고자 한다면 여기서 그칠 수 없다. 그러나 루이 13세와 루이 14세의 탯줄, 그리고 몇몇 주교와 대주교의 무덤이 여기에 있음을 아는 것이 여러분에게 중요할까? 그 무덤들에는 고위성직자들의 뼈보다도 더 부패하지 않는 재와 숯밖에 남아 있지 않다.

나는 오히려 성녀 주느비에브의 동시대인이자 가까운 친구였던 성 마르셀의 성골함(聖骨函)을 얘기하고 싶다.

이 두 성골함을 나란히 들어 서로 마주치게 했는데, 옛날에 그것들을 이었던 공감이 여전히 강해 둘은 결합하는 경향을 보인다. 성 마르셀을 끌어내어 감성적인 인력을 떼어내는 데 건장한 짐꾼 12명이 필요했다. 만약 이러한 상호적인 경향을 끝내 억누르지 못하게 되면, 두 성골함은 즉시 서로 결합하여 이후 3일 동안 서로 붙어 있을 것이다. 성자들의 사랑은 얼마나 놀라운 특권을 갖는가! 그러나 구래의 전통을 아는 짐꾼들은 신경을 써서 성자와 성녀를 적당한 간격을 두고 산책시킨다.

'노트르담 대성당'에서 사람들이 하는 이 이야기는 '영벌의 제실'의 그것에 비해 그렇게 감동적이지 않다. 그러나 그 장르에서는 못지않게 소중하다. 이제 역사적인 사실을 살펴보자.

1728년에 성당 중앙 홀을 일부 수리하기 위해 비계(飛階)를 설치했을 때, 도둑들은 아주 쉽게 훔치는 방책을 생각해냈다. 그들은 언제나 그렇듯이 신도들이 가장 많이 모이는 부활절을 택했다. 저녁 예배에서 두 번째 시편 제1절이 울려퍼질 때, 비계의 가장 높은 곳까지 올라가는 방법을 발견한 패거리 2명이 몇몇 석재 및 일꾼들의 도구를 떨어뜨리고 몇 개의 사다리를 뒤집고는 골조가 넘어간다고 소리쳤다. 성가대원들과 신도들이 두 번째 시편의 창구(唱句)를 중단하고 빠져나갈 길을 찾았다. 그러나 이 다중에게 문은 너무 좁았다. 이 소동 속에서 도둑들은 주머니를 뒤지고 시계와 담뱃갑을 훔쳤다. 가장 아름다운 버클을 찬 여성들이 잃은 것이 가장 많았다. 그들은 그것으로부터 손잡이와 다이아몬드를 떼어냈다. 이 비난받아 마땅한 장본인들은 하나같이 솜씨가 뛰어나, 그들을 결코 찾아낼 수 없었다.

오래전에 '노트르담' 대성당에서 고등법원과 회계법원 사이에 우위권을 다투는 대논쟁이 벌어졌다. 병약한 루이 13세는 부인이 23년간의 불임 끝에 임신을 하자, 몽소승천절(蒙召昇天節) 날(8월 15일)에 성대한 예배행렬을 벌이기로 했다.

고등법원이 집단적으로 회계법원을 거세게 밀어냈다. 언쟁과 폭력행위가 벌어진 뒤에, 회계법원의 이 법복 인사들은 이후 30년간 더 이상 행렬에 참여하지 않았다. 이들을 화해시키기 위해 국왕은 그들의 경호대를 분리시키지 않을 수 없었다.

패배한 회계법원의 수석 재판장은 오늘날 고등법원의 수석 재판장의 왼쪽에서 행진해야 한다. 그리고 그는 여전히 옛 패배의 수치스러움을 얼굴에 나타낸다. 사람들은 이를 알아차리고 큰소리로 말한다. "그는 왼편을 차지한다. 한 걸음도 오른쪽으로 가려고 하지 않는다." 져서 상석을 여전히 양보하고 있으니, 위대함 속에서 얼마나 터무니없는 실패인가! 이처럼 8월 15일에 세인의 주목을 받으며 행진하며 고등법원은 의기양양하게 첫 번째 문으로 나가는 반면에, 그는 성가대의 뒤를 따라 두 번째 문으로 나가야 한다.

어느 날 한 척탄병이 파리 대성당을 쳐다보며 소리쳤다. "오, 아름다운 떡갈나무여, 아름다운 떡갈나무여! 너는 저것을 무엇이라고 말할래?" 친구가 그에게 말했다. "너 꿈꾸냐! 아름다운 떡갈나무라고? 큰 2개의 탑과 뾰족한 종루 하나가 보이지 않니?" 다른 친구가 응수했다. "아니야. 저건 떡갈나무야. 매일 이 아름다운 나무의 도토리를 먹는 이들을 봐." 바로 그 순간에 혈색이 좋고 크고 뚱뚱하고 모피 옷을 입은 참사회원들이 모피 완장을 팔에 걸치고 저녁 예배를 마치고 나왔다.

회계법원이 왕자의 탄생을 위해, 전승을 위해, 군주의 병후 회복을 위해, 평화를 위해 신에게 드리는 은총의 행위는 노트르담 대성당에서 요란한 음악 소리와 함께 거행된다.

적군에게서 빼앗은 군기와 깃발들은 이 신전의 궁륭에 내걸린다. 사람들은 예전에 항상 승전했던 한 장군을 '노트르담의 양탄자 직조공'이라고 불렀다. 얼마나 힘찬 정확성을 가진 말인가?[25]

25 뤽상부르 원수(1628~1695)는 플뢰리스 전투(1690년 7월 1일)와 네르빈덴 전투의 승리자이다. 적군에게서 탈취한 깃발로 가득한 노트르담에서의 한 행사에서 문을 가득 메운 군중을 밀치면서 "여러분, 노트르담의 양탄자가 지나가게 해 주세요"라고 말한 것은 콩티 공이었다.

555 프티뒹케르크

이는 퐁뇌프의 계단 난간에 위치한 한 보석 전문점의 이름이다. 이곳은 모든 자질구레한 보석들로 빛난다. 부유함이 그것들을 사고, 거드름은 그것들을 탐내며, 정숙한 여인들은 돈은 아니지만 금 장신구는 받는다. 왜냐하면 그것들은 품위 있게 보이기 때문이다.

보기에 이 점포보다 더 화려한 것은 없지만, 깊이 생각해보면 이보다 더 서글픈 것도 없다. 이 유치한 호사에 대해 웃어야 할지, 한탄해야 할지 사람들은 모른다. 사람들은 아무것도 아닌 것들에 부여하는 멋을 찬미한다. 이 없어도 되는 사치품은 곧 큰 아이들의 장난감이며, 한 철학자가 다음과 같이 말할 수 있는 것도 특히 바로 이곳에서이다. "내게 필요하지 않은 물건들이구먼!"

수많은 서랍들에는 경박함에서 그 형태와 윤곽을 무한히 변형시킨 헤아릴 수 없을 정도로 많은 하찮은 물건들이 가득하다. 세공비가 재료비에 10배에 달한다. 금에는 갖가지의 색을 입혔고, 수정, 칠보, 강철에는 결정면마다 거울 같은 반사면이 재단되어 붙어졌으며, 세공업의 부박함이 여기서 절정에 달한다. 한 남자가 마차에서 내려 보석상으로 들어가 패물을 사는데, 그 가격의 절반으로도 여러 가난한 가구가 일주일 내내 먹고살 수 있을 정도이다.

우리의 소(小) 영주들은 이 하찮은 보석을 신용으로 사서 아무렇지도 않은 듯이 뿌리는데, 이 지출은 생계지출을 초과한다. 이런 상당한 금액이 그렇게 하찮은 사치에 충당된다니 서글프다. 연초에 가게는 구매자들로 붐비며, 경비가 강화된다. 상자를 보여주면서 '이것은 프티뒹케르크 가게 제(製)'라고 말할 필요가 있어서가 아닐까? 매년 사람들은 이 하찮은 보석에 이상야릇한 특정의 이름을 붙인다.

그러나 철학자연한 한탄에도 불구하고, 주인의 안목은 정당하게 평가해야 한다. 그는 예술가들을 자극하고 지휘하며, 구매자들을 만족시켜 줄 것들을 고안해낸다. 그는 몇몇 하찮은 장신구를 유행시켜, 수도에서 그것을 세공하여 외국으로부터 큰 돈을 들여 구매하지 않을 수 없도록 만들었다. 보석제조업은 대중에게 우아한 형식들을 다양하게 선보이게 되면서 훨씬 더 발전했는데, 이는 오랫동안 보지 못한 현상이다.

그의 가게에서 보석의 가격은 정찰제이다. 만일 다른 상점주들이 경쟁심에서 '프티뒹케르크'에서는 2배의 가격을 지불한다고 말한다면, 이는 시기심으로 말미암은 것이다. 보석의 우아함과 끝손질에 비추어 다른 곳보다 더 비싸다고 할 수 없기 때문이다.

볼테르는 파리에서의 마지막 체류기에 이 정교한 세공 가게의 풍요로운 보고를 보고 크게 즐거워했다. 그는 이 사치의 모든 신상품들을 마음에 들어 했다. 내가 보기에 그는 이 화려한 보석들과 자신의 문체 사이에서 일정한 유사성을 감지했을 것이다.

사치가 계속하여 대상을 바꾸고 유행이 급속하게 변하듯이, 사치품 장인들은 파멸적인 변동을 경험한다. 그리고 그들의 운명은 농부의 그것과 달리 언제나 불확실하다. 어떤 장신구는 인기를 잃고, 그것을 만드는 장인은 예고도 없이 곤궁으로 떨어진다.

어느 날 새 취향이 퍼진다. 굶주리던 장인들은 뜻밖의 풍요를 만나 애호가들의 수요를 힘들여 충족시킨다. 그러나 이 장인들은 변덕의 지배를 받아 일시적인 유행만을 경험한다. 그들은 생계 보장을 위해 어떤 대상에 전념해야 할런지 알지 못한다. 예기치 못한 변화가 생기면 여럿은 더 이상 새로운 일자리를 찾지 못한다. 그들은 궁핍으로 수척해지고, 국가는 시민을 잃는다. 그들의 팔과 머리는 쓸모가 없게 된다.

비록 혜택을 받은 장인들이 타인의 희생의 덕을 보고 국가에 불행한 이들의 상실을 벌충해 준다고 할지라도, 이런 풍요가 지속적일 것이라고 덧붙여 말할 수 있어야 한다. 그러나 그렇지 않다. 그들도 어쩔 수 없이 비참의 나락으로 떨어지며, 이 부박함은 대책을 요구한다. 어제는 높은 평가를 받다가, 다음날에는 아무것도 아닌 것이 되는 이 생업이 유용한 대상들에 적합할 수는 없다. 이 이상한 장난감의 시세에 따라 그것의 품삯은 너무 높거나, 아니면 너무 낮다. 이처럼 스스로 자신의 직업의 불안정성을 아는 장인은 그 어떤 것도 감히 결정하려고 하지 않으며, 따라서 사람들이 그를 통해 얻을 것이 없다.

각 세기는 유행을 타는 자신의 틀거리를 갖는다. 모든 것이 그것에 투입되며, 그것은 바뀐다. 두 세기가 같은 면모를 갖는 경우란 거의 없다.

우리의 유행하는 양식들을 서로 연결하는, 존재하지만 감지할 수 없는 고리를 누가 발견해 낼 수 있을 것인가? 여성들이 살대를 넣은 큰 페티코트를 입으면, 금은 세공사는 매우 큰 접시를 제작한다. 프티뎅케르크의 보석들은 오늘날 우리들의 작은 거처, 멋진 가구, 의복, 머리장식에 부합하는 듯 보인다. 따라서 모든 것에는 그 자체의 기원과 연관성을 갖는 비밀스런 인과관계가 있다.

556 종교음악회

파리는 온갖 종류의 공연을 갈망하기에 사교계가 성무일과에 바치는, 종교색이 짙은 장엄한 축일에 그것 없이 지내기는 어렵다.

오페라 극장은 성 금요일, 부활절, 성탄절, 성신강림 축일 기간에 문을 닫는다. 그러나 오페라 극장의 교향악단과 남녀 가수들은 '종교음악회(Concert spirituel)'라 불리는 다른 무대에 선다. 그리고 붉은 글씨의 새로운 공연 프로그램으로 그들이 내는 화음의 모든 변조를 알린다. 이때 그들은 극장복을 입지 않는다. 바로 여기에 차이가 있다.

'미제레레(Miserere)'와 '애도가(De profondis)'는 대편성의 합창곡으로 연주된다. 그러나 종교적으로 말해 그것은 감동을 주지 못한다. 전날 '아르미드'나 '이피게니'를 맡았던 가수가 다윗 왕의 시편의 구절을 노래하면, 다윗 왕은 약간 세속의 분위기를 풍긴다. 같은 여배우의 입에서 키노와 다윗 왕은 상상력을 미소 짓게 만든다. 이러한 모든 합창성가는 참으로 연극적인 공연이 된다. 사람들은 박수를 치고, 성가를 이탈리아풍의 아리에타와 같은 것이라고 말한다.

우리 기이한 관습의 관찰자가 아무리 노련하다고 할지라도, 다중이 무릎을 꿇고 경배를 드리는 성당에서 성직자들이 성복을 입고 노래 부르는 이 시편을, 같은 날에 오페라 극장의 파문당한 구성원들이 세속의 복장으로 노래 부르는 것을 보는 것은 아무래도 낯설다.

여가수는 말하는 것의 의미를 언제나 이해하지는 못한다. 그러나 그녀는 음표를 따르고, 많은 사람들은 일생 오페라 극장 배우들의 매혹적인 목소리를 통해 '종교음악회'에서 듣는 것 이외에 다른 저녁예배를 알지 못한다.

사제들은 '왕립 음악 아카데미'를 철저하게 거부하지만, '종교음악회'는 허용한다. 이 방식을 통해 그들은 여가수들의 보호자를 분노케 하지 않으면서, 그녀들의 자태, 멋, 목소리, 재능을 인정한다. 왜냐하면 주교는 엄격주의 속에서도 '종교음악회'를 거부하기 어렵기 때문이다. 다윗 왕이 거기에 등장하며, 하프 연주가 따르는 그의 시는 매력적인 여배우의 입술을 순화시켜 줄 것처럼 보이기 때문이다.

557 새 저택들

모든 이 새로운 건축물로 이루어진 아름다운 거리! 한눈에도 규칙적이고 장대하다! 우뚝 선 이 저택들은 무엇인가? 누가 거기에 살게 되어 있는가? 일군의 쇠약한 병사들을 병원에게 죽게 내버려두는 바로 그 사람이다. 그 옆으로는 한 유녀의 저택이 있다. 여기에는 막대한 재산이 쌓여 있다. 더 멀리에는 궁정인들의 저택이 있다. 그는 모든 공적을 찾아 베르사유를 누볐지만, 정작 '포대 앞에서' 전공을 세우지는 못했다.[26] 그 건너편에는 조국을 배신한 인물의 저택이 있다. 이 저택들은 화려한 외양을 하고 있지만, 풍요만이 아니라 냉담함으로도 다중과는 별개의 존재임을 드러낸다. 이 건물들 가운데 눈물로 지어지지 않은 것은 하나도 없다.

한 저택은 여러 대분의 밀가루를 사라지게 했고, 다른 저택은 일군의 서기들을 조수로 만들었다. 저기에는 지방의 한 주(州)를 마치 적국처럼 취급하는 지사가 산다.

이 모든 아름다운 저택들은 누구에게 속하나? 고리대금업자들에게, 공금횡령자들에게, 투기업자들에게, 지칠 줄 모르는 압제의 앞잡이들에게….

참으로 성찰은 이 찬란한 저택들을 흉물스럽게 만든다! 아니, 미술이 조국의 적들의 저택을 장식하는 일을 하다니! 우뚝 선 사랑의

26 메르시에는 전사로서의 자격으로 귀족의 특권을 정당화했던 삼신분론을 언급한다. 궁정인들은 귀족이기에 전선에서 포대에 맞서 자신의 가치를 증명해야 했다.

신전의 분위기를 자아내는 이 정자가 방탕의 여사제 차지가 되다니! 이 예쁜 집이 우리로부터 자유의 일부를 강탈해 가는 모든 계획을 꾸미는 탐욕스런 계산가에게 속하다니!

이 횡령자들의 재산은 참으로 어마어마하다. 그들은 양심의 가책도 없이 그것을 향유한다.

건축가들, 도금공들, 화가들 그리고 조각가들,
모두 오라, 서두르라, 데몬은 궁전을 원하네.
황동, 대리석, 그림, 큰 돈 들여 모았네,
예술은 절약을 모른다네. 그러나 이 유쾌한 장소는,
아름답게 만들어진 나머지 또 사람이 살 수 없게 되었네.
사람들이 그것을 보여주고 또 보지만, 사람은 살지 않고,
그리고 소박한 집주인은 다락방으로 숨네.
데몬의 식탁은 열 가지 요리로 신음하고,
공기, 흙, 물, 모든 것이 열락을 주네.
그것은 결혼 피로연, 향연, 연회,
성대한 제물, 그리고 데몬은 젖으로 사네.
그의 서재에서 그 크기를 찬미하라.
사람들이 지은 모든 책들이 그대의 눈에 보이리.
그 유명한 엘제비르 집안 사람들이 이것들을 인쇄하고,
데롬이 모로코 가죽으로 제본하네.
저것들에 배스커빌은 삽화를 넣네.[27]

27 데롬(Derosme)과 파드루(Pasdeloup)는 유명한 제본공이다. 배스커빌(John Baskerville, 1706~1775)은 버밍햄에서 니스칠로 돈을 모았다. 그는 와트먼(James Whatman)에게 벨렝지(紙)의 제작에 관한 정보를 제공하고, 양질의 잉크를 만들어 1750년부터 활판 인쇄에 몰두했다. 1779년에 배스커빌의 미망인으로부터 보마르셰가 사서 켈로 옮겨

탁월한 술책으로 눈을 속이는 다른 이들은,
채색 나무들에 불과하네. 그것들은 그에게 마찬가지로 소용이 있네.
그는 그것들을 보이고, 인용하고, 각자는 다음과 같이 말하는 듯하네.
돈의 훌륭한 활용이라고… 만약 데몬이 글을 안다면!
뭐라고! 이미 그대는 떠났다고? 잠깐, 보아야 하네,
그가 자신의 규방으로 명명한 이 사치스런 신전을.
다가오라… 금성에서, 여기 성소로.
어머니가 배치한 문 밖의 사랑의 신은,
입이 가벼운 사람들이 이 장소에 접근하는 것을 금하네.
데몬은 그렇지만 늙은 티토노스와 같으니.[28]
그 안에서 값비싼 무기력함을 호흡하네.
거울, 그림, 소파, 모든 것이 다정스럽게 말하네.
모든 것이 관능을 그려내고, 모든 것이 쾌락을 권유하네.
욕망들을 살 수 없다면, 얼마나 불행하랴!
- 저자 미상

저택을 가진 철학자는 없다. 대중의 존경을 받는 이름치고 이러한 웅장한 저택에 사는 이는 드물다. 예술은 이러한 위험한 신진인사들이 쫓는 호사스런 상품을 제작해 준다.

이러한 놀라운 졸부는 어디에서 비롯했는가? 어떻게 10~12년

간 이 활자들은 볼테르의 이른바 '켈판'을 찍었다.

28 젊고 잘 생긴 트로이 왕자인 티토노스(Tithon)는 그를 사랑하는 에오스(l'Aurore)에 의해 전차로 납치되었다. 둘은 결혼을 했고, 둘 사이에 멤논과 에마티온이 태어났다. 에오스의 부탁으로 제우스는 티토노스에게 영원한 생을 부여하나, 그녀는 동시에 영원한 젊음을 부탁하는 것을 빠뜨렸다. 따라서 그는 노쇠의 모든 병을 앓았고, 결국 아이처럼 포대기에 싸이게 되었다. 그리하여 신들은 그를 매미로 탈바꿈시켰다.

만에 가난에서 가장 극단적인 풍요에 이르렀는가? 그리고 그는 무엇을 했는가? 우리는 가장 낮은 신분의 인사들이 모은 600~700만 리브르 이하의 재산은 차치하고라도 작은 점포가, 25세의 점원이, 18세의 하인 출신이 조국에 영예롭거나 이바지하지 않으면서도 1,200만 리브르를 모으는 것을 보아왔다. 잘 알려지지 않은 일, 악마 같은 기묘한 지식, 바로 이것이 이 무명인사들을 장식해 주고 우리의 머리 위로 순식간에 끌어올린 것이다. "충성된 자는 복이 많아도, 속히 부하고자 하는 자는 형벌을 면치 못하리라."(구약, 「잠언」, 28장 20절)

그래도 우리가 공중에게 유용한 일정한 근거, 일정한 선행을 헤아릴 수 있고, 그들의 지나친 부유함이 제한되고 집중적인 사치의 유치함을 멀리하게 된다면, 그 부를 용서할 수 있을 것이다. 그러나 그렇지 않다. 그들은 혼자, 몇몇 기생충들의 좁은 테두리 안에서만 향유한다. 그들에게는 모든 것이 비굴하고 천박한 이기주의의 보이지 않는 작용에 의해 일어나기 때문에, 이 파렴치한 백만장자들이 기념물을 남겨 자신의 이름을 정당한 불명예로부터 구하게 되기를 기대하지 마라. 개인적 사치의 부는 고독하며, 쓸데없는 호기심의 대상일 뿐이다. 또한 그들의 사망은 인류의 부담을 덜어줄 것이다. 그것은 통상 웃음으로 받아들여지며, 이는 곧 그들의 모든 삶에 대한 단죄이다. 장대한 저택에 검은 휘장이 걸리고, 교구의 모든 성직자들이 호상을 하며, 종치기가 큰 종을 흔들어댄다고 하더라도, 사람들은 그 죽음에 대해 아무런 감상을 갖지 못한다. '죽는다고 저 세상으로 돈을 가지고 갈 수 있는 것은 아니다.' 그의 관 주위에서 사람들이 듣게 되는 말이다.

558 수도원, 수녀들

수도원은 심판을 받았다. 지나친 호기심, 편협함과 위선, 수사(修士) 연한 어리석음, 수녀연한 정숙한 티가 그곳을 지배한다. 옛 미신의 이 개탄할 만한 유물이 철학이 빛을 전파하는 도시 가운데 존재한다. 그러나 이 신성한 감옥의 담장은 그 희생자들을 모든 지배적인 이념으로부터 분리시킨다.

몇몇 지도신부들이 이 왕국의 관리에 대한 통제권을 갖는다. 이들은 예의범절과 세속성을 교묘하게 결합시켜 강력한 후견권을 행사한다.

한편에 가장 묵시적인 복종이, 다른 한편에 편협한 명령권이 존재한다. 이에 덧붙여 대다수의 절망, 일부의 평온한 체념, 더 영적인 이들의 정신적인 우둔화가 나타난다. 여기서 의무란 관행일 뿐이다. 어쩔 수 없이, 아무런 애착도 없이, 선행을 한다. 간청하는 것이 무엇인지 모른 채 기도를 드리며, 규칙에 복종하기 위해 고행을 한다.

관습이 속박을 약간 누그러뜨린다. 그러나 상상력은 제압할 수 없다. 수련 수녀들은 악마를 두려워하도록 교육받지만, 하느님을 사랑하는 것을 잊는다. 그녀들은 사랑을 통해 해야 할 것을 공포를 통해 하도록 배운다. 열정은 은둔의 침묵 속에서 잠자지 않는다. 그것은 깨어나며, 더 길고 날카롭게 비명을 지른다. 얼마나 많은 남모르는 눈물을 흘렸을까! 덜 불운한 희생자는 기계적인 마비 상태에 빠진다. 다른 이들은 절망의 음험한 저주에 빠져 요절한다.

이 희생자들의 수는 감소한다. 그러나 서원(誓願)의 연령을 25세로 늦춘다면, 이 끔찍한 감옥을 깨기가 더 쉬울 것이다. 우유부단한 법이란 통상 악법이다.

예전에 젊은 자매들은 복무 중인 남자 형제의 승진을 위해 희생되었다. 그리고 많은 말쑥한 어머니들이 성장하는 딸을 비탄 속에서 쳐다보았다.

가장 야심차고 비인간적인 모친이 감히 더 이상 딸들에게 수도원을 말하지 못하도록 이 폐단에 대해 많은 글이 쓰였다. 수도원을 채우고 있는 수녀들은 가난하고 지참금이 없는 처녀들이다.

그러나 지체가 높은 아가씨들도 결혼할 때까지 여기에 머문다. 그리고 그녀들이 부인이 되면, 모두가 다 아는 비밀 이야기를, 그곳을 지배하는 야릇한 열정을 낮은 목소리로 이야기한다. 기묘하고 상상할 수 없는 것은, 이 같은 어머니가 거기에서 무구함이 겪는 위험을 잘 알면서도 어느 날 딸을 그곳에 얼마든지 처넣게 된다는 점이다.

나는 가엾은 수녀들이 매일 등과 어깨를 규율의 큰 채찍으로 때리는지, 그녀들이 언제나 자정에 깨는지, 지도신부들을 초자연적인 지식으로 무장하고 있다고 간주하는지 잘 모른다. 그러나 나는 사람들이 이 고상한 덕성을 더 이상 찬양하지 않아, 그 발 아래에 몸을 던지지 않음을 안다.

이렇듯 인간의 상궤를 벗어난 유물이 존속한다. 이성이 그 악폐와 위험을 보여주었는데도 말이다. 처녀성의 서원은 인간성의 완성이기는커녕, 그것의 명예를 훼손하는 과도함을 이끈다. 얼굴이 빨갛고 넓은 어깨와 억센 동체를 가진 이 모든 수사들을 다른 측면에서 보라. 그리고 철책, 빗장, 문들을 세워 이 양성(兩性)의 가련한 죄수들을 매일 새벽에 되풀이되는 한탄과 고통으로 단죄하는 법을 판단해 보라.

나는 철책 너머의 수녀를 볼 때마다 그녀가 지극히 사랑스럽다고 느끼지 않은 적이 없다. 그들이 쓰는 두건에 비견되는 장식이란 없기 때문이다. 그들의 통상 활기차고 재빠른 말씨와는 모순되는 이 너울, 이 서글픈 복장, 그들의 우울한 시선. 그들의 신분 변화의 불가능성, 그렇게 많은 매력이 사라졌다는, 그리고 그들의 가슴속에서 불행한 사랑의 탄식이 영원할 것이라는 감정. 이 모든 것이 그 무엇으로도 부술 수 없는 난공불락의 장벽 앞에서 나를 슬프게 한다. 나는 멀어지면서, 그런 불우한 수녀들의 아픔을 달래는 것은 인간의 능력에 속하지 않는다는 점을 뼈저리게 느낀다. 그녀들도 확실히 다소간 즐거움을 가져 삶의 부담을 감당하는 데 도움을 받을 것이다. 그러나 모든 것을 놓고 볼 때, 그녀들에게 더 이상 지복(至福)이란 없을 것이다. 나는 가톨릭 국가에서는 자주 되풀이할 수밖에 없는, 루크레티우스의 다음과 같은 구절을 아주 낮은 소리로 되뇐다.

종교란 얼마나 많은 죄악을 이끌었는지!

만일 소명이 더 이상 강제적이 아니라면, 무경험자들을 평생에 걸친 수도서원으로 이끌려는 유혹은 언제나 수도원 경내에서 벌어진다.

1773년에 파리에서 일어난 기이한 사건을 보자.

초기 교육을 위해 딸을 수도원에 넣었던 한 아버지가 딸의 결혼을 원했을 때, 가장 단호한 반대에 부딪혔다. 그는 어렵지 않게 딸을 돌보아 온 경건하지만 무례한 수녀들의 권고가 있었음을 알아챘다. 그는 딸이 그 수도원으로 돌아가는 것을 허락하지 않았고, 이 세상에 대한 그러한 혐오감을 치유하는 수고를 스스로 떠맡았다. 이틀 후, 그는 다음과 같은 편지를 받았다.

하느님은 모든 것이 그에게 속하고, 우주와 모든 피조물의 주인이시며, 산 자와 죽은 자를 심판하노라.

불충한 자여, 너의 하느님의 말씀을 들어라. 만일 네가 그것을 가볍게 여기면, 나는 전멸 천사에게 명령하여 올해가 끝나기 전에 너를 내려치도록 명령하겠노라. 너는 감히 너의 재산을 너의 영혼의 안위보다 앞세우며, 나의 뜻을 거슬러 너의 야심을 충족코자 한다! 너는 모든 재산이 나의 강력한 손아귀에 있으며, 내가 그것을 내 마음대로 나눠준다는 것을 알지 않느냐? 너의 딸은 내 것이며, 그녀의 의지와 존재는 내게 속한다. 내가 그녀를 나의 평화로운 신부들의 반열에 넣고, 그녀가 기도로서 나의 성난 정의를 무력하게 만든 데 동의한 것이 너는 너무도 행복하지 않은가? 너의 죄는 가장 큰 징벌을 받아 마땅하나, 아직 나의 팔은 유보 중이다. 나의 복수를 늦추는 것은 바로 그녀의 무구함과 눈물이다. 나의 분노를 누그러뜨리는 것은 바로 그녀가 살고 있는 장소이다. 만일 네가 감히 그녀를 내게 향하게 하는 소명을 흔들어 놓는다면, 전율하라. 나의 팔은 내려가 너를 나의 분노 속에서 도려내리라.

아버지는 하느님은 이런 편지를 쓰지 않았다고 판단했다. 그는 조사를 막기 위해 그 편지를 위조한 광신주의를 무시했다. 그는 딸을 싹싹한 군인과 결혼시켰고, 사위는 그녀에게 운둔의 취향을 없애주었다. 딸은 예수 그리스도의 메마른 배우자가 되는 대신에 현모양처가 되었고, 여전히 살아 있는 아버지는 기쁜 마음으로 딸의 자식들을 껴안았다.

559 한 수녀원장의 초상

그녀의 가슴에서 모든 열정이 다 타버렸고, 그 결과 그것은 냉담하고 무감각한 덩어리가 되었다. 음식의 풍미는 그녀의 영혼을 무기력하게 했고, 그녀의 모든 감수성을 에워쌌다. 그녀는 자신의 규칙 아래서 고통받는 이들의 괴로움을 전혀 느끼지 못한다. 차가운 냉정함이 그녀의 단조로운 둥근 얼굴에 퍼져 있다. 마치 수도원의 원주(圓柱)를 이루는 나무처럼, 그녀는 매끈하고 단단해졌다. 그녀는 명령을 내리고 괴롭힌다. 이로부터 그녀의 위대함과 관능적 쾌락이 나온다.

그녀가 도달한 지위는 이러한 도덕적 경화(硬化)를 강화시켰을 뿐이다. 그 결과 그녀는 휴지(休止)의 분위기를 풍겼고, 마침내 아마도 휴지 그 자체가 되었다.

수녀원장으로 말하자면 그녀는 마르고 노랗다. 그녀의 경우 비만이 열정을 질식시켜 버리지 못했다. 눈초리의 컴컴한 광채는 그녀가 수도원의 구석에서부터 이 세상의 모든 것을 움직이고 모든 것을 흔들어 놓기를 원한다는 것을 말해준다. 그녀는 그곳에서 끊임없이 산책한다. 그녀는 세상의 모든 것을 알고자 사소한 험담이라도 밖으로 새어나오게 한다. 교단, 종교, 열성의 언어를 가진 고위성직자들조차 그녀가 사는 벽을 보면 눈초리를 낮춰야 한다. 그녀가 끼어드는 사건은 곧 뒤죽박죽이 되며, 그녀와 한 시간만 대화를 나누면 가장 높은 평가를 받는 사람의 행동에 대해서조차 부당한 의혹을 갖게 마련이다.

바로 이것이 깊은 은둔이 하는 일이다. 여기서 모든 열정은 부패한다. 오만은 여기서 훨씬 더 무자비한 성격을 갖춘다. 이 고독한 벽 속에서 중간은 없다. 바로 여기서 영혼은 절멸하든지, 아니면 가장 높은 정도의 사악함으로 상승한다.

560 국립극장

어떻게 이 극장에서 국왕은 언제나 폐위시켜야 할 폭군이고, 최소한 생제르맹 포부르에 사는 자유의 고결한 애호자를 괴롭히는 군주를 암살하고 독살하는 내용뿐인 그렇게 많은 비극들이 상연되어 왔는가?

어떻게 우리의 시인들은 예수회로부터 그렇게도 여러 번 비난을 받은 똑같은 경구들을 주인공의 입에 올리게 했는가, 아니면 최소한 그것들을 시로 지었는가?

어떻게 군주제의 한복판에서 공화정부를 그렇게도 강하게 찬양했는지? 어떻게 코르네유가 우리에게 왕정을 혐오하게 하고, 가장 불쾌하기 짝이 없는 구실로 왕정을 암살하게 하며, 「킨나」, 「에밀리」를 상연하고, 음모자의 역할을 고상하게 하고, 그 술잔과 단도를 축성했음에도 선동적인 시인으로 간주되지 않았는가?

어떻게 왕들의 살해 장면을 생생하게 묘사하는 현대의 일군의 장광설들이 군주를 경배하는 유순한 인민 사이에서 떠돌아 다녔는가? 우리의 비극은 군주제 원리와 전적으로 그리고 언제나 모순되지 않는가?

이러한 작품들에서 국왕에게 가해진 얼마나 많은 욕설들이 이중으로 승인받아 왔는가! 그러나 검열관은 아시아의 군주가 문제가 되고, 단검과 독을 탄 술잔이 생토노레 포부르에서 600리외나 떨어진 궁전에서 준비된 것이라면, 다음과 같이 쓰는 것을 거부하지 않는다. '상연 및 출판을 허가함.'

학생들도 가증스러운, 말하자면 비극적인 시를 짓는다. 한 학생은 칼을 쳐든 음모자에게 말하게 한다.

너는 본다,
인민의 지략과 왕들의 교훈을.

다른 학생은 다음과 같은 시를 쓴다.

그리고 내게는 팔이 필요하다,
누가 왕의 죽음을 무서워하나.

이 흉악한 구절들은 이 비극작가들의 귀에 크게 들린다. 그들은 카페의 구석에 앉아, 폭군 살해가 자유의 이름으로 행해지는 지각없는 비극작품을 구상한다. 원고에 '여기서 왕은 살해될 것이리니'를 쓴 시인 페샹트레를 체포한 바 있는 치안총감은 지각 있는 인사로서, 파리의 한 인물이 한 여인숙에서 비극의 제5막에 나오는 이 말을 실천에 옮길 수 있으리라고는 생각하지 않았다. 그는 이 과장된 망상에 낯선 인사로서 자신의 의무를 다한 것인데, 하지만 그것은 결과를 야기할 수 있으며, 아무리 엉뚱하다고 하더라도 잔악한 성격을 갖는다.

이어서 어떻게 이 같은 극장에서 부르주아 부류를 비방해 왔는가? 왜 후작, 백작은 언제나 경박하고 쾌활한데, 부르주아는 언제나 싱겁고 어리석은가? 그런 작품에서 관리는 상인의 콧등을 손가락으로 튀기는데, 아래층 뒷자리를 메운 상점주들은 그래도 온 힘을 다하여 웃는다.

어떻게 성직자가 그렇게도 강력한 나라에서 볼테르의 다음 두 구절을 연극에서 읊어 왔고, 여전히 읊어대는가?

사제들은 잘난 체하는 사람들이 생각하는 그런 존재가 결코 아니네.

우리들의 고지식함이 그들의 학문이 되네.

어떻게 국립극장이 카르투슈를 인산인해 속에서 상연하는가?[29]

어떻게 「코카뉴의 왕」이 그렇게도 인기가 있고 환영을 받아 끊임없이 공연되는가?

어떻게 한편으로 가능한 모든 암시를 예방하며, 다른 한편으로 옛 구절들이 낳는 새로운 암시들을 내버려 두는가?

이 국립극장에서 여전히 괄목할 만한 것은, 바로 희극배우들이 몇몇 귀족을 모델로 하여 데뷔한 뒤로는 바로 그 사람들에게 모방의 대상이 된다는 점이다. 나는 그랑발, 벨쿠르, 몰레가 차례로 수많은 모방자들을 만드는 것을 보아왔는데,[30] 이들은 벽난로의 거울 앞에서 그들의 버릇을 연습했다. 한 사람은 코 밑을 가볍게 긁었고, 다른 사람은 거의 부동의 수직 자세로 젠체 했다. 마지막 사람은 무릎에 수은을 갖고 있는 양 깡충깡충 뛰어 진중함과 경박함을 차례로 짐짓 했다. 바로 이것이 젊은이들이 극장에서 배우는 교훈이다. 이어서 그들은 집에서 희극배우의 역을 완성한다.

외국인은 인기 있는 배우의 거동을 액면 그대로 받아들이며, 그것을 지배적인 것으로 판단할 수 있다.

그 배우에 대한 모방이 충분히 이루어지면, 그에 대한 열광은 그친다. 그는 늙는다. 그만이 그것을 감지하지 못한다. 그는 여전히 모

29 1721년에 도적 카르투슈(Cartouche)가 체포되어 처형되었을 때, 코메디 프랑세즈를 포함하여 모든 극장이 그 진상을 알리는 작품을 상연했다.

30 이 연인 역을 맡은 배우들은 유행을 창조하고 멋쟁이로 통했다. 특히 몰레는 극작가들에 대한 건방진 태도로 유명했다.

방의 대상이 되기를 바란다. 사람들은 다른 본보기들로 달려들며 이류 극장에까지 가서 찾으려고 한다. 자노는 모방자들을 거느리지 않았던가?

또한 공연을 자주 보는 젊은이들은 모두 인기 있는 희극배우의 경박한 어투를 갖는다. 그것에 물들지 않고 독창적인 방식으로 몸가짐을 꾸밀 수 있는 사람들은 궁정인뿐이다. 대배우 자신도 불완전하게만 모방할 수 있을 뿐이다.

거드름과 무례함의 마지막 한계는 그런 희극배우에게서 나타난다. 그가 연기한 점잔 빼는 행동거지와 어투에 우스꽝스러움을 보태는 것은 불가능하다. 그는 말하건 쓰건, 언제나 버릇없다.

그런 배우가 미치고, 묻힌 것이 그의 신체 대신에 그의 이성임을 믿게 해주는 인쇄된 편지가 있다. 여러분은 그를 비웃고, 그가 완전히 환상 속에서 산다고 확신한다. 그러나 그는 극장의 무대를 누비기에, 세상에 소중한 존재라고 믿는다. 그는 친절한 고지식함으로 제후들에게 불러일으키는 관심을 자랑한다. 그는 자신의 위치에 대한 감각을 상실했다. 그는 공중에 붕 떠 있다. 그는 자신이 말하는 것을 더 이상 알지 못한다.

바로 이것이 극장인들의 병이다. 모두가 그것에 걸린 것은 아니다. 그러나 그 병이 지배적인 사람들은 참으로 자신을 중요한 인물로 생각하기 때문에 이상한 존재가 되었다.

그런데 도덕주의자들은 우리에게 묻는다. 작가, 화가, 조각가, 작곡가, 수학자는 상대적으로 겸손한데, 왜 과장어법과 노래의 재주꾼은 아무리 대중의 갈채를 받는다고 하더라도 그런 허영심에 취하는가? 나는 희극배우에게서 자만심의 기질을 그렇게 놀랍고 항상적으로 작동시키는 것을 잘 판별하기를 바란다. 왜 그런 감정이 다른 직업에서는 알지 못했던 정도로까지 그를 동요시키는가? 내가 지치지 않고 검토하려는 이 자극, 이 억누를 수 없는 욕망의 원인을 발견하기 위해 누가 도덕의 메스를 들겠는가?

이 연극의 무대장치에서 1층 뒷자리는 옛 권리를 상실했다. 그것은 권위를 더 이상 힘 있게 행사하지 못한다. 사람들은 그것의 행사에 항의하고 마침내 그것을 억지로 빼앗아, 결국 1층 뒷자리는 수동적인 존재가 되었다.

여기에 좌석이 설치되었고, 그것은 마비 상태에 빠졌다. 생각과 감정의 소통은 더 이상 느낄 수 없게 되었다. 장(長)의자가 사람들을 서로 붙고 섞이도록 하는 것을 허용하지 않음에 따라, 일종의 감전 현상은 사라졌다.

예전에는 믿을 수 없는 열광이 이곳을 사로잡았고, 흥분의 도가니는 극장의 상연에 이제는 더 이상 갖기 어려운 관심이 되었다. 오늘날에는 평온, 침묵, 냉정한 비판이 야단법석을 대신했다.

또한 상황에 맞게 임기응변을 구사하는 순발력도 사라졌다. 그 가혹함에 대해서 불평할 수는 있었지만, 그것은 유용했다.

예전의 1층 뒷자리는 훨씬 잘 구성되고 애호가들로 꽉 차서, 작품에 대한 판단을 가했을 뿐만 아니라 작가의 힘과 역량을 꿰뚫어 보았다. 1763년에 「워릭 백작」이 상연되었을 때, 1층 뒷자리는 일치된 목소리로 말했다. "좋다. 온건하다. 그러나 시인은 무미건조하다. 그는 더 멀리 못 갈 것이라는 느낌이다." 예언은 입증되었다. 작가는 이후 20년간 「워릭 백작」에 필적할 만한 것을 만들어내기 위해 고투했지만, 끝을 볼 수 없었다.[31]

예전의 1층 뒷자리에는 온갖 종류의 재치 있는 말들이 떠돌았다.

31 라아르프(La Harpe)는 1763년 11월 7일에 성공한 비극 「워릭 백작(Comte de Warwick)」 이후로 코메디 프랑세즈에서 실패만을 맛보았다.

약간 뚱뚱한 남자가 옆 사람을 불편하게 했다. 후자는 목소리를 높여 말했다. "그렇게 몸이 두꺼우면 집에 있어야 한다." 뚱뚱한 남자가 응수했다. "평평하게 하는 것이 모두의 의무는 아니다."

561 골고다 언덕 또는 몽발레리앵

파리에서 2리외 떨어진 이 조그마한 언덕에는 은자(隱者)들이 살고 있다. 이들은 4~5세기 이전부터 이 장소의 주인이었다. 성(聖) 주간과 성 십자가 현양축일(9월 14일)에 파리의 민중과 부르주아들이 놀랍게도 협력하여 부속성당 및 예수 그리스도가 회개한 도둑과 회개하지 않은 도둑 사이에서 못 박혔다는 대형 십자가를 기리기 위해 그곳으로 간다. 그런 부질없이 구경거리를 좋아하는 이들은 이 언덕이 유태인들이 예수를 십자가에 매달은 바로 그 골고다 언덕이고, 사람들이 무릎을 꿇고 기도하는 이 언덕에서 실제로 그가 숨을 거두었다고 경건하게 믿는다. 그들은 예루살렘 밖의 북쪽에 위치한 '골고다' 언덕에 대해서는 모른다. 그들은 심지어 예루살렘이 어디에 있는지조차 알지 못하며, 모조품을 실제 대상으로 간주한다.

7개의 부속성당이 그 십자가를 에워싸고 있으며, 각각은 수난의 신비한 사건을 표상한다. 실물 크기의 석고상들이 사람들에게 양심에 충격을 가한다. 조각가는 유태인들과 도둑들의 얼굴을 험상궂게 만들어 다중을 흐느껴 울게 한다.

몇 년 전에 성 목요일과 성 금요일의 밤에 야간 순례가 있었다. 십자가를 진 순례자들을 따라 많은 수의 부인, 재봉사, 젊은 여성들이 불로뉴 숲을 가로질러 약간 높고 거친 언덕을 올랐다. 당시에는 현명하게도 신앙심에서 수상쩍은 것은 억제했다. 오늘날에는 남녀 순례객들이 5수를 내고 짐수레에서 흔들리면서 하루 만에 그곳에 간다. 거기에서 미사에 참석하고, 이어 다시 내려와 쉬렌의 선술집에서 즐겁게 저녁을 먹는다. 순례는 언제나 하나 이상의 유용성을 가지며, 프랑스인들은 골고다 언덕에 숲을 조성한 뒤플레시에게 무한한 감사를 드려야 한다.

몽발레리앵(mont Valérien)의 노대(露臺)에서 보는 경치는 그 시야로 보나, 대상의 아름다움으로 보나, 비할 바가 없다. 우리는 여기서 파리 일원의 아름다운 경관, 센 강의 넓은 운하, 그 굽이들, 그 기슭의 촌락들을 발견한다.

한 고해신부가 자신의 고해자에게 속죄를 위해 구두에 완두콩을 넣고 이 언덕으로 순례를 오르게 했는데, 고해자는 너무 힘들지만 명령을 지키기 위해 첫 번째 휴식처에서 그 콩들을 삶고는 순례를 계속했다. 이렇듯 대인이건 소인이건 법과 양심과 타협할 줄 안다. 누구라고 자신의 완두콩을 익히지 않겠는가!

사람들은 성직자의 집에서, 그리고 이곳에 정착한 은자들의 거처에서 은둔생활을 한다. 여기서 그들은 좋은 공기와 아름다운 경치를 즐긴다. 그리하여 몸이 마음과 마찬가지로 좋은 상태가 된다.

562 평일

가톨릭 국가에서 축제일은 1년의 4분의 1을 차지한다. 사반세기 전에 이에 대한 비판이 있은 후로 그것은 13~14일이 줄었다. 5일 연휴가 여러 번 있으며, 3일 연휴도 꽤 자주 있다. 그러고도 일요일에는 모든 것을 내던져야 한다. 미신이 공격받고 있지만, 절반밖에 개선이 되지 않았다.

여러분은 어떤 집단이 전면적인 개혁에 대해 가장 유감스럽게 생각하고, 글을 통해 가장 강력하게 반대하는지 아는가? 그것은 징세청부업체(ferme générale)이다. 왜냐하면 축일이란 교회가 선술집에 가라고 신호를 주는 셈이며, 그날 온통 술꾼들이 거기서 일주일의 벌이를 다 써버리기 때문이다.

사람들은 가게가 문을 닫지 않는 날을 '평일(jours ouvrables)'이라고 부른다. 사교계의 인사들은 이런 구분을 알지 못한다. 그들의 쾌락을 위해 일주일의 모든 날들을 똑같이 보내기 때문이다.

샹젤리제, 신작로 길에 사람들이 그득 모인 것을 보면, 그리고 잡다한 집단의 산보객들이 형형색색의 모습과 옷차림을 보이는 것을 보면, 그날이 축일(휴일)이다. 여기서 여러분은 내가 파리 시민들의 걱정스럽고 난처한 또는 어색한 얼굴 표정에 관해 썼던 것이 사실이 아닌지, 그리고 60년 전에 그들이 웃고 자유롭고 개방적이고 홀가분한 얼굴 표정을 가졌다고 본 외국인이 오늘날 그들의 행동거지에서 어떤 거북스럽고 슬픈 것이 보인다고 평가하고 있는 것은 아닌지, 그들의 얼굴에서 읽어낼 수 있을 것이다.

여기서 나는 확실히 가장 수가 많은 계층이며, 그 태도와 눈초리가 고통스런 모습을 표현해 주는 것으로 보이는 프티 부르주아를 말하는 것이다. 이것은 괴롭고 소란스런 삶의 지표이다. 민중은 산보할 때보다 일할 때가 더 즐거워 보인다.

그들이 공원에 구름처럼 몰려드는 놀라운 광경을 보게 된다. 여기서 그들은 점심식사 후 내내 오솔길을 걷고 의자나 벤치에 앉는 것 이외에 다른 일을 하지 않는다. 우리는 그들이 아무런 여흥을 할 줄을 모른다는 것을, 축일은 여전히 프티 부르주아에게 아무런 지출도 해서는 안 되는 날임을 알게 된다. 왜냐하면 추적의 위협을 하는 무시무시한 징수관이 보낸 인두세의 독촉장이 그들 모두의 얼굴에 쓰여 있는 듯 보이기 때문이다.

이 인두세 징수관은 영원한 우환이며, 단호한 징세청부인이다. 그는 이 치명적인 직무를 책임지고 일으키고, 납세자의 머리를 미망인의 옆구리까지 쫓아가 찾는 재정가의 일종이다. 그는 여러분에게 자의적으로 부과한다. 그에게 "내 머리는 별 가치가 없다"고 아무리 말해도 소용없다. 그는 여러분에게 당신의 머리는 내게 과세대상인 한에서 탁월한 것이라고 주장한다. 그가 과표를 내리면 그 무엇도, 심지어 예기치 못한 불행조차도 그것을 말소할 수 없다. 회계연도의 최소 15일을 살면, 망자도 인두세를 내야 한다.

563 라울 스피팜[32]에 대하여

나는 그가 아무리 무명일지라도 그의 성격 및 기질과 일정한 유사성을 느끼기에 그에 대해 말하고자 한다. 16세기의 이 인물은 사무실에서 왕 행세를 하면서 자신의 감정을 상하게 한 모든 악폐의 개혁자가 되었고, 입법의 거의 모든 대상에 관한 왕령(王令, arrêt)을 마음껏 만들어냈다. 그리고 누가 이 중요한 대상에 대해 저도 모르게 꿈꾸지 않았겠는가? 누가 때대로 '만일 내가 왕이었으면!' 하고 말하지 않았겠는가?

꽤 재미있는 점은, 『왕령 사전』의 저자인 브리용과 생트 마르트 신부, 그리고 다른 저자들이 기개와 권위를 결여한 한 사인(私人)의 작품에 불과한 것을 앙리 2세의 진정한 왕령집으로 간주해 왔다는 점이다. 그만큼 그는 이 왕령들의 양식과 문투를 완벽하게 모방했던 것이다.

그는 가상의 주권자로서 왕령들을 만들어냈는데, 이것은 또한 증오 내지 회한의 작품이기도 했다. (왜냐하면 사람은 위엄을 보일 필요가 있기 때문이다.) 그는 자신에게 우호적이지 않았던 샤틀레 및 고등법원의 판사들을 무섭게 공격했다. 자신의 규정에 불복하면 동료인 변호사들의 자격을 박탈했다. 그는 그 협회를 쓸모없고 무용할 뿐만

32 Raoul Spifame: 고등법원의 변호사로, 그 행동이 앙리 2세와 꼭 닮았다. 그는 왕처럼 행동했고, 앙리 2세는 그가 그런 동일시를 계속하도록 의도적으로 조장하고 그를 부양해 주었다. 스피팜은 약 300개의 왕령을 기초했다.

아니라 해롭고 위험하다고 하여 폐지했다.

이 새로운 입법자는 가상의 세계 속에서 흥분하여 왕좌에 다가간다. 그는 왕이 자신을 칭찬하고, 찬사와 은총을 듬뿍 내리며, 심지어 자신을 '민사입양'을 통해 양자로 받아들이는 것을 목도한다.

이러한 은총에 감격하여 우리의 정치가는 왕령은 그 어떤 간주도 유예도 없이 시행할 것을 명령한다. 이는 우리의 국왕들이 결코 마음대로 할 수 없었던 바람이다. 그러나 스스로 군주가 된 스피팜은 절대군주로 자처한다. 여러분은 그가 이어서 국왕이 갈리칸 교회를 이끄는 것을 돕기 위하여 24명의 추기경을 임명한 것을 알 것이다. 국왕은 그를 '총관(surintendance)'에 임명한다.

그가 사무실에서 왕 행세를 하면서 전제군주가 되는 것을 보는 일은 재미있다. 내 생각에, 이런 관찰은 도덕론자의 눈을 피해 갈 수 없다.

그러나 스피팜의 모든 규정들이 또한 도를 벗어난 것은 결코 아니다. 그는 허깨비를 쫓으면서도, 때때로 사회에 유용한 몇몇 법과 기관의 싹과 마주쳤다.

프랑스 전역에서 1년이 1월 1일에 시작된다면, 사람들이 영주재판권의 악폐를 느껴왔다면, 파리 도시의 미화와 편리성에 이바지하는 공사를 시작했다면, 그 대성당이 대주교좌의 자격을 갖게 되었다면, 국왕의 도서관이 모든 문학의 성과를 집대성하는 공공저장소가 되었다면, 이는 아마도 스피팜의 덕택일 것이다. 적어도 이런 모든 기관 내지 규정들은 이미 시행 훨씬 이전인 1556년에 『정의정부론』에서 제시되었다.

이 관념적인 왕좌로부터 연원한 많은 왕령 가운데 주교의 임지주재를 명령한 것, 전쟁 비용 및 국가의 다른 필요를 보조하기 위해 성직록에 연금제를 도입한 것, 국왕이 신민에게 공금 횡령의 사실을 알리도록 한 것 등이 주목할 만하다. (여기에서 우리는 그 이후에 교황이 아비뇽과 관련하여 충성 서약을 할 것을 규정한 소중한 왕령의 싹을 본다.)

우리는 스피팜의 이념이 통찰력 있는 현명한 법을 제정하여 오늘날 가장 돋보이는 유럽의 군주들의 그것과 유사함을 안다. 그는 국가가 축일의 폐지를 통해 노동을 늘리고, 종교로부터 신성모독을 줄일 수 있음을 처음으로 주목했다. 그는 또한 그에 못지않게 유용한 다른 개혁인 수도원 개혁을 언급했다. 아! 그가 글 쓸 당시에는 얼마나 대담한 것이었는지!

그는 결혼의 순수성을 유지하는 데 강한 집착을 보였고, 불륜의 죄가 입증된 자들은 토목공사에 투입했다.

왕관 및 소명을 받지 못한 이 입법자는 특히 모든 나라에서 토지를 최대한 유용하게 이용하려고 부심하는 시기에 깊이 생각할 만한 좋은 법을 제시했다. 그는 경작하기를 바라지 않는 토지는 비생산적인 것으로 보아, 왕령을 통해 황무지는 그 최초의 점유자에게 주어질 것이라고 명령했다. 내가 보기에 이는 감탄할 만한 조치이다.

이어서 그는 아무렇게나 내버려진 토지의 경작과 비옥도를 관리하고 지도하기 위해 농지, 농촌, 측량을 위한 회의소를 세웠다. 내가 보기에, 제안자가 구상했던 것과 같은 이 기관은 오늘날의 농업협회와는 완전히 다른 효용성을 갖는다. 이렇듯 우리의 경제 저술가들은 매일 완전히 새로운 과학이라고 제시하는 농학의 많은 세부 사항들을 발명한 공적을 가질 자격이 없다.

이 기이한 왕령의 제조가는 잊혀지지 않았다. 그는 자신이 제정한 한 규정을 통해 '국새독재관(國璽獨裁官)' 자리를 만들어 이에 올랐다. 다른 이들이 대신, 장군, 재무총감에 올랐듯이, 그는 가상으로 그러했다. 그러나 그가 잠들지 않을 때 누가 지배하기를 원하지 않겠는가? 머리를 베개에 기분 좋게 누이면서 누가 그의 의지가 현직

관리의 그것에 비해 더 올바르고 더 통찰력이 있음을 확고하게 믿지 않겠는가?

'라울 스피팜'은 개혁 작업을 통해 우리에게 500개의 규정을 마련해 주었다. 그러나 그 쇄신 속에서 죽음이 그것을 중단시켰다. 우리에게는 그가 만든 309개의 왕령만이 남아 있으며(그렇지 않았더라면 어찌 왕이라 할 수 있었겠는가?), 그것들은 이제까지 잊혔던 만큼 우리의 정치가들이 다시 찾을 것임이 분명하다.

이러한 잡다한 규정들의 귀결, 그것은 모든 과세의 부담을 부자들이 짊어져 한다는 것이다. 그들은 세금을 언제나 최종적으로 낸다. 그만큼 그들의 부담으로부터 시작하는 것이 좋다. 단호한 조치를 취할 필요가 여기에 있다. 왜냐하면 사치의 감소는 부자들에게 나쁘지 않고, 심지어 허영심의 병도 그러하며, 그 감소가 누진적이기 때문이다. 따라서 카드, 향수, 주류에, 머리에 바르는 분에, 직금(織金)과 견직물에, 장식 줄에, 자기에, 하인에, 시중꾼과 침모에게, 집사에게, 주차장에, 사륜마차의 바퀴 등에 세금을 매기자.

뭐라고? 왕국은 넓이가 3만 5천 평방 리외인데, 여러분은 1파운드의 버터의 반입을 위해 돈을 요구한다. 그리고 여러분은 정치체의 순환과 생명을 유지해 주는 상업을 불안하게 하고 죽이기 위해 봇짐과 상품을 압류한다. 그리고 여러분은 빵도 없는 가난한 사람의 머리에 세금을 매긴다. 또한 여러분은 절도, 사기, 강탈의 모든 면모를 갖춘 못되고 끔찍한 법들을 매일 만든다. 그리고 여러분은 일자리를 요구하지만, 여러분이 그것 없이 방치하는 일손들을 갖고 있다! 스피팜을 읽어라. 그는 재능과 경험이 아직 사상을 결합시키지 못한 세기에 원대한 전망을 지녔다.

몽테스키외가 이렇게 말했을 때, 그는 거의 그를 모방했다. "각자는 육체적 필요가 같기에, 오직 잉여에 대해서만 과세해야 한다.

필수품에 과세하는 것, 그것은 파괴하는 것이다.” 그러나 사람들은 스피팜도, 몽테스키외도 듣지 않아 왔다. 만일 플라톤이 말하듯이 ‘모든 부자가 입법자라면’, 그들이 입법의 이론을 포기할 위험성이 얼마나 클 것인가?

564 재산목록, 보이지 않는 것

정부가 종신연금의 형태로밖에 돈을 빌려주지 않기 때문에, 개인들의 절반은 사망하자마자 곧 재산목록이 작성된다. 사람들은 양피지들과 6개월치의 연체액을 발견한다. 미래가 불안한 우리의 조상들이 그들의 표현을 빌리면 '갈증에 대비해 배[梨] 하나'를 두는 금고는 사라지고 없다.

국왕을 보편적인 유증수혜자로 만드는 양피지는 친척관계, 감사의 마음, 우정, 자기희생을 끊는다. 그것은 개인적 이해관계를 강화하고, 개인들의 이기주의를 정제시킨다. 무슨 상관이랴! 아버지는 아들과, 삼촌은 조카와 갈라진다. 모든 관계는 해체된다. 사람들은 자신의 돈에 10%의 이자를 받기 위해 큰 희생을 치른다. 유행병에 한 번만 걸리면 모든 것을 한 손에 집중시킨다.

따라서 오늘날 누가 친척, 부친, 삼촌을 위해 우는가? 짐꾼, 세탁부, 구두공의 아들이…. 사교계에서 사람들은 친척을 위해 더 이상 울지 않는다. 사람들은 상속재산을 마주하여 그것을 미리 계산하고, 그 증거를 보러 가고, 사망이 기대를 배신하거나 충족시키느냐에 따라 화내거나 기뻐한다.

사람들 가운데 4분의 3이 가난하다는 점이 명확하게 드러나는 것은 바로 사망 현장에서이다. 장례비용이 없다. 친척과 친구들이 갹출해야 한다. 우리는 죽음이 어떻게 6개월을 더 살아가야 할는지 알지 못한다. 공수래공수거(空手來空手去)인 듯하다.

달려와서 봉인이 떼어지기를 기다리는 상속인들을 보자. 상속재산은 어떻게 될 것인가? 어떻게 분할할 것인가? 미망인, 자녀들, 방계 혈족들, 이들에게 상속권이 주어진다.

사람들은 있는 것보다 더 많은 재산을 발견하기를 바란다.

큰 돈을 번 것으로 알려진 한 재정가가 몇 년 전에 사망했고, 정식 상복을 입은 상속인들은 주화를 찾느라 동분서주했다. 그들은 아무것도 찾지 못했다. 금고는 텅 비어 있었다. 큰 웅성거림이 일었다. 그들은 자문했다. '금이 어디에 있는 거야?' 그들은 하인들을 가두고, 벽을 조사하고, 낡은 장롱을 쪼개고, 포장을 뜯고, 주류 저장고를 팠다. 금은 없었다. 상속인들은 탄식했다. 보석, 가구, 양탄자들로 채워진 재산목록이 작성되었다. 그러나 가구류는 주화의 부재를 보상해 주지 못한다.

마지막으로 사람들은 저택에서 가장 찾지 않는 장소인 먼지로 덮인 서재로 갔다. 그 꼭대기에 큰 책들의 긴 미개봉 묶음이 놓여 있었다. 이것은 교부들의 총서였는데, 우리에게는 지겨운 수집품이다. 집행관은 도서경매평가인에게 보여주고 어떤 간행본인지 묻기 위해 그것을 풀려고 했다. 그는 무거운 책을 손으로 쥐려고 했으나 바닥으로 떨어졌고, 성 크리소스토무스[33]의 터진 두껍고 불룩한 부분에서 3천 개의 루이 금화가 쏟아져 나왔다. 그 옆의 그레고리우스, 제롬, 아우구스티누스, 바실레우스의 책에서도 같은 양의 금화가 나왔다. 놀란 상속인들은 교부들의 신성한 책들에 대해 처음으로 미소지었다. 그들은 이 신학서적들을 무겁다고 더 이상 비난하지 않았다.

그 재정가는 자신의 집에서 누구도 이 존숭하는 책들을 열어보러 갈 생각을 하지 않을 것임을 확신하여, 그 책들의 들러붙은 큰 책

33 Saint Chrysostome: '황금의 입'이라는 의미.

장 사이에 수색 대상인 금을 숨겼던 것이다. 그는 이 두꺼운 2절판의 책들이 사람의 손이 닿지 않는 높은 곳에서 자물쇠와 철띠보다 더 확실한 방식으로 금을 보관해 줄 진정한 금고가 될 수 있다고 생각했다.

때때로 한 부유한 개인이 사망한 후에 서명을 하고 봉인을 떼어낸 손은 어떤 비밀 장롱을 만질 때는 벌벌 떤다. 왜냐하면 사법 관리는 경험을 통해 현대 열쇠업은 불신이나 탐욕의 매수를 받아 위험한 특수 용수철을 발명했음을 알기 때문이다. 그것은 그가 살았을 때만이 아니라 죽은 뒤에도 작동하며, 도둑의 손만이 아니라 경찰의 손도 자를 수 있다. 개인이 부유할수록 조사자는 탐욕스런 수색 가운데서도 용의주도함을 보인다.

우리의 세기는 끔찍한 발명들을 선보였는데, 그 가운데서 열쇠업자의 발명은 부자의 탐욕을 돕는다.

한 부유한 재정가는 금과 은을 쌓아둔 작은 지하실에 철문을 만들게 하고는, 매일 내려가 마음 편하게 여신 마몬(정신을 떠난 물질욕의 상징)을 감상했다. 열쇠업자는 그에게 말했다. "이 용수철을 조심하십시오. 그것은 무시무시합니다. 왜냐하면 그것이 어르신을 다시 가두면, 어르신께서는 다른 사람들에게 판 함정에 꼼짝없이 갇힐 것이기 때문입니다."

몇 년이 지났고, 만족할 줄 모르는 재정가는 보물이 늘어나는 것을 매일 보면서 그곳을 열심히 찾았다. 그는 쾌감에 젖어 쌓인 자루들 위에서 뒹굴었고, 이 어두컴컴한 작은 지하실에서 그것들을 계산하고 정리하는 것을 기쁨으로 여겼다. 그는 자신의 우상에 일종의 경배를 드렸던 것이다. 어느 날 흥분 속에서 탐욕의 즐거움을 만끽하던 그는 지옥의 신에 취해 치명적이게도 용수철을 묶는 것을 소홀히 했다.

그는 절망 속에서 보물과 함께 갇혔다. 그는 사람을 부르고 소리쳤다. 그러나 그곳은 산 사람이 접근 불가능하고 밖에서는 목소리가 들리지 않는 일종의 지하무덤이었다. 그는 금더미 위에서 울부짖었다. 그는 그곳에서 부와 함께 배를 주렸다. 그는 쌓아올린 부대 가운데서 격분 속에서 죽었다. 그곳에서 그는 한 컵의 물, 한 입의 빵을 위해서라면 그 모든 것을 주었을 것이다. 그는 오랫동안 극심한 고통 속에서 떨다 죽었고, 자신이 처한 상황의 공포를 달래거나 누그러뜨릴 수 있는 단 한 차례의 자선행위도 떠올리지 못했다. 재정가 삶의 대단원이 어떠한가! 어떤 시인이 새롭고 끔찍한 독백을 이처럼 극적으로 그려낼 수 있을 것인가! 누가 이 수전노를 이처럼 겁에 질리게 할 수 있을 것인가?

그런 가운데 사람들은 그를 백방으로 찾았다. 누구도 그가 과묵한 탐욕에서 만들었던 지하의 은신처를 몰랐기 때문이다. 열쇠업자는 그의 실종을 알았다. 그는 사건을 짐작하고, 그의 부인에게 가서 비밀의 장소를 알려주었다. 사람들은 쇠망치로 작은 지하실의 문을 부수었다. 얼마나 소름끼치는 광경인가! 굶어 죽은 불행한 그가 죽은 채로 발견되었다. 그는 은 자루들 위에 누운 채로 주먹을 뜯어먹었다.

그는 가난한 이들을 멸시했고, 그들의 한숨도 탄식도 듣지 않았다. 나는 여러분 심정을 안다. 여러분의 흥분한 마음은 아직도 가라앉지 않고 그의 운명을 개탄할 것이다!

적빈, 빈곤, 부유함, 호사는 종종 한 건물에서 공존한다. 부호는 1층에 살고, 부자는 그 위층이다. 가난한 자는 5층에 머물고, 적빈자는 반쯤 열린 지붕밑 고미 다락방에서 산다. 5층에서 재산목록을 작성하면, 이웃의 빵집 주인이 나타나 4파운드의 빵 7~8개의 값을 요구할 것이다. 그가 외상을 주는 것은 결코 5층을 넘지 않으며, 반면에 보석상인은 2층에서 작고한 이의 다이아몬드를 흥정하여 4만 에퀴를 제공할 것이다. 그런데 내게 말해 보라. 여기서 있을 법한 모든 정부의 투기업자들은 문명화된 사회의 걸작품인가?

후덕한 유언만큼 드문 것이 없다. 최부유층의 인사가 죽는다. 그의 지나친 몰인정을 입증이라도 하듯이, 그는 어느 누구에게도, 친구들에게도, 부드럽게 이름을 불렀던 이들에게도 유증하지 않은 채 죽는다. 그는 무덤 속에서조차도 이기주의자이다. 그는 애호하고 함양했던 예술에는 불충하게도 그것을 위해 아무것도 하지 않는다. 그럼에도 그것을 더 이상 즐길 수 없게 되었을 때, 재산의 일부를 흩뿌리기 위해 펜을 잡는 것보다 더 쉬운 일이 무엇이 있는가! 예전에는 대규모 재단이 더 일반적이었다. 어떤 선행의 흔적도 남기지 않고 삶을 떠나지 않는 것이 당시에는 의무였던 것이다.

내가 아는 한, 파리에서 백만장자가 가난하면서 유익한 사람에게 유증을 하여 그를 공개적인 목소리로 지명하는 것을 아직까지 본 적이 없다. 예술과 과학은, 그것들을 가꾸는 이들과 마찬가지로 지원과 도움을 필요로 한다. 생전에서와 마찬가지로 죽음의 품안에서도 무감각한 부자들은 기부라는 생각 자체를 거부한다. 그들은 허영심의 기쁨은 몰라도, 명성의 정당한 자부심의 그것은 결코 추구하지 않는다. 훨씬 더 순수한 기쁨은, 바로 너그러움에 수반하고 그 보상이 되는 위안의 감정이다.

공허감, 건조함, 무감각, 유언장을 특징짓는 부드러운 애정의 망각을 비난하는 것만큼 더 인간적인 것은 없다. 정당한 아쉬움을 받을 자격이 있는 이를 찾으려면 1만 명이 필요하다. 위인들조차 이러한 행위를 할 줄 몰랐다. 그런데 그 행위는 가장 중요한 흔적이다. 우리 의지의 최후의 작품이기 때문이다. 우리가 살아남아야 하는 것이 바로 이 허약함, 부주의, 아니면 무관심인가? 어째서 사람들은 영혼을 적나라하게 나타내 주는 최후의 작품을 마음껏 창작하지 않는가?

565 심미안을 가진 사람

작가, 특히 아카데미 회원은 그런 칭호를 갖지 못하며, 그것을 배타적으로 자기 것으로 하지 못한다.

'맛(goût)'이란 단어는 아마도 가장 이해하기 힘든 말일 것이다. 왜냐하면 그것은 자연과 예술을 긴밀하게 화해시키기 위해 만들어졌지만, 어떤 두 사람도 양자를 동일하게 보지 않기 때문이다. 이 추상적인 단어의 의미를 정확하게 규정하기 위해서는, 실재적인 이미지와 그 완벽한 모방에 대한 심오하고 올바른 이념이 필요하다.

훌륭한 작가란 언제나 읽고 쓰고 숙고한 것에 스스로 은밀한 반대를 하여, 그것에 만족할 만한 방식으로 답변한 후에야 글을 쓴다. 평범한 작가는 자신이 쓴 것에 어떠한 반대도 없다. 그는 시작하면서 오만한 자신감을 드러내는 안이함에서 "나는 센스가 있어" 하고 소리 지르고 뛰어오른다.

문명화된 인민은 예술의 완성이라고 생각하는 것, 그리고 자신의 재능의 실질적인 한계를 이루는 개인들을 '멋(goût)'이라고 부른다. 따라서 모든 국민들은 자부심으로 인해 이 말을 자신에게 유리하게 만들고, 이어서 자신이 사용하지 않는 것, 또는 자신의 관습에 거슬리는 것을 더 확실하게 배제하기 위하여 모든 대상에 적용한다. 예술가들은 자신의 좁은 영역에서 국민들을 모방한다. 왜냐하면 각자는 경쟁자들에 대한 자신의 우위를 평안하게 확립하고, 이 승리감에 이의가 제기되어 기분이 상해지는 것을 막기 위해 장벽을 세우기를 원하기 때문이다.

그렇다고 멋이 상대적인 것은 아니다. 라파엘로의 「현성용(顯聖容)」, 퓌제의 「크로토나의 밀로」, 페르골레시의 「어머니는 슬픔에」, 베르길리우스의 「아이네이스」 제2권은 같은 수준의 완전성에 다다른 인민들에게는 똑같은 즐거움을 주게 마련이다.

그러나 양식, 색조, 색채의 면에서 라파엘로의 「현성용」과 대조되면서도 그렇게 아름답고 아마도 더 완벽할 수 있는 회화를 그릴 수 있다는 것이 과연 가능한가? 퓌제의 그것보다 더 표현력이 풍부한 동상을 제작하고, 「어머니는 슬픔에」보다 더 절절한 성가를 작곡하며, 트로이의 함락보다 더 장대하고 역동적인 시구를 쓴다는 것이 과연 가능한가? 그렇다면 완전성의 이 이른바 원형들은 무엇인가? 자연은 묘사된 최초의 형태 속에 모든 것을 가두는가? 그것은 라파엘로의 붓에 모든 색깔들을, 퓌제의 끌에 모든 기(氣)를, 페르골레시의 음표에 인간 마음의 모든 심오한 감성을, 베르길리우스의 장단단격(長短短格)과 장장격(長長格)에 유쾌하며 위풍당당한 얼굴을 장식하는 모든 이미지를 종속시켰는가? 그들은 훌륭하다. 동의한다. 그것이 말하고자 하는 근거인가? 이는 하나의 관점일 뿐이다. 누구도 이런 방식을 취하지 않고서는 미술의 마법을 결코 파악할 수 없는가? 뭐라고! 이 예술가들은 한 태도, 한 순간만을 그리고 인간 마음의 한 감정만을 건드렸지만, 죽으면서 그들이 했던 것 너머의 것을 감지했다. 감히 그들의 이름으로 말한다. 바로 이것이 탁월한 아름다움을 이루는 영원하고 변함없는 형태들이다! 자연은 이제 소멸할 수 있으며, 남은 것은 거칠고 야릇하여 그림 값의 가치가 없다. 오늘날 그림이 모두이고, 그 모델인 자연은 변변치 않다.

이처럼 습관은 인간에게서 미(美)와 진(眞)의 속성에 대한 그들의 견해를 결정하는 가장 지속적인 규준이다. 그리고 멋의 설교자들은 해야 할 바를 성찰하기보다는 이루어진 것을 따르도록 끊임없이 이

끈다. 우리들의 즐거움의 범위는 그것을 주는 이들의 안일함과 불충분함을 미화하는 편협한 판단으로 인해 축소되었다. 그리고 일정 시간이 흐른 끝에 여러 세기에 걸친 숭배로 존경할 만한 것이 된 고질적인 편견에 맞선다는 것이 더 이상 가능하지 않게 되었다. 자신들의 기호에 따라 생각, 감정, 즐거움을 바꾸는 신생 인민은 행복하구나! 그들은 사회의 유행과 변덕으로부터 거리가 먼, 자연의 사랑스럽고 자유로운 제자로서, 영혼의 쾌락의 원천을 흐리게 하는 왜곡되고 자의적이고 좀스러운 관행을 모른다. 그들은 주시하는 대상에 완전히 몰입하여 그 이미지를 소박하게 재현한다. 그들은 효과에 몰두하여 그 원인을 추론하지 않는다. 그들은 기쁨에 몸을 떨기 위해 검토를, 감동에 젖어 울기 위해 기준을, 탄복을 위해 심미안(goût)을 기다리지 않는다. 그들은 행복한 무지 속에서 생생하게 열광하며, 또 마찬가지로 즐긴다. 그런 몸은 자기가 내는 소리에도 감응하여 전율한다.

파리에서 사실상 심미안을 둘러싼 논의는 그렇게 멀리까지 가지 않았다. 그것은 관습, 습관, 인민들의 법, 다소간의 자부심, 그 열정의 활력의 정도, 토지, 기후는 포함하지 않는다. 이 논의는 결국 라신은 아름다운 구절을 지었기에 멋이 있고, 셰익스피어는 프랑스어로 작품을 만든 것이 없기에 야만인이고, 글을 가장 훌륭하게 쓰는 이는 무엇보다도 작가라는 것으로 귀착된다. 그리고 사람들은 나머지 모든 것보다도 문체에 대해 더욱 합의하지 못한다. 사람들은 사교계의 동의를 받지 못하는 모든 것을 측은하게 여긴다. 그리고 사람들은 오직 수도에서만 눈과 귀, 마음을 가질 수 있다고, 다른 곳에서 이루어진 모든 것은 매우 나쁜 취향(goût)을 갖는다고 확신한다. 이렇게 다른 국민들의 즐거움들을 모두 단죄한 뒤에, 사람들은 그들을 불쌍히 여기고, 그들의 언어 속에 라신의 「앙드로마크(Andromaque)」와 그르세의 「베르베르」 같은 것이 있는지 묻는다.

566 법원 판결에 의한 매각, 경매

이 매각의 대부분은 위장이다. 한 상인은 점포를 일거에 비우기를 원한다. 동업자가 그에 맞서 소송을 걸면, 결국 압류에 이른다. 그리고 재산은 모든 필요한 절차에 따라 처분된다.

그것은 하나의 게임에 불과하다. 건져내는 데 능숙한 상인은 구매자들이 함정에 빠질 때만 재산이 낙찰되는 것을 허용한다. 회중에는 패거리가 끼어든다. 사방에서 "이거 공짜나 다름없어"라고 외쳐댄다. 그러면 허가받은 매각이기에 일반인들은 매우 싸다고 믿게 되어 모든 구매에서 속게 된다. 상인의 점포에서는 불량품에 불과한 것을 그들은 모두 구입한다.

이 매각은 저질의 낙찰품을 대량으로 유통시키고 좋은 물품으로부터 실재적 가치를 빼앗아 상업에 큰 피해를 끼친다.

너무 잦은 이런 매각은 사람들 사이에 골동품상의 정신을 불어넣어 속임수와 간사한 욕심을 부추긴다.

그리고 이 매각에는 비밀의 동맹이 있다. 우리는 이것을 언제나 경계해야 하는데, 이를 '동맹(grafinade)'이라고 부른다. 그것은 경매에서 서로 가격을 올려 부르지 않는 상인들의 무리를 말한다. 왜냐하면 구매에 가담한 이들 모두는 그것에 가담해 있기 때문이다. 그러나 그들은 누군가가 어떤 물품을 갖고 싶어 하는 것을 보면, 가격을 올리고 손해를 받아들인다. 그것은 한 사람에게는 상당하지만 동맹의 모든 구성원들에게 나눠지므로 가벼워진다.

따라서 이 상인-협잡꾼들은 가격의 결정권자가 된다. 왜냐하면 그들은 어떤 구매자도 '동맹'의 구성원이 제시하는 것 이상으로 올리지 못하게 만들기 때문이다.

어떤 물건의 가격이 패거리에 속하지 않는 모든 이들을 이익으로부터 배제할 정도로 충분히 높게 되면, 그들은 특정 단계에서 그들 사이에서 그것을 낙찰시킨다.

보석, 다이아몬드, 시계마다 동맹이 있다. 그것들은 일반인이 싼 값의 이득을 보는 것을 막는다. 그것들은 이런 술책을 아는 사법관들의 면전에서 행동하는데, 그들은 방어수단을 가진 이 불굴의 결사의 음모를 분쇄할 수 없다. 왜냐하면 모든 것은 법의 이름으로 행해지고, 이 무리가 이익을 나눠가지면서 일반의 경계와 사법당국의 감시를 따돌렸다고 떠벌리는 것은 막후에서이기 때문이다.

경험이 없는 사람이 물건이 경매에서 매우 비싼 것을 알고 놀라는 이유가 여기에 있다. '동맹'은 상품이 낮은 가격으로 떨어져 구매한다고 주장할 수 있도록, 경매에 다시 가지 않기를 바란다.

사람들의 돈주머니를 겨냥한 이런 음모는 경매홀로부터 수많은 구매자들을 쫓아낸다. 이들은 '동맹' 전체보다는 그 구성원에 의해 바가지를 쓰는 것을 선호한다. 왜냐하면 일반의 표현에 따르면 그 동맹은 허리가 튼튼하여 불굴의 사나이조차도 밀어젖힐 정도로 잘 싸우기 때문이다.

낡은 모자를 쓴 경매인, 중매인들은 이 점에서 보석상, 금은 세공품상, 화상(畵商)을 완벽하게 모방한다.

'골동품 수집가(curieux)'라는 이름을 가진 우리의 영주는, 아무런 필요도 아무런 열정도 없이 단지 싸다는 이유로 보석, 말[馬], 그림, 판화, 고예술품 등을 사는 대규모 골동품상이다. 그는 종마사육장이나 진열실을 만드는데, 후자는 곧 점포가 된다. 사람들은 그가 미술애호가라고 믿지만, 그는 돈을 사랑한다.

그가 애착을 갖는 듯 보이고 숭배자인 체하는 이 꽃병, 이 청동 제품들, 이 걸작들은 황금을 위해 팔아치울 의향이 있는 이의 것이다. 가장 오래된 메달은 그 보관소에 머물지 않는다. 그 소유자의 자랑에도 불구하고 누구든지 그것을 손에 넣을 수 있다. 이처럼 허울 좋은 이름의 골동품상은 상인 계층의 이익을 부당하게 차지한다. 그럼에도 그는 단지 예술가들을 위해 샀다고 말한다. 그들의 폭군임에도 말이다.

그런데 그림의 실가격이 드러나고 그가 거만한 소유자의 살롱에서처럼 더 이상 당당한 태도를 보이지 못하는 것은 바로 경매에서이다. 여기에서 보잘것없는 횡령자의 유익한 역할은 끝나고, 자칭 감정가는 자신의 비현실적인 가격이 추락하는 것을 보며, 거만한 프랑스 학파는 과시적인 자만심을 낮추는 법을 배운다. 화가가 국왕의 수석 화가라고 해도 아무런 소용이 없다. 그의 4피트 높이의 작품은 단지 10에퀴를 (말하자면 화포 값으로) 받을 뿐이다. 집행관-경매평가인은 친절하지 않게도 그것을 구매자에게 가차없이 넘겨주며, 그는 그것으로 흡연실이나 식당을 장식한다.

왕국의 섭정이었던 오를레앙 공작 필리프는 그림 그리는 것을 좋아했다. 그러나 전하의 손은 유럽을 움직이는 데는 능숙했을지 몰라도, 그림에서 가장 하찮은 엉터리 화가의 수준을 넘어서지 못했다. 어떻게 되었을까? 그의 주요 그림은 (아무리 서명이 들어 있다고 하더라도) 모든 전시실에서 차례로 쫓겨나 지금은 튈르리 궁의 통로에 걸려서 안식처를 마련해 줄 취득자를 헛되이 기다리고 있다. 사람들은 그것을 보고 그 존엄한 이름을 읽고 미소 짓지만, 누구도 36리브르를 내려고 하지 않는다. 이는 타고난 재능을 반영하는 예술에서 대중에게 작위로서 보상해 줄 것이 없음을 입증해 준다.

567 땔감

오, 이 셀 수 없을 정도로 많은 벽난로는 얼마나 많은 장작을 요구하고 소비하는가! 사람들은 파리에서 큰 관심을 기울이지 않은 채 마치 생을 탕진하듯이 땔나무를 태운다.

같은 건물의 주방, 대기실, 응접실, 20개의 개별 방들이 장작을 순식간에 태워버린다. 사람들은 그것을 가져오기 위해 얼마나 돈이 드는지 아무것도 생각하지 않는다. 10만 리브르의 연금을 가진 사람에게 200짐의 장작을 쓸데없이 태운다고 하여 무슨 상관이랴? 그는 이렇게 아끼지 않으면 곧 사람들이 호흡하는 공기를 사서 없애는 것과 같다는 점을 알까? 따라서 많은 수의 작은 가정에서는 두 짐의 땔감으로 만족하고, 부자는 필요한 양만을 때야 한다.

1783년 3월 1일에 파리에서 갑자기 땔감이 부족해졌다. 돈을 주고도 구할 수 없었다. 상인들이 제멋대로 행동하는 것을 막기 위해 땔감 하역장에 경찰을 배치해야 했다. 짐수레꾼 자신은 전날에는 20수를 받았음에도 1대당 6리브르를 요구했다.

왜 하역장이 텅 비었을까? 누구는 말한다. 그것은 땔감장수들이 '입시세'를 연말에 냈음에도 시장이 그들에게 그것을 미리 내게 하려고 했기 때문이라고. 그들은 부족 사태로 징수인들이 더 유순해질 것으로 믿고 땔감을 거의 들여오지 않기로 담합했다는 것이다. 다른 이들은 말한다. 물이 불어 비축량이 도착할 수 없었다고. 그 기간에 임산부와 노인 환자를 위한 취사 냄비에 불을 지필 수 없었다. 파리인들은 빵, 포도주, 장작이 거의 마치 태양의 광선처럼 수도에 내려왔다고 생각하여, 태양이 어김없이 빛나고 있음에도 기하학적으로 가지런하게 쌓아올린 높은 장작더미를 더 이상 보지 못하자 크게 놀랐다. 사람들은 그 순간에는 때는 양을 줄여야 한다고 생각했다. 그리고 큰 장작단을 성냥개비처럼 태웠던 요리사들도 처음으로 아끼라는 지시를 받았다.

사람들은 길이가 250보에 이르고 4명이 겨우 운반할 수 있는 '열차(trains)'라고 부르는 긴 장작더미가 도착하는 것을 보고, 인부들이 다리에 와서는 그것들이 아치에 걸리지 않게 용감하고 능숙하게 옮기는 것에 공포와 같은 찬사를 보내면서도, 나무를 잘라 물에 띄워 보내는 방법을 1549년에 고안해낸 장 루베라는 과감하고 기발한 발명가는 충분히 생각하지 않는다. 그는 성공하기 전에는 미치광이 대접을 받았고, 성공했을 때는 괴롭힘을 받았다.

이처럼 파리 시민들의 취사를 가능하게 하는 장작은 마차나 배를 통하지 않고 40리외를 이동한다. 그것은 개울에 던져져 강까지 떠내려온다. 그러면 솜씨 좋은 일꾼이 장작들이 하나의 전체로 완벽하게 묶여져 있는 이 큰 더미를 헤아린다.

이 '열차'를 해체하려면 새로운 작업이 필요하다. 허리까지 몸을 물에 담가 지저분한 물의 악취가 진동하는 그리스 신화의 흙 묻은 트리톤과 같은 인부들이 이 젖은 장작들을 조각조각 등에 진다. 다가오는 겨울을 위한 땔감이다.

수도의 난방이 고통, 정성, 수고의 대가를 치른다는 점은 이 작업을 지켜본 이들만이 이해할 수 있다. 그리고 누구도 이 대규모의 소비를 준비하는 엄청난 작업의 세부사항에 관해 성찰하지 않는다.

이 예상치 못한 부족 사태로 사람들이 더 안정되게 난방할 수 있는 방안을 강구하게 되었음은 분명하다. 토탄(土炭)은 최근에 완벽하게 개선되었는데도 아직 대장간에서밖에 사용되지 않는다.

요컨대, 오늘날 해당 부서가 그 방안의 마련을 위해 주의와 정력을 기울이는 데에는 그런 사고(事故)만한 것이 없다.

쉴리는 『왕립 경제(*Economies royales*)』에서 모든 생활필수품의 가격은 언제나 오를 것이고, 땔감의 점진적인 희귀화가 그 원인일 것이라고 예언했다.

568 플라트리에르 길

장자크 루소는 글 속에서 자신의 영혼에게 말을 거는 숲, 호수, 총림, 바위, 산 등 제네바 호수의 아름다운 경치를 자주 언급해 왔다. 그의 상상력은 풀밭, 물, 나무, 그리고 이것들의 활기찬 고독에 입각했다. 그렇지만 그는 거의 60대가 되어 파리의 '플라트리에르 길'에서, 말하자면 가장 시끄럽고, 가장 불편하고, 가장 왕래가 빈번하고, 나쁜 환경이 가장 만연한 곳에서 거주하게 되었다.

루소는 생애 마지막 10년을 수도의 진창과 소란 속에서 보냈던 반면에, 『오를레앙의 동정녀』의 저자(곧 볼테르)는 그곳에 발을 딛지 않고서 30년을 살았다고 누가 말했던가?

이런, 전나무 숲 위를 나는 독수리들의 소리, 바위를 쪼개고 작은 골짜기를 파고 호수와 강줄기를 살찌우는 영속적이고 둔탁한 석회가 섞인 푸르스름한 격류의 울부짖음을 들었던 그가, 파리 중앙시장 인부들의 저주 섞인 말과 낡은 모자를 쓴 가두 판매인들의 날카로운 소리가 그의 귀를 끊임없이 두드리는 좁은 판잣집에 살려고 왔다니! 그리고 파리의 야식을 위해 계속해서 일했던 볼테르는 쥐라산의 기슭에 머물렀다. 그의 눈은 호수와 산들의 지평선을 껴안았고, 바로 여기서 그는 조롱을 덧없고 넋 나간 것으로, 그리고 숭배자들에게 아첨하고 여전히 보이는 문단의 몇몇 해충들을 공격하는 데 몰두했다. 편협한 자만심이 그를 괴롭혔지만, 그는 그것을 길들이지 못했다. 반면에 루소는 그의 필치를 부르는 다양한 장면을 가진 시끄러운 도시의 한복판에서 누구나 찬양하는 불멸의 붓을 들었다.

나는 '플라트리에르 길'의 그를 방문했다. 그리고 『에밀』 저자의 면전에 있음을 느끼면서 이 유명한 저술가가 미쳤음을 알았을 때, 얼마나 깊은 고통이 스며들었던지! 나는 그가 내게 가공의 적, 자신을 향한 보편적인 음모를 말하는 것을 들었을 때, 한숨을 지었다. 그리고 동정의 눈물을 글썽이면서 나는 아주 낮게 속으로 말했다. "아, 내가 그렇게도 숭배했던 이 사람이 편집증 환자로구나!" 나는 그가 사후에 출간된 작품들을 통해 이 슬픈 첫 번째 인상을 확인해 줄 것임을 당시에는 알지 못했다. 그의 다른 저술들에 틀림없이 해를 끼칠 이 작품들은 조심성 없이 출판되었다.

그럼 루소는 너무 뜨거운 상상력의 자극을 받고 자신도 모르는 오만에 가득 찬 나머지, 구두닦이가 자신에 대한 봉사를 거부하게, 걸인이 자신의 보시를 거부하게, 상이군인이 자신에게 인사하지 않게 만드는 능란한 적들의 동맹이 주위에 있다고 상상했다. 그는 누군가가 자신을 추적하고, 자신의 말을 엿듣고, 프로이센 왕의 의도건, 아니면 이웃인 과일장수의 의도건, 일군의 밀사와 부지런한 보초들이 자신을 비방하기 위해 전 유럽에 퍼져 있다고 굳게 확신했다. 그 과일장수가 살라드나 배의 값을 받는 것에 태만한 것을 자신을 모욕주기 위한 것으로 여겼다. 이것이 내가 본 바이며, 나는 이 진실에 대해 경의를 표해야 한다. 왜냐하면 그의 성격이 문제가 되고 있기 때문이다. 하지만 내게는 그렇지 않다. 루소는 사생활에서 광적인 편집증에 걸렸고, 외부가 언제나 평온하고 조용했기에 더욱 회복 불가능했다.

오, 상식이여! 상식! 너는 자신을 괴롭히고, 평범한 사물들의 관점을 집어던지고 자신을 야릇하고 유별난 세계로 밀쳐 넣는 이 천재보다 천 배나 더 낫지 않은가?

『에밀』의 저자가 사망한 후에 코메디 프랑세즈의 배우들이 그의 망령에 복수하기 위하여 「철학자들」이라는 악의적인 희극을 재상연하고, 시인이 '네 발로' 기게 하는 비루한 인물을 통해 이 저술가의 도덕성을 모독하는 암시를 주었을 때, 분노의 외침이 크게 일어나 그러한 파렴치하고 맥 빠진 장면을 금지시켰다. 시인을 바로잡은 1층 뒷좌석의 이 빛나는 정의보다 얼마나 그 철학자에 관한 기억이 높은 평가를 받고 있는지를 더 잘 보여주는 것은 없다.

569 긴 의자

신작로변의 돌로 된 긴 의자(벤치)는 지저분하다. 돌은 차가우며, 따라서 부인과 젊은 여자들이 탈 없이 앉는 것은 거의 불가능하다. 그 결과 그들의 건강에 영향을 주는 사고들이 생겨난다. 왜 이 모든 긴 의자들이 나무로 되어 있지 않은가? 그것을 잘 유지하고 새것으로 바꾸는 일은 큰 경비가 들지 않을 것이다.

공공산책로에 긴 의자가 드문 것을 보며 우리는 인색함을 느낀다. 있는 것은 깨졌거나 노후했다. 의자 빌려주는 여자들의 수입을 위해 그것을 절약하는 것이다.

어떤 일이 일어나는가? 회복 중인 노동자, 새로이 임신한 부인은 축축한 풀 위에 앉는다. 그들은 2수짜리 동전 한 닢을 아끼는데, 이런 절약은 그들에게 위험할 수 있다.

비열하고 치사한 이해관계가 공공의 편리함을 상쇄해야만 하는가? 의자 빌려주는 여자들은 임대료의 결과로서 긴 의자의 파괴를 돕는 것이다. 이제 곧 우리는 건강하고 탄탄한 산책로에서 그것을 단 하나도 발견하지 못하게 될 것이다.

이처럼 몇몇 하찮은 개인들에게 돈벌이가 되는 이 조그마한 특권이 공공사(公共事)에 얼마나 인색하고 치사한 면모를 주는지 나는 모른다. 교회에서까지 대중을 위한 긴 의자가 없다. 설교를 듣기 위해 앉기를 원하는 이는 여전히 돈을 내야 한다. 이 조그마한 지적은 불필요하게 보일 것이다. 하지만 그것은 특수한 탐욕이 매번 일반이익에 어긋남을 입증하는 데 큰 기여를 한다.

570 18세

18세가 되면 파리인은 공부를 마친다. 그는 모든 것을 안다고 믿지만, 아무것도 모른다. 그러나 그는 콜레주 교사의 권한 밖에 있기에 배울 의무가 있다고 여겨지지 않는다. 우리는 키케로, 카이사르가 25세의 나이에 여전히 문하생이라는 이름을 가졌음을 안다. 그들은 오랜 공부를 통해 통치의 중요한 일들을 준비했다. 키케로와 카이사르는 재치가 넘쳤다. 그러나 그들은 지식을 대체해야 한다거나, 하급자들에 의존하여 내각의 직무를 수행할 수 있고, 유용한 세부사항을 무시하면서 멋진 계획 작성에만 집중할 수 있다고 생각하지 않았다.

이 고대인들은 그 자체로 사람을 알고, 정치 기계의 무게, 원동력, 운동을 검토하기를 바랐다. 재치로는 이 모든 것을 풀지 못한다. 보고 계산하고 평가해야 하며, 이것이 그들이 부끄럽게 여기지 않고 했던 것이다.

오늘날 20세가 되면 고등법원 법원장의 아들은 중요한 문제에 관해 수다를 떨기 시작한다. 유력자들의 아이들은 과도한 소심함을 놀라운 건방짐으로 탈바꿈시킨다. 사람들은 이 젊은이를 웅변가, 대령, 판사, 미래의 주교로 만들 생각을 한다. 인도자와 비서는 이미 선정되었다. 이 정도면 성공을 위해 충분하다. 용기가 있다면, 그를 대신의 보좌관으로 선언했을 것이다. 그럼에도 사람들은 요즈음 나타난 이런 방종을 이미 명성이 높아진 몇몇 관청 부서에만 사용한다.

20세의 나이에 감히 떠들어대는 사람은 30세에 범인(凡人) 이하가 될 것이다. 내게 여러 문제에 대해 검증할 만한 능력이 있었기 때문이다. 그러나 여성들의 총애, 기세 좋게 움켜잡은 몇 마디, 약간의 상상력은 오늘날의 젊은이들에게 앞 세대에는 없는 자신감과 무모함을 준다. 젊은 사람들은 떠도는 미사여구에 기반을 둔 이런 재치를 너무 많이 갖고 있다. 이런 모방은 곧 경박한 재치로 흩어지게 마련이다. 이런 수다는 일관성 없는 재치의 확실한 징표이다. 그들은 많은 것을 말하고 단언한다. 그리고 기이한 것은, 그들이 모두 슬프다고까지 말할 수 있는 진지함을 보인다는 점이다.

571 성당 기사단

모든 기사교단 가운데 가장 오래된 성당 기사단은 교황 클레멘스 5세[34]와 잔인한 미남왕 필리프에 의해 파괴되었다. 그것의 옛 본거지는 특권을 가진 장소가 되어, 지불능력이 없는 채무자들의 안식처 역할을 한다.

이곳은 빚을 갚지 못할 이에게 속한다. 한 사람은 시간을 요구하고, 다른 사람은 유예 판결과 함께 통행증을 얻는다. 후자는 능숙한 인물이다. 그는 미로같이 복잡한 절차를 알아 사고를 내고, 재판권을 기피하며, 이의신청을 한다. 이런 방책을 모르는 이들은 기사단의 소유지로 피신한다.

여기서 집행관의 무용(武勇)은 무효가 된다. 신체의 포박을 명하는 영장은 입구의 문턱에서 소멸한다. 채무자는 같은 문턱에서 채권자들과 말을 나누고, 인사하고, 악수할 수 있다. 그러나 한 발만 더 나가면 체포될 것이다. 그를 그 너머로 끌어내려고 갖은 노력을 한다. 그러나 그는 함정에 빠지지 않도록 조심한다.

그는 좁고 작은 방 하나에 비싼 값을 치른다. 그래도 언제나 감

34 Clemens V(재위: 1305~1314): 아비뇽에 자리를 잡은 최초의 교황. 그의 재위기에 비엔 공의회(1311~1312)가 열려 성당 기사단의 해산을 선언했다. 이것은 메르시에가 가장 잔인한 측면을 언급한 학살극의 전주였다. 성당 기사단 소유지(l'Enclos du Temple)는 미남왕 필리프에 의해 해산된 이후에 몰타 기사단 수도원장의 배타적 재판권 아래 놓였다. 국왕의 사법권은 그곳으로 들어갈 수 없었고, 그리하여 파산자들이 은신처를 찾을 수 있었다. 소유지는 치외법권의 지위를 누렸던 것이다.

옥보다는 낫다. 이 은둔처의 깊은 곳에서 그는 일을 처리한다. 그는 교섭하고 흥정한다. 채권자들이 타협을 모르면, 그는 그를 조금도 의심하지 않는 수사들이 마련해 준 안식처에서 머문다.

이 특권적인 장소에서 살아가는 데 아무런 불편이 없다. 왜냐하면 채권자들은 부재의 채무자보다는 입회한 채무자와 언제나 훨씬 잘 화해를 하기 때문이다.

동업조합의 간부들의 방문은 기사단 안에서는 일어나지 않는다. 모든 직업이 여기서는 자유롭다. 최근의 한 예를 보자.

파산한 한 약제상이 하제(下劑) 작용을 하는 강장제 탕약의 처방을 만들어 기사단 안에서 최근 출시하여 대성공을 거두었다. 그것은 큰돈을 벌게 해 주었다. 의사들의 협잡과 약제사의 중독된 약제에 물린 사람들은 그 탕약이 진짜 건강에 좋은 것임을 알게 되었다. 적어도 경험은 그것이 건강에 좋고 일반적인 효용이 있음을 매일 입증해 주었다.

이 탕약의 출고량은 하루에 1,200파인트까지 치솟았다. 약의 효능은 경험에 의해 확인될 수밖에 없는 것이기에, 경험주의가 이치를 따지는 의학보다 병을 더 잘 낳게 하면 경험주의를 공격하는 모든 논증은 무너지는 법이다. 근본에서는 오직 하나의 질병만이 있으며, 따라서 오직 하나의 치료제가 만성적인 질병의 뿌리를 파괴하는 것이라고 말할 수 있다. 파리의 모든 사람들이 그에게 달려가는 약제상에 대한 직업적인 '치료사들'의 분노는 나를 가장 즐겁게 해주는 일 가운데 하나였다.

대도시에서 인간적 삶을 그렇게도 다양하게 동요시키는 온갖 상황의 희생자들에게 은신처가 있다는 것은 좋은 일이다. 이곳에서 자신의 특수한 이익을 위해 모든 것을 희생시키는 집단들의 작은 폭정이 사라지고, 인간이나 예술이 다른 곳에서는 너무도 자주 제약받아

약하게 된 자유를 허용받는다는 것은 좋은 일이다.

이처럼 기사단의 대지는 소중한 곳이 되었다. 이곳에 제2의 극장을 세우자는 말들이 있었다. 그것은 극예술에 더 큰 공간을 제공하고, 멜포메네(비극의 여신)와 탈리아(희극의 여신)를 코메디 프랑세즈의 신사 여러분의 발 아래에서 죽이는 이 믿을 수 없는 특권을 파괴하는 데 이바지할 것이었다.

왕제(王弟) 아르투아 백작의 아들인 앙굴렘 공작 전하께서 성당 기사단의 대수도원장이다.

기사단의 교회에는 파리에서 죽은 몰타 기사단의 모든 기사들이 묻혀 있다.

이처럼 성 요한 기사단의 기사들이 과거에 성당 기사단이 차지하고 있던 건물에서 살고 있다. 성당 기사단의 해체는 우리의 역사에서 강렬한 호기심을 부르는 동시에 저버리는 시기에 해당한다.

572 복식(服飾)

나는 교회지기를 보게 되면 자문한다. 이처럼 모든 사람이 샤를 6세 치세 때의 옷차림을 하고 있구나. 성 프란체스코회의 수사들은 내게 두건과 뒤로 꼬리 같은 것을 단 채 발끝까지 덮는 수단을 연상시킨다. 오늘날의 파발꾼은 내게 프랑수아 1세 때의 복식, 곧 수줍음을 겁먹게 할 정도로 몸에 꼭 끼는 남자 저고리를 떠올린다. 당시에는 진주나 다이아몬드로 장식된 귀고리를 하나만 찼으며, 다른 귀는 둥근 챙 없는 모자로 표 나지 않게 가렸다.

나는 예전에 한 프랑스 기사가 성 프란체스코회의 수사보다 좀 더 우스꽝스럽게 옷을 입어 황제 프리드리히 2세를 즐겁게 했다는 생각을 하면, 우리의 우아한 후작들이 머리에 떠올라 웃지 않을 수 없다. 왜냐하면 그들은 어느 날 야릇한 의상을 입었는데, 그들이 복식과 모자를 잘 갖추었다고 생각하는 모든 우아함이 시간이 조금만 지나면 조롱거리가 되게 마련일 것이기 때문이다.

왜 우리는 조금도 변하지 않는 동양의 복식에 대해 웃지 않으며, 왜 우리의 재단사들은 항상 피륙을 다르게 자르고, 다시 자르는가? 이것은 동양의 복식은 인간의 키에 맞추기 때문이다.

부르주아에게 영주처럼 옷을 입을 수 있는 것은 큰 즐거움이다. 점원이 수행원을 데리고 다니는 인물처럼 옷을 입으면, 그의 가슴은 기쁨으로 가득 찬다. 상인이 옆구리에 검을 차면, 그는 장교와 같은 급이라고 믿는다. 안목이 없는 이는 말할 것이다. "모든 것이 똑같네. 누군지 못 알아보겠네." 좋을 대로 생각하라지. 하지만 사람들은 어떤 외양을 하더라도 신분과 지위를 구별해낸다. '드러내 보이려는 외모가 가진 것을 망친다.' 재단사에게 호소하는 이는 이 경구를 곰곰이 생각해야 한다. 무엇이든 먼저 눈이나 귀로 판단하지 말 것. 상놈은 아무리 화려한 복장을 해도 언제나 드러나는 법이며, 그 안의 어떤 것이 여러분에게 "이 사람 상놈이야"라고 말할 것이다.

573 사치, 부자들의 사형집행인

사람들은 실제적인 편의성이 아니라 희귀성에 따라 사물을 판단한다. 그들은 예술에서 소박한 아름다움을 지나치게 경시하고, 자연의 작품을 끊임없이 다시 손질하고자 한다. 경박한 장식들로 인해 자연의 작품이 변질되고 알아볼 수 없게 되며, 그로 인해 형태들을 변덕스럽게 끊임없이 변화시킨다. 안목은 충족되는 것이 아니라 무디어진다. 괴이한 화려함은 다양한 흥미가 아니라 혐오를 초래할 뿐이다. 유행, 치장, 관습, 관용어법 등 모든 것이 까닭 없이 그리고 끊임없이 변하는 것은 바로 그 때문이다. 부유한 사람들은 이내 더 이상 아무것도 느끼지 못하는 불행에 빠진다. 그들의 가구는 변덕스러운 장식이고, 그들의 복장은 매일 변하는 구속이며, 그들의 식사는 과시이다. 궁핍이 가난뱅이를 괴롭히듯이, 사치는 부자들을 괴롭힌다고 나는 생각한다. 사치를 위해서 모든 것을 희생시켜야 했으니까….

최근 며칠간 나는 한 부자와 식사를 같이했다. 그는 한숨을 내쉬곤 했다. "무슨 일입니까?" 나는 그에게 물었다. "당신은 병도 없고, 현재나 미래도 걱정이 없습니다. 당신의 아내와 아이들은 건강합니다. 그들을 위협하는 불행도 없고요." 그는 아무 말도 하지 않았다. 그는 흔히 볼 수 없는 아름다운 과일을 내게 내밀었다. 나는 그 과일을 쪼갰다. 벌레 한 마리가 한가운데를 파먹고 있었다. 그가 내게 말했다. "나도 그와 마찬가지요. 벌레 한 마리가 내 속을 갉아먹고 있다오. 하지만 그 벌레는 눈에 보이지 않소." 나는 그 사람에 대해 더 이상 알 수가 없었다.

파리의 부자들을 괴롭히는 것은 아마도 연속되는 그들의 무분별한 낭비일 것이다. 그들은 항상 원하는 것보다 더 멀리 나아간다. 사치는 지나치게 많은 비용이 드는 양상을 띠어 왔기에, 이를테면 아무리 재산이 많아도 결국에는 소모되고 마는 것이다. 어떤 시대도 우리 시대보다 더 낭비가 심한 때는 없었다. 사람들은 자신의 수입 전부를 소비하고, 재산을 탕진하며, 터무니없는 과소비를 자랑하고, 이웃을 능가하고 싶어 한다. 자신이 어쩔 수 없는 상황에 처해 있음을 주장하기 위해 사람들은 부(富)를 추한 것으로 만드는 방식을 동원한다.

아니! 하인이 발을 헛디디기라도 하면 말짱 도루묵이 될 수도 있는 값비싼 요리가 아니면 맛있는 식사를 할 수 없다는 것인가? 식기류는 유행하는 금은 세공사의 것이어야 하고, 은제품들은 해마다 다시 주조해야 한다는 것인가? 당신이 앉아 있는 의자 뒤에 수건을 들고 서 있기 위해 하인이 옷을 갖춰 입고, 거의 아무도 손대지 않을 디저트를 만들기 위해 당신을 파산시키는 급식 관리인이 필요하다는 것인가? 단 한 명의 하인만 있어도 충분한 서비스를 받기 위해 여러 명의 하인들이 필요하다는 것인가? 일주일에 두 번 시내로 저녁 식사를 하러 가기 위해 30마리의 말이 필요하다는 것인가?

그처럼 몰지각한 생각은 뭔가? 그것은 유치한 생각일 뿐이다. 하지만 부자들이 조용히 있지 않고 인간의 품위를 떨어뜨리는 모든 저속한 행위들과 수많은 사소한 잘못들을 저지르는 것은, 바로 이러한 하찮은 것들 때문이다.

무덤에서 나오라, 나오라, 잠에서 깨어나라, 부알로여
슬픈 안색을 띠고, 필봉을 굳건히 하라.

하지만 코탱[35]은 귀찮게 하지 말고 내버려두어라,
운치에, 때로는 각운에 바쳐진 가련한 희생자를.
악습에 가까운 형편없는 시들은 무엇인가?
우리 작품들일랑 내버려두고 우리의 나쁜 버릇에 맞서 싸우라.
오라, 나는 그것들 모두를 네 표현에 건네주고 싶다.
사치는 괴물 같은 그 자신 속에 그것들을 모아둔다.
뭐라고! 우리의 풍습에 대해 또다시 성가신 훈계와
화려한 수사(修辭)와 서글픈 상투적인 언사인가?
상투적인 언사라니! 아니, 아니다. 내가 이렇게 말한다고 하자.
도랑트는 손끝에서 2,000에퀴의 연금을 빛나게 한다고.
이 사무원은 사무실의 어둠을 벗어나,
6마리 말이 끄는 마차를 2명의 하인에게 몰게 한다고.
파리인들이 너무나 날씬하다고 생각하는 뚱보 도릴라의
살롱은 왕궁만큼 값이 나간다고.
그 징세청부업자가 하루에 쓰는 금액은
자기 마을을 6개월 동안 먹여 살리는 데 필요한 금액의 10배라고.
고백컨대, 이러한 것들이야말로 상투적인 언사, 너무나 상투적인 언사이다.
하지만 내가 이렇게 말한다고 하자. 오만한 사치 때문에
차형을 받게 된 그 사람은 자기 앞의 모든 것을 굴복시킨다고.
오늘날이라면 푸케를 파멸시켰던 것이 그를 무죄 방면시킬 것이라고.
그 고위성직자는 오만에 취해 볼멘소리를 한다고,

35 Cotin(1604(1614?)~1682): 사제이자 시인이며, 1655년에 아카데미 프랑세즈 회원이 되었다. 그는 샤플랭과 질 부알로 주변에 형성된 작은 문학 집단에 속해 있었는데, 부알로의 동생인 부알로 데프레오와 사이가 틀어졌다(그 두 형제끼리도 사이가 좋지 않았다). 그들은 시와 소책자들로 끊임없이 서로를 비난하였다.

연(年) 100만 리브르는 선하게 살기에는 그다지 충분하지 않다며.
데샹의 경쟁자이자 돈을 주면 살 수 있는 저 미녀[36]는
20명의 늙은 공작들로 롱샹의 빈축을 사고 있다고.
자신의 비천한 아내를 파는 이 비열한 밀매자는
파렴치하게 자기 아내가 얻은 금화를 과시한다고.
이러한 묘사들이 상투적인 것인가?
아니다. 당신의 무절제 덕분에 내 시는 새로워질 것이다.
하지만 아무것도 과장하지는 말자.
나는 지나친 열망으로 자신의 정당한 권리를 비난하고
진실을 거짓으로 만드는 사람들을 경멸한다.
공정한 비판자들이여, 우리 글에서
스파르타와 수바리스의 편견들을 피하자.
위대한 왕국을 심판하는 작은 나라에 내가 온 것은,
우리의 왕들을 초가지붕 밑에 거주시키고,
우리의 크라수스들을 옛 시절의 로마인들로 깎아내리고,
쿠리우스[37]의 완두콩을 우리 징세청부업자들에게 대접하기 위해서가 아니다.

36 데샹의 아내이자 오페라 극장의 배우인 마리안 파제스(1730~1764)는 최고위직 인사들 사이에서 언제나 상당한 돈벌이가 되는 성과를 축적함으로써 연애에 관한 한 비할 데 없는 명성을 획득했다. 전해지는 바에 따르면, 그녀는 기도(祈禱) 중에 죽었다고 한다.

37 기원전 3세기에 세 차례 집정관이었던 마르쿠스 아니우스 쿠리우스 덴타투스(?~B.C. 270)는 군사적 명예를 얻고 난 후 농촌으로 은퇴했고, 그곳에서 가장 단순하게 살아갔다. 18세기에 많은 역사가들이 이야기하던 일화는 아주 잘 알려져 있다. 삼늄 사람들이 그에게 유리한 평화 조건을 협상하기 위해 사절들을 보냈다는 것이다. 그들은 자신의 누추한 거처에서 나무 의자에 앉아 순무를 토기 항아리에 넣고 끓이는 그를 발견했다. 그는 자신이 부자가 되는 것보다도 가난한 가운데 부자들에게 명령하기를 더 좋아한다는 이유를 내세우며 그들의 선물을 받지 않았다.

자신들의 치장에 정신이 없는 우리 젊은 멋쟁이들에게,
늙은 킨키나투스[38]의 승려복을 입히려는 것이 아니다.
우리의 세련된 영주들에게 엄격한 카토를 언급하려는 것이 아니다.
아니, 그렇다면 나는 고리타분한 사람일 것이다.
사람들이 감탄해 주었으면
하고 그가 바라는 화려한 저택을 자랑스러워하는 침울한 바르통조차,
그러한 이야기를 들으면 포복절도할 것이다.
높은 신분과 가문의 높은 명성, 많은 재산 보유자에게 허용되는
유용하면서 격에 맞는 사치가 있다는 것은 나도 인정한다.
그 사치는 부(富)를 가장 낮은 지위로까지 배척하고,
끊임없이 다시 높아지는 황금의 지위를 떨어뜨린다.
타락에 바쳐진 또 하나의 사치가 있는데,
그것은 부지런한 일의 타락한 자식이다.
오직 오만이 그 연약한 거인을 길러냈을 뿐이다.
그의 우상은 황금으로 되어 있고, 그의 발은 진흙으로 되어 있으며,
허영이 그를 섬기고, 오만은 자신의 무릎 앞에
아들, 아내, 아버지, 남편을 가차 없이 희생시킨다.
해골이 된 그의 깡마른 얼굴은 비만한 모습을 보이지만,
그것은 부어오른 모습일 뿐이다.
그는 빛나는 자주색 외투 아래 누더기를 감추고,
그의 왕좌는 무덤 위로 솟아오른다.
그리고 근엄한 정치인들, 공직자들, 재정가들, 경제학 저자들이
중얼거리는 소리가 들린다.

38 Cincinnatus(B.C. 520경~430경): 로마의 정치가로, 두 차례나 집정관에 올랐으며, 평소 농민으로서의 생활을 즐겼다.

나는 그들의 깊이 있는 치밀한 담화를 좋아한다.
하지만 무엇보다도 중요한 것은 행복이다.
보자, 숙련된 교묘한 사치 술책들이
오늘날의 즐거움을 바꾸어 놓았다고들 한다.
그 헛된 명성을 믿는 사람은 불행하도다!
우리의 자선과 악행의 최고 원동력,
그것은 어떤 것들일까? 본성, 무엇보다도 습관이다.
네가 네 행복을 검토해봐도 소용없다.
현자의 초라한 집에서라면, 그다지 크게 노력하지 않아도 행복하리라.
진정한 쾌락은 너의 호사스런 생활비를 비웃는다.
말해다오, 우리의 이름 높은 성벽에서 멀리 떨어진 들판에서
더 맑은 공기와 새로 피어난 장미가 언제 널 다시 부르는지를.
수많은 색깔로 장식된 화려한 화단의 꽃들을
찬란한 꽃병들에 담지 못한다고 해서,
새가 거대한 철망 속에 포로가 되어 있지 않다고 해서,
조가비 사이로 물이 솟아나지 않는다고 해서,
졸졸거리는 물소리, 달콤한 꽃향기,
새들의 감미로운 노랫소리를 덜 누리게 되는가?
예술이 속앓이를 해도 소용없다.
유리 온실 속에서 인위적인 열기로 키운 딸기가
더 맛이 좋을까? 이 초록색 완두콩들이
네 미각을 만족시키기 위해 겨울을 무시해야 할까?
껍질 조리로 인해 약간 상한 이 멜론이
더 맛좋은 즙으로 입을 향기롭게 할까?
행복한 가난이여! 내겐
자연을 변경시키고 자연의 선행을 망가뜨릴 방법이 없다.

인위적인 기술은 큰돈을 들여 네게 불완전한 만물을 준다.
나는 제철에 과일들의 진미를 맛본다.
네게 주어지는 이 때이른 과일 선물은
자연이 나를 위해 익히는 과일보다 덜 자극적이다.
가서 포모나가 무시하는 그 과일들을 주워라.
겨울을 여름에, 봄을 가을에 더하라.
단조로움 속에서 활기를 잃으려면,
도시를 시골로, 시골을 도시로 이송하라.
그리고 낮을 밤으로, 밤을 낮으로 변하게 하라.
이 모든 시도에 대해 자연이 복수할 것이니,
도망치면서 오로지 무디어진 감각과
흐릿한 머리, 자극받은 신경만을 남겨놓으라.
그리고 사치와 무의미한 치장들을 우리에게 자랑하라!
진정한 쾌락을 낳지 못하는 그 사치가 우리의 아픔을 달래주는가?
그것이 우리의 고통을 진정시키는가? 수많은 하인들이
거만한 크리세스의 은밀한 고통을 몰아내었던가?
그것들은 성가신 소리로
나풀거리는 귀걸이가 찬란히 빛나며 매달려 있는 귀를 자극하는가?
늙은 나르시스에게 물어보라, 그의 반지가 한 번이라도
그의 손가락에 고통을 주는 견디기 힘든 발작을 진정시켰는지.
아니다, 천박한 외모에 행복이 있을 수 없고,
즐기기의 기술에서 오만은 못된 주인이다.
그런데 사치를 좋아하는 사람이 즐기기를 추구하는가?
그가 삶을 즐긴다고 주장하는가?
아니다, 그는 현혹시키고 싶을 뿐이다.
대중연설에서 그는 즐거움을 찾는다.

갑작스러운 그의 엄청난 지출 버릇을
고쳐주고 싶은가? 방법은 먼 곳에 있지 않으니,
그는 아무도 없을 때면 미쳐 있다고 포고만 하라.
몰래 그의 약혼녀를 아름답게 만들어라,
그리고 다음날부터 그가 충실한 남편이 되는 것을 볼 것이다.
그의 요리사에게서 그의 이름이 더 이상 언급되지 않게 하라.
나는 그의 검소함을 보증하는 사람이 되겠다.
불쌍한 인간들이여, 황금이 당신들에게 주어진 것은
지나간 어린 시절의 딸랑이가 되기 위해서라는 생각이 든다
어떤 이는 감히 건드리지 못하고 슬프게도 그것을 땅에 묻는다.
또 어떤 사람은 그것을 쓴다기보다 미친 듯이 집어던진다.
다음 두 미치광이 중에 누가 더한지 내게 말해다오.
황금 사용을 스스로 금지하는 인색한 부자인가,
쓸데없는 소란을 자랑스러워하며
자신이 누리지 못하는 대상들에 그 황금을 쓰는 사치스런 바보인가?
음악회 담당자는 그에게 음악을 골라주고,
화가들은 그림을, 작가들은 비평을,
요리사는 음식을 골라준다. 타인에 의해 즐기면서,
그는 스스로를 위해서는 보지도 듣지도 먹지도 않는다.
또한 행복하고, 행복하여라, 그가 보이는 태도가
어느 누구도 파멸시키지 않고 자비(自費)로 웃음을 자아낸다면!
사는 것이 이익이 된다고 여겨졌던 세기,
우리가 이 야만스런 세기로부터 멀리 떨어져 있기 때문이다.
오, 새로운 헤라클레이토스라면 얼마나 눈물을 흘리겠는가!
새로운 데모크리토스라면 얼마나 기꺼이 웃겠는가!
만일 그들이 무의미한 사치 상태가 불어나는 것을 본다면,

가난한 자가 부유한 사람에게까지 거들먹거리는 것을 본다면,
영주가 서기들과 우아함을 놓고 다투는 것을 본다면,
공작이 징세청부업자들의 지출까지 충당하는 것을 본다면,
그리고 이들이 6개월 이내에 그들이 국왕에게 가져다주는 것 이상으로
휘스트[39]에서 겁 없이 대드는 것을 본다면!
그렇지만 사치에는 내가 좋아하는 어떤 추이가 있는데,
그것은 적어도 사치가 우리의 원수를 갚고 자멸한다는 것이다.
그리고 언제나 사치의 파탄이 사치의 성공 곁에 있다.
엄청난 여분의 충분한 시간 속에서
당신 선조들의 모든 재산을 빨리 탕진하라.
아니면 당신이 내게 상스러운 욕설들을 퍼부어도 헛일이기 때문이다.
막연하게나마 이름이 알려진 당신들 동네에서,
당신들의 부르주아 살롱에서, 그들처럼 무위의 생활을 영위하라!
몽도르[40]는 이러한 견해의 중요성을 직감한다.
자신의 사치 속에 고상한 오만을 전개하면서,
그는 세련된 안목으로 많은 돈을 쓰곤 했다.
정육점 주인은 자신의 세련된 스케치를 그에게 비싸게 팔았다.
젤리오트는 화려한 그의 축제에서 노래를 했고,
프레빌과 코클레는 속담 즉흥극을 했다.
그의 라이스는 그에게 비싼 값으로 자신의 사랑을 팔며,
어릿광대의 돈으로 도시와 궁정을 대접했다.
마침내 그의 결산서가 도래했다. 더 이상 친구는 없고,

39 whist: 영국에서 유래하여 18세기와 19세기에 프랑스에서 유행한 카드놀이.
40 Mondor: 17세기 초 프랑스의 배우 겸 의사로, 도핀 광장에서 연극을 공연하며 모여든 군중에게 약을 팔곤 했다.

그의 정부는 일찍이 자신의 애정을 다른 곳에 두었다.
먹을 것도 쉴 곳도 없고, 어쩔 수 없는 자존심을 갖고,
검은색의 슬픈 상복을 입은 그는
어느 낡은 곳간 속으로 자신의 불행을 숨기러 가고,
게다가 설상가상으로 … 그는 아내가 있고 아이가 있다.
다미스가 당신을 지지할 것이니, 누가 그 사실을 의심할 수 있겠는가!
큰돈을 벌기 위해서는 파산해야 한다는 것을.
나는 그랬으면 한다. 하지만 아마 그다지 현명하지 못한 일일 것이다,
더 많이 갖기 위해 지금 가진 것을 건다는 것은.
탐욕스런 낭비가인 그가 되풀이해서 말해도 소용없는 일이다.
"왕께서는 내가 국가를 위해 모든 것을 압도했음을 알고 계신다.
궁정은 이 사실을 알아야 하는데, 최후의 야영지에서
나는 식탁을 개방했고 군대를 대접했다."
국왕, 궁정은 그처럼 융숭한 대접에도 불구하고,
그의 말들을 길 한복판에서 멈추게 한다.
지혜로운 균형으로 자신의 고귀한 지출에 정당한 균형을 맞추는
인간이 아무리 행복하다 하더라도
누가 효용성을 화사함에 연결하고,
풍부함을 좋은 안목에, 건강을 쾌락에 연결할 수 있겠는가!
인색하지도 않고 낭비하지도 않는다면
사치가 이 두 악덕을 결합시킨다고 누가 믿겠는가!
그렇지만 모든 것은 사치스런 수전노들로 가득 차 있다.
건방진 부르주아, 거만한 오르공[41]을 보라.

41 Orgon: 몰리에르의 작품 「타르튀프 혹은 위선자」에 등장하는 부르주아 가장.

그는 자기 가족과 자신을 행복하게 할 수 있었다.
그의 딸은 사랑하는 젊은 애인과 결혼했을 것이다.
훌륭한 선생이 그의 아이들을 교육했을 것이다.
그의 식탁에 초대된 친구들은 돌아가며 서로를 받아들였을 것이다.
맛좋은 아이산 포도주 덕분에
사방으로 웃음과 기쁨이 유포되었을 것이다.
하지만 운명에 의해 부유한 이웃 근처에 자리 잡았기에,
그는 이웃의 화려한 대열에 합류하고 싶어 한다.
그럴 권리는 상실했으면서도 행복한 것처럼 보이려 했기에,
그는 가난해져 갔지만 가난하게 보일까봐 두려웠다.
마차를 우아하게 꾸미기 위해 그는 계약서를 작성한다.
그는 자신의 식사보다도 말들에 대해 주의를 기울인다.
여성을 돋보이게 하는 루비를 사기 위하여,
어제 그는 식기류를 고리대금업자에게로 가져갔다.
그의 마부는 값이 비싸다. 반면에 그의 아들에게
그는 아무렇게나 헐값으로 가정교사 한 명을 구해준다.
그 매정한 사람은 마침내 분노하며 꾸짖는다,
독신으로 지내는 자신의 딸과 과부생활을 하는 자신의 아내를.
그래, 이보게, 내 말을 믿게, 자네의 화려함은 불쌍한 생각이 드네.
행복은 걸어다니는 선량한 부르주아를 종종 뒤따른다네.
자네의 화려한 마차는 재난을 끌고 다니지.
"정말이지, 그 뚱보 백만장자는 내게 답한다.
그 이야기는 내일이면 덧없는 여유가 사라질
미천한 사람에게 좋은 이야기라는 데는 나도 동의하네.
아취가 있다는 것은 그에게는 건방진 일일 테니까.
하지만 거대한 부의 무게를 짊어지고 있는 나로서는,

내 명성과 지위에 요구되는 고귀함과 화려함을 갖추고
그 짐으로부터 벗어나야 한다네."
아니, 황금이 귀찮다고? 오, 경솔한 부자로다!
그렇다면 무엇 때문에 네 곁에 이 가난한 미망인이,
배고픔에 수척해진 한창 때의 이 아이들이,
지참금 없는 이 소녀들과 먹을 것 없는 이 노인들이 있는가?
황금이 짐이 된다니, 배은망덕한 것 같으니! 선행에 관심을 가져라.
불행한 사람들을 위한 제2의 구세주가 되어라.
달려가서 네 목자의 손에 기탁하라,
라이스의 규방이 기다리던 도자기 인형의 값을.
구빈원에 보조금을 주어라!
은신처에 있는 극빈자에게 은밀한 온정이 닥치게 하라.
적어도 네 선행이 알려지지 않은 채 있게 되지 않으려면,
예술을 장려하고 우리의 벽을 장식하라.
회화는 이 젊은 학생을 당신의 보살핌에 맡긴다.
이 주요 걸작품은 누군가에 의해 구매되기를 요한다.
이 고딕 유적은 네 시선을 어지럽힌다.…
그런데 지금 내가 걸작품과 예술에 대해 무슨 말을 하고 있지?
네 정원 근처에, 화려한 네 성 아래에,
풀을 두고 싸우는 배고픈 유령들이 네 눈에 보이는가?
모든 가신들과 소녀, 여성, 아이들이
척박한 네 영지의 밭을 떠나는 것이 보이는가?
인간이 되어라. 네 선물로 이 유용한 백성들을 붙잡아라.
그들이 비옥하게 만든 밭에서 나오는 약간의 이삭을 그들에게 남겨주어라.
네가 비용을 들여 수리해준 그들의 보잘것없는 지붕이

네 호화로운 궁전의 오만을 용서하게 하라.

- 무명씨[42]

아피키우스[43]는 세계 각지에서 가져와 자신의 식탁에 올랐던 동물들의 이름을 모두 열거할 수 없었다. 미각을 잃은 탓에 그가 맛볼 수 없었던 고기 조각의 맛을 본 것은 그의 노예였다. 그는 스스로 독을 마시지 않을 수 없었다. 왜냐하면 자신의 회계를 검토해 보고 생활비가 6만 에퀴밖에 남지 않았다는 것을 알았기 때문이다. 그는 굶어 죽지나 않을까 두려웠던 것이다.

42 메르시에가 저자를 알 수 없다고 한 이 시는 사실 자크 드릴(Jacques Delille, 1738~1813)이 1774년에 쓴 시이다. 드릴은 부자들의 사치에 언성을 높였지만, 혁명을 맞아 부자들이 곤경에 처했을 때는 그들을 옹호하기도 했다. 이 시는 1802년 출판된 시집 『덧없는 시』에 들어 있다.

43 Apicius(B.C. 25경~A.D. 37경): 아우구스투스와 티베리우스 황제 시절 로마에 살았던 유명한 미식가로, 자신의 식도락을 만족시키기 위해 막대한 지출을 하고 난 다음에, 자신에게 먹고 살 만큼의 충분한 돈이 남아 있지 않다는 것을 깨닫고 스스로 독을 마셨다고 한다.

574 사무원의 펜

사방에서 수지계산서, 영수증, 명세서 등을 작성하고 있는 이들 사무원들의 손을 무장시키는 이 펜들의 수를 셀 수 있으면 세어 보라. 겨우 1에퀴가 얼마나 많은 장부에 기입되고 나서야 비로소 제 용도에 도달하게 되는가! 그 보잘것없는 에퀴가 유통되는 동안, 그것을 갉아먹는 사무원들로 가득 찬 사무실들이 얼마나 많은가! 숫자를 기입하고, 계산을 하고, 둥근 서체와 절충 서체를 쓰며 펜대를 굴리는 족속들이 얼마나 많은가!

우리의 도서관들이 전부 파괴되어 인간의 모든 지식을 부활시켜야 할 필요가 있을 경우라도, 그보다 더 많은 잉크를 흘리고 더 많은 종이를 사용하지는 않을 것이다. 임대차 총괄대리인, 전대인, 관리인, 재무관리인, 총괄징수관, 타유세 징수관들의 사무원들 수를 세어 보라!

얼마나 많은 펜들이 영지의 세금, 즉 염세, 담배세, 보조세, 물품반입세, 물품반출세, 통행료, 기명 채권, 순도(純度) 검증인, 100분의 1세, 등기, 토지보유권 인증서, 교역, 부동산 취득세, 금과 은의 마르[44], 가죽의 납세 완료 표지에 대해 알 수 없게 휘갈겨 쓰는 데 매달려 있는가! 거기에 마지막으로 징세청부업자들이 교묘하게 '로캉볼'[45]이라고 부르는 '리브르당 10수'세를 더해보라.

44 marc: 금이나 은 따위의 무게를 나타내는 옛 단위로, 8온스에 해당한다.
45 rocambole: 마늘의 일종.

우체국, 복권사업부, 운송부, 연금사업부의 관리인이나 재무관리인들의 사무원들을 추가해보라. 당신은 도시의 3분의 1이 부당 징수의 깃발 아래 서류에 잉크를 쏟아 붓는 것을 알게 될 것이다.

그 두께가 『백과전서』에 견줄 만하고, 숫자와 이름만으로 쓰여 있는 이들 장부들을 볼 때면, 나는 비참한 일을 완수하라는 선고를 받기라도 한 것처럼 전율에 사로잡힌다. 생각해보면, '명세서'를 작성하는 일과 전혀 상관없고, 따분한 계산에 관련된 권태를 느낄 수 없는 사람들이 얼마나 많은가! 마치 시계추와도 같이 전날 했던 일들을 매일 똑같이 행하는 사람들은 얼마나 의연하고 특출한 재능을 가진 사람들인가! 꼼짝 않고 자리에 앉아 거대한 장부의 면을 엄숙하고 침착하게 더럽히는 일과 비교해볼 때, 소송대리인, 공증인, 법원 서기들의 일이 내겐 재미있어 보인다.

이들 사무원들 중 가장 하급자는 600리브르를 받는다. 그는 주머니에 주머니칼을 갖고 있고, 옆구리에는 칼을 차고 있다. 그는 계산법을 조금 안다. 그것이 그의 지식이고 그의 밥벌이 도구이다. 오, 보캉송이 만든 기계의 형제여, 되는 대로 갈겨쓴 이 서류가 어떻게 되는지를 내게 말해다오! 사람들은 그 서류를 간직하고 쌓아놓아 산더미를 이루게 한다. 좋다!

어느 날 우리가 살고 있는 세계의 일부에 대격변이 일어난다면, 그래서 땅속에 파묻힌 우리 도시의 잔해 속에서 새로운 국민들이 우리의 과거가 담긴 유적들을 찾다가 '예술사전' 대신에 '시 채권 장부'를 발견한다면, 탐색에 나선 학자는 얼마나 실망할 것인가! 주조공의 기술 대신에 톤티식 연금 수혜자의 영수증을 읽고서 그가 얼마나 고통스러워할 것인가! 오해할지도 모를 불쌍한 후손을 위해서라도 제발 이 잡동사니들을 태워 없애자. '헤르쿨라네움'에서 발견된 원고들을 해독하기 위해 그렇게 많은 애를 썼는데도 보잘것없는 고

전 주석자의 수사학에 관한 몇 개의 단장들만을 되살렸을 뿐이다.

샤를마뉴 대제 시절에 누가 그것을 생각할 수 있겠는가? 잉크병 속에 쇠사슬 토시를 담갔다가 그로써 친필 사인을 했던 왕의 시대에, 어느 날 아무렇게나 휘갈겨쓰는 수많은 사람들이 생겨나서 그들이 12수의 지불금을 영원히 후세에 전하고, 토끼 한 마리의 반입을 기록하고, 포도주 한 병이 생기면 날짜와 장소를 적은 왕의 세금 영수증과 수결(手決)에 서명하게 되리라고 어느 누가 생각할 수 있겠는가?

국왕 재무담당관이 자기 사무실의 사무원에게 던지는 것 같은 눈초리는 세상에 없다. 재판장은 그런 식으로 소송대리인을 쳐다보지 않으며, 고위성직자도 교회지기를 그런 눈으로 바라보지 않는다. 그럼 국왕 재무담당관은 왜 사무원을 그런 식으로 바라보는 것일까? 이 종복과 자신 사이에 존재하는 거리가 그다지 크지 않아서, 혹시라도 종복이 그 간격을 넘어서게 되지 않을까 하는 생각 때문이다.

상급자가 사무실을 가로지르며 던지는 눈초리를 표현하기 위해 화가가 되면 좋으련만! 아니, 최하급 사무원은 상급자의 눈빛에 비춰지는 영광을 가진 적도 없다. 그의 거만한 걸음걸이, 뒤로 젖혀진 고개는 이들 하급 직원들 모두에게 이렇게 말하는 것 같다. "내가 너희를 먹여 살리고 있지만, 너희는 내 안중에 없다."

575 신학교

이 단어는 '종자(種子)'를 뜻하면서 '신학교'라는 단어에 대한 암시를 충분히 나타내는 라틴어 명사에서 만들어졌다. 그러니까 그곳에는 전 세계에 퍼져나가 궤변을 늘어놓게 될 모든 신학자들의 씨앗이 있는 셈이다.

그렇게 될 때까지 그들은 단식일을 지키고 지루함을 견딘다. 한창 혈기 왕성한 나이에 그들은 소르본이 제시한 명제에 몰두해 있다. 그들은 직접 일하지 않아도 먹고 살 수 있는 매력적인 지위 때문에 남성성을 포기했다. 하지만 먹는 양이 너무나 적기 때문에, 그들은 간소한 구내식당의 식사가 그들에게 제공해 주지 못하는 급식을 비밀 야식에서 찾곤 한다. 한편으로 강렬한 식욕과 다른 한편으로 강요된 단식으로 인해 그들은 원조(援助) 음식을 바라지 않을 수 없다. 그들은 몸을 떨며 질 낮은 포도주 몇 병을 마시고, 공범인 식료품 담당자가 규칙을 어기고 들여온 과자 몇 개를 먹는 이 은밀한 회식에 몰두한다.

이러한 일이 수도원장에게 알려지게 되면 한바탕 난리가 난다. 수도원장은 이러한 간식을 무종교와 불신앙의 징후라 부른다. 그는 과자와 주류(酒類)에 대한 기호를 '철학 서적들'의 탓으로 돌린다. 그 가증스러운 책들이 아니라면 학생들은 신학교 음식을 소중히 여길 것이고, 그 음식들은 고분고분한 학생들의 위(胃)를 만족시킬 것이며, 학생들은 그들의 만찬에서 사교계 인사들이 먹는 음식을 생각하지 않았을 것이다.

성숙기에 접어들어 마음속에 가장 강렬한 불꽃이 튀는 시기에, 칩거생활을 하고 있는 이들 신학생들이 의지할 것이라고는 오로지 신학적인 문제들밖에 없다. 금서 몇 권이 들어오면 유명한 신학적 명제들의 토대가 흔들리고, 신학생들은 그들을 적시고 있는 진리들에 대해 더 이상 확신을 갖지 못한다.

일반적으로 신학생 무리는 우둔하다. 왜냐하면 그들은 기초적인 교육만을 받았을 뿐이고, 차부제(次副祭)가 되고 난 뒤 교회 인부직으로 넘어가기 위해 들판에서 달려와 이 신학교에 몸담은 농부들로 구성되어 있기 때문이다.

성직의 고난이 그들의 외모를 아름답게 해주지는 못한다. 검은 옷의 신학생 무리를 만나면, 호감이 가는 모습 하나에 거칠고 추한 얼굴 열을 보게 된다. 25세가 되지 않은 젊은이들에게서 그러한 모습을 본다는 것은 놀라운 일임에 틀림없다. 다른 모임에서보다 신학생들에게서 추한 모습이 더욱 특징적으로 나타난다.

신앙심에 조금이라도 불리한 의심을 보이면 '백과전서파'라는 비난이 따르게 된다. '소치니파'[46]라는 명칭은 신학교 교정을 떨게 만든다. 신학교를 수색하고, 교사가 모든 학생들에게 자유사상이라는 암을 옮겼다고 고소하는 데에는 장자크 루소의 책 한 권만으로도 충분할 것이다.

이들 미래의 사제들은 그들의 이성을 흐리게 하고, 그들이 남은 생애 동안 허튼 소리를 하게 만들 말들을 머릿속에 담아놓는다.

그러나 이처럼 불관용적인 사상을 받아들이도록 준비가 된 젊

46 렐리오 소치니(1525~1562)와 그의 조카 파우스토 소치니(1539~1604)의 이단설을 신봉하는 사람들을 말한다. 그들은 삼위일체, 예수 그리스도의 신성, 원죄, 예정설, 은총을 부정했다.

은 사제도 농촌의 주임신부가 되어 전원의 순수와 고요 속의 농사일에 둘러싸이면 갑자기 무익한 질문들의 공허함을 깨닫고, 전원의 사물들에 몰두하며, 자연을 향해 미소 짓고, 선을 행하며, 쓸데없는 생각으로 상상의 나래를 펴는 이 고독한 장소에서 그의 이성에 과중한 부담을 지웠던 그 난삽한 잡동사니를 아름다운 경작지 한가운데에 내버린다. 가장 유용한 집단인 시골의 주임사제들이 신학교를 거쳤다는 것은 지적해야 한다. 하지만 그들은 단지 그곳을 거치기만 했을 뿐이다. 여기서 내가 말하고자 하는 사람들은 신학 사상들에 물든 사람들이다.

쓸데없는 상상이 가장 활발하고 아직 대상을 찾지 못한 열정이 방황할 수밖에 없는 시기의 젊은이들을 나란히 모아놓은 이러한 신학교에서 거의 필연적으로 일어나는 몇몇 방탕한 행위들을 가려주는 베일을 들추려는 것이 절대 아니다.

과거에 군주들은 누가 신학교를 세울 것인가를 두고 서로 다투었다. 그래서 생쉴피스 신학교에 대해 '이 학교는 인간이 만든 것이 아니라 신이 만든 것'이라고 새겨 넣었던 것이다.

576 압류

이보다 더 자주 일어나며 우리 법체계의 명예를 더 훼손시키는 것도 없다. 종종 집행관을 대동한 검사가 의류 판매상이나 휴대용 가판대를 들고 다니는 철물상인을 추적하는 것이 눈에 띈다.

자치단체들이 한결같은 은신처가 된다. 그로 인해 끝없는 소송이 생기며, 변호사와 소송대리인들은 특히 그러한 소송들을 선택한다.

조합장과 감독관, 심사관들이 일치단결하여 열광하던 장기적인 먹이들이 이제 자치단체에 더 이상 없다는 것은 사실이다. 하지만 그들은 압류의 즐거움을 결코 포기하지 않았다.

그들은 등과 머리에 40여 벌의 반바지를 지고 있는 여성을 공공연하게 약탈한다. 그들은 위풍당당한 헌옷장수 자치단체의 이름으로 그녀의 꾀죄죄한 옷가지들을 압류한다. 그들은 고리 판매상의 초라한 전시품목을 탈취한다. 왜냐하면 그가 특권을 가진 철물상인들의 절대적 권리를 침해했기 때문이다. 그들은 외투 속에 무언가를 숨기고 있는 재킷 입은 남자를 체포한다. 그들이 압류하는 것은 무엇인가? 그 불쌍한 사람이 거적때기 속에 숨겨두었던 새 신발이다. 명령에 의해 신발은 압수된다. 그 불법 판매가 파리의 구두 판매업에 해가 되기 때문이다.

그들이 방책과 세관에서 무엇인들 압류하지 못하겠는가! 모든 행상과 봇짐에 관해 얼마나 많은 법이 있는가! 금지 항목이 어디에서 시작되고 어디에서 끝나는지를 알 수가 없다. 그것을 알려면, 관련자들이 그들 마음대로 부풀리고 해석하는 난해한 법규를 연구하며 평생을 보내야 할 것이다.

하지만 오늘날에도 서점에서는 약탈이 자행되고 있다. 탐욕스런 하급직은 아무 말 없이 외국 서적들을 모두 빼앗는 것이 자신에게 유리할 것이라 생각한 것이다. 그리하여 인간의 사상을 담고 있는 모든 봇짐들이 압수되었다. 너도나도 제각기 왕국 밖에서 일하는 인쇄공들의 재산을 놓고 다투게 될 것이다.

내가 말하는 책들은 모든 정부가 당연히 없애려고 하는 파렴치하거나 풍자적인 그러한 책들이 아니다. 내가 말하는 것은 충실하고, 유용하며, 저자들이 자기 것이라 인정하고 주장하는 작품들이다. 그 재료들이 프랑스에서 왔고, 프랑스 공장에서 제작되었으며, 거래세가 지불되었고, 국내 유통에 큰 몫을 할 것이라 해도, 그 책들은 아무런 법적 절차 없이 은밀하게 압류될 것이다. 누군가가 봇짐에 구멍을 뚫고, 교활한 첩자가 몰래 금서 한 권을 집어넣는 식의 비열한 책략에 의해 압류, 아니 치졸한 약탈의 구실이 만들어지는 것이다. 그 첩자는 외국 인쇄공으로부터 얻은 전리품들의 분배에 열의를 보일 위탁매매인들과 더불어 승리를 기뻐할 것이다.

고위직에 있는 사람들은 이러한 수치스런 행위들이 그들의 이름으로 자행되고 있다는 것, 그들의 비호를 받는 자들이 이러한 비리에 의거해 연간소득을 올려왔다는 것을 아마도 모르고 있는 것 같다. 그런데 강도들의 비밀단체가 따로 떼어놓게 했던 바로 그 책들은 곧 그들 자신에 의해 빼내어져 판매되고 배포된다. 그들의 말에 따르면, 그 책들은 무엇보다 치명적인 독으로서 봇짐에서 새어나와 도시 전체에 치명적인 전염병을 퍼뜨리게 될 것이라고 했다. 독이라고 했던 것이 그들의 손을 거치고 나면 유해성을 전부 잃어버리는 것이다. 그들은 그것으로 사람들을 즐겁게 할 수 있다. 다시 말하면, 그들은 약탈한 것들로부터 얻는 모든 이익을 자신의 주머니 속에 들어가게 할 수 있다.

독서의 취미는 따라서 암묵적인 납세의 의무에 종속되어 있는 것이다. 그런데 신고되지도 않고 고정되지도 않은 그 암묵적 세금의 수익이 돌아가는 사람들의 욕구는 그로 인해 배가된다. 그들은 합리적인 글과 지나친 방종, 어리석음과 천재성, 풍부한 표현력과 횡설수설의 특징을 나타내는 글들을 모두 압수부터 하고 본다. 그 어떤 것도 그들의 탐욕스런 손아귀를 벗어나지 못하는 것이다.

외국 서적상에 대해 행해지는 이러한 행위가 수없이 이루어지고 있다. 그들은 글이 잔뜩 쓰인 이 종이들로 무엇을 할 것인가? 방심한 식자공은 파산했다. 하지만 책은 소멸되지 않았다.

합법화되는 압수도 있는데, 비방(誹謗)의 글이거나 도덕에 반하는 글들에 대한 압수일 경우가 그러하다. 그런데 지혜와 파렴치, 교훈적인 글과 뻔뻔스런 풍자에 동일하게 사형선고를 내려야 할 것인가?

이처럼 추악한 성격의 책들은 '폐기처분'하는 것, 다시 말하면 그것들을 특별히 제작된 기계에 넣고 빻는 것이 좋다. 그 기계는 추잡스런 글이 적힌 그 종이들을 쓸모 있는 판지로 변화시킨다. 그 판지는 개개인이 주머니에 넣고 다니는 코담뱃갑을 만드는 데 쓰인다. 불경하고 추잡한 작품은 반죽이 되고 유약이 칠해져 고위성직자의 손안에 놓인다. 그는 과거에 자신에게 파문당한 대상을 갖고 놀며 가볍게 여긴다. 그는 예전에 『샤르트르회 문지기 수사』에 쓰였던 종이 속에 담배를 담는 것이다. 이처럼 모든 것은 변화하고 정화된다. 그런데 왜 다른 세계에 속해 있는 저자의 정신은 스스로가 빠져 있던 불명예를 털어내지 못하는가?

577 유기아 보호소

유기아 보호소에 들어가게 되면 짙은 감회에 젖지 않을 수 없다. 커다란 방 안에 200명 이상의 신생아들이 2열로 늘어선 작은 요람 속에 누워 있다. 수치, 가난 혹은 무정함으로 인해 이 보호소로 보내진 이들 무고한 신생아들은 자기 부모로부터 버림을 받은 것이다. 그들은 동냥에 의해 최초의 젖을 먹게 될 것이고, 그들을 받아들인 손길이 없다면 죽음에 처할 것이다. 세상에 이보다 더 애처로운 광경이 어디에 있겠는가!

이들은 누구의 아이들인가? 방계 왕족과 구두수선공, 천재와 바보가 똑같이 그 아이들을 낳을 수가 있었다. 그곳에서는 장자크 루소의 아이 곁에서 카르투슈의 아이가 잠자고 있을지도 모르는 일이다! 이 요람이 놓인 방 안에서는 가장 고귀한 혈통이 가장 천한 혈통과 뒤섞여 있다. 이 모습을 보면 얼마나 많은 상념이 떠오르는지!

엄마 품에서 영원히 떨어진 채 엄마의 다정한 손길과 세심한 배려를 박탈당한 아이들은, 기억 속에 지울 수 없는 흔적으로 새겨지는 최초의 가르침을 엄마로부터 전혀 받지 못하게 된다. 아이들은 엄마라는 신성한 이름조차 부르지 못하게 된다. 어느 날 운명이 그들에게 미소를 짓게 될 때, 운 좋게도 엄마로부터 증여를 받게 될 때에도 결코 그들은 아버지의 무릎을 부여잡지 못할 것이다. 가정 내 행복의 성역인 본가(本家), 반드시 완수해야 위안이 되는 자식으로서의 의무, 태어날 때부터 우리를 사회에 연결시켜 주고 덕을 실행하게 해주는 이러한 모든 다정한 관계들이 그들에게는 전혀 존재하지 않는다. 불공평한 사회는 사생아라는 이름으로 그 아이들에게 상처를 입힌다. 도대체 이 순진무구한 아이들이 그들을 세상에 태어나게 만든 사람들의 방탕과 무슨 공통점을 갖고 있다는 말인가?

매년 8,000명의 아이들이 이 보호소에 수용된다. 아이들은 어디에서 왔는지 묻지도 않고 아무 때나 수용된다. 다음날 아이들은 돈을 목적으로 한 유모들에 의해 시골로 가게 되는데, 그들은 대개 한 번에 둘씩 데려간다. 처음 2년 동안에 그 아이들 중 거의 반이 죽는다. 깡통을 차고 태어나서, 연민 때문에 싸구려 가위로 잘라낸 배내옷에 싸인 이 무력한 아이들은 모두가 힘들고 고통스러운 삶을 영위하지 않을 수 없게 되어 있다. 그들의 생계를 마련해 주는 적극적 자비는 아직도 무력하다. 대다수는 그들이 가진 돈을 다 탕진한다. 지금 아무리 풍부하다 해도 돈은 모자라게 된다.

불쌍한 아이야! 네 운명을 가엾게 만드는 것은 노역(勞役)도, 질병도, 죽음도 아니란다. 태어나자마자 죽는 것이 네게는 더 좋을 것이다. 네가 제대로 교육받지 못한 데서 오는 위험을 피할 수 있을까? 유년기의 너에게 목소리를 들려줌으로써 네 머릿속에 미덕의 싹을 움트게 해줄 아버지의 교육을 너는 받지 못할 것이다. 아버지로부터 받은 교육을 누가 기억해두지 않겠는가! 불행에 의해 파괴된 네 영혼은 아마 네가 처해 있는 유기(遺棄) 상태를 뒤따를 것이다.

때때로 곧 부부가 될 젊은 연인들이 루소가 말한 것처럼, "마음 깊은 곳에 타인들에게도 그만큼의 일을 부담시키고자 하는 열망으로" 함께 이러한 아이들 중 하나의 대부모가 되기도 할 것이다. 그들로서는 이러한 의식이 행복의 전조이고, 그들이 맺는 관계는 그들에겐 소중한 것이 된다.

오텔디외 병원은 유기아 보호소 맞은편에 있다. 마치 이 불행한 아이들이 그곳에 들어가려면 한 걸음만 옮기면 된다는 것을 보여주려는 것 같다. 그 아이들이 성장하고 살아가는 동안 수많은 사람들로 이루어진 공동체가 부과하는 힘든 일들을 짊어지는 모습이 상상된다. 이어서 그 아이들이 길을 건너고, 자비의 손길에서 요람을 받은 후 몇 걸음 떨어진 그곳으로 그들의 죽음을 위해 할당된 침대를 찾으러 가는 모습이 보인다.

서로 마주 보고 서 있는 이 건물들을 볼 때면 내 마음을 사로잡는 고통스런 감정을 표현할 길이 없다. 두 건물 사이에 짓눌린 채 나는 인류에게 운명 지워진 모든 불행을 공포에 찬 눈으로 바라본다.

아직 자신의 불운을 느끼지 못하는 그 아이들이 '요람' 속에 잠들어 있는 방들을 지나가며 그들의 유순하고 귀엽고 애처로운 얼굴을 쳐다보다가 한 가지 생각이 떠올랐다. 그 생각을 왕족이나 귀족, 부자들, 요컨대 상당한 잉여 재산을 갖고 있는 모든 사람들에게 제안할 수 있다면 좋으련만.

그들에게는 유치하고 좀스럽고 별난 기벽이 있지만, 고결한 습성은 없다. 그림, 메달, 청동상, 꽃, 조개껍데기, 새들에 대해서 그들이 얼마나 많은 돈을 쓰는가! 버려진 아이들을 양자로 삼아 양육시킬, 웃음 짓는 다정한 시기인 어린 시절을 좋아하는 사람이 어떻게 없을 수 있는가? 마구간에 30마리의 말이 있는 사람이라면, 그중에 6마리만 떼어낸다면 자신의 후원을 받는 6명의 아이들이 자기 곁에서 성장하는 것을 볼 수 있을 것이다. 다정다감한 사람에게는 얼마나 큰 즐거움이겠는가!

무슨 말인가? 수많은 유력인사들 가운데 이렇게 말한 사람은 하나도 없었다.

> 부모가 없는 이 아이들 일부를 내가 키우겠소, 그들을 양자로 들이겠소. 20명의 귀여운 아이들이 언젠가 나를 아버지라 부르겠지. 내가 그

아이들을 시민으로 만들겠소. 그중에 단 한 아이만이라도 어떤 기술의 완벽성에 도달하게 된다면, 내 모든 고난의 보상이 될 거요.

사회제도가 금하는 뜨거운 열정들로 인해 이곳은 아이들로 가득 찼다.

자연의 왕성하고 은밀한 행위에서 비롯된 이 아이들은 무미건조한 잠자리에서 아무런 기쁨도 느끼지 못한 채 비몽사몽간에 생겨나는 아이를 만들어 내느라 애쓰는 피곤에 지친 부부가 제공할 수 있는 것보다 더 많은 생명력, 그리고 더 유리한 조건들을 물려받았다.[47] (라고 셰익스피어는 여느 때와 같이 힘차게 말한다.)

무수히 많은 개개인 중에는 계발해야 할 다양한 재능을 가진 사람들이 얼마나 많은가! 선(善)으로 인도해야 할 우수한 인재들이 얼마나 많은가! 단 한 사람의 진심만으로도 20년간의 노고가 보상될 것이고, 단 한 사람의 천재만으로도 교육비가 보상될 것이다.

미개인들이 추앙하고 있는 로마의 유명한 입양제가 우리 사회에서는 통용되지 않는다는 것이 무척 놀랍다. 부자의 수에 비례해서 빈자(貧者)의 무리가 매일 늘어가고 있기 때문에, 입양제도를 확립하는 법률은 아마도 오늘날 프랑스에서 만들 수 있는 가장 유용한 법률 중의 하나가 될 것이다. 양부(養父)는 아버지로서의 모든 특권을 갖게 될 것이고, 그로 인한 고통은 없을 것이다. 그는 다정하고 고마워할 줄 안다고 생각되는 아이에게는 자신의 마음을 열어줄 것이다.

47 『리어 왕』, 1막 6장.

좋지 않은 성향을 보이는 아이는 더 이상 그의 아들이 될 수 없을 것이다. 양자(養子)는 친부의 성(姓)과 자신의 출신 가문과의 모든 관계를 완전히 상실할 것이다.

이 자비로운 법률에 의해 자연사(自然史)가 밝혀지게 되지나 않을지 누가 알겠는가? 어떤 사람이 잘 알려지지 않는 것은 그가 미래의 세대에 유익하게 쓰일 많은 사람이 따르는 경험을 시도하지 않았기 때문이다. 같은 날 같은 장소에서 태어난 20명의 아이들을 같은 방식으로 양육함으로써 어떤 새롭고도 중요한 발견에 도달하지나 않을지 누가 알겠는가? 그리고 어떤 해의 질 좋은 포도주와 맛있는 과일을 구분하듯이, 다른 세대보다도 더 능동적이고, 더 교양을 갖추고, 더 힘찬 세대를 보게 되지나 않을지 누가 알겠는가?

1742년에 태어난 사람들 거의 모두에게는 천재성과 광기의 기미가 있다는 것을 눈여겨 볼 기회가 내게 있었다. 하지만 그 세대에서는 광기가 우세했다. 반면에 이전과 이후의 해에는 보다 더 차분한 사람들이 태어났다.

이 계획에 담긴 풍요로운 내용을 전개하는 수고는 상상에 맡긴다. 나는 단지 그것을 지적할 뿐이다. 하지만 내가 틀리지 않다면, 나는 이 법률에서 정치와 도덕, 자연사에 유리한 수많은 이점들을 발견하는데, 그것들은 호기심 많은 인류의 모든 기이한 변이들에 대해 우리에게 설명해 주는 데 그 어느 때보다도 더 도움이 될 것이다.

578 패거리

작가들은 실패할 때면 패거리에 대해 불평을 늘어놓는다. 하지만 그들이 성공을 거두면, 그 성공은 하나에서 열까지 자신들의 재능 덕분이라 생각한다.

예전에는 작품을 비난하는 패거리들이 있었다. 하지만 지금은 작품을 찬양하는 패거리들이 있다. 누군가가 초연에서 야유를 듣는다해도 두 번째 공연에서는 다시 일어선다. 융통성 없는 1층 객석 관객의 판결은 이틀 후면 너그러운 1층 객석 관객에 의해 파기되며, 그들너그러운 관객은 일종의 영광을 부여하여 저자를 부활하게 만든다.

희극 「세비야의 이발사」는 초연에서 완전히 실패했다. 그 작품은 형편없는 것으로 판결을 받았다. 작가가 이의를 제기하고 관객이 되돌아와 작품은 연속해서 30차례 공연되었다.

예전에 1층 객석의 모든 관객을 선동하던 책동 주모자는 더 이상 존재하지 않는다. 젊은 시절에 내가 보았던 이 독특한 역할은 사라졌고 더 이상 공연에서 모습을 보이지 않는다. 물론 불운하고 샘 많은 작가들의 소그룹 몇 개가 만들어졌지만, 진정한 아름다움을 내포하고 있는 작품에 대해서는 질투의 폭발로도 어찌할 수가 없다.

1층 객석 관객에는 세 종류가 있다. 문인 관객들은 대체로 지나치게 엄격하다. 사교계 관객들은 감수성이 충분치 못하다. 작가를 제대로 평가할 줄 알고 작가의 노력을 보상할 줄 아는 것은 세 번째 부류의 관객이다. 직업적인 작가들은 형편없는 심판관들이다. 왜냐하면 그들의 시학에 그들 자신의 방식이 너무 드러나기 때문이다. 그들은 타인에 대해서는 완벽성을 요구하지만, 자신들에 대해서는 그것을 추구하지 않는다.

1층 객석 관객의 문제는 민족정신이 담긴 표현을 드러내는 수많은 흥미로운 일화들을 제공한다. 좋은 작품이건 나쁜 작품이건 간에, 과거에 재치 있는 표현을 낳았던 작품보다 때로는 더 세련되고 더 깊이 있는 표현을 만들어내지 않는 작품은 거의 없다.

1층 객석의 관객은 언제나 가장 격앙된 음모와 파벌의 중심이었다. 그들은 곡물 수출과 미국 독립전쟁에 대해서만큼이나 몇몇 반구(半句)의 구조에 대해 격렬하게 찬반 논쟁을 벌였다. 이들의 열렬한 논쟁은 시와 연극을 사랑하는 몇몇 식자(識者)들에게는 터무니없는 것으로 비친다.

관객들의 오만은 언제나 작가의 허영과 실랑이를 벌여왔다. 이러한 갈등으로부터 결과적으로 가장 진지한 혁신 못지않게 인간의 감성이 가식 없이 전개되어 모습을 보인 아주 유쾌한 장면들이 나왔다.

관객들은 작가가 겸손하기를 바란다. 그러므로 가장 교활한 사람은 자신의 자존심을 숨길 줄 아는 사람, 자존심이 뭉개지기 전에 그것을 포기할 준비가 된 것처럼 보이는 사람이다. 이때 그의 공손함으로 인해 그에게는 성공이 마련된다. 관객들은 작가에 대해 최초의 평가를 내리고 싶어 한다. 그리고 일단 평판이 확립되면, 그것을 잘라내고 싶어 한다. 관객은 나무가 너무 높이 자라는 것도, 제멋대로 가지를 뻗는 것도 원하지 않는다. 관객은 가위질의 권리를 스스로에게 마련해 놓는다.

작가가 불안과 경계심, 전율 속에서 자신의 작품이 공연되는 것을 볼 때, 그의 마음속에서는 그 작품을 판단하는 무서운 군중과의 대화가 이루어진다. 영감을 일으키는 이 순간으로 인해 그에게는 독특한 착상들이 떠오른다. 하지만 작가는 그 착상들을 외부로 알리지 않는다. 그것은 작가의 비밀이기 때문이다.

국가를 다스리는 당사자 역시 마음속으로 성찰을 하며 여러 차례 은밀히 미소 짓는다고 나는 생각한다. 왜냐하면 어떤 종류이건 간에 인간의 무리를 지배하면 그 무리를 비웃고 싶어지지 않을 수 없기 때문이다. 그것은 의지와는 상관없는 움직임이다.

작가와 왕이여, 당신들의 고유한 사상은 생각보다 훨씬 더 유사하다. 내 생각이 틀리지 않다면, 일군의 관객들이 당신들에 대해 의견을 내놓는 순간에, 당신들이 그들을 쳐다보는 눈길은 더욱 유사하다. 당신들은 왜 더 자주 함께 이야기를 나누지 않는가? 당신들은 서로 섬세하게 통찰할 수 있을 것이고, 그것은 잘 놀라기는 하지만 유순한 군마(軍馬)를 조종하는 보이지 않는 굴레를 가볍게 다룰 수 있게 하는 데 도움이 될 것이다. 왜냐하면 소란스런 1층 객석 관객과 들끓어 오르는 국민을 억누르기 위한 방법들은 거의 같은 것이라는 생각이 들기 때문이다.

별것 아닌 일들로도 과분하게 박수갈채를 받을 수 있었을 텐데, 세상이라는 무대에 나와 야유를 당하는 왕들이 얼마나 많은가!

579 오페라 글라스

가장(假裝)된 태도들이 유행이다. 그로 말미암아 모자나 부채에 박아 넣은 오페라 글라스들이 나오고, 사람들은 시도 때도 없이 그것을 들이댄다. 눈이 좋은 사람들은 그 쓸데없는 도구, 대개의 경우 가식을 나타낼 뿐인 도구를 사용하기 위해 그들의 눈이 좋다는 것을 감춘다. 영혼의 거울, 사랑의 진원(震源)에서 나오는 빛을 가로막고 그 섬세하고 감동적인 용모를 빼앗아가는 이 유리제품을 미인의 손에 쥐어주는 것이 그러한 가장된 태도들 중 하나가 아니겠는가? 인공물과 변덕이 그 용모를 망가뜨리고 훼손시키는 것이다.

눈을 피곤하게 만드는 유리제품을 통해서만 눈을 볼 수 있을 때, 풍부한 표현력을 가진 이 기관의 생기(生氣)는 어떻게 될까?

오늘날 인간은 자신의 영혼을 송두리째 드러내기를 두려워한다. 그는 영혼이 시선 속으로 도피한다는 것을 알기에 표현력이 풍부한 시선의 움직임을 빼앗는다. 이러한 방법은 그의 자존심을 세우면서 인사를 안 해도 되게 하고, 골치 아픈 예절로 이루어진 비공식 의례에서 그를 구출해 준다. 그는 군중 한가운데를 지나면서도 그곳에 아는 사람이 하나도 없기를 바라는 것이다. 그런데 우리의 산책과 공연에서 왜 이러한 끊임없는 가식이 있는 것인가? 근시(近視)는 섬세한 이해력을 갖춘 사람들의 것이라는 소리를 우리 어리석은 현대인들이 들었기 때문인가?

오페라 글라스가 거만과 경멸의 수중에 놓여 있다고 한다면, 추파는 우리의 사랑스런 여인들의 눈에 거의 발작적인 움직임을 주어

가장 아름다운 얼굴들을 추하게 만든다.

이곳에서는 날카롭고 강력한 눈동자가 공공연하게 선전포고를 한다. 하지만 마음에 상처를 주고자 하는 욕구는 너무나 명백한데, 어느 누구의 마음에도 상처를 주지는 못한다. 저곳에서는 생기 없고 꾸민 눈길이 무관심하게 좌우로 향한다. 그렇게 해서 스스로에게 사랑의 표정을 부여한다고 믿지만, 이 사유의 기관에 담긴 거짓만을 보여줄 뿐이다.

같은 칸막이 좌석에서 2개의 극단적인 태도, 즉 방심한 태도와 선정적인 태도가 보이기도 하는데, 그 둘은 동일한 목표를 갖고 있다. 내가 말하는 것은 훈련된 여성들의 시선이 갖고 있는 부동의 뻔뻔스러움이 아니다. 마치 항상 왕성한 호기심을 갖고 있기라도 한 것처럼 끊임없이 살펴보는 태도, 기이한 활발함이거나 거짓 무기력으로써 정신이 보여주는 자연스런 표현을 파괴하는 가장된 태도를 말하는 것이다. 오페라 글라스로 보려는 버릇은 아름다운 눈을 가진 사람에게는 크게 손해이다. 아무리 시력이 나쁘더라도 여성들은 주변 사람들을 위해 시선의 특징을 훼손하기보다는, 멀리 떨어져 있는 사물을 보기를 포기해야 할 것이다.

580 계몽사상

자신의 사상에 따라 스스로를 드러내야 한다고 믿었던 데 따라 고대 철학자들이 가르쳤던 '이중 견해'[48] 개념이 초기의 국민 작가들의 머릿속에서 사라지기에는 아마도 아직은 시기상조였을 것이다. 그들은 어리석은 사람들, 무지한 사람들, 악의적인 사람들의 난폭하고 무례한 모욕에 철학을 노출시키지 않았을 것이다. 그들은 사제들과 군주들의 증오와 보복을 초래하지 않았을 것이다. 이중 견해의 사용은 고상한 천재들과 저속한 사람들을 만족시켰을 것이다.

공익, 혹은 그것의 대표격인 공공의 안정은 때로는 어떤 진실이 감춰지기를 요구한다. 진실이 아무런 준비 없이 민중에게 주어질 때, 그것은 진실에도 도움이 되지 않으며, 깨달음의 수많은 적들을 자극하기만 하는 폭발을 일으킨다. 게다가 이러한 심각하고 중요한 문제에 대해 각자는 자신이 판단하고 발언할 책임이 있다고 생각한다. 그 결과 잡음만을 낳는 혼란과 불화가 생겨난다. 경솔하게 모든 사람들에게 누설된 학문들은 그 위엄을 상실한다. 그 학문들은 무모한 사람들과 어리석거나 저속한 사람들 수중에서 타락한다. 그들은 그 학문들을 왜곡하거나 권력에 판매한다.

48 '이중 견해'의 문제, 다시 말해 개방적인 측면은 민중을 위한 것이고, 비의(秘義)적 측면은 교양인과 학자들을 위한 것이라는 견해 문제는 18세기 후반기에 종종 흔들리게 된다. 지식 전파에 유달리 관심이 많은 디드로 자신도 오랫동안 그 문제의 찬반 양론을 비교 검토했다.

'이중 견해'의 목표는 학문의 명성, 그리고 학문에 힘쓰는 사람들의 명성을 보존하기 위한 책략이 아니라, 노예 정신을 가진 사람들이 정치적이고 윤리적인 진실에 손을 대는 것을 막기 위한 사려 깊은 대비였다. 그러한 진실에 관한 논의는 고결한 사람들에게만 합당할 뿐이다. 왜냐하면 소심한 사람들은 그 진실의 품위를 자신들 수준으로 떨어뜨리는 반면에, 난폭한 사람들은 진실을 조정하기는커녕 빗나가게 하기 때문이다.

비뚤어지고 타락한 사람은 말의 명확한 의미를 해체시키고, 가장 신성한 단어들에 가장 부정확한 개념들을 심어놓는다. 대다수의 사람들은 누구에게 교육을 요청해야 하는지 더 이상 알지 못한다. 진리 탐구에 가장 해가 되는 열정에 의해 만들어진 희미한 구름들이 가장 존경받아 마땅한 윤리 개념들을 모호하게 만든다.

주지하다시피 이러한 성찰들은 쓸데없는 것이다. 인쇄술의 발견은 학문의 강을 범람하게 만들었다. 그렇지만 이들 방탕하거나 광란에 빠진 책자들을 읽을 때면, 고대인들의 '이중 견해'를 생각하지 않을 수가 없다. 그 책자들에서는 모든 사물들이 경솔하게 다루어지고, 표현들이 진정한 의미에서 왜곡되어 있고, 보통 사람의 연민을 일깨우는 말들이 더럽혀져 있다. 글을 쓴 것이 광기인지 타락인지 알 수가 없다.

이 단락은 어느 정도 상세한 서술이 필요할 터이지만, 그 일은 다른 작품의 몫이 될 것이다. 여기서는 단지 선의를 가진 사람들을 상심케 했고, 작가들을 지적하지 않고 원칙에 반박해야 할 몇 권의 책들에만 적용될 수 있을 뿐이다. 왜냐하면 위험한 사상은 엄하게 다스리면서도 이들 작가들은 배려해 주고 싶기 때문이다.

581 중심구역

수도의 치안을 구성하는 여러 부분들을 검토해 보면, 모든 빛이 중심에서 나와 주변으로 퍼져가는 것을 보게 된다. 줄기 하나에서 얼마나 많은 가지들이 뻗어나는가! 가지들이 얼마나 멀리 펼쳐지는가! 수도가 인접한 타 도시들에 얼마나 큰 자극을 주는가!

파리의 치안은 베르사유와 생제르맹앙레의 치안과, 더 나아가 리옹과 여타 지방 도시들의 치안과도 밀접한 관계가 있다. 공공질서 교란자를 추적할 수 없고, 거리가 조금 떨어졌다고 해서 그가 수배에서 벗어나게 된다면, 치안에 결함이 생기리라는 것을 잘 알기 때문이다.

따라서 파리 치안의 대응은 성곽 내부에 한정되지 않는다. 그것은 더 먼 곳까지 지배하고 브뤼셀에까지 미친다. 그리하여 경솔하거나 무분별한 언어가 최대한으로 허용될 수 있다고 여기는 도시들에서는, 경계를 게을리하지 않는 관리들이 대화를 염탐하고 멀리 떨어져 있다고 해서 대담한 언행을 하는 사람들을 감시한다.

이렇게 파리의 치안은 프랑스를 포괄하고 난 뒤 스위스, 홀란드, 독일에까지 침투한다. 필요한 경우, 통치체제와 관련이 있을 수 있는 것에는 사방에서 감시가 가능하다. 통치자들이 알려고 하면 틀림없이 알게 된다. 그들이 정말 해치려고 하면 그 기도가 실패로 돌아가는 일은 거의 없다.

조직이 어느 정도의 규모를 갖고 있지 않다면 그것이 완전하지 못하다는 것, 그 조직의 일에서 원하는 결과를 얻지 못한다는 것을 우리는 알고 있다. 지렛대를 필요한 만큼 길게 하는 데에는 추가의 비용이 들지 않는다. 첩자를 고용할 때, 파리에서든 멀리 떨어진 곳에서든 그 비용은 마찬가지이고, 실리는 더욱 커진다.

정치적으로 너무나 미묘한 차이점들이 있기에, 예컨대 베르사유의 치안은 파리의 치안이 아니다. 그것은 다른 형태, 다른 흐름, 다른 성격을 갖고 있다. 그곳의 치안은 끊임없이 궁정에 소속된 사람들과 타협해야 하며, 다른 체제를 따라야 한다는 것을 한눈에 알 수 있다.

파리에서는 별것 아니라 해도 베르사유에서도 항상 그렇지는 않을 것이다. 수도에서는 어떤 소동에 대해 엄격히 대응하겠지만, 왕과 왕의 권좌를 수호하는 귀족들이 있는 베르사유에서는 그러한 엄격한 대응이 실패로 돌아갈 것이다.

그러므로 경험에 의거해 확립된 이러한 규율들에 따라 치안의 여러 분야에서 특유의 차이점들이 용인된다. 시간, 장소, 인물, 상황에 따라 비중과 대책을 바꿔야 한다. 정해진 규칙은 없다. 즉석에서 규칙을 만들어야 하며, 가장 변덕스런 행동에도 나름대로의 지혜와 이유가 있다.

이상이 바로 입법자들이 대체로 이해하지 못하는 것들이다. 실행에 임해서야 비로소 그 미묘한 차이를 파악할 수 있기 때문이다. 서두르지 않고, 약하지도 엄하지도 않게 잘 결정하기 위해서는 상용의 방침, 말하자면 매일 변화하는 방침이 필요하다. 어떤 것이 베르사유에서는 중대한 잘못이고, 파리에서는 단순한 과실이고, 리옹에서는 사소한 문제일 것이며, 모든 것이 그 반대가 될 수도 있다.

그런데 이러한 지혜에는 세부적인 것들과 미묘한 것들이 있을 뿐만 아니라, 변이(變異)도 있고 또 때로는 모순이 있기도 하다. 정당하게 벌을 내리고 상상의 불안이 동반되지 않도록 적절하게 벌을 내릴 수 있기 위해서는 관리자들에게 냉철한 통찰력, 구역에 관한 많은 경험이 필요하다. 그것이 치안 문제에 있어서 우리에게 가장 부족한 부분이다.

리쿠르고스, 솔론, 로크, 펜, 당신들은 매우 훌륭한 법률, 위엄 있는 법률들을 만들었다. 그렇지만 당신들이 이러한 법률들을 예견했던가? 아무리 은밀하다 해도 그것들은 존재하며, 나름의 분별과 통찰력을 갖고 있다. 치안의 대상들이 4리외만 떨어져 있어도 서로 간에 아무런 유사점이 없는 두 가지 색깔을 띠게 된다. 파리의 치안을 본뜨면서 자신의 치안에 가장 커다란 변경을 가져오지 않을 수 없는 주요 도시는 하나도 없다. 모든 치안총감의 좌우명은 다음과 같은 것이 되어야 한다. "율법 조문은 죽이는 것이요, 성령은 살리는 것이니라."[49]

49 「고린도후서」, 3장 6절.

582 설교자

수도원에서 수사가 지루해질 때면 몇 가지 설교문을 작성하는데, 이는 더 커다란 자유를 누리기 위해서이다. 어떤 사제가 보잘것없는 계층에서 탈피해서 사제관 울타리 밖으로 스스로를 천거하고자 할 때면, 또한 설교를 생각한다.

서로 앞다투어 '대림절 설교'나 '사순절 설교'를 맡으려 할 것이다. 왜냐하면 '교회 재산관리위원회'의 적립금에 따라 사례금이 오르기 때문이다. 설교자에게는 때로는 100에퀴가, 또 때로는 500에퀴가 지불되기도 한다.

의자 빌려주는 여자가 설교자들을 선택하는 데 영향을 미친다. 그녀는 '교회 재산관리위원회'와의 임대차 계약 시 이름 있는 연설가를 선정할 것을 구두로 약정하고, 그에 상응하여 대여료를 인상한다. 설교가 시작되는 첫날 그녀는 교회 문앞을 지키며 의자의 값을 올린다. 그녀가 교회 안을 바쁘게 돌아다니는 모습을 보아야 한다. 그녀의 동의를 얻어야만 비로소 의자에 앉을 수 있다. 그녀가 그곳의 법이기 때문이다.

교회 안으로 들어가 보라. 의자 빌려주는 여자가 공손한 낯빛을 하고 있다면, 설교자가 형편없다. 그녀가 오만한 모습이라면, 자리에 앉으시라.

이들 설교자들은 모두가 궁정으로 설교하러 가기를 꿈꾼다. 그들은 모두가 이러한 희망을 품고 있다. 젊은 시인이 최초로 20행짜리 시를 쓰면서 아카데미 프랑세즈를 생각하는 것과 거의 마찬가지이다. 궁정에서의 '사순절 설교'는 수천 에퀴를 벌게 해주고, 과거에는 수도원에까지도 상당한 성직록을 가져다 주었기 때문이다. 다른 특혜도 있다. 성(聖) 목요일이면 프랑스 국왕의 면전에서 그에게 하고 싶은 말을 하게 된다. 왕은 자신의 근위대와 함께 설교자의 '베스페리'[50]를 처음부터 끝까지 경청하면서 반대의 몸짓을 전혀 내보이지 않는다. 몇몇 설교자들은 한계를 넘기도 했지만, 그로 인해 아무런 일도 일어나지는 않는다. 단지 설교일 뿐이었으니까.

인쇄된 설교자들의 목록이 배부되면, 그들의 명성에 따라 결정하는 것은 당신들의 몫이다. 어떤 설교자는 하층 부르주아의 찬탄을 이끌어내고, 다른 어떤 설교자는 마부들의 마음을 사로잡는다.

사순절을 맞아 이 교회 저 교회를 전전할 때 관찰자가 보기에 아주 재미있는 것이 있다. 너무나도 한결같은 설교의 양식 속에서도 신분과 성격의 차이가 두드러진다는 것이다. 이쪽 설교자는 퉁퉁 부어오르고 땀을 뻘뻘 흘리는 뚱뚱한 수사로, 때 묻은 옷을 입고 심하게 몸을 움직인다. 저쪽에서는 우아한 복장에 흰색 옷을 걸치고 '이신론자'처럼 곱슬머리를 한 교구 사제가 거만한 태도로, 짐짓 상냥한 어조로 청산유수처럼 미사여구를 지껄이는 모습이 보인다. 그는 자신을 저녁강좌에 합류시켜 줄 주임사제, 교회 재산관리위원들, 그리고 '특석'에 자리 잡고 있는 귀부인들 앞에서 자신의 흠잡을 데 없는 능변을 자랑한다.

더 나아가 그는 기괴한 맹신자인데, 자신이 '계몽주의 철학', '계몽주의 철학자'라고 부르는 것에 대해 분노하고, 화를 내며, 흥분한다. 그는 자신의 경건한 분노로써 청중 속으로 침투하고 싶어 한다.

50 vespérie: 소르본 대학의 신학박사가 되기 위해 공개 구두심사를 받아야 하는 학위 논문 중 하나로, 여기서는 '질책'이라는 비유적인 의미로 사용되었다.

그는 무리를 지어 달려온 얀센주의자들 앞에서, 그리고 마찬가지로 오긴 했지만 광신자의 과장된 태도와 양식을 은밀히 비웃기 위해 온 몇몇 문인들 앞에서 고함을 치며 말한다.

설교자가 설교단을 내려온 뒤 가벼운 식사 기회를 얻는다. 그는 땀에 흠뻑 젖어 속옷을 갈아입어야 한다. 교회지기가 그에게 포도주와 설탕을 가져다 준다. 방금 청중을 제압하고, 무시무시한 최후의 심판, 영벌(永罰)의 끔찍한 저주를 예고했던 그 입으로, 설교자는 쩌렁쩌렁한 목소리를 부드럽게 하며 귀부인들에게 이렇게 말한다. "이 마카롱 과자 드셔보세요, 이 편도과자 잡수시지요, 제발 이 케이크 함께 먹읍시다."

용의주도한 귀부인들은 그에게 이야기하지 못하게 한다. 사도의 일은 전쟁 작업에 비유된다. 설교단에서의 설교에는 순교자들이 있는 것이다.

사람들은 설교자를 칭찬한다. 그의 승리의 순간이다. 그는 찬사와 당과류를 삼킨다. 교구의 모든 사제들이 '현대 철학'을 거꾸러뜨렸다고 그에게 찬사를 보내는데, 그는 여전히 이러한 성공에 대해 겸손하다.

설교자의 최고의 권리는, 그가 무슨 말을 하건 중간에 방해를 받지 않는다는 것이다. 그는 항상 평화롭게 자신의 독백을 끝마친다. 그에게는 또한 타인의 말들을 자신의 것으로 지껄일 수 있는 독점적 특권이 있다. 신문발행인들은 영(Young)의 널리 알려진 『밤』 번역본 전 페이지를 낭송하는 설교자들을 지적할 생각을 전혀 하지 못할 것이다. 르투르뇌르[51]는 수많은 사제들과 종교인들의 입을 빌려 파리

51 Le Tourneur(1736~1788): 1769년에 영(Young)의 『밤』을 번역했는데, 이 번역본은 큰 성공을 거두었다.

와 지방에서 설교한다. 그 점이 나는 매우 마음에 든다. 그래서 나는 발길을 멈추고 경청한다. 프랑스어의 모든 풍요로움은 수사들의 두건 달린 망토에서 나온다.

설교하는 직업보다 더 쉬운 직업은 없다. 단지 기억력과 들어줄 만한 발음만 있으면 된다. 내가 이제 말하려고 하는 가게를 알고 있으면 귀찮게 설교 문안을 작성하지 않아도 된다.

생틸레르 언덕[52]에 양피지 제조인(이 유별난 파리에서도 양피지 제조인은 보기 힘들다!) 한 사람이 있다. 그는 오래전부터 전 유럽에서 가장 특이한 가게를 운영하고 있다. 그는 각지에서 수집해온 2,000~3,000개의 설교 원고들을 커다란 수납장에 쌓아놓고, 그것들을 온갖 부류의 필사생들에게 베끼게 했다.

젊은 성직자가 몇 마디 멋진 문장을 만들어내기 위해 머리를 굴리다 허탕을 치고 더 이상 영감이 떠오르지 않는다고 느낄 때면, 그는 밤 9시에 다른 사람들의 이목을 피해 살그머니 설교 판매인의 닫힌 가게로 간다.

수납장이 열리고 양피지 제조인은 젊은 성직자를 배려한다. "신부님, 어떤 것을 원하십니까? '수태'에 관한 것이 하나, '탄생'에 관한 것이 하나, '승천'에 관한 것이 하나 있습니다. '최후의 심판'에 관련된 설교가 15개, '모독죄의 용서'가 12개, '수난'에 관한 설교가 32개 있습니다. 고르십시오." 부사제가 대답한다. "아닙니다, 내게 필요한 것은 '무염수태' 한 개입니다." "'무염수태' 하나라고요! 그것은 다른 것만큼 그렇게 흔하지 않습니다." "내겐 그것이 필요합니다. 또 '허영'에 관한 설교 하나가 필요하고, 죄 없는 여인으로 간주

52 생트주느비에브 산의 북쪽 사면을 이렇게 불렀으며, 현재의 라노 길이 이러한 이름을 갖고 있었다. 이 길에는 많은 출판업자들이 있었다.

되는 막달라 마리아의 찬양 하나를 추가하고 싶습니다." "알았습니다, 신부님. 제겐 필사본이 3개밖에 없습니다. '죄 없는 여인 막달라 마리아'는 '무염수태' 다음으로 가장 귀한 것입니다. 한 편당 8리브르는 주셔야 신부님께 그것들을 드릴 수 있습니다. '자비의 설교'나 '하느님의 영광'을 원하신다면, 그것들은 50수면 드릴 수 있습니다."

신부는 촛불을 들고 의자 위로 올라간다. 그는 필사본 더미 속에서 필요한 것을 고르고, 거의 값을 깎지 않고 수단 속에 그 경건한 원고 뭉치를 숨겨 황급히 가져와, 방 안에 틀어박혀 좌우에 널린 문장들을 베끼고 훔친 글귀들로 '표절 작품'을 만드는데, 어느 누구도 그에 대해 항의하지 않는다. 그렇게 해서 완성된 그의 설교와 찬사를 신부는 버젓이 교회 설교단에 판매한다. 그리하여 큰 수집장을 가진 양피지 제조인에게 그가 준 20에퀴는 100배의 이익을 낳는다.

이런 식으로 한 설교자가 나름대로 '대림절'과 '사순절' 설교를 하나 만들면, 그러한 것이 20개 정도의 설교에 달할 수가 있는데, 그것들을 그가 잘 터득하게 되면 그는 비슷한 수의 역할을 알고 있는 배우만큼이나 자신의 존재에 대해 확신이 선다. 성직자는 왕국의 모든 지역을 돌아다닐 수 있다. 배우가 어디에서나 연기할 무대를 발견하는 것처럼, 성직자는 어디에서건 '발을 디딜 설교단'을 찾을 것이다.

그런데 아무리 형편없다 해도 이 모든 설교들은 훌륭하고 뛰어난 것들이다. 그것들은 언제나 약간의 도덕의 원리를 내포하고 있다. 왜냐하면 도덕에는 무언가 감탄할 만한 것이 있기 때문이고, 그 방식이 어떻든 간에 모든 사람의 관심을 끌기 때문이다. 이해할 수 없는 라틴어 성가에 지루해하던 민중은 신부가 말하는 프랑스어 소리에 잠에서 깨어난다. 신부가 죽은 웅변가들에게서 그 문장들을 훔쳐왔다고 한들 그것이 무슨 상관인가? 적절한 수납장에서 꺼내온 생각들은 그래도 좋은 것들이다. 신부는 교훈을 필요로 하는 민중에게 그것들을 나누어준다. 그가 올바르게 낭독하기만 하면 그 설득력이 그의 머리에서 솟아나는 것처럼 보인다. 그는 마음을 움직이게 하고, 마음을 파고들며 감동을 준다. 행운의 가게에서 빌려온 표현들이 프랑스 전역에 강한 인상을 남긴다.

가슴 뭉클한 교훈을 무대에 올린 연극들은 돈을 내야만 볼 수 있다. 기독교의 교훈은 사원의 둥근 천장 아래서 울려퍼지는데, 그 교훈을 받아들이는 데에는 아무 비용도 들지 않는다. 이들 설교 속에는 인간의 가슴을 파고드는 몇 개의 구절이 언제나 들어 있다. 그 설교를 듣는 사람은 때로는 설교를 한 사람보다도 스스로에게 혼잣말을 더 잘 한다. 청중의 수가 많아질수록 말이 더욱더 많아진다. 왜냐하면 각자가 자기에게 해당하는 것을 은밀히 자신에게 적용시키기 때문이다.

능력 있는 설교자들은 몇 해 전부터 신비와 교리에 관한 신학적 논쟁을 멀리해 왔다. 그들은 이 분야에서 가톨릭교도들보다 우월한 개신교도들에게 접근했다.

신교도들 앞에서의 설교는 간결하고 통속적이며 암시적이고, 모든 사람들과 모든 성격의 사람들이 이해할 수 있는 빈틈없는 세부묘사로 가득 차 있다. 그 설교는 거만하지도 않고 딱딱하지도 않다. 그 설교에서는 수많은 분쟁의 원천인 논쟁이 추방되었다. 매주 일요일 민중들에게 행해지는 이 연설들은 의식(儀式)의 상당 부분을 이루고 있다. 가톨릭 신자, 루터교 신자, 성공회 신자는 그 설교를 듣고 감화를 받을 수 있다. 많은 훌륭한 목사들은 언젠가는 모든 기독교인들이 화합해서 동일한 방식으로 하느님께 기도 드리게 되기를 바라고 있다.

개신교도 설교자들을 무시하는 척하는 가톨릭 설교자들은 그들을 모른다. 아니면 때때로 사제이고 아카데믹한 작가라는 그들의 이중 신분이 부추기는 편견에 따르고 있다. 다른 사람들은 말할 것도 없고, 자크 소랭은 적어도 부르달루[53]에 비길 만하다. 그의 모든 설교 속에는 가장 강력한 웅변의 표현들이 담겨 있다. 그가 루이 14세를 부르는 그 탁월한 말은 언제나 인용될 것이다. "그대, 왕자여, 내가 예전에 왕처럼 숭배했고, 지금은 하느님의 징벌처럼 존중하고 있는 그대를 위해 나는 또한 기도할 것입니다!"

내가 즐겨 이야기를 듣고 추종했던 설교자는 맨발에 샌들만을 신고 다니는 카르멜회 수사 엘리제 신부이다. 그에게는 개성과 근거, 그리고 품격이 있다.

연극 예술에 대한 많은 시론이 있었던 것과 마찬가지로, '설교단의 명설교'에 관해 사람들은 많은 책을 써왔다. 가장 훌륭한 극을 쓴 사람들과 마찬가지로, 가장 훌륭한 설교를 했던 사람들은 정해진 계율을 전혀 따르지 않았다.

53 Bourdaloue(1632~1704): 예수회 수사로서 1679년부터 국왕 전담 설교사였다. 논리력과 확고한 증거에 특징을 둔 교훈적인 그의 설교는 큰 성공을 거두었다.

583 공원

개간되지 않은, 파리 인근에서 흔히 보는 땅. 담으로 둘러싸여 폐쇄된 황량한 이 넓은 땅은 소유자를 맞이하기 위해 1년에 한 번 문이 열린다. 슬픔에 싸인 마로니에 나무에서 오솔길로 밤송이들이 떨어진다. 이 토지는 농업에는 맞지 않는다. 그런데 그곳에 부과될 세금 때문에 그 토지가 존중된다. 만일 이 황무지에 쟁기 지나간 자국이 있었다면 세금 징수원이 왔을 것이고, 그 징수원은 부지런한 농부에게 면제 혜택을 주지 않았을 것이다. 그렇지만 주인을 본떠 땅이 놀게 되면, 그 땅은 포도나무가 꽃을 피우고 이삭이 자라는 들판에 들이닥치게 될 세금을 피하게 된다.

이 공원에는 토지소유자에게 속하지 않는 사냥감들이 숨어 있다. 그 사냥감들은 왕의 것이다. 국왕만이 사냥감을 죽일 권리가 있다. 이 소유지를 둘러싸고 있는 담장은 국왕이 들어가고 싶어 할 때 열린다. 국왕 전하가 들판에 있을 때면, 사람들은 모든 사냥감들이 왕의 사격 범위 내를 지나가게 하기 위해 몰이를 한다.

584 프리메이슨 단원들

파리에서는 프리메이슨 단원들이 박해를 받지 않는다. '입양 지부(loge d'adoption)'이건 여성 지부이건, 그들은 원하는 대로 지부를 운영한다. 그들은 에스파냐 국왕의 권한을 위임받아 절대로 종교와 국사(國事)를 논하지 않는다는 규칙을 만든 단체를 엄격하게 추적했던 피렌체 출신의 타스카니 후작 같은 인물을 만난 적이 없다.

프리메이슨단 지부들이 문을 열었지만 그 '회원들'은 감옥에 가지 않았다. 그들은 나폴리에서처럼 법원 독방에 갇히지도 않았다. 프리메이슨 단원들은 함께 먹고, 마시고, 음악을 하고, 시나 산문을 읽었지만, 어떤 대신도 타스카니 후작의 기괴한 행동을 모방하려 하지 않았다. 타스카니 후작은 국왕 곁에 접근한 몇몇 젊은 '프리메이슨' 영주들을 파멸시키려고 그 단체의 모든 회원을 추방시켰다. 그가 해직되고 그 중대한 사건이 농담거리로 변했을 때, 사람들은 타스카니 후작의 격분을 조롱했다. 그 사건은 그런 식으로 끝날 수밖에 없었기 때문이다.

엄격한 프리메이슨 단원들은 파리에서 열리는 프리메이슨단 집회가 너무 이완되어 있다고 생각하기 때문에, 수도의 모든 프리메이슨 단원들을 어린애 같은 행동에 빠져 있는 속인들로 간주한다. 그들이 틀렸다.

'절단공', '데보랑', '가보'[54]는 거의 알려져 있지 않은데, 왜냐하면 필연과 필요에 의해 창설되었고, 숲이나 인적 없는 적막한 곳에서 서로에게 봉사하는 이 단체들은 기분전환, 오락, 쾌락 취미만을 찾는 소용돌이 속에서 융합되었음에 틀림없기 때문이다. 그러한 것들이 이들 소규모 단체들을 연결하는 유일한 고리인데, 그 단체들은 당파심이 전혀 없기 때문에 광신과는 아주 거리가 멀다. 주지하듯이, 패거리, 파벌, 강력한 조합들을 만들어내는 것은 광신밖에 없다.

또한 경찰은 이들 새로운 단체들 모두를 가만히 내버려 두는데, 그 단체들은 경찰에 불안을 주기는커녕 경찰의 기분을 상하게 하지도 않는다. 모임을 가질 필요와 그 기쁨을 누리는 사람들은 모일 수만 있으면 그들을 연결시키는 표지에 그다지 신경 쓰지 않는다.

'아홉 자매(Neuf-Soeurs)' 지부는 학구적인 회합(會合)으로 간주할 수 있는 화려한 축제들로 유명해졌다. 문학의 마력에 의해 그 지부는 가장 매력적인 곳이 되었다. 현대의 모든 유명인사들이 그들이 몸담고 있는 예술의 차이에도 불구하고 이 지부에서 형제처럼 지내는 모습을 보여주었다. 이 독특한 친목이 생각해볼 여지가 있는 관심을 끌었다. 몇몇 지부들은 그들의 일 말고도 자선을 열성적으로 실천하고 있다. 이미 11명의 아이가 있지만 자애심과 자비심 때문에 12번째 아이를 입양한 한 가난한 과일장수 아낙은 공개적으로 찬양을 받았다. 프리메이슨 단원들은 허영심 없는 미덕에 대한 이와 같은 보상을 꿈꾸었다. 그들은 즐거운 시간을 보내며 자선을 베푼다.

54 절단공들은 석공 일에서 아주 견고한 목재의 상징체계 속에 포함된다. 데보랑(dévorant), 즉 '직인조합 직공'('데보랑'은 '직인조합(devoir)'에서 파생된 용어)은 가보(gavot), 즉 '자유 직공'과 대립된다.

585 공중변소

도시에 공중변소가 부족하다. 용변이 급할 때 사람들이 많은 거리에서는 무척이나 난처하다. 무턱대고 알지 못하는 집에 가서 변소를 찾아야 한다. 변소를 찾기 위해 문을 더듬는데, 그래서 무언가를 훔치려 하는 것이 아닌데도 당신은 마치 사기꾼처럼 보인다.

예전 우리 왕궁인 튈르리 궁 정원은 사람들이 모여드는 장소였다. 사람들은 모두가 주목(朱木) 울타리 아래에 늘어서서 용변을 보곤 했다. 야외에서 용변을 보는 데서 즐거움을 느끼는 사람들이 있다. 튈르리 궁의 테라스는 그곳에서 나는 지독한 악취 때문에 접근할 수가 없었다. 앙쥐빌레 백작은 그 주목들을 뽑아버리게 하여 일부러 멀리에서 용변을 보러 오던 사람들을 당황하게 했다. 공중변소가 지어졌고, 그곳에서 각 개인은 2수짜리 동전을 내고 용변을 본다. 그렇지만 만일 당신이 생제르맹 포부르에 있는데 갑자기 당신의 장(腸)을 비워야 한다면, 과연 공중변소 주인을 찾으러 갈 시간이 있을까? 어떤 사람은 캄캄한 오솔길로 황급히 가서 일을 본 다음 도망친다. 또 어떤 사람은 길모퉁이에서 공중도덕을 어기지 않을 수 없다. 또 어떤 사람은 '삯마차'나 '이륜마차'를 이용한다. 마차의 좌석을 좌변기로 바꾸어 놓는 것이다. 아직도 다리 힘이 있다고 느끼는 사람들은 허리를 반쯤 굽힌 채 강변으로 달려간다.

산책로로 이용되고 도시를 아름답게 꾸며주는 둑길은 오늘날 목불인견의 꼴이고 냄새도 코를 찌른다. 그쪽 길을 산책하는 일은 아마 의사만이 할 수 있는 일일 것이다. 왜냐하면 그일이야말로 의사에게 유행병을 재는 진짜 척도일 것이기 때문이다. 그는 어느 계절에 위장에 탄력성이 부족한지 알게 될 것이다. 그리고 적어도 관찰력 있는 천재라면 그에게는 공중의 불결함이 유리함으로 바뀔 것이다.

하지만 의사들은 거만해졌다. 그들은 더 이상 좌변기에 신경을 쓰지 않는다. 그들은 심지어 소변 검사관들을 비웃기까지 한다. 그들은 거만한 태도로 수도의 둑길에 분명히 서술되어 있고 뚜렷하게 특징이 드러나 있는 새로운 지식을 거들떠보지 않는다. 모든 활기찬 위장과 무기력한 위장의 상태가 적나라하게 검토되는 곳이 바로 그곳이다. 눈앞에 음식물의 속성이나 혹독한 환경에 의해 유발된 전염병들의 진짜 증거가 펼쳐져 있는데도, 의사들은 도서관의 먼지투성이 책들을 뒤적이러 간다.

그처럼 무시하는 이유가 무엇인가? 예전에는 의사들이 눈으로 확인하지 않을 수 없었다. 그들에게는 그 이상이 요구되곤 했다. 다음은 앙리 2세가 만든 규칙을 글자 그대로 옮겨놓은 것이다.

> (왕께서 말씀하셨다.) 의사의 과실로 인한 사망자의 상속인에 의한 고소는 다른 모든 살인 사건과 마찬가지로 사람들에게 알려지고 심판을 받아야 할 것이다. 또한 돈 때문에 일하는 의사들은 환자들의 대변을 맛보고 그들에게 전혀 다른 배려를 해주어야 할 것이다. 그렇지 않으면 그들이 실질적인 법률적 사망의 원인이었다는 평판을 들을 것이다.

우리는 의사들에게 앙리 2세의 규칙을 참조하라고 하지 않는다. 단지 우리는 의사들이 수도 안에서 가장 자세하고 풍부하고 꾸준한 관찰을 할 수 있을 것이고, 여러 양상과 유사성들을 판별할 수 있을 것이며, 요컨대 사망했지만 아직도 무언가를 말해주는 그 모습들을 검토할 수 있을 것임을 말하려는 것이다. 언젠가 '공중변소'가 설치

된다면, 그들은 자신들에게 깨우침을 주기 위해 제공되곤 하던, 사라진 실험적인 지식을 아마 아쉬워하게 될 것이다. 『주르날 드 파리』에는 강물의 수위, 기상 상태, 바람, 기압이 표시되는데, 이러한 기상학적 관찰들에 '둑길의 상황'이 어찌 덧붙여지지 않겠는가?

'이곳에서 용변 금지. 어기면 처벌을 받음'이라는 게시문이 적혀 있는 곳들은 용변이 급한 사람들이 가는 곳이다. 그 게시문이 그들을 쫓기는커녕, 그들을 불러모으는 것처럼 보인다. 단 한 사람이라도 용변을 보면 30명이 따라 한다.

이러한 것은 인구가 많기 때문에 나타나는 결과이다. 어느 식사 모임에서든지 변소는 필요하다. 대중의 식당 겸 숙박업소가 여럿 있으니, 어찌 변소들 역시 여럿 필요하지 않겠는가?

언제나 화사한 생각을 하는 가장 청결하고 가장 섬세한 사람들은, 상스럽게 생리적 욕구를 해결하는 파렴치한 사람들과 함께 생활하기 때문에, 그들을 자신과 자신의 모임에서 배척하면서도, 그들이 야외에서 내버리는 것을 눈으로 보지 않을 수가 없다. 다양한 모습을 가진 대중의 배설물들이 끊임없이 공작부인과 후작부인 및 왕비의 눈앞에 펼쳐진다. 오, 그 점에 관해서 도덕적 반성을 할 필요가 없을 것인가! 그렇지만 정말 애석하구나! 사람들은 더 이상 라블레를 읽지 않으니.

이 문제에 대해서는 여성들이 남성들보다 더 참을성이 있다. 여성들은 적절한 조치를 취할 줄 알기 때문에, 가장 음탕한 여자라 할지라도 점잖다고 생각되는 남자가 길 한복판에서 보여주는 모습을 절대 보여주지 않는다. 우리가 지금 이야기하고 있는 대중의 일반적인 견해에 따르면, 의사들이 기대하는 관찰이 어느 날엔가 행해진다고 해도 남성의 기질만을 규정할 수 있을 것이다. 여성들의 기질을 확인하려면 다른 것에 도움을 청해야 할 것이다.

586 공용 하수도

로마의 웅장함은 특히 시민들의 건강과 생활에 필요한 이 유용한 시설에 그 흔적을 남겼다. 토목 담당관들은 주로 그 시설의 유지를 담당하고, 그에 대해 어떤 잘못을 저지른 사람들을 처벌하곤 했다.

파리에 커다란 하수도가 건설되었는데, 그것은 '튀르고 하수도'라고 불렀다. 튀르고가 파리 시장(市長)이던 시기에 정돈되었기 때문이다.

이 대형 하수도는 메닐몽탕 개울 바닥에서 시작되어, 파리 시를 거의 반 바퀴 돌아 북쪽으로 지나간다. 센 강의 샤이요 철제 격자 중 하나를 입구로 하는 이 대형 하수도로 거리의 수많은 사설 하수도들이 하수를 흘려보낸다.

매우 넓고 깊은 이 하수도는 덮개가 없어서 노동자들은 아주 쉽게 그곳에서 작업하며 수리할 수 있다. 사람들은 저수조와 펌프로 그 하수도를 씻어내곤 했다. 오물을 씻어내는 데는 몇 뮈의 물이면 충분했다.

시청의 관리들로서는 이 하수도 지역을 판매하는 것이 좋았다. 사람들은 그 하수도를 덮고, 부엌과 변소에서의 배수를 금지한다는 주의를 주며 그 위에 건축을 허가했다. 금지를 쉽게 벗어날 수 있었기 때문에 그것은 분명히 쓸데없는 주의였다. 그것은 명백히 악취의 온상을 닫는 것이었다.

1778년부터 생토노레 포부르 사람들은 썩는 냄새가 퍼져서 이 하수구에 빗물을 수용하기 위해 콜로세움 가까이에 설치한 몇몇 집수구(集水口) 주변 주민들을 몹시 불쾌하게 한다는 것을 알아차렸다. 포부르에 사는 사람들은 거의 교육을 받지 못했기 때문에 그 냄새를 콜로세움의 수조(水槽) 탓으로 여겼다. 포부르에 퍼진 고약한 냄새의 진짜 원인은 부엌 하수도와 변기가 끊임없이 이 대형 하수도에 쏟아 붓는 것 때문이다. 있을 수 없는 악습이다. 현 상태로는 이 대형 하수도는 결코 깨끗이 세척되지 않을 것이다. 그 하수도가 막히게 된다 해도 아무도 그곳에 들어가려고 하지 않을 것이다. 그곳에서 목숨을 잃을지도 모르기 때문이다. 이러한 부패의 심연을 파괴하거나 폐쇄할 수 있을 만큼 신속하고 효과적인 치유책으로 무엇이 있을까?

이제 그런 치유책은 없다. 가장 작은 집수구조차도 위험하기 짝이 없는 취구(吹口)가 된다. 전에는 적어도 대기와 햇빛이 이 심한 냄새들을 흡수했다. 몇몇 개인들의 사리사욕이 위생적인 구역에 전염병을 가두어놓은 것이다. 전염병이 빠져나갈 수 없도록! 그게 아니라면 적어도 현대의 화학자들에게 도움을 청하자. 그들은 어떠한 살인 가스든 자유자재로 다룬다. 그들은 장터의 곡예사가 느슨하거나 팽팽한 줄 위에서 공중곡예를 할 때와 같은 자신감을 갖고 변소 안으로 들어갈 것을 제안하고 있다.

587 저질 술집들

'선술집'[55]이라고 부르기도 한다. 고결한 독자들이여, 당신들은 그곳에 가지 않을 것이다. 내가 당신들을 위해 그곳에 갔다. 당신들은 그런 장소를 그림으로만 볼 것이고, 그럼으로써 몇 가지 불쾌한 느낌을 피할 수 있을 것이다.

그곳은 바로 최하층민의 소굴이다. 하지만 걸인들의 생활에는 솔직함이 있어서 관찰할 만한 가치가 있다. 왜냐하면 적나라하게 드러나 있는 정염에는 흥미로운 특징이 있기 때문이다.

그 세계를 보고 싶어서 (우아한 세계에 속한) 나는 어느 날 갈색 프록코트를 걸치고 한 포부르로 갔다. 나는 적당한 곳에 들어가서 저녁식사를 요청했다. 탁자 한쪽 끝에 식사가 차려졌다. 나는 먹는 시늉을 했다. 한쪽 끝에는 방이 하나 있었는데, 그곳에는 60명이 식사를 할 수 있는 긴 탁자가 있었다.

저녁 10시 무렵에 나는 갑자기 19명의 무뢰배들과 6명의 여자, 그리고 10명의 아이들이 소란을 떨며 들어오는 것을 보았다. 그들은 탁자를 차지하고 고기 조각, 생선, 채소, 빵 조각들로 탁자 위를 어질러놓았다. 그리고서 그들은 포도주를 주문했는데, 그 포도주는 1파인트짜리 주석 단지가 아니라 항아리에 담겨 나왔다.

나는 밖으로 나가는 척하다가 작은 방으로 뛰어들어갔고, 거기서

55 선술집(taverne)이라는 말에는 술집(cabaret)이라는 말보다 덜 정중하고 더 저속한 개념이 내포되어 있다.

모든 것을 보고 들을 수 있었다.

수가 더 불어난 그 무리는 갑자기 탁자 위에 옛날 동전과 잔돈으로 94리브르 17수 9드니에를 던져 놓았는데, 그 거지들은 전전날에는 수입이 120리브르를 넘었다고 말하면서 그 금액에 만족하지 못하는 것처럼 보였다.

그들은 '출납관'이라고 불리는 거지에게 그 돈을 보관하게 했다. 목록이 작성되고 난 후, '옷장 주인'이라는 칭호를 가진 다른 사람이 상당수에 이르는 낡은 양말, 구두, 반바지, 옷, 속치마를 거둬들였고, 전부를 생제르맹 수도원의 헌옷장수에게 넘기겠다고 약속했다. 이 누더기에서 그가 적어도 2루이는 얻을 것으로 추측되었다. 그것은 거리와 광장을 누비며 행한 수없이 많은 물물교환의 결과였다.

그 거지들은 포도주를 더 주문해서 포도주 22항아리에 브랜디 4병을 마셨다. 그들은 또 2파운드의 설탕, 4분의 1파운드의 담배, 16단의 장작과 나뭇가지를 소비했다.

여성들 중 몇몇은 아이가 있어서 젖을 먹이고 똥을 닦아주었다. 개들이 그 방면에 전문가였다. 그래서 개들에게 풍부한 음식을 마련해 주려는 사람들이 줄을 이었다. 그 거지들은 독특한 방식으로 개를 사랑하는 것처럼 보였다. 왜냐하면 그들은 자신의 스패니얼 개에게 입을 맞추는 가장 상냥한 여성에게서도 볼 수 없는 애정을 듬뿍 담아 개들을 끌어안고 개에게 말을 건네곤 했다.

나는 검은 옷을 입은 사람이 들어오는 것을 보았다. 그가 책임 회계원인 것 같았다. 그가 계산을 하고, 돈을 나눠주고, 모임의 사업에 대해 오랫동안 이야기했다. 천 조각들과 낡은 옷가지들을 매매하고 그것들을 대량으로 구입하는 싸구려 식당에 그것들을 맡기는 내용이었다.

이런 부류의 사람들은 은닉이나 위선을 모른다. 아주 작은 모순에도 어떤 여자는 얼굴이 부풀어오르곤 했다. 다른 어떤 여자는 흥분해서 욕설을 뱉곤 했다. 하지만 남자들은 여자들의 목소리에 굴복했다. 싸움이 일어났고, 한 여자가 한 남자의 멱살을 움켜쥔 후 그를 세차게 흔들어대자, 그 옆 사람이 갑자기 남자의 분노를 진정시키며 그에게 말했다. "앉게. 여자분이 말하고 있잖아."

여자들이 목청을 높였고, 남자들은 듣고 있었다. 여자들의 말은 거침이 없었다. 그녀들의 표현은 자유분방했고, 상스러운 말은 그녀들의 생각 모두를 쉽사리 드러내었다.

그 무리는 거지와 넝마주이, 거리를 돌아다니는 고물상과 여자 행상들의 무리였다. 말들이 앞뒤가 맞지 않았다. 그들은 자기들끼리 대화를 한다기보다 서로를 재는 것 같았다. 그 즈음에 거지 색출작업이 이루어지면서 수백 명씩 잡혀갔지만, 그들은 이러한 박해에 대해서는 전혀 말하지 않았다. 나는 그런 사실이 놀라웠다. 그들은 겸직을 하고 있어서 특혜를 누리는 거지인 것 같았다.

나로서는 그들만이 알아들을 수 있는 수많은 기괴한 말들을 다시 한다는 것이 불가능하다. 그렇지만 그들의 말은 간결하고 열정이 넘쳤으며, 대답을 늦추는 사람은 아무도 없었다. 그들은 서로의 말을 완벽하게 그리고 신속하게 이해했다.

종교와 국가는 그들의 대화에서 나무랄 것이 아무것도 없을 것이다. 그들이 욕을 하곤 했고, 종종 성스러운 신의 이름을 들먹이곤 했다는 것은 사실이다. 그렇지만 그것은 그들에게 있어서는 다만 나쁜 습관일 뿐이었다. 거지 계급에 속하지 않은 몇몇 파리인들의 경우와 마찬가지인 것이다.

그들의 저녁식사는 먹고 남은 식은 음식이었다. 술집에서는 그들에게 고기를 가져다 주었는데, 그 고기는 내가 보기에는 결혼식에서 먹다 남은 것 같았다. 그들은 굶주린 사람들이 아니라 즐거운 시간을 보내는 사람들처럼 거의 2시간 이상 식사를 했다. 파리에서는 모든 것이 소비된다. 화학자들이 음식을 분해하고 거기서 나오는 가스에 대해 이야기해도 소용없다. 튼튼한 위장은 이러한 새로운 이론들을, 그것이 사실인지 거짓인지, 유용한지 잘못인지를 모두 알지 못한다.

같은 이유로 뱅슬로는 섬유질에 관한 정밀한 해부학을 너무 많이 연구한 탓에, 자신이 알고 있는 작은 섬유 하나라도 끊어질까 무서워 떨어진 핀을 주우려 몸을 굽히지도 못했다. 마찬가지로 그 화학자는 때로는 먹지도 못했다. 독을 먹게 될까 두려워서였다. 거지는 해부용 칼과 도가니에 의해 밝혀지는 것을 모르기에, 주어진 짐을 지는 것처럼 눈에 보이는 것을 먹어치운다.

그들에게는 섬세함은 없지만, 풍요로움이 있다. 나는 그들이 어느 누구에게도 명령을 할 수 없을 것으로 생각했는데, 그들은 꽤나 명령조로 음식을 내오게 했다. 흰색 옷을 입은 술집 종업원은, 너덜너덜해진 옷을 입은 한 거지의 주문에 바로 대답하지 못하자 심한 욕을 먹었다.

시끄러운 소리에 정신이 멍해지고 불쾌한 냄새에 숨이 막혀서 나는 그곳을 떠났다. 나는 손도 대지 않은 음식비를 지불하러 갔다. 그리고 종업원을 따로 불러 그 사람들이 모두 어디에서 잠을 자는지 물어보았다. 몇 사람은 그 근방에 머문다고 종업원이 내게 대답했다. 하지만 대다수는 흰색 시트를 사용하지 않는데, 왜냐하면 그들은 동숙(同宿)하면서 모두 함께 짚을 깔고 그 위에서 잠을 자기 때문이라는 것이었다.

다른 선술집들에서 나는 '1파인트짜리를 마신다'거나 '반 리터짜리를 마신다'고 하는 것을 운 좋게 볼 수 있었다. 누더기를 걸친 하층민들의 춤에 맞춰 바이올린을 연주해 주는 사람 바로 곁의 모양새가 형편없는 탁자 위에는 1파인트짜리 단지가 놓여 있었다. 군인과 하녀가 함께 술을 마시고 있었다. 붉은색 녹으로 덮인 주석 단지 옆에서 웃음과 가난이 하나가 되고 있었다.

이물질이 섞인 술을 마신 기운에 싸움이 일어나면, 욕설과 주먹이 동시에 나온다. 경비대가 급히 달려온다. 경비대가 없다면, 춤을 추고 있는 그 하층민들은 바이올린 소리에 맞추어 서로를 죽이게 될 것이다. 하층민들은 이들 경비대에 익숙해 있는데, 그들을 제지하는 데는 경비대가 필요하며, 하층민들은 술집에서 빈번하게 일어나는 싸움을 끝내는 일을 그 경비대에 맡긴다.

특이한 것은 이 군대, '마무리' 작업을 하는 이 야경대가 푸른색 옷을 입은 구두수선공들로 이루어졌다는 점이다. 그들은 다음날 손에서 총을 놓고 나면, 1파인트짜리 주석 단지를 비우고 난 후 소동을 부리는 경우 체포당하게 된다. 따라서 그들은 하층민을 좌지우지하는 하층민이다. 야경대 신입들은 결코 부족하지 않을 것이다. 이 군인들을 사람들은 '성모 마리아의 병사들'이라고 부르는데, 왜냐하면 그들은 교황의 병사들과 마찬가지로 전쟁에 나가지 않을 것이기 때문이다. 그들이 훈련받는 모습을 보면, 사람들은 저도 모르게 웃고 만다. 부대 전체가 만수무강이 보장되어 있다. 그들에게는 범죄자가 술에 취해 고집을 부릴 때, 단지 몇 대의 따귀를 맞을 위험만 있을 뿐이다. 그런 경우 반항한 사람에게 수갑을 채우면서 그들은 잔인하게 복수를 한다. 그들이 하층민에게 개머리판으로 인정사정없이 가하는 타격은 중국인들의 봉(棒)보다도 더욱 고통스럽다. 예전에 야경대를 대표하던 부대는 가는 막대만을 갖고 있었고, 그로써 총신(銃身)이나 손을 자르는 예리한 줄처럼 상처를 입히지는 않았다. 그들은 우스갯소리로 그것을 '장갑을 끼운다'고 말한다. 때때로 그들은 준엄함의 경계를 넘어서기도 하는데, 그런 모습은 눈을 뜨고 볼 수가 없게 된다.

일반대중이 술을 마시는 이러한 술집 겸 흡연실을 운영하는 사람들 때문에 포도주, 맥주, 그리고 술들에 언제나 이물질이 섞이게 마련인데, 어째서 법률은 그들을 독살자로 취급하기를 꺼리는 것인지 나는 모르겠다. 금세기의 어떤 고등법원 판사는 섞음질하는 술집 주인에 극렬하게 반대하면서, 그처럼 사람을 죽음으로 몰고가는 간사한 꾀는 다른 모든 재앙보다도 더 파리 시민을 많이 죽이고 있다고 주장했다.

힘든 일을 할 수밖에 없는 서민들의 기운을 돋우기 위해 만들어진 음료를 변조하는 이 믿을 수 없는 유통업자들은, 자신들의 혼합물의 결과로 나타나게 될 치명적인 사고를 모르고 있는 것이 틀림없다. 교육을 더 받는다면 그들은 그러한 중죄를 저지르는 데 가담하지 않을 것이다. 그렇기 때문에 술집 주인과 일반대중을 동시에 교육하고, 범죄의 중대성과 더불어 위험을 깨닫게 해줄 간단하고 체계적인 글이 유용한 것이며, 특히 이물질이 섞인 음료 사고에 대한 대책을 가르쳐 주는 경우 아주 유익할 것이다.

그런데 일반대중에게 정신적으로나 육체적으로 건전한 생각들을 심어주기 위한 대중용 교훈서를 누가 만들 것인가?

588 봉인장

나는 봉인장이 언제 어떻게 시작되었는지를 알아보려는 것이 아니다. 이미 존재하고 있는데 그 기원을 따져봐야 아무 소용없다. 평민과 마찬가지로 귀족들도 봉인장을 받는다. 방계 왕족을 그 자신의 궁정에서 체포하는 바로 그 힘에 의해 소책자의 저자는 체포된다. 전하(殿下)께서 저자만큼이나 신속하게 말을 듣는다면, 그 저자는 하소연할 호의를 얻게 될까?

클로비스, 샤를마뉴, 위그 카페는 봉인장을 발행하지 않았다. 그것은 입증된 사실이다. 루이 14세와 루이 15세는 상당히 많은 양의 봉인장을 내주었는데, 그럼에도 그들은 맛있게 저녁을 먹었다. 그것은 너무나도 분명한 사실이다.

블랙스톤[56]은 봉인장을 공개적으로 비난한다. '사자 굴, 즉 현대의 바빌론을 피해 나온' 랭게[57]는 봉인장을 내주는 통치자들을 더 이상 찬양하지 않을 것이다. 그는 '봉인장'이 자연권에 어긋난다는 것을 명백하게 입증할 것이다. 모든 인간은 자기 인격에 대해 완전한 소유권을 갖고 이 땅에 태어났다는 것, 앙리[58]가 자신의 산책로를 법

56 Blackstone(1723~1780): 1758년에 정교수직을 받고 옥스퍼드에서 민법 및 공법 강의를 최초로 개설했다. 그의 『영국법 주해』는 수많은 판본이 나왔다.

57 Linguet(1736~1794): 변호사인 그는 봉인장에 의해 1780~1782년까지 바스티유에 투옥당하기 전에는 '아시아식 전제주의'를 옹호했고, 그것을 고대의 민주주의에 비교하기까지 했다. 석방되자마자 그는 브뤼셀로 몸을 피했고 『바스티유에 관한 회상록』을 출간하여 센세이션을 일으켰다.

58 1782년 당시의 경찰 수사관 겸 서점 검열관.

적으로 차단할 수 없다는 것도 밝힐 것이다. 하지만 그저 그런 모든 책들은 바스티유의 방어용 요철의 돌 한 개도 떼어내지 못할 것이고, 도개교를 손톱만큼도 내리지 못할 것이며, 빗장의 길이와 두께에서 1리뉴[59]도 없애지 못할 것이다. 간수는 설득력 있거나 웅변조의 작품을 읽지 않을 것이고, 묵묵히 자신의 일을 계속 할 것이다. 그리고 봉인장보다 더 불법적인 것은 이 세상에 아무것도 없다고 다소 소리 높여 말하는 철학자는 그 다음날 바로 그 봉인장을 받게 될 것이다. 30만의 무장한 사람들, 5억의 수입이 있으면 100개의 서로 다른 바스티유에 모든 책과 저자를 가둬둘 수 있으리라 생각된다.

유감스러운 것은 전하의 명령에 따라 체포되었는데도 당신 이름은 여전히 전하의 기억 속에 남아 있는 영광을 누리지 못한다는 것이다. 별것 아닌 '검인'으로 인해 당신은 '쪽문'들을 신속히 지나왔고, 사람들이 공손히 읽게 될 당당한 필체의 서명은 불쌍한 죄수에게는 적어도 하나의 위안이 될 것이다. 그 죄수는 이렇게 생각할 것이다. '프랑스 왕께서 내가 이곳에 있다는 것을 알고 계신다. 폐하의 뜻이 이루어지시기를.'

그렇지만 이 별것 아닌 '검인'이, 국왕의 기분이 좋지 않은 어느 일요일 아침 베르사유의 한 집무실 서류더미에 흩어져 있을 수 있고, 그로 인해 당신이 산책을 통해 기력을 회복시킬 생각을 하는 월요일 아침 동이 트기도 전에 당신이 체포될 수도 있다면, 오, 그런 일은 이해할 수가 없을 것이다! 그런데 한편으로 보면 관대하고 전혀 심술궂지 않은 '검인관'이라도, 그를 쳐다볼 때 사람들이 (아무리 꿋꿋한 사람이라 해도) 어느 정도 두려움을 갖지 않을 수 없다는 것을 고백

59 12분의 1인치.

해야겠다. 그가 장난삼아 '손톱'으로 할퀸다면, 그것은 땅 위를 돌아다니거나 하늘을 맴도는 어떤 동물의 갈고리처럼 날카로운 발톱보다도 더 심한 상처를 당신에게 입힐 수 있다.

올 한 해 얼마나 많은 봉인장이 발행될까? 그 목록이 내겐 없다. 내가 단언할 수 있는 것은, 요청하는 만큼 발부하지는 않는다는 것이다. 거부되기 때문이다. 친애하는 독자여, 이 말을 잘 새겨서 내게 악평을 하지 말기 바란다.

과거에 수감되었던 죄수들 수에 비교해 볼 때 현재 국립 감옥들은 텅 비어 있다. 그곳에서는 가혹행위나 야만적이고 터무니없는 박탈행위가 더 이상 일어나지 않는다. 요컨대, 유럽의 '봉인장'에서는 벗어나고 있는데, 아시아의 '교수형 밧줄'에서는 벗어나지 못하고 있다.

플뢰리 추기경은 '뷜' 사건을 맡아 3만 장의 '봉인장'에 서명했다. 사람들은 그것이 사건 규모에 비해 좀 지나치다고 생각했다. 더 이상 얀센주의자들은 투옥되지 않았는데, 그로 인해 파라몽의 권좌가 큰 위험에 빠져 있는 것 같지는 않다.

상상에 의하거나 혹은 근거 없는 수많은 불안 때문에 '검인관'들의 열정이 많이 떨어졌고, 그래서 오늘날의 그들은 더 이성적이고 더 온건하게 사물을 바라본다. 그 점에 대해서는 그들에게 감사해야 한다.

모든 것을 고려해서, 불법적이고 제한 없는 감금은 오직 극소수의 사람들에게만, 다시 말해서 국정의 공적 대리인과 비밀 대리인들이 직무유기를 할 경우 그들에게, 또는 펜이나 혀를 너무 가볍게 놀리는 사람들에게만 내려질 수 있다. 1만 명의 사람들 중 9,990명은 '봉인장'을 받을 만한 사람들이 아니다. 대부분의 파리인들은 '검인관'보다도 경찰관을 더 두려워한다.

사실 이제는 복수심과 금전에 의해 '봉인장'을 주문하거나 구매하던 시대, 은밀하거나 탐욕스러운 온갖 격정에 집무실이 개방되어 있던 시대, 투옥 요금이 있던 시대가 아니다. 내가 보아왔던 시대는 완전히 지나갔다. 천만다행이다!

'봉인장'에 의해서는 감금되거나 추방된다. 최근에는 추방이 감금보다 더 보편화되었다. 우선, 국가적 차원에서 그것은 절약이 된다. 다음으로는 간담을 서늘하게 하는 단음절어만을 내뱉는다는 점에서 벙어리 시종보다 더 무시무시한 '간수들'의 거친 손길 아래 불길한 자물쇠 소리를 듣는 것보다는, 깊은 시골 또는 가장 미개한 지역에 파묻혀 살아가는 것이 더 낫지 않겠는가?

국가사범은 짐꾼이나 삯마차 마부, 그리고 퐁뇌프 구두닦이들의 운명을 부러워하는데, 그것은 그저 자신의 가장 큰 학대자인 상상력 때문이다. 물지게꾼의 날카로운 목소리가 귀에 들려오면, 그는 두 어깨 사이에 가죽 띠를 대고 2개의 양동이를 균형을 잡고서, 어둡고 구불구불한 계단을 지나 그것들을 8층에 올려놓고 싶어 한다.

이처럼 강요된 무위(無爲)는 커다란 형벌임에 틀림없다. 자유의 상실보다 훨씬 더 절망적인 고독이 그들의 생각에 우울한 색깔을 부여하는 것이다!

'봉인장'을 맹렬히 비난하고, 그것들이 자의적이고 잔인하다고 말하는 어떤 사람은, 자신의 조카가 법정에 넘겨져 준엄한 법의 심판을 받게 될 범죄를 저지르면, 갑자기 자신의 원칙을 포기한다. 이 숙부는 어떻게 하는가? 그는 허둥지둥 대신의 발밑에 엎드려 간청하게 된다. 그는 자기 조카를 죽음과 치욕에서 구하기 위해 '통지서'를 탄원한다. 가문을 불명예에서 구원해줄 그 '편지'를 얻으면 얼마나 행복하겠는가!

또 어떤 사람은 숨겨진 중대한 범죄의 증거를 손에 쥐고 있다.

그 범죄를 저지른 사람은 자기 아내이다. 그가 그 죄를 밝히면 아무 죄도 없는 6명의 아이들, 아직은 조국에서 귀중한 평판을 받고 있는 그 아이들에게 낙인을 찍을 수밖에 없다. 아내의 범죄는 처벌받지 않을 것이다. 그런데 당국이 신속하게 도움을 주지 않으면 남편의 목숨조차 위험에 처해 있는 것이다. 통상적인 법률은 아무것도 할 수가 없다. 최고 권력의 도움이 없으면 부정(不貞)은 절정에 달하는 것이다. 위험을 알리고 죄인을 체포하는 것이 통치자들이 해야 할 일이 아니던가?

어떤 아버지는 대신에게 자기 아들을 고발한다. 그의 탄원을 접수한 재판부가 사건 처리를 더디게 하고 논쟁을 일삼는다면, 그는 명예를 잃은 노인으로 남게 된다. 작가이자 철학자인 어떤 사람[60]은 자기 가족에 대해 봉인장을 20장까지 청원하지 않았던가? 좀 더 충분한 검토가 이루어지지 않는다면, 그는 바로 그러한 이유 때문에 가장 불행한 사람이 될 것이다.

하지만 인간의 어떤 법정이 아버지의 고발에 귀를 기울이지 않을 것인가? 아버지는 신성한 심판관이 아니던가? 우리의 재판 형식은 너무 조잡해서 가정의 심층에까지 파고들 수가 없다. 만일 그 재판 형식들이 갑자기 파기된다면, 많은 가정들의 집합인 국가는 어떻게 되겠는가?

여러 방면으로 갈라져 퍼지고 여러 가지 상황으로 확산되는 '국가대사(國家大事)'에는 중요한 비밀을 팔고 운명적인 정보를 제공하게 될 악역(惡役)이 있게 마련이다. 적절한 때에 그에게 제재가 가해지지 않으면 국민이 피해를 입는다. 더딘 데다가 사실과 무관한 법

60 훗날 혁명의 웅변가가 된 아들에 대해 여러 차례에 걸쳐 봉인장에 도움을 청했던, '인류의 친구', 아버지 미라보를 암시한다.

정 절차들로 인해 죄인은 자신의 뻔뻔함을 다 보이고도 충분히 처벌받지 않을 시간을 벌게 될 것이다.

그러므로 모든 '봉인장'들이 부당한 것은 아니다. 그중에는 필요한 것도 있고, 심지어 불가피한 것도 있다. 봉인장으로 발생한 선(善)이 백일하에 드러난다면, 어떤 상황에서는 그것들이 상당히 유용하다고 판단될 것이다. 자신들에게는 민법이 힘을 못 쓴다는 것을 자랑하던 음흉한 사람들을 당국은 여러 차례에 걸쳐 국가와 사회에서 몰아냈다.

곤란한 것은, 아무런 관계가 없거나 용서할 만한 잘못들에 대해서 혹은 부당한 발상에 의거해서 봉인장들이 지나치게 남용되었다는 것이다. '봉인장'은 야심에 차 있거나 만용을 부리는 거인들을 거꾸러뜨리고 그들을 방약무인한 바위산 아래 순식간에 파묻기 위해 만들어진, 무시무시한 제우스의 벼락이라고 생각해야 할 것이다. 하지만 무절제하게 혀를 놀리고 싶은 욕망을 덜기 위해 이발사가 자신의 숨결을 묻어두었던 갈대밭에까지 치명적인 화살의 위엄을 내리는 것은 부당하다고 생각된다.

군주체제 안에는 너무나 특별한 성격을 가진 범죄들이 있어서, 때로는 그처럼 강제적이고 신속하며 무시무시한 힘이 필요하다. 모든 부분들이 너무 유기적으로 연결되어 있어서, 모든 시민들의 능동적인 경계심이 국립감옥을 보완해 주는 통치체제들은 얼마나 행복한가! 하지만 이처럼 체계적인 통치체제들은 지구상에서는 보기 힘들다.

'봉인장' 배포에 있어서 아무런 복수심도, 기습도, 옹졸함도 없을 때, 평화로운 올림포스 산 한가운데서 때맞춰 내려치는 이 벼락이 당신에게 되는 대로 상처를 입히는 보잘것없는 감정 분출인 것 같지 않을 때, 절대군주들의 커다란 분노의 표시인 이 벼락은 시민들의 귀에 당당하게 울려 퍼질 것이다. 시민들은 억압과 권력이라는 특징들을 두려워하기는커녕, 그것들을 국가와 왕권의 보증으로 간주할 것이다.

아! 오늘날 용해되어 다른 모든 것과 융합된 것을 파괴할 수는 없을 것이다. 스스로 깨우친, 더 이상 비인간적이지 않은 권력은 매일매일 변화를 수용한다. 그 권력을 온전하게 평가하자. 권력은 구습(舊習)을 타파하는 일이 자신의 권위와 이익에 합치한다는 것을 알았다. 과거의 악습들은 서서히 제거될 것이다. 적어도 모든 것이 그것을 예고하고, 예언하고 있다.

희극성(어디엔들 희극성이 없겠는가!)이 '봉인장'의 진지함에 뒤섞인다. 당신을 거꾸러뜨릴 벼락이 체포담당 경관의 주머니 속에 들어 있다. 그 경관은 자신의 무시무시한 임무를 수행할 때마다 즐거움을 느낀다. 그는 자신이 갖고 있는 벼락을 은밀하게 자랑스러워하며, 자신이 주피터의 새라고 믿는다. 하지만 그는 마치 뱀처럼 움직인다. 그는 교묘하게 끼어들어서 당신을 엿보고, 당신 앞에서 허리를 숙이고, 당신의 귀에 다가와서는 눈을 아래로 깔고, 어깨를 구부리고, 맑고 고운 목소리로 당신에게 이렇게 말한다. "유감스럽습니다, 선생님. 하지만 선생님, 저는 당신을 체포하라는 명령을 받았습니다, 선생님. 국왕 전하의 명령이지요, 선생님." "나를요?" "그렇습니다, 선생님." 당신은 한순간 화를 낼 것인지 말 것인지 망설이다가, 온갖 저주를 퍼부으려 한다. … 당신에게 보이는 것은 단지 공손하고 정중하고 예의 바른 사람일 뿐이다. 그는 허리를 굽히고, 말씨가 부드럽고, 태도도 정중하다. 당신은 세상에서 가장 분노에 찬 사람일 것이다. 갑작스럽게 무장해제되었기 때문이다. 당신은 권총을 들고 허공을 향해 쏘겠지만, 상냥한 체포담당 경관에게는 절대 총을 쏘지 못한다. 이윽고 당신은 그에게 허리를 굽히고 절을 할 것이다.

심지어 그와 당신 사이에는 공손함과 예의 다툼이 일어난다. 자신의 임무를 설명하려 하고, 가능한 한 아주 친절하고 상냥하고 예의 바르게 사람들을 감금하는, 벌이가 꽤 되는 일을 하는 사람이 쾅 소리를 내는 빗장으로 당신과 서로 갈라설 때까지, 그들 사이에서는 예의 바른 말과 인사말이 서로 오고간다.

589 장의마차

이는 방계 왕족들의 성대한 장례식에 사용되는 대형 마차로, 사망한 저명인사는 이 마차에 실려 최종 거처인 무덤으로 향한다. 즉 자신의 매장지에 영면하러 가는 것이다. 도대체 어떤 일을 해서 휴식을 취하러 가는가? 매일 사냥을 하느라 피로했던 것이다.

천을 둘러쓴 8마리 말이 끌고 전하(殿下)의 상을 치르는 이 대형 마차의 둔중하고 느린 행진은 얼마나 기괴한 광경인가! 마부의 상장(喪章)은 땅에까지 늘어져 있다. 검은색과 흰색의 망토를 몸에 두른 말들은 장례 순서를 고분고분 따르지 않는다. 이 마차는 매우 높고 넓어서, 그 안에 들어 있는 시신이 거인이거나 아니면 비범한 인물의 시신인 듯하다. 마찬가지로 폭이 넓고 강렬한 색채를 띤 고인의 문장들이 바깥에 그려져 있다.

그런데 이중 삼중으로 꼬인 두껍고 넓은 천으로 덮인 이 장의마차가 슬픔에 싸여 있는 데 반해, 긴 웃옷을 걸쳐 입은 일꾼들은 더딘 행진의 무료함을 달래기 위해 왕족의 관 위에서 카드놀이와 주사위 놀이를 한다. 지금 내가 하는 말은 사실이다.

이 장의마차는 몹시 슬퍼하는 것처럼 보이지만, 예의상 이 음울한 의식에 참여한 조신들의 모습과 흡사하다. 외모는 슬픔을 표현하고 있는데, 마음속으로는 방심하고 있다.

아니, 이들 마구 제조인, 마구 직공, 수레 제작 목수들보다 위대함의 이면(裏面)과 인간적 체면치레의 허무함을 더 잘 나타내는 것은 아무것도 없다. 사치스런 애도 도구 전체, 횃불, 상장(喪章), 수행 사제, 말을 타고 있는 부속 사제, 베일로 가려져 있는 금속 잔들이 마을 사람들 전체를 창문에 붙어 있게 만들 때, 이들은 사고가 날 경우 장의마차를 수리하라는 명령을 받고 드리워진 장막 아래 숨은 채 저명인사의 시신 위에서 주사위를 굴린다.

590 작가들의 논쟁

어떤 사람은 그들을 화해시키고 싶어 하지만, 그것은 간단한 일이 아니었다. 작가들의 불화에 대해서는 이야기가 많다. 사람들은 조롱하기도 하고, 전례에 따라 정치색을 입히기도 한다. 사실을 말하자면, 다른 직업이라고 해서 불행하게도 화합과 우애를 더 많이 보여주지도 않는다. 가장 근엄한 직업을 가진 사람들 속에서 가장 격렬한 싸움이 터지는 것이다. 작가들을 연결시켜 주는 것은 아무것도 없고, 모든 것이 그들을 이간질하는 것처럼 보인다. 그들에게는 구심점이 없다. 그들은 30년간을 한 마을에 살면서도 서로 단 한 번도 마주치지 않을 수 있다. 사람들은 언제나 부정확하거나 마음을 슬프게 하는 이야기들을 서둘러 그들에게 알린다. 국민들은 그들의 싸움을 즐기며, 그들을 부추겨 갈등을 지속시키는 것처럼 보인다. 그들이 사이좋게 지내는 모습을 보인다면 매우 불쾌한 일일 것이다. 작가들의 이 단결이 얼마나 큰 힘과 지배력으로 자신들의 모호한 결정에 영향을 끼칠지 헤아리지 못한다면, 국민들은 재미있는 장면들을 놓치게 될 것이다.

그리하여 조롱하고 싶기도 하고 동시에 위엄을 간직하고 싶기도 한 국민들은 문학 논쟁들을 좋아하면서도 비난한다. 사교계 인사가 실수를 하면 애써 그것을 숨긴다. 만일 작가가 실수를 하면, 그 실수를 떠벌리기 위해 수많은 사람들이 입을 연다. 많은 노력을 들였지만 열매를 맺지 못하는 월계수를 두고 자신과 다투는 사람의 입장에서서 생각하지 않기에, 사람들은 작가의 최초의 성공의 가치를 인정

사정없이 깎아내리려 한다. 경쟁자 자격이 없는 사람들에 의해 때로는 집요하게 공격을 받지만, 그에게는 아마 자신이 괄목상대할 인물임을 나타낼 권리가 있을 것이다. 사람들은 종종 작가에 대해서 부당하고 폭력적이었다. 사람들은 무례하게 작가를 공격했으면서도, 마치 어떤 직업에서든 경쟁자나 비판자는 의혹을 불러일으키지 않기라도 하듯이, 작가에게는 적을 존중하라고 요구할 것이다.

악의로 부풀려진 이야기들에도 불구하고, 작가들은 증오보다는 오만함, 시기심보다는 야망을 갖고 있다(고 우리는 감히 말한다). 그들은 즐거운 마음으로 서로 만나고 모인다. 그들은 자신들이 서로서로에게 필요하다는 것을 느끼고 있다. 그들은 활발하고 흥미 있는 논쟁을 즐긴다. 그 논쟁들이 길어지기는 해도 평화롭게 끝을 맺는다. 사소한 것 때문에 그들 사이에 불화가 생기고, 사소한 것으로 인해 그들은 화해한다. 그들이 좀 더 많은 교제를 하면 서로 사랑하는 법을 배우게 될 것이라고 우리는 믿는다. 서로를 잘 모르기 때문에, 그들은 그들의 재능에 대해서만큼이나 각자의 성격에 대해서도 극단적인 선입견에 빠진다. 상호간의 교제에 의해 커다란 급부가, 즉 점진적인 사상 교류가 나타날 수도 있을 것이다. 그들이 그들의 원칙을 고수한다고 해서 놀라서는 안 된다. 그 원칙들은 강력하고도 필수적인 작품의 원동력이다. 그러나 동시에 처음에는 무시하거나 반대했던 진실들을 그들이 받아들이는 모습을 보는 것은 무척 흔한 일이다.

그들이 너무 뜨거운 피를 가졌다고 하는 비난에 대해서 보자면, 무감각하도록 태어난 바보들이 지나치게 예민해지기까지 하는데, 쉽게 흥분하는 기질을 가진 사람들이 지나친 자존심을 가졌다는 데에 놀라야 할까?

단지 욕설을 거절할 뿐이고, 비판을 진짜 모욕으로 변모시키는 상황을 검토할 뿐인 사람과 싸움을 거는 사람은 구별해야 할 것이다. 사람들 간의 분란을 지켜보고 이전 과정들을 검토해야 할 것이다. 하지만 국민들은 이러한 세세한 내용들을 알 수도 없고 알려고 하지도 않는다. 그들은 겉모습을 실재라고 생각한다. 그렇지만 사람들이 폭로하는 모든 것에도 불구하고, 서로 사랑하고, 더욱더 사랑하고, 서로를 존경하는, 서로 간에 진심으로 연결된 문인들이 오늘날에는 많다. 마음속 깊이 전횡을 꿈꾸었던 폭군들, 우리가 거명하지 않아도 스스로 인정하거나 사람들에게 인정받게 될 몇몇 폭군들이 없다면, 아마 문인들은 모두가 평화롭게 살아갈 것이다. 모든 사람이 그들에게 그러기를 간청한다. 그리고 우리는 웃음거리가 되어 경고를 받은 그들이 서로 간의 의견 차이를 용서할 그때가 그리 멀지 않음을 알고 있다. 그렇게 되면 적개심은 온통 상습적인 풍자객들에게로 집중될 것이다. 그 상습적 풍자객들이야말로 문인들의 진정한 적이다.

모든 폭군 계급에 대한 반감 때문에 우리는 길을 가다가 그들을 만나면 결코 절제하지 못한다. 그 풍자객들의 우두머리이며, 지나치게 명성이 높은 작시가 '부알로'의 시구들을 읽을 때, 우리는 극도의 경멸감을 갖지 않을 수가 없었다. 악습과 악인들에 대적하게 만들기는커녕, 부알로는 시를 자신의 경쟁자들을 운문으로 욕하는 유치한 기술로 만들었다. 치명적인 본보기인데, 아무런 재능이 없는 무고한 사람들은 그것을 너무나도 많이 모방했다.

냉혹할 만큼 엄밀한 그에게는 재능도 열정도 감수성도 없었다. 지배욕에 사로잡힌 그는 루이 14세의 모든 경솔한 행동들을 도에 지나치게 찬양했다. 그는 루이 14세가 이단을 척결해준 데 대해 고마워했고, 아주 낭랑한 시구로 루이 14세를 부추겨 비관용주의적 체제를 계속하게 만들었다. 그러고 나서 그는 자신이 열중했던 까다로운 예술에서 자기보다 덜 성공을 거둔 사람들을 모욕했다. 자신도 연금을 받는 처지이면서 가난한 시인을 업신여겼다. 그는 자신이 짐을 덜어줄 수도 있었을 콜테의 가난을 매정하게 비웃었다.

콜테가 온몸이 진흙투성이가 된 채
이 부엌 저 부엌으로 빵을 구하러 다니는 동안,
오라스는 바커스 신의 무녀를 만날 때면 실컷 술을 마셨고,
콜테를 괴롭히는 근심에서 벗어난 자유로운 상태에서
저녁식사를 위해 소네트가 성공하기를 기다리지 않는다.

조금만 정직했더라도 그 시구들을 지워버렸을 텐데 그러지 않고 그 시구들이 40년 동안 자기 작품들의 재판(再版)에 남아 있게 한 그 사람이 가진 것이라고는 서투른 시인의 영혼밖에 없었다.

오늘날 스스로를 부알로 같은 사람이라 생각하는 비평가들은 모두가 그의 뒤를 따르고 싶어 하며, 문학의 모독을 '심미안의 옹호'라고 부른다. 하지만 거친 만큼 뻔하기도 한 그들의 풍자는 경멸을 받기에 이른다. 사람들은 그들의 풍자를 더 이상 읽지 않는다. 그들은 그들 스승이 토로한 고백의 진실성을 느끼고 있다.

비방하는 일은 괴로운 일이다.

'안목'이라는 명목으로 동료의 작품들을 비방하고, 예의와 정의라는 가장 중요한 규칙들을 포기하면서 동료 작가를 매도하고, 격렬한 정념의 혈기를 문학의 평온한 영역으로 이동시키는 이러한 열정은 몇몇 작가들을 계속해서 불안하게 만드는 진정한 병폐이다. 하지만 그들은 그에 대한 대가(代價)를 치른다. 이들 비방자들 중 훌륭한 작

품을 쓴 사람은 아무도 없는 것이다. 그들은 범용성에서 헤어나지 못한다. 모든 것이 쇠퇴하고 있다고 끊임없이 반복적으로 말하기 때문에, 그들에게는 가장 존경받고 가장 유명한 문인들에게 그들이 내뱉었던 모욕적인 말들에 대한 불명예스러운 기억밖에 남아 있지 않다.

591 램프 심지

친애하는 동료 문인들이여, 야무진 감시병들이여, 나는 당신들을 위해 이 장을 쓴다. 나는 당신들이 당신들의 관점을 마련하는 데에 관심을 두고 있다. 나는 당신들에게 연기도 냄새도 내뿜지 않는 '심지' 이야기를 하려 한다. 언제나 불이 밝혀져 있는 당신들의 램프는 당신들의 눈과 가슴을 불편하게 하지 않고 타오를 수 있을 것이다. 이 심지는 면(綿)으로 짜서 제작 중이다. 이 심지는 지방성 물질과 가볍게 가미된 향이 발라져 있다. 어떤 기름을 쓰던 간에 이 심지는 타면서 전혀 그을음을 내지 않는다. 이 심지는 밝고 항상 일정한 불꽃을 내고 타오른다.

이 '심지'들은 '과학 아카데미'의 승인을 받을 만했다. 그것은 '세르팡트' 길에 살고 있는 레제가 발명한 것이다. 나 자신이 직접 그 효과를 눈으로 보았기 때문에, 나는 그 심지를 내 친구들, 사람들의 즐거움과 교육을 위해 불철주야 노력하는 내 학문 동지들에게 서둘러 알리는 것이다.

나는 오래전에 다음과 같은 2행의 시구를 썼다.

여명의 빛이 밝게 비치는 산 위에서,
나는 천재를 보았는데,
그는 여전히 명상에 잠겨 있었다!

592 참수

교수형은 흔한 반면에 참수는 드문 일이다. 참수형의 기억은 오래 가고, 그 사건은 특별한 사건으로 이야기된다. 사형집행인의 칼에 쓰러진 가장 최근의 인물은 랄리 백작이었다. 그는 몸이 묶이고 입에 재갈이 물린 채, 1765년 5월 9일에 사형수 호송차에 태워져 처형대로 인도된 뒤 참수되었다. 사형집행인은 그의 목을 제대로 치지 못했다.

사형집행인에 의해 교수형 당한 사람의 친척은 치욕을 느낀다는 편견이 있다. 하지만 사형집행인이 사형을 집행한 뒤 칼로 시신에서 머리를 떼어낼 때, '참수형 당한 자'와 핏줄로 연관된 사람들의 얼굴에는 아무런 수치심도 나타나지 않는다. 마찬가지로 다음 시구에 나오는 경구보다 더 잘못된 것은 아무것도 없다.

> 범죄가 수치스러운 것이지, 처형대가 수치스러운 것은 아니다.

전혀 그렇지 않다. 널리 퍼져 있는 의견은 명백하게 사리에 어긋나고 부당하다. 가정이 가부장적이었을 때, 그리고 가족 구성원을 감시하지 못한 가장들이 처형당했을 때에는 그 견해가 공정성을 가질 수 있었다. 하지만 모든 가족이 잘게 나누어지고, 갓 성인이 된 아들이 아버지 곁을 떠나며, 형제끼리 서로 남이 되는 오늘날, 어떻게 그 편견의 부조리함과 가혹함이 그 편견을 완전히 무너뜨리는 데 쓰이지 않았겠는가?

몽모랑시, 비롱, 마리야크[61] 가문의 후손은 자기 가문의 참수된 자들을 영광스럽게 생각할 것이다. 가장 비열한 암살 죄인인 오른(Horn) 백작의 친척들은 섭정 치하에서 백작이 그레브 광장에서 산 채로 사지(四肢)를 부러뜨리는 형벌을 받았지만, 명예를 잃지 않을 것이다. 그런데 직물 상인은 자신이 전혀 본 적이 없는 처남의 교수형 때문에 자신이 속한 작은 단체에서조차 하잘것없는 특별직에도 오를 수가 없다!

그럴 수가 있나! 대귀족들은 이러한 편견에서 벗어날 수 있었는데, 그들이 하층민들에게는 여전히 그것을 강요하고, 하층민들은 몽모랑시 가문과 비롱 가문처럼 따지고 들 수 없다니! 맙소사! 단 한 사람의 죄 때문에 가족 전체의 명예가 훼손되다니! 아니 뭐라고! 온갖 종류의 횡포를 피해서 불쾌하기 짝이 없는 이러한 편견을 무너뜨린 우리 이웃들의 귀감 앞에서 이러한 비상식적인 일이 사라지지 않다니!

우리에겐 어떤 일이 일어나고 있는가? 어떤 죄인에 대해 체포 명령을 내리게 될 재판관이 명예를 잃게 될 가문을 보고 간혹 멈추는 경우가 있다. 말하자면 최하층 계급 사람들에게만 처벌이 내려지는 것이다. 다른 계층들은 처벌을 면제받는다. 징벌은 공포감을 상실했고, 법률은 위엄을 잃었다.

사람들은 가장 끔직한 광경조차도 떨지 않고 보아왔다. 사촌이 처형될 것을 통고받은 친척들이 그처럼 수치스런 죽음을 피하기 위해 감옥으로 몰래 들어가서 음식에 독을 타다니! 신의 법과 인간의 법을 모두 거역하는 이러한 기도가 찬양받았는데, 그만큼 명예에 관

61 대역무도죄로 참수당한 세 대귀족 가문에 대한 암시.

한 일은 인간을 맹목적으로 만들고 인간에게서 자연의 진리를 박탈한다. 자신의 위엄을 법률에 맡기고 처벌에 귀감을 맡기는 대신 자존심 때문에 가족 구성원 중 한 사람을 독살하는 고집스런 가족, 사회에 대해 이보다 더 큰 범죄가 있는가?

교수대에 오르는 불행한 사람은 하찮은 금액밖에 훔치지 않았을 것이다. 하지만 참수형을 선고받는 사람은 조국과 인류에 가장 커다란 해를 끼쳤을 것이다. 전자의 아들은 치욕 속에 살아가게 될 것이고, 후자의 아들은 여전히 명예 훈장을 받을 권리를 갖게 될 것이다. 보상 가능한 절도 때문에 교수형을 당하는 것은 수치스러운 일이다. 그러나 그 어떤 것으로도 보상하지 못하는 범죄인 국가 반역죄로 인해 참수당하는 것은 거의 명예로운 일이다. 이렇게 터무니없는 생각들을 아무런 동기 없이 받아들이는 사람들은 모든 면에서 가장 가혹하고 옴짝달싹할 수 없는 구속을 당하는 것이 마땅하다. 왜냐하면 여론이 개혁되는 것은 오로지 여론 자체에 달려 있기 때문이다. 귀족들은 이렇게 말했다. "우리는 주저 없이 사형대에 오른다. 평민들도 똑같이 말할 수 있는 용기와 양식을 갖기를. 그러면 편견은 사라질 것이다."

튈르리 정원을 걷던 다소 울적한 모습의 전직 관리 한 사람이 말했다. "사람들은 목을 베는 법을 이젠 몰라. 리슐리외 추기경 시절에는 망나니들이 훨씬 더 솜씨가 좋았지. 언월도는 서슬이 시퍼랬고, 번개처럼 후려치며 지나갔다니까." 구경꾼 하나가 물었다. "그럼 당시에는 어떻게 목을 베었습니까?" 오직 프랑스인에게서만 볼 수 있는 경박함을 보이며 전직 관리는 근엄한 태도에서 즐거운 태도로 바뀌어 말을 이었다. "루이 13세 때 사형선고를 받은 어떤 귀족은 자신이 신호를 할 때 칼로 내려쳐 달라고 사형집행인에게 요청했지. 사형집행인이 자기 말을 듣지 않았다고 생각하고 그가 똑같은 말을 반복했어. 사형집행인은 귀족에게 이렇게 말했어. '다 끝났습니다, 나리, 목을 흔들어 보세요'. 그러자 머리가 굴러 떨어졌어."

구경꾼은 루이 13세 때의 사형집행인들의 능숙한 솜씨를 대단히 높게 평가했고, 멋지게 참수하는 관습이 사라진 시대를 아쉬워했다.

593 우유장수 아낙들

치안총감령에는 구리 단지에 우유를 담지 못하게 되어 있는데, 이 조치는 현명한 것이다. 하지만 고집 센 농부는 구리 단지를 자기 집에 보관하고, 법에 어긋나게 구리 단지에 젖을 짜고 아침에 새 양철 단지에 우유를 옮겨 부었다.

사람들은 포도주와 마찬가지로 우유도 섞음질한다. 우유에 물을 타는 것이다. 시골 여인은 도시 출신이라도 된 것처럼 일반인의 선의를 배신한다. 하지만 더 심각한 위반이자 비위생의 실질적인 원인은 그 우유가 종종 새끼를 밴 너무 늙은 암소로부터 짜온 것이라는 데 있다.

우유장수 아낙들은 익숙한 날카로운 소리로 외친다. "우유입니다, 자, 서두르세요!" 옷을 입다 말고 슬리퍼를 끌며 머리는 헝클어진 채 아가씨들이 서둘러 5층에서 내려와서 각자 2~3리야르어치의 우유를 구입한다. 우유장수 아낙들이 제시간에 오지 않으면 여성들은 아침식사를 거르게 될 것이다. 9시면 물 탄 우유가 모두 팔린다.

세금과 섞음질로 이제 무엇을 마셔야 할지 모르게 된 민중이 광적으로 커피를 좋아하게 된 이후로, 이 우유 소비량은 막대해졌다. 그것이 도시가구 4분의 3의 일상적인 습관이었다.

가죽을 덧대고 대개 쭈글쭈글한 빨간색 작업치마[62]를 입은 이 우

62 『트레부 사전』에 따르면, "허리에 걸쳐 있고 발목까지 내려오는 여성복의 일부 … 농부의 아낙이나 하층민들에게만 이 말을 쓴다. 상류층 부인들은 그것을 치마라고 부

유장수 아낙들은 그뢰즈가 그린 여인들과 닮지 않았다. 그뢰즈의 그림들은 생마르소 포부르의 양배추와 당근 밭 근처의 테오크리토스와 게스너[63]를 흉내 내는 시인들의 목가만큼이나 기만적이다. 우리는 이 간결한 스케치 속에서 현실의 특성을 왜곡하는 어색한 장식들을 제거함으로써 진실에 접근하려 한다. 그뢰즈는 상상의 초상화들을 그렸다. 하지만 그가 즐겨 그렸던 그 육감적이고 매혹적인 인물들은 우리에게 우유와 버터, 과일을 팔러 오는 아낙들이 아니다.

른다."

63 Gessner(1730~1788): 스위스 취리히 출신의 시인으로, 기원전 290년에 시라쿠사에서 태어난 전원시인 테오크리토스의 목가적 전통을 되살렸다.

❦ 우유장수 아낙, 장바티스트 그뢰즈

594 런던 시민과 파리인의 대조

천재성과 영광의 길에서 끊임없이 앙숙이었던 이 두 이웃 국민의 풍습과 특성은 눈에 띄게 대비되는데, 이 대비를 통해 상대에 대한 자신들의 호기심을 만족시킬 수 있고, 또한 자신들의 풍습을 더할 나위 없이 훌륭하게 만들 수 있다. 그들은 각자의 발견으로 풍요로워질 수 있다. 활기차게 경쟁을 벌여온 그들은 예술의 패권과 또한 훨씬 더 큰 명예를 두고 더 잘 경쟁할 수 있고, 인류를 섬기고 존경할 수 있다. 이 두 국민을 서로 멀어지게 했던 편견이 사라지기 시작했는데, 그것은 정치의 그릇된 분노들을 진정시키는 철학의 진보 덕분이다. 이 두 국민이 오늘날 가장 생소한 것처럼 보이는 사상들과 화해하게 될 날이 아마도 멀지 않은 것 같다.

사실 인접하고 있는 두 국민들 간에 어떤 뚜렷한 차이가 자연적으로 생겨난 것은 아니었다. 자연은 누구든 생각할 줄 아는 사람이면 놀라게 하는 것이 당연한 정신적 구분을 확립하는 데 만족했다. 칼레에서 도버로 가면 모든 것이 변해서, 몇몇 문제에 있어서는 서로 대립되는 것들이 대비를 이룬다.

언제나 개별 국민의 영광에 앞서 인류 전체의 영광을 고려하는 철학 정신은 이 두 국민의 국민적 자존심에서 중용을 지키며 여러 차례 우월성과 불리한 점들을 비교했지만, 어느 쪽이 우월한지를 결정지으려 하지는 않았다. 철학 정신은 현명하게 그 두 국민이 서로 사상의 교류를 활용하도록 권유했다. 그것은 양국 국민에게 걸맞은 교류, 양국 국민을 전투로 인해 피로 물든 토양에서는 결코 움트지 않는 진정한 위대함에 등극시키기 위해 고안된 교류였다.

지혜롭고 선견지명이 있는 이러한 정신은 더 높이 비상할 수도 있을 것이다. 이 정신은 새롭고, 임박해 있고, 항구적이며, 이 양국 국민에게 아주 유리한 결속의 가능성을 명확하게 예고할 수 있을 것이다. 그것은 가장 해로운 생각들로 이루어진 낡은 의정서를 고집하는 저속한 정치가들을 제외하고는 아무도 헛된 꿈이라고 간주하지 않을 결속이다.

시야가 좁은 이들 저급한 정치가들은 모든 것이 명백하다는 것, 그들 주위의 모든 것이 변화하고 있다는 것, 지식의 발전으로 인해 오늘날에는 가장 유용하고 가장 적절한 연합이 필요하다는 것을 알아차리지 못하고 있다.

역사를 읽을 때 철학자는 이제까지 국민들이 당연히 해야 했던 것과는 거의 상반된 것을 해왔다는 것을 쉽게 납득한다.

좀 더 잦은 교류와 상호 간의 성격 분석을 통해 영국인과 프랑스인이 이제까지 자신들의 진정한 이익에 관해 눈멀게 만들었던 그 해묵은 질투를 약화시킬 수 있다면, 그들이 완벽한 조화 속에서, 그리고 모든 의견 불화를 잊고 호흡을 맞추려 한다면, 그들은 자신들의 반감이 근거가 없고 실재하지도 않는다는 것, 그 반감은 쉽사리 흔적을 감출 수 있다는 것, 자신들이 지식을 뒤섞어 증대시키기 위해서, 또 이러한 표현을 쓸 수 있다면, 유럽의 여타 국민에 대한 그들의 타고난 우월성을 누리기 위해서 태어났다는 것을 곧 알게 될 것이다.

철학자의 눈에 너무나 그럴듯하게 보이고 사려 깊고 고상한 시각을 가진 몇몇 정치인들이 은밀히 갈망하던 이러한 결속은, 양쪽 국민에게 가장 다행스런 혁신의 교훈과 풍요와 유익한 모범을 경험하게 했다.

일반적으로 생활의 즐거움과 소박한 풍습, 조용하고 가정적인 덕성에 대해서는 영국 국민이 우위에 있는 것처럼 보인다면, 낭비라고 불리며 진정한 기쁨을 쫓아내는 것 같은 그 지긋지긋하고 우스꽝스러운 사치보다 간편하고 여유로운 사치를 더 좋아하면서도 동일한 행복을 누리는 것은 프랑스인밖에 없다.

그러므로 우리는 이 존경할 만한 이웃 국민의 현명한 관습 몇 가지를 수용할 수 있다. 오직 아무런 편견 없이 공익에 대한 소망을 갖고 그 국민을 연구할 때, 우리는 영국 땅을 밟는 외국인들에게 매우 유쾌한 즐거움을 주는 풍부하고 다양한 발견과 개선책에 도달할 것이다.

우리가 가진 솜씨에도 불구하고 우리의 수공업, 경험 철학, 기술과 제조업에서의 숙련도는 아직도 이웃 국민이 달성한 완성의 수준에 도달하지 못했다. 법률에 대한 복종과 인간의 존엄을 정확히 균형 잡히게 조정하는 데 가장 적합한 통치를 더 많이 제공하는 국가는 행복하여라! 극심한 위기에서 가장 놀라운 가능성의 모범을 보여준 후 민사상의 불화를 해소한 이 국민이, 자신들의 부와 지식과 기술들을 이웃들에게 전파하고 우리 것들과 교환함으로써 그것들을 배가할 수 있기를! 그렇게 된다면 이 양국 국민 각자가 진정한 혜택, 다시 말해서 각자의 상황과 법률과 재능에 의해 부여된 모든 혜택들을 마침내 누리게 되는 행복한 시대가 될 것이다.

벌써 부인들은 '영불연합'[64]이라는 모자를 머리에 쓰고 다닌다. 새로 제조된 이 모자는 수많은 외교적 업적보다도 더 많은 의미와 타당한 이치가 담겨 있다.

64 1786년 9월 26일에 조인되어 1787년 1월 1일에 발효에 들어간 프랑스와 영국 간의 자유무역 협정에 대한 암시이다.

595 무신론

우리는 이를 감추지 않겠다. 수도에는 그것이 넘칠 만큼 널리 퍼져 있다. 불행한 사람들, 가난한 사람들, 고통을 겪는 사람들, 그러니까 존재의 고통스런 짐을 한탄할 권리가 가장 많다고 할 수 있는 사람들뿐만 아니라, 생활의 편리함을 누리는 부자들, 유복한 사람들에게까지도 무신론이 확산되어 있다.

그와 동시에 대다수에게 이 고약한 오류가 합리적으로 추론된 것이 아니라는 것, 그것은 차라리 망각이고 방심이고 광적인 쾌락 애호라는 것을 고려해야 한다. 어떤 사람들에게 무신론은 영혼의 맑은 생명수이다. 그들의 영혼에는 아무런 감성도 없다. 무신론을 표방하는 사람들은 예의 바른 집단 속에서는 낡고 가치 없는 말들을 반복하는 불쌍한 앵무새들일 뿐이다. 오늘날 이러한 가증스런 과시를 용인하는 것은 아무것도 없으며, 이러한 파렴치한 행위는 거의 일반적으로 금지되어 있다.

무신론은 인간 정신의 모든 잔악함의 총합이다. 오만, 광신, 무지, 뻔뻔함이 그 안에 포함된다. 그것은 세상의 찬란한 정경을 사막으로 만드는, 정신착란과 매우 유사한 파괴적인 광기이다.

그렇다, 그 냉혹한 체계가 고귀함과 위대함이라는 허상을 갖고 있는 만큼, 속설을 개혁하려는 오만, 가장 통상적인 사상들과 아무것도 공유하지 않는 듯이 보이려는 오만으로 인해 무신론이 태어났다. 그것은 아마 자신들의 의식에 제대로 새겨지지 않았던 것을 말과 글에 담았던 몇몇 사람들의 불손한 상상력의 경솔한 결과일 것이다.

그들이 자신들의 방탕한 생각들을 철저히 검토했을 것이라 생각하지 말라. 그들은 다른 사람들을 취하게 하기 위해 스스로가 취한 것이다. 그들은 자신들이 실제로 그런 것보다 더 오만하고 더 제정신이 아닌 것처럼 보이고 싶어 한다. 그러나 가장 대담한 사람일지라도 의혹을 넘어설 수 없을 것이다. 그가 "나는 거부한다"고 말하면, 그것은 '나는 의심한다'라는 뜻이다.

어떤 적이든 때려눕히고 그에게 깊은 상처를 입히기 위한 당파심 때문에 무신론자라는 용어가 지나치게 자주 사용되었다는 것도 더불어 고백하자. 얀센주의 교도는 몰리니즘 신봉자를 무신론자라고 부른다. 후자도 전자를 그렇게 부르며, 그 둘 모두는 계몽주의 철학의 무신론을 규탄한다.

어떤 남자가 자기 집에서 금요일마다 냄비를 불에 올려놓으면, 독실한 여성 신자는 곤들매기를 먹으면서 그가 무신론자라고 결론을 내린다. 상호 비방을 낳는 것은 증오이지 하느님의 사랑이 아니다. 소교구에 자주 드나드는 사람은 소책자를 쓰는 사람이면 누구든지 무신론자라고 부른다. 자칭 종교의 징벌자라는 사람들은 모두가 가장 건전하고 가장 흥미로운 도덕이 확연히 드러나는 글을 쓰는 사람들을 무신론자로 만들려 했다. 예전에는 이러한 비방이 엄청난 타격을 가하곤 했다. 하지만 지나치게 많아지자 비방은 저절로 사라졌다.

융통성 없는 무신론자는 위험한 존재이다. 가장 계몽된 사람이라도 평범한 백성들처럼 생각해야 한다. 그 평범한 백성들은, 가장 견고한 도덕의 버팀목은 언제나 사람들 마음속을 꿰뚫어보는 위대한 하느님을 인식하는 데 있는데, 이렇게 지엄한 사상을 따르지 않는 사람은 필연적으로 어느 누구보다도 더 자기 동포를 속이려 하고, 자신의 정념은 하나도 억제하지 않으려 하며, 자기 자신을 위해 모든 것을 희생시키려 한다고 본능적으로 생각한다.

그 문제를 오랫동안 심사숙고한 뒤에, 나라면 자신의 불행한 이론에 철저한 무신론자보다는 광신자가 더 낫다고 단언할 것이다. 마찬가지 이유로, 나라면 시체와 함께 있느니, 차라리 미친 사람과 함께 갇혀 있는 것이 더 낫다고 말할 것이다.

596 수다

수다에 있어서 프랑스인에 필적할 국민은 없다. 파리인은 특히 속사포 같은 말로 유명하다. 파리인은 일반적으로 오랫동안 말을 하지만, 아무 내용도 없거나 있어도 하찮은 것들이다. 겨우 안면만 있는 두 사람의 대화를 들어보라. 온통 찬사이고, 그다음으로는 사사건건 질문들이다. 두 사람 모두 동시에 말을 걸며, 아무도 대답한다고 생각하지 않는다.

상점에서 물건을 하나 살 때에도 물건과는 아무런 상관없는 수많은 일들에 대해 이야기를 나누기 시작한다. 아주 작은 물품 구매를 끝내기 위해 끝없는 수다가 이어지고, 몇 푼의 할인 때문에 두 수다쟁이의 목소리에 힘이 빠진다.

이미 방 안에서 많은 이야기가 있었다. 하지만 아직도 충분하지가 않다. 문에서, 층계참에서, 그리고 계단을 따라 내려오면서 대화를 다시 시작하는 것이 보통이다. 멀어지면서까지 몇 마디 말을 여전히 주고받는데, 이처럼 풍성한 말은 결국 같은 말의 반복일 뿐이다.

카페에서 떠들썩하고 장황하고 어리석기 짝이 없는 언쟁을 들어보라. 이쪽에서는 격앙된 삼류 시인들이 12음절 시의 반구(半句)에 대한 찬성과 반대로 흥분해 있다. 저쪽에서는 뚱뚱한 부르주아들이 쓸데없는 이야기에 장황하게 토를 달고 있다. 이처럼 활기찬 언어가 파리인들에게는 너무나 익숙해서 카페의 탁자마다 수다쟁이가 있다. 파리인이 혼자 있을 경우, 그는 분주한 종업원, 잔돈을 거슬러 주는 카페 여주인과 이야기한다. 그들마저 없으면 그는 이야기를 들어

줄 사람을 물색한다.

마차꾼과 짐수레꾼들은 흔히 있는 모욕적인 말들을 주고받은 후에 서로 거친 말싸움을 시작한다. 수다를 떨고 나서야 비로소 주먹다짐이 오고가며, 주먹다짐이 끝나면 수다가 다시 이어진다.

말이 끄는 강배에서는 서로의 목소리가 전혀 들리지 않는다. 불분명하고 끝없이 이어지는 웅성거림이 있을 뿐이다. 뱃사람들은 항해 지령을 서로 주고받기가 어렵다. 2척의 강배가 충돌하게 되면, 양쪽 갑판에서 '걸쭉한 입담'의 목소리가 튀어나와 승객들 모두를 흥분시킨다. 그렇게 되면 앞다투어 욕설 퍼붓기가 시작되고, 너도 나도 상대방을 '궁지'에 몰아넣게 된다. 우렁차고 날카로운 목소리들이 서로 화답한다. 두 배 사이의 거리는 200투아즈이다. 그래서 그치지 않는 아우성으로 인해 기묘한 어조로 조율된 욕설이 계속해서 귀에 들려온다.

그러므로 통치자들이 파리인의 혀를 구속하는 것은 불가능하다. 날카롭고 신랄하며 수다스러운 그 혀는 모든 것에, 그리고 모든 곳에 영향력을 발휘한다. 사람들은 연기로 가득 찬 흡연실에서나 부자의 살롱에서나 똑같이 재잘거린다. 사람들은 길에 멈춰 서서 수다를 떤다. 마차들이 두 대화자 사이를 가르며 지나가지만, 그들은 위험과 마부의 질책 따위는 무시하고 다시 합류해서 그 하찮은 말들을 끝마친다.

마르지 않고 홍수처럼 쏟아지는 이 말의 근원을 파리인의 체질에서 찾아야 하는 것일까? 볼테르의 시구와 글루크의 주석이 여러 해 동안 수다쟁이들의 마음을 사로잡았고, 이어서 기자들은 이처럼 넘치는 말들을 그들의 정기간행물 속에 옮겨 부었다.

기자들이란 아무 의미 없는 말들을 매일, 다달이, 주마다 늘어놓고, 어떤 기간에 일어난 악행과 12음절 시의 반구의 잘못된 구조를 증명하기 위해서 그 원대한 개혁에 여러 장의 종이를 소비하는 그러한 종류의 수다쟁이들 아니던가? 『소송광들』에 나오는 피고가 대홍수 이전으로 거슬러 올라간다면, 모든 기자가 아우구스투스 황제 시대와 루이 14세 시대에 대한 언급으로 자신의 보고서를 시작하지 않을까? 그리고 그 모든 것은 이제 막 시작되는 저자의 명성을 깎아내리기 위한 것이 아닐까? 그들은 코르네유나 라신의 탁월함에 대해 수많은 소책자들을 찍어내지 않았던가? 그들은 모든 사교 모임에서 그들의 따분한 비교를 장황하게 반복하지 않았던가? 그런데 젊은 시인들은 아직도 다른 것을 말할 수 있는 것인가?

포키온은 수다쟁이들을 '시간 도둑'이라 불렀다. 이어서 그는 수다쟁이들을 속이 가득 찬 통보다 더 큰 소리를 내는 텅 빈 통에 비유했다. 카페의 웅변가, 살롱의 웅변가, 신문지상의 웅변가, 대기실의 웅변가들이여, 그대들은 그저 통에 불과할 뿐이다!

파리인에게 경망스럽거나 주제넘은 수다는 자연스러운 것인데, 그것을 억누르려 해봐야 쓸데없는 일이다. 그러한 경향은 어쩔 수 없는 것이다. 대신의 머리에서 무용수의 발동작에 이르기까지 파리인은 모든 것에 대해 말을 해야 한다. 파리인은 그날그날의 경구를 말하고 또 말해야 한다. 그에게 있어서 그것은 곧 승리인 것이다. 하지만 파리인의 수다는 그의 생각만큼이나 변덕스럽다. 일주일을 기다려 보라, 그러면 모든 것을 뒤엎을 것처럼 보였던 그 시끄러운 말투가 칙령이나 대신을 떠나 아리에타나 시시한 시인에게 덤벼들 것이다.

597 잔풀내기, 거드름

사법관이 거들먹거리는 경우, 그 정도는 기사(騎士)보다도 훨씬 더 하다.

오늘날의 잔풀내기가 모든 것을 비웃고 모든 사람들에 대해 아주 근본적인 경멸을 표방하며, 그럴 재능만 있으면 한없이 비꼬는 일종의 인간혐오자라고 누가 생각할 것인가? 그의 기억력은 수많은 신어(新語)들, 직물, 스튜, 포도주, 말, 개, 보석, 여행 장비 이름들로만 가득 차 있다. 그는 말이 없으며 냉정하다. 그는 자신이 무언가 대단한 대상에 깊이 몰두해 있다고 사람들이 생각해 주기를 바란다.

거드름은 궁정에서 발원한다. 그런데 정작 궁정에는 그것이 존재하지 않는다. 왜냐하면 궁정인은 마음속에 품고 있는 오만을 입도 뻥긋하지 않기 때문이다. 그렇지만 잔풀내기는 궁정인을 닮고 싶어 하고, 그래서 억지로 꾸민 듯한 잘못된 태도들이 무수히 생겨나는 것이다. 이러한 부류의 잔풀내기가 파리에서 이렇게 말하는 것은 바로 그런 데서 연유한다. "나는 시골에서 왔습니다." "그래서 당신은 그렇게 특이하시군요. 어쩌면 그렇게 당신의 모습을 감추려는 습관이 있나요?" "우리는 몸집이 큰 짐승을 사냥해 왔거든요."

파리인들의 욕설은 대개 덧없는 것이어서, 마치 그림 공간 속으로 사라지게 될 가벼운 그림자처럼 간주될 수밖에 없다. 야유는 오늘날의 알랑거리는 사람들과 더불어 사라졌다. 한동안 바데에 의해 유명해졌던 중앙시장의 말투는 이제 어디에서든 유행하지 않는다. 작가들의 글은 이젠 '신격화된' 지위에 있지 않다.

선멋쟁이들이 이쪽저쪽 칸막이 좌석들을 돌아다니고, 막에 뚫린 구멍을 통해 우스꽝스런 짓을 하며, 무대를 가로지르고 출연자 대기실에서 여배우들을 괴롭히는 모습은 더 이상 보이지 않는다는 것을 독일인들에게 알려주어야 한다. 이제 그들은 삯마차 마부들과 더불어 소란을 피우지 않는다. 그들이 마차에서 내리는 여성의 다리를 보다 더 쉽게 품평하기 위해 허리까지 몸을 숙인 채 공연장 문에 열을 지어 서 있는 모습은 더 이상 보이지 않는다. 오늘날 그러한 일은 소송대리인의 서기들의 오락거리이다. 밀회 장소들이 더 이상 신비로운 분위기를 갖고 있지 않고, 저녁식사는 실제로 각자 자기 집에서 한다는 것 또한 그들에게 알려주어야 한다.

나는 상류사회 사람들이 글을 읽을 줄 몰랐던 시절이 그립다. 오늘날 상류사회 사람들은 모든 것에 대해 이야기한다. 어떤 후작은 생모르 수도원의 베네딕트회 수사가 글을 쓰듯이 이야기를 한다.

루이 14세는 손자 필리프 5세가 에스파냐를 향해 떠날 때, 그에게 이렇게 말했다. "마드리드에서 네가 만나게 될 유명인사들과 충돌하는 것처럼 보이지 말거라. 그들을 비웃지 말거라." 이것이 바로 지배자의 말에 충실하게 새겨진 민족정신이다. 위의 말은 다른 말로 하면 이러한 말이 아니었던가? 베르사유 이외의 곳에서는 사람들이 옷을 입을 줄도, 걸을 줄도, 대화할 줄도 모른다. 하지만 이러한 에스파냐인들을 다소 참아내어라. 그들은 네가 다스리게 될 사람들이니.

오만의 탄탄한 토대에 바탕을 둔 약간의 요란함, 우아함, 재치의 낌새, 이러한 것이 오늘날 잔풀내기의 본질이다. 잔풀내기는 어떤 모임에서는 몹시 매력적인 사람처럼 보이고, 또 다른 어떤 모임에서는 몹시 어리석은 사람처럼 보인다. 그는 진지한 사람과는 놀라운 침착성을 갖고 '매우' 품위 있게 이야기한다. 그는 자신의 몸을 제외하고는 자기 자신을 아주 추한 모습으로 묘사한다.

잔풀내기는 왜 사람들이 늘 유명한 예술가들과, 여러 학문 분야와 예술에서 두각을 나타내는 사람들에 대해서 이야기하는지, 그리고 사람들이 자신에 대해서는 왜 거의 할 이야기가 없는지를 이해하지 못한다.

하지만 잔풀내기 중에서 가장 이상한 사람들은 궁정 사제들 사이에 있다. 그들은 언제나 편두통이 있고, 얇은 천으로 된 가슴 장식을 달고 비단 외투를 입고 있으며, 억지로 꾸며낸 애교를 부린다. 그들은 자신들의 영향력에 대해 겸손한 어투로 말한다. 그들은 철학자처럼 보이거나 독신자(篤信者)처럼 보이고 싶어 하지 않는다. 그들은 무슨 일에서건 두각을 나타내려는 자존심을 갖고 있다. 그들은 베르사유에서 무위도식하는 가장 쓸모없는 사람들이다.

또 작가들 중에도 잔풀내기들이 있다. 그들은 우선 서로를 칭찬하고, 서로를 자연에서 찾아보기 어렵고 자연이 힘들게 만들어낸 천재들로 간주한다. 그들은 한 집에서 7~8개월 동안은 아무런 문제없이 잘 지낸다. 하지만 그 기간이 지나면 갑자기 불화가 일어난다. 그 위대한 천재들은 서로 거인의 목을 잘라내고, 서로를 난쟁이라고밖에 부르지 않는다.

이러한 부류의 잔풀내기의 야망은 무엇인가? 대부분의 경우 하찮은 사람들의 어리석은 감탄을 이끌어내는 것이다.

이처럼 수많은 잔풀내기들 무리 속에 내던져진 철학자는 이따금 자신이 기괴한 짓거리와 사회 관습을 따르지 않을 수 없다고 생각한다. 그것은 잘못된 생각이며 이 사회에 불리하기까지 한 생각이다. 철학자가 아니라면 누가 가장 먼저 이처럼 어리석은 관습의 흐름을 끊겠는가? 지식과 품행이 뛰어난 사람이 아니라면 누가 감히 평범한 길을 벗어나겠는가?

그런데 왜 폭정에 맞설 태도를 가진 사람에게는 용기가 부족한 것일까? 사교계의 가볍고 날카로운 무기인 조롱을 두려워하기 때문이다. 하지만 마침내 자신들의 편견에 지쳐 기진맥진한 사람들이 가장 전제적인 사람들을 꾸짖는 데 동의하게 된다고 해도, 그처럼 꿈 같은 체계에 가장 먼저 손을 대려 한 사람이 아무도 없었다는 것에 그들은 모두 놀랄 것이다.

우리는 어느 정도까지 유행에 대적할 수 있는 것일까? 중요한 문제이다.

우리의 예의에는 악의적인 뉘앙스가 섞였다. 우리는 생각 대신에 의례적인 말을 하는 것이다. 눈앞에서 듣기 좋고 달콤한 말만 한다면 해가 될 수도 있다는 것은 누구나 아는 일이다. 사교계의 어투가 이런 식이다. 아주 예절 바르게 하면 악의적인 것이 거의 허용된다.

우리는 널리 알려져 있는 불쾌한 말들을 모르는 척한다. 왜냐하면 지금은 모호한 단어 한 마디, 부주의한 몸짓 하나가 피를 부르곤 했던 시대가 아니기 때문이다. 사람들은 이제 자신의 말에 예전과 같은 주의를 기울이지 않으며, 우리에게 상처를 준 것과 동일한 무기로 공공연히 복수한다.

아직 스콜라 철학의 논리가 어느 정도 명예를 누리던 때에는, 사람들이 찬반 논쟁을 벌이며 즉각적으로 따져들곤 했다. 풍자시적인 문체가 인기를 얻은 오늘날, 사람들은 이 분야 저 분야를 옮겨다닌다. 그래서 체계적이고 연속적인 대화는 참을 수 없는 것처럼 보일 것이다.

예전에는 '하인처럼 습관적인 거짓말쟁이'라는 말이 쓰이곤 했다. 그 말은 어느 정도 신분이 있는 사람들은 거짓말하지 않는다는 것을 의미했다. 오늘날엔 그런 사람들이 너무나 뻔뻔스럽게 헛된 약속을 남발하고 있지 않은가!

진정한 예절이 의도에 있다고 한다면, 도대체 우리의 예절은 무엇인가? 하지만 거짓말로써 우리 예절은 사교계의 교류에 사교성을 담아 넣는다. 그래서 자신의 이익을 위해 표면을 넘어 안으로 침투하려는 사람은 아무도 없다.

최근에 우리는 필연적인 진리를 깨달았다. 크게 이름을 펼치려는 욕망이 편견이라는 것을 우리는 알게 된 것이다. 우리에게 이처럼 파괴적인 생각을 제공한 사람은 누구인가? 현대의 잔풀내기는 미덕을 조롱할 줄 알았는데, 대개의 경우 그 조롱은 재치 있는 말의 산물이었다.

598 식사

이제 사람들은 3시가 되어서야 비로소 점심을 먹는다. 그리고 식사 시간은 아주 짧아졌다. 누가 9시 반 이전에 저녁을 먹기 위해 집에 올 것인가! 사람들은 습관에 의해 정해진 시간 이전에 모습을 드러내기보다는, 이럭저럭 시간을 보내거나 아니면 자기 집 난롯가에서 하품을 하며 머물러 있기를 더 좋아한다.

할 일 없는 사람처럼 보이지 않기 위해 사람들은 급식 관리인이 나타나기 바로 직전에 도착한다. 왜냐하면 급식 관리인은 이전처럼 "마님, 식사 준비가 되었습니다"라고 큰소리로 말하지 않기 때문이다. 그는 그냥 모습을 드러낸다.

왜 사람들은 저녁식사에 초대를 하는가? 자기에게 훌륭한 요리사가 있다는 것을 보여주기 위해서, 그리고 자신의 그릇과 도자기들을 자랑하기 위해서이다. 사람들은 왜 여러 가지 다른 술과 포도주들을 내놓는가? 사람들은 겨우 맛만 볼 뿐, 그것들을 마실 시간이 없다. 사람들은 서둘러 식탁에서 일어선다. 사람들이 보여주고 싶었던 것은 그저 자신의 화려함일 뿐이다.

늑대처럼 탐욕스럽게 먹을 것을 삼키는 시인은 식사시간이 엄청나게 줄었다고 생각한다. 그가 임대차 총괄대리인 집으로 방향을 전환해도 소용없다. 임대차 총괄대리인은 귀족과 마찬가지로 식사를 줄이고 있고, 그래서 하급 세리 자신도 이젠 배가 나와 있지 않다.

오, 시인이 어떻게 이렇게 간단한 식사에 반대하는 풍자시를 아직까지 짓지 않았을까! 미식의 호시절은 지나갔다. 오페라의 무대장치와 마찬가지로 식탁에 내놓는 요리도 눈 깜짝 할 사이에 바뀐다. 그런데 저기서, 아무도 대접하지 않고 아무에게도 귀 기울이지도 않으며, 조금이라도 방해를 받으면 기분이 나빠져서 식사하는 사람이 누구인가? 그는 탐욕스러운 아카데미 회원이다. 그는 자신이 허비할 시간이 없다는 것을 알고 있다. 그는 식사시간이 4시간이나 되었던 샤를마뉴 대제의 시대를 그리워한다. 오, 아카데미 회원의 위장은 얼마나 놀라운 능력을 갖고 있는가! 와서 그가 먹는 모습을 보라. 그 모습은 그가 당신에게 이야기해 줄 수 있는 그 어떤 것보다도 더 신기하다.

여성들은 식탁에, 촛불의 불빛에, 자신의 모습을 드러내고 싶어한다. 오늘날 모든 여성들은 머리 색깔이 같다. 여성들은 오랫동안 갈색과 금발 사이에서 무엇을 선택해야 할지 몰랐다. 그들은 다갈색 머리를 선택함으로써 그 경쟁관계의 색을 화해시켰다. 여성들은 그 정열적인 색깔을 선호한다. 그래서 자신의 얼굴과 머리를 다갈색으로 만드는 분을 사용한다.

599 진정한 철학자들의 후예

당신들은 오직 수도의 성곽 내에서만 이 비범한 후예를 발견하게 될 것이다. 그곳에는 친절하고 교양 있는 사람들이 많이 숨어 있는데, 그들은 사교와 연구의 즐거움 사이에서 시간을 쪼개 쓰고, 모든 예술을 즐기며, 재치로 가득한 여유로움 속에서 평온한 삶을 살아간다. 가서 그들을 만나고 그들의 말을 들어보라. 그들은 아주 순수한 형태의 이성, 예절이 겸비된 이성을 갖고 있다.

이와 같은 사실이 파리를 소중하게 만들고, 파리에 산재한 수많은 불편을 상쇄하는 것이다. 당신들은 그곳에서 철학자들을 발견하게 되는데, 그들과의 교제는 언제나 되살아나는 매력을 준다. 예술과 학문이 갖고 있는 가장 섬세하고 가장 고상한 모든 것이 이들 철학자들에 의해 당신들에게 밝혀진다. 그들은 문제에서 이탈하지 않으면서도 그것에 빠져들지 않는다. 그들에게 있어서 전 유럽은 유동적이고 기이한 극장인데, 그들은 '소극'을 보면서 웃음을 터뜨리고, '비극'을 보면서 눈물을 흘리며, 그 극장의 다양한 배우들을 평가한다.

프랑스인이 사려 깊을 때 그는 최고의 철학자이다. 내가 말하는 철학자들은 무덤덤하게 행해지는 모든 것을 판단하고, 모든 인재를 평가할 줄 알며, 타인에 대해서가 아니라 자신들에 대해 찬성을 표명한다. 대상에 대한 구체적인 관점을 그들은 놓치지 않는다. 하지만 이 모든 주의 깊은 진실은 신뢰와 우정을 갖고 듣는 사람에게 말해진다. 종이는 그러한 진실들을 적기에 적합하지 않다.

이 철학자들은 진실의 겉모습조차 알리지 않고, 절제하며 지혜롭게 살아간다. 그들은 휴식과 평온을 매우 중시한다. 그들은 자신들의 사상을 준수하며 행동한다. 신중하면서도 동시에 쾌활한 그들의 성격은, 진지하면서도 꽃들을 보면 흥취가 돋는 본성과 비교할 수 있을 것이다.

로마, 나폴리, 비엔나, 베를린, 런던에서도 당신들은 그처럼 탁월한 사람들을 찾지 못할 것이다. 그들은 이치를 따져서 말하고 농담을 하며, 섬세함과 깊이를 겸비하고, 언제나 새로운 진리에 문을 열어놓고, 대신들의 사무실만큼이나 말 많은 아카데미에서 멀리 떨어져 있으면서도 그 어떤 것도 그들 나름의 판단 없이 지나치게 내버려두지 않는다.

그들은 예전의 철학의 자유를 되살렸다. 그들은 전 지구적인 어떤 지점에 토대를 두고 있는 가장 식견 있고 가장 공정한 사람들이라고 단언할 수 있다.

나태하면서도 존경받기를 바라며, 사람들이 자신들의 동의를 구하지 않을 때 몹시 놀라는, 할 일 없고 무익한 우스꽝스런 전문가들과 그 철학자들을 혼동해서는 안 된다.

내가 말하고 있는 철학자들은 완전히 무위도식하며 살지 않는다. 그들은 집무실에서는 일을 하고, 사교계에서는 말을 할 줄 안다. 그들은 학문과 행복, 국가의 부 사이의 관계를 연구해 왔고, 그것을 잘 알고 있다. 그들은 좀 더 큰 소리로 말하고 싶을지도 모른다. 하지만 그들 위에 군림하는 조국에 대한 사랑에도 불구하고, 복잡한 악습들은 그들에게 너무나 얽히고설킨 매듭처럼 보여서 그들로서는 거의 결실을 맺지 못하는 미덕으로 몸을 감싸지 않을 수 없는 상황이다. 그들이 가진 몇 가지 생각들이 누설된다면 아마 이득이 있을 것이다. 진정한 도덕 및 정치 철학을 발전시키는 이들 계몽적인 도덕 탐구자들을 염탐하고 그들의 의견을 묻는 것이 요직에 있는 사람들이

할 일일 것이다. 하지만 그들은 야망 때문에 수단과 방법을 가리지 않으며, 남의 말에 귀를 기울이지 않는다.

몇몇 외국인들은 아직 간판을 내걸지도 못했던 이들 철학자들을 알아볼 수 있었다. 그 외국인들은 그 철학자들을 높이 평가할 수 있었다. 외국인들은 철학자들에 관한 가장 호의적인 생각을 쓸어가 버렸다. 평생 이중 학대의 화살을 피해서 자신들의 영혼을 지키고 오늘날과 같은 시대에 자신들의 평온도 행복도 위험에 빠뜨리지 않을 수 있었던 그 수많은 식자들이, 오로지 모든 예술들 간의 상호 소통이 가능한 대도시에서만 그 수가 늘어날 수 있었기 때문이다.

그들은 타국 국민들이 부러워하지만 따르지 못할 인류의 모범이다. 그러한 개인들을 포섭하고 늘어난 그들의 견해에 필요한 발전을 이룰 수 있는 것은, 파리와 그곳의 자연스럽고 사교적인 관습들밖에 없다.

통치체제가 가져다 주는 제약과 구속은 그들의 이해력을 강화하고, 그들의 문체를 세련되게 다듬어 줄 뿐이다. 그들의 문체는 독특하며, 수도에서만 볼 수 있는 고유한 것이다. 말하자면, 그것은 몇 가지 종류의 정신들의 행복한 융합이다. 그로부터 맛깔스런 이성이 생겨나고, 표현 속에는 가장 신랄한 어법이 등장한다.

이러한 문체는 출판될 수가 없다. 왜냐하면 그 문체는 사람들이 서로 이해하는 수많은 특별한 뉘앙스들에 의존하기 때문이고, 사람들이 첫 마디에 서로를 간파하기 때문이며, 한 줄기 빛이 되는 간단한 비교가 사람들의 비웃음을 사기 때문이다.

이들 철학자들은 어리석음과 광기 속에서 살아가고 그 둘 사이를 왕래하면서도, 그 속에 빠지지는 않는다. 인간의 마음에 관한 학문에 능한 그들은 여성들의 모임에 접근하는데, 왜냐하면 격조 높은 철학은 언제나 우리를 그곳으로 인도하기 때문이다. 아름다운 그리스 미인이 진정한 영광이 무엇인지를 섬세하게 검토하고 면밀히 관찰하며 자신의 머리 모양에 신경 쓰는 만큼 공화국에 진지하게 몰두하는 모습을 보는 것이 바로 철학의 즐거움이 아니었던가? 우리들 가운데도 이러한 여성들, 그 감수성이 모든 것으로 확장되고, 연극작품에 대해서와 마찬가지로 칙령에 대해서도 말할 수 있는 여성들이 있다.

되풀이하건대, 이상과 같은 것이 바로 수도의 매력이다. 이상과 같은 것이 수도가 가진 크고 실제적이며 항구적인 이점이다. 이로 인해 문인들이 끊임없이 수도로 향하게 되는 것이다. 문인은 사고의 재료를 찾는다. 그는 근엄하고 유쾌하며 위엄 있는 모든 생각들이 배합되어 있으면서도 자신을 놀라게 하지 않는 그 철학적 분위기 속에 있을 때에만 기분이 좋다. 그는 극단적인 것이 아무것도 없는 정신의 학교에서 자신의 영혼을 일신할 필요가 있다.

다른 곳에서는 동일한 어투, 동일한 소박함, 동일한 풍요로움을 더 이상 찾을 수 없다. 문인은 이해받지 못하고, 이해하지도 못한다. 그는 어쩔 수 없이 듣게 되지만, 아무것도 이해할 수가 없다. 그곳의 언어는 가볍게 스치며 깊이 파고들고, 이리저리 옮겨다니며 굽어보고, 이야기 내용을 확장하고, 변화시키며, 유쾌한 면과 진지한 면을 동시에 보여주는 파리의 언어가 아니다. 그래서 자기 조국을 벗어나 있는 문인은 이제 생각의 정확성도 명확성도, 또 생각의 힘과 깊이도 되찾지 못하기 때문에, 표현에서 사상으로 거슬러 올라간 사람들을 우대하는 이 섬세한 혼성의 언어를 타락시키기보다는 차라리 침묵을 지킨다. 그는 스스로에게 침잠해 명상하고, 몸짓을 연구하며, 언어들이 활발하게 움직이게 내버려둔다. 얼마나 많은 사람들이 대화를 위해 말을 하는가!

수도를 가장 활발하게 비방하는 사람들조차 이처럼 신속한 사상의 교류와 전광석화 같은 재치, 우아하고 자연스러운 문체에 놀라, 파리의 문인들 사이에 군림하는 대화와 그 대화가 탄생시키는 갑작스런 계시, 가장 명백한 모순도 미화하는 행복한 세련미에 대해 마음속 깊이 잊을 수 없는 추억을 간직했다. 정신들 간의 이처럼 흥미로운 싸움을 지켜보았던 영국인, 이탈리아인, 독일인들은 파리 철학자의 표현에 찬사를 보낼 것이다. 파리의 철학자는 지구상의 다른 모든 국민들에게 이러한 종류의 교훈을 주기에 적합하다.

600 국왕 비서[65]들

이 직책을 구매한 지 얼마 안 되는 신참 귀족은 자신을 변화시키는 데 온 정신이 팔려, 자신이 평민이었던 것을 거의 수치스러워한다. 그는 온 힘을 다해 자신의 출신 계급을 멀리한다. 그는 자신이 평민 계급이었던 것을 사람들이 기억하지나 않을까 두려워하며 귀족들의 마음을 끄는 데에 자신의 재산을 쓴다. 그는 귀족들과 접촉하기를 좋아한다. 마치 자석에 달라붙으려 하는 쇳조각들 같다.

그는 자신이 발을 들여놓은 새로운 소용돌이 밖으로 나오지 않으며, 자신이 그곳에서 계속 살아왔다고 믿는다. 이미 경계선을 넘어섰기 때문에 그는 뒤를 돌아보며 오직 두려움만을 느끼고, 그의 행동은 평민에 대해 언제나 경계를 늦추지 않는다.

오, 그가 자신을 둘러싸고 있는 모든 사람들에게 얼마나 레테의 강물을 먹이고 싶어 하는가! 6개월 전에 자신이 자와 망치를 들고 있었다는 것, 온몸이 진흙투성이가 된 채 마을 이곳저곳으로 지불명령서와 징세청부 사무소의 어음, 동인도회사의 주식들을 매매하러 뛰어다녔다는 것을 어떻게 기억할 수 있겠는가?

국왕 비서의 아들은 아버지보다 더 고귀해질 것이다. 그래서 이 직책을 구매하는 자는 혈통을 정화시키고 귀족 가문의 시조가 될 아

65 secrétaire du roi: 상서청에서 발송되는 편지들에 서명을 하기 위해 만들어진 직책. 임용자가 20년간 직무를 유지하거나 직무 수행 중 죽은 경우 상속자들에게 양도할 수 있는 초급 단계의 귀족 신분이 주어졌기 때문에 인기가 많았다.

들을 상당한 존경심을 갖고서 바라본다. 상상에 매료된 그는 작위로 치장하고 애초의 선조와는 아무런 공통점을 갖지 않게 될 손자들 앞에서 굽실거린다.

이처럼 위풍당당한 생애를 기대한다고 해도 국왕 비서가 부르주아적인 태도를 갑자기 버리지는 못할 것이다. 그가 태도를 꾸며봐도 소용없다. 자신의 집 안에서 그는 언제나 주르댕[66]인 것이다. 귀족적인 면모는 그가 마차를 타고 말없이 도시를 지나갈 때밖에 나타나지 않는다. 훌륭한 모습으로 자신을 나타내려면 그로서는 언제나 입을 닫고 지내야 할 것이다.

어느 정도 가치 있는 평판에 만족하면 상인들이 더 이상 자신의 아이들을 귀족으로 만들지 않을 것이고, 진짜 명문 귀족과 그들 사이의 거리를 표시하는 데 사용될 뿐인 귀족 계급을 사려는 미망에서 깨어날 것이라고 사람들은 생각했다.

국가에 대해 봉사했기 때문에 국왕이 귀족 계급을 하사할 경우, 그것은 돈을 주고 산 귀족과는 전혀 다른 가치를 갖는다.

66 몰리에르의 작품 「서민귀족」의 주인공.

601 음악 혁명[67]

누군가가 파리인에게 새로운 즐거움을 선사하려고 하면, 파리인은 반기를 들고 개혁자에게 우선 욕설부터 퍼붓는다. 마치 개혁자가 오락에 대해 위험할 수도 있다는 것처럼!

내가 보기에 오페라 극장은 지루함과 우울함에 젖어 있었고, 그래서 나는 라브뤼예르와 함께 이렇게 말하곤 했다. "그렇게 웅장한 시설을 갖추고도 어떻게 내게 하품을 하게 만들 수 있는지 나는 모르겠다." 내가 언제나 귀머거리가 되고 감동에 빠지는 일이 없을 곳이 바로 그 음악의 전당이라고 생각하곤 했다. 글루크가 오고 나서야 비로소 나는 음악의 매력을 알았다. 나는 내가 예술에 무관심하다고 믿었는데, 그 예술이 나를 위해 존재하기 시작했던 것이다. 그의 간결하고 정열적인 표현을 들으며, 나는 매혹의 장소에서 결코 흘려본 적이 없는 눈물이 흐르는 것을 마침내 느꼈다.

모든 사람들이 이 표현력 풍부하고 감동적인 음악에 무릎을 꿇었다. 글루크에게는 조화롭고 명석하며 감동을 주는 이탈리아인 피치니라는 경쟁자가 있었다. 하지만 글루크의 영향력이 더 컸다. 그야말로 무시무시하고, 감동적이며, 생동감 있고, 진실하다. 「알세스트」,

67 1774년 글루크의 「아울리스의 이피게니아」, 「오르페우스와 에우리디체」가 파리에서 초연(初演)되기 전에는 오페라는 주로 고대의 작품들을 상연했고, 그것은 유럽의 다른 오페라 극장들의 통상적 관습과 구별되는 것이었다. 근본적인 변화는 1774년에 글루크가, 1777년에 피치니가 파리에 오면서부터 일어났는데, 그들은 새로운 토대에 기초한 프랑스의 그랜드 오페라를 만들었다.

아! 얼마나 멋진 오페라인가!

글루크는 우리의 편견에 의해 집중 포화를 받았고, 그의 경쟁자 피치니는 그다지 어렵지 않게 인정을 받았다.

우리가 붙잡아두고 있던 유아기에서 마침내 벗어난 이 예술의 완성을 방해하는 최후의 장애물을 그 천재가 극복할 수 있기를! 관심이 끊이지도 않고 약해지지도 않는 시들이 선택되고, 야심만만한 무대장식가, 전제적인 발레 지휘자, 답답한 오케스트라가 반항을 그치고 하급자들을 지휘해야 하고 자신의 권위에 복종시켜야 할 천재에게 방해가 되지 않기를.

내 생각으로는 키노를 완전히 포기해야 한다. 키노의 오페라만큼 따분한 것은 없다. 그에게는 속도감도, 다양성도, 열정도 없다. 아카데미 회원인 마르몽텔이 그러한 키노를 대충 손질하려고 하는 것은 어리석은 짓이다. 모든 음악가들은 시간을 허비할 것이고, 천재를 냉대하려는 이 공허한 구상에서 자신들의 명성을 위태롭게 할 것이다.

라모의 흉상은 벽감에 놓이자마자 끄집어내야 한다. 륄리의 탁월한 음악은 사라졌다. 그런 식으로 모든 예술은 재구성됨으로써 형성되는 것이다. 왜냐하면 예술이 발길을 멈추면 퇴보하기 때문이다.

우리의 비극 오페라와 뛰어난 희극 오페라가 시류를 탄 이후, 사람들은 우리의 아리에타에 열렬히 빠져들어 길에서나 산책로에서나 모임에서 낮은 소리로 '계명을 따라 부르는(solfier)' 소리가 들린다. 목소리도 좋지 않고 음악을 듣는 귀도 갖고 있지 못한 사람조차 그런 태도를 보인다.

아, 통치자들은 오페라를 얼마나 소중히 여겨야 하는 것인가! 연극 분파들이 다른 모든 분파들을 사라지게 만드니 말이다.

자신에 대한 아테네인들의 주의를 돌리기 위해 자기 개의 꼬리를 잘라낸 알키비아데스의 전략은 오늘날에도 되풀이되는 전략이다. 우리의 무도회, 우리의 공연들, 우리의 역사가들은 우리에게 다른 식으로 말하게 만든다. "그 개는 꼬리가 정말 아름다웠어! 도대체 무슨 생각으로 알키비아데스는 그 개의 꼬리를 자른 것일까? 그는 세상에서 가장 아름다운 동물의 품위를 타락시켰어. 그는 기이한 사람, 분별없는 사람이야."

자신의 황금전차에 몸을 실은 알키비아데스는 벼락으로 무장한 큐피드의 옷차림이었다. 예사롭지 않은 이러한 신조를 알키비아데스는 존경하게 만들 줄 알았다. 하지만 우리 시대의 알키비아데스들은 너무 믿지 말자. 사람들 말에 따르면, 우리의 전사(戰士)들은 너무나 우아한 욕망들 속에 빠져 나약해지고 있기 때문이다. 그들이 알키비아데스와 같은 용기를 갖게 될 것이라는 데는 동의한다. 하지만 그들이 전쟁의 고난을 감당할 힘과 건강을 갖게 될 것인가? 전쟁터에서 그들은 자신도 모르게 정신을 약화시키는 이 예술들을 상기하지나 않을까?

사람들은 바이올린과 오보에, 플루트, 그리고 바순을 포함해서 보통 한 해에 거의 400만 리브르에 달하는 비용을 들여 아리에타를 구입한다. 다소 비싼 값이다. 연극을 포함해서 시(詩)에는 돈이 훨씬 덜 든다. 음악가들이 너무 많다. 우리는 우리가 내는 돈에 대해서 아주 까다로운 태도를 보일 권리가 있다.

602 아이들의 무도회

사람들은 더 이상 오페라 극장 무도회에서 춤을 추지 않는다. 다만 그곳으로 달려갈 뿐이다. 그곳에서 찾으려는 것은 오로지 혼란밖에 없다. 사람들이 서로의 발을 밟을 정도로 붐빈다. 그것이 커다란 낙이긴 하다. 하지만 더 이상 카드리유 춤은 없다.

오늘날의 춤은 너무나 세련되어 거기에 끼어들려면 아주 탁월하게 춤을 추어야 한다. 마르셀[68]이 한 손으로 턱을 괴고서 "미뉴에트엔 뭐가 이렇게 많아!"라고 외쳤을 때, 그는 얼마 안 가서 그가 더 이상은 자신의 즐거움을 위해 춤을 출 수 없게 되리라는 것, 사교계 사람은 잘 치장된 무도회에서 배우가 되리라는 것, 그가 박수갈채를 받기 위해 춤을 추리라는 것을 예견했던 것일까?

우리를 곤란하게 만드는 그 완벽한 단계에 도달하지 못하는 사람들은 스스로 춤추기를 포기한다. 아이들의 무도회가 마침내 춤을 추방해버렸다. 꼬마들이 너무나 우아하고 경쾌한 모습을 과시하기 때문에, 이젠 그 아이들 뒤를 이어 모습을 나타낼 수가 없다. 사람들은 핑계를 댄다. 그처럼 경쾌하고 순진한 태도에 이르지 못한다는 것을 알기 때문이다. 그래서 28세의 엄마도 감히 딸과 함께 경쟁하려 하지 않는다.

고위성직자들이 이 아이들의 무도회에 참석한다. 그들은 주교의

68 1759년에 사망한 유명한 무용수로, 그는 자신의 용모와 춤 솜씨를 자만했다.

십자형 보석 장신구들을 과시하고, 미뉴에트와 카드리유 춤을 구경하면서 만족스러워한다. 그들은 모자 쓴 아주머니들과 이야기를 하는데, 이 아주머니들은 대중 무도회의 추문을 끔찍하게 싫어한다. 하지만 재판관 의장 부인의 거처에 춤이 집중될 때, 주교관을 쓴 사람들이 12~13세의 어린 소녀들의 발걸음과 리듬을 구경할 때, 교회로부터 추방된 춤은 자신을 비난하는 사람들과 화해를 한 것처럼 보인다.

궁정에서 개최되는 무도회보다 더 엄숙한 것은 없다. 세세한 내용 하나하나가 극히 중요하다. 가장 보잘것없는 리고동 무용까지도 예법이 지배하고, 무용수들에게는 예법의 기운이 감돈다. 모든 것이 고려되고 조절되며 정돈된다. 바이올린의 활은 엄숙하게 움직인다.

베네딕토 14세[69]는 위대한 인물이었지만, 자신을 알현하러 온 프랑스 젊은이들의 미친 듯한 웃음을 제지할 수가 없었다. 그런데 바티칸에 가서 교황의 면전에서 웃음을 터뜨리는 반면에, 프랑스인은 '궁정 무도회'에서는 매우 신중하다. 그래서 이번에는 교황이 베르사유에서 춤을 출 때는 몹시 근엄하면서 로마의 교황 앞에서는 웃음을 터뜨리는 사람을 아마 비웃을 수 있을 것이다.

파괴력이 큰 포탄을 정확히 퍼붓기 위해 군함들이 바다를 누비는 동안, 두 나라[70]가 망망대해 속에서 바닷물을 피로 물들일 지점을 찾기 위해 승무원들을 닦달하는 동안, 젊은 베스트리스는 런던에서 춤을 추었고, 영국을 매료시키고 있었다. 우리의 폭탄보다도 더 강

69 1740년에서 1758년까지 재위한 교황.

70 프랑스와 영국은 인도와 캐나다에서처럼 유럽에서도 7년 전쟁 동안 강력한 적수였다. 1759년에 슈아젤은 영국 침략을 위해 대규모 선박의 집결 계획을 세웠지만, 이 작전에 참가할 예정이었던 프랑스의 두 함대가 포르투갈과 벨일 근해에서 패배했다.

력한 그의 앙트르샤는 우리가 우월하다는 고백을 받아냈고, 우리는 동향인의 대성공에 마음속으로 우쭐했다. … 그런데 이 세상에서 누가 마음속 깊이 진정으로 웃을 수 있는지 알아야 한다. 안녕, 라블레. 안녕, 몽테뉴. 안녕, 셰익스피어. 안녕, 몰리에르. 안녕, 라퐁텐. 안녕, 스턴. 그리고 이들의 선조인 그대 루키아노스여. 안녕. 친애하는 작가들이여, 당신들과 함께 화려한 춤과 엄숙한 춤, 그리고 장중한 바이올린 소리에 대해 허리가 끊어지게 웃어야 한다. … 오, 아이들의 무도회여, … 성인이 다 된….

603 등기

현대의 통치체제에는 상상할 수 없는 것들이 있어서, 언젠가 그것들을 이해한다는 것이 쉽지 않을 것이다. '등기(登記)'라는 말을 머리에 떠올릴 때, 현대인들조차 눈앞에서 어떤 일이 벌어지는지를 이해하지 못한다.

한 고등법원이 국왕의 권위에 저항하고 있고, 국민은 그 법원의 움직임에 주의를 기울이며 지켜보고 있다. 백성들은 그 대립의 결과를 묵묵히 기다린다. 돈에 굶주린 군주는 자신의 칙령을 '등기'하라는 명령을 여러 차례 보낸다. 고등법원은 그 명령을 계속해서 거부한다. 고등법원은 왕에게 무한 권력이 있는 것이 아니라고, '중신(重臣)들의 법정'[71]에 정의와 국가 이익과 그들의 양심에 반하는 것들을 '등기'하라고 강요할 수 없다고 주장한다. 군주는 소리를 지르고, 화를 내고, 위협하며 '등기 독촉장'을 보낸다. 그래 봐야 아무 소용이 없다. 고등법원 구성원은 모두가 저항하며 복종을 거부한다. 지방 사람들은 모두가 이렇게 말한다. "이 문제가 어떻게 될지, 그리고 이 큰 싸움에서 우리 재산의 10분의 1을 우리가 얻게 될지 봅시다."

고등법원은 격렬하게 투쟁한다. 그들은 역사적 특징들을 몇 가지 인용하며 그것들을 현안에 맞추려고 애쓴다.

갑자기 다른 식으로 둥글게 만 편지, '봉인장'이라고 불리는 편

71 파리 고등법원은 늘 고위 귀족들의 법원임을 자랑했다. 고등법원은 이 칭호를 자랑스러워했고, 항상 자신들의 정치적 야망의 이해관계에 그것을 이용하려 했다.

지가 도착한다. 그 편지에 나타난 왕의 의지는 '등기 독촉장'보다 더 단호하지 못하다. 그 즉시 사람들은 자신의 유형지로 달려가기 위해 제각기 역마값을 지불하려 한다. 대담한 건의문을 쓰던 작가는 쓰기 시작한 문장을 멈춘다. 그리고는 붓을 꺾고, 아무리 황량하고 아무리 외진 곳이라 해도 지정된 체류지로 황급히 이동한다.

한편으로는 저항하고 다른 한편으로는 복종하는 것, 너무나도 다르게 받아들여지는 이 두 가지 명령이 같은 권력에서 나온 것이 아니라고 하지 않는가? 하지만 습관적으로 각 개인은 이렇게 말하고 생각한다. "어제 나는 백성의 이익을 위한 단체에서 투쟁했는데, 오늘 나는 오직 나에게만 내려진 명령에 복종하고 있다." 국민의 대변인들은 군주에게 간언할 수 있다. 하지만 특정한 개인은 군주의 최고의지에 굴복해야 한다. 바로 이러한 의견이 사법관들에게 저항과 복종이라는 딜레마를 부여하며, 훗날 역사가들은 그것을 이해하는데 어려움을 겪게 된다.

때로는 군주보다도 대신에게 저항하는 경우도 있다. 군주가 선택한 사람을 해고하라고 공개적으로 요구할 수는 없다. 하지만 요직에 있는 사람이 희생될 때까지 간접적으로 공격한다.

고등법원 역시 듣기에 거북스럽고 궤변적인 말로 궁정을 공격하는데, 그 말들은 논리적으로 검토할 수 없을 뿐만 아니라 확정 판결을 내릴 수도 없다. 고등법원 못지않게 빈틈없고 더욱 교활한 궁정은 어떻게 하는가? 고등법원의 말을 들으려 하기보다 궁정은 똑같이 모호하고 똑같이 설명하기 힘든 말을 내놓는다. 그 말들은 분명하고 명확한 해석과는 거리가 멀다. 어느 누구도 무언가 명확한 것은 아무것도 말하려 하지 않는 이 딱딱한 '글자 수수께끼'를 서로 주고받은 다음, 권력의 힘은 그 헛된 말들을 언제 어디서나 웅변과 추론을 지배하게 될 것으로 바꾼다.

정치의 최고봉은 국왕과 국민들 사이에서 국왕의 권위와 인간의 권리를 똑같이 보존해 주는 실제적인 중개 권력의 확립일 것이다. 하지만 이러한 균형을 어떻게 발견할 것인가? 어떤 통치체제가 완전할까? 모든 국가는 자기 나름의 균형 상태가 있다. 몇 가지 정치 원리들은 걷어내서는 안 될 장막으로 덮여 있다. 준엄한 판결문 하나면 현대의 거의 모든 통치체제들의 마법이 완전히 허물어질 것이다.

바로 이러한 이유 때문에 쌍방이 모두 '등기'의 진정한 의미를 분명하고 정확하게 결정하는 것을 삼갈 것이라고 나는 생각한다. 다행스럽게도 모호한 측면으로 인해 각자가 앞으로 성공할 수 있다고 생각할 여지가 있다. 애매함 때문에 전반적인 평온이 유지된다. 그처럼 자연의 추진 요인들은 설명할 수 없으며, 정치에서 구체적인 요인들의 힘이 예측될 수도 없고 결정될 수도 없다는 것은 잘된 일이다. 절대 통치권력이라는 생각은 불가사의한 공간 속에 잠겨 있어야 한다. 거대한 국가의 각 부분들의 응집력이 이미 어느 정도는 기적 같은 일이다. 요컨대, 모든 정치적인 문제는 궁지에 몰려 부득이할 때 위험해진다. 이는 최근에 경험에 의해 입증된 것이다. 여명과 더불어 평화가 돌아왔지만, 그 여명 속에는 이러한 문제들이 숨겨져 있다.

8권

전부를 알 수는 있지만,
그렇다고 해서 전부를 벌할 수는 없다

- 타키투스, 『아그리콜라 전기』, 19, 3

604 비세트르

정치단체에 생긴 심각한 궤양, 크고 깊고 피고름이 나는 궤양으로, 쳐다보자면 시선을 돌리지 않을 수 없을 것이다. 400투아즈 떨어진 곳에서도 느껴지는 냄새에 이르기까지 모든 것에서 유치장, 즉 비참하고 타락하고 불운한 수용시설이 근접해 있다는 것을 알 수 있다.

비세트르는 운이 없거나 용의주도하지 못했던 사람들, 힘들고 고통스러운 삶을 유지하기 위해 구걸하지 않을 수 없었던 사람들의 은신처로 쓰인다. 또한 그곳은 사회를 어지럽힌 사람들을 몰아넣어 두는 감옥, 혹은 차라리 고문 장소이기도 하다.

수도 파리의 수준에 비추어볼 때 너무나 거대한 질병이다! 이 비세트르라는 이름은 무언가 혐오, 공포, 경멸의 느낌 없이는 발음할 수 없는 단어이다. 그곳은 사회에 존재하는 가장 더럽고, 가장 비열한 모든 것의 소굴이 되었기 때문에, 그리고 온갖 종류의 방탕한 사람들, 즉 사기꾼, 밀고자, 야바위꾼, 도둑, 사전꾼, 남색자 등등이 들어차 있기 때문에, 갖가지 파렴치한 행위들을 상기시키는 그 단어를 입에 올리자마자 상상력은 상처를 입는다.

같은 장소에서, 이들 부랑아들 곁에 있는 간질 환자나 얼간이, 미친 사람들, 노인들, 팔다리가 절단된 사람들을 보는 것은 불쾌한 일이다. 사람들은 그들을 '선량한 빈민들'이라 부른다. 그렇지만 동정심보다는 분노를 더 일으키는 이들 망나니들로부터 그들은 격리되어야 했던 것 같다.

그 '선량한 빈민들' 가운데 한 명에게 내가 물었다. "이보시오,

당신은 원하는 게 무엇이오?" "아, 나리, 제게 하루에 쓸 돈이 1수만 있다면 얼마나 좋을까요!" "그럼 어떻게 되는데요?" "우리는 딱 셋이서만 잘 수 있을 겁니다." "2수가 있다면요?" "오! 일주일에 두 번은 포도주를 마실 겁니다." "만일 3수가 있다면?" "오! 사흘에 한 번꼴로 고기를 조금 먹을 겁니다!" … 나와 같이 간 영국인 하나가 그에게 포도주를 마시고 고기를 먹고 또한 적어도 1년 반 동안 혼자 잘 수 있을 만큼의 돈을 주었다. 나는 그 영국인의 이름을 대지 않으려고 애쓰고 있는데, 그만큼 그의 최초의 반응은 신속했다.

비세트르는 빌쥐프 마을과 장티이 사이에 있는 언덕 위에 위치해 있으며, 파리로부터 1리외 떨어져 있다. 위치상 그곳은 환자들의 치유에 아주 적절한데, 그곳은 아직까지는 파리 대부분의 구빈원보다 덜 불결한 체류지인 것이다. 센 강의 물을 비세트르까지 끌어올 수 있다면, 분명히 그곳은 가장 좋은 지위에 있는 사람들과 가장 중요한 사람들의 구빈원을 짓기 위한 최적의 장소가 될 것이다.

이러한 유리한 조건 대신에 사람들은 우물을 팠고, 아르쾨이(Arcueil)로부터 물을 가져다 주는 운하 몇 개를 개설했다. 모든 사람이 그 물을 마시는데, 비세트르의 관리들은 예외이다. 그들을 위해 매일 마차 한 대가 센 강의 물을 운반한다.

이 2개의 우물 가운데 하나는 특히 주목할 만하며, 그 크기와 깊이, 또 물을 길어 올리는 데 쓰이는 기계 구조의 단순성으로 인해 많은 사람들의 호기심을 끌고 있다. 그 기계는 2개의 양동이를 이용하는데, 양동이 하나가 빈 채로 내려갈 때 다른 하나는 물이 가득 차서 올라온다.

얼마 전까지만 해도 매일 12마리의 말이 그 일에 동원되었다. 하지만 결과적으로 훨씬 큰 이득을 가져다 주는 현명한 운영을 통해 그 이후로는 힘세고 건장한 죄수들이 이 작업에 동원되었다. 그 일을 통해 죄수들은 위험스런 나태에서 벗어나 활력을 유지하고 먹을 거리를 얻는 데 보탬이 되었다. 이처럼 쓸모 있는 변화는 르누아르 덕분이며, 그 변화는 더 널리 확장될 수 있을 것이다. 왜냐하면 물 부족으로 환자들의 목욕시설 수를 감소시키지 않을 수 없는 일이 이따금 일어나기 때문이다. 그것은 예상할 수 있듯이 대체로 치명적으로 불편한 일이다.

납관을 통해서 온 물이 건강에 해로울 수 있다는 것, 따라서 이러한 재난에 대비하는 것이 신중한 태도라는 것을 사람들은 알고 있다.

비세트르 수용자의 수는 고정되어 있지 않다. 겨울이면 수용자 수가 더 많은데, 여름에는 일거리가 있지만 겨울에는 이 구빈원으로 몸을 피하러 오지 않을 수 없기 때문이다. 그 경우 그곳 수용자 수는 대략 4,500명을 헤아린다.

아! 여름에는 활기를 띠다가 겨울에는 초라해지는 파리 떼처럼 득실대는 사람들이여! 자연은 정녕 이들을 파리처럼 취급하고 있는가? 빈민들은 태양에 의해 삶을 유지하거나 위로를 받으며, 추위나 겨울에 의해 죽거나 활기를 잃는다. 오, 헐벗고 유랑 생활을 하며 자유분방하지만 언제나 먹을 것을 가져다 주는 태양의 혜택을 받는 나폴리의 빈민들이여…. 하지만 나는 비세트르에 있다네!

상급 수녀의 지휘를 받는 구세군 여사관들이 이 집을 관리한다. 게으름뱅이들에게 가난에 대한 공포를 갖게 하고 일하고자 하는 욕망을 불러일으키는 무언가가 있다면, 그것은 바로 비세트르의 모습이다. 그곳에서는 연민, 즉 역경의 무게를 완화시키는 위로의 태도를 거의 찾아볼 수 없다. 거지는 정말이지 아무것도 아닌 존재이다. 그는 자신이 받는 것은 동정이라는 것을 느끼게 된다. 거지는 때로는 자신의 과오에 의해 가난한 것이다. 어쨌든 그는 가난하다. 사람들이여, 기독교인들이여, 이렇게 대답하라. "그는 가난하다!"라고.

필연적으로 구빈원은 여러 가지 악습의 중심지인데, 그 까닭은 관리자들이 눈을 비비며 보려고 노력을 하지만 이 소굴 속에 있는 모든 것을 보지는 못하기 때문이다. 게다가 불행은 바닥을 알 수 없는 심연이다. "불행은 또 다른 불행을 부른다." 오, 정말 그렇다! 나는 풍요의 높이는 재봤지만, 아직까지 가난의 끔찍한 깊이는 가늠할 수 없었다. 부를 즐기며, 너울거리는 장미 한 송이에도 영향을 받는 당신. 가난! 이 단어의 심연을 당신은 재어보았는가? 오, 사람들은 멋진 테이블에 앉아 자신의 마차에 매달 말들을 주문하면서 얼마나 많은 말들을 하는가! 가난이여!

네케르 부인은 자기 남편이 요직에 있을 당시 직접 여러 홀 안을 방문하고 나서 가슴 아픈 광경에 충격을 받았다. '생프랑수아'라는 이름의 홀은 역한 냄새로 정신이 아득해지고, 가장 인정 많고 대담한 방문자라도 질식하게 될 공기로 가득 차 있었다. 부인은 6명의 가난한 사람들이 침대 하나에 누워서 그들이 곧 죽게 될 것임을 알려주는 배설물들을 깔고 뭉개는 모습을 보았다. 그녀는 자신이 누리던 신용을 이용해서 두 사람만 누울 수 있고 나무 칸막이로 치명적인 악취로부터 그들을 보호하는 침대들을 만들게 했다.

아주 끔찍한 홀이 하나 있었는데, 그곳에서는 500~600명이 함께 섞여 자신들의 숨결과 악습으로 서로를 오염시키고 있었고, 어렴풋한 절망이 분노에 찬 사람들의 신경을 끊임없이 날카롭게 만들고 있었다. 그들에게 먹을 것을 가져다 주고 싶어도, 총 끝에 총검을 꽂지 않으면 그곳에 들어갈 수 없었다. 그곳은 아마도 전 세계에 존재했었고 현재 존재하고 있는 곳 중에서 가장 혐오스럽고, 가장 타락하고, 가장 부패한 곳이었다. 나는 추잡한 그림을 그리기 위해 가장 어두운 색의 물감을 내 팔레트에 담아둘 필요가 없어서 정말 행복하다고 생각한다. 그리고 『2440년』에서 내가 언급한 이후로, 이 지옥 같은 홀이 더 넓고 더 환기가 잘 되는 건물 내에 분산된 채 더 이상 존재하지 않는다는 것, 이 타락의 심연에서 아무렇게나 죽어간 환자들에게 자신들을 대량으로 죽이고 산 자가 죽은 자와 입을 맞추게 했던 메젠티우스의 형벌[1]을 그대로 상기시키던 전염병을 피할 공동 침실이 있다는 것을 알리게 되어서 정말 다행이다.

그곳이 파리인들의 악의 소굴이었다는 것은 사실이다. 하지만 파리인들의 경멸과 공포의 대상이 되었던 바로 그 사람들에게 인간성까지 모욕할 필요가 있을까? 적극적이고 새로운 자비에 의해 시행되는 새로운 보살핌들이 지체되지 않기를!

이 구빈원의 문에서부터 후각만으로도 오염되었다고 판단할 수 있는 공기를 호흡한다. 하지만 그런 일은 다른 모든 구빈원에서도 마찬가지이고 거의 피할 수 없는 것이다.

'감금실'로 화제를 바꾸자. 가장 먼저 묻게 되는 것은 '이들이 무슨 일을 했기에 감금되었을까?'이다. 사람들은 그 독방 앞에서 범죄가 무엇이었고 판결이 어떠했는지를 보고 싶어 한다. 하지만 프랑스 내 재판관들은 어떤 구금에도 그 근거를 대지 않는다. 판결, 경찰 명령 역시 마찬가지이다.

보브나르그는 이렇게 말했다. "우리에게는 우리가 선하게 만들 수 없는 사람들을 불행하게 만들 권리가 없다." 첩첩이 포개어 지은 이 비좁은 독방들을 어떻게 생각해야 할 것인가! 하지만 우리는 그곳에 있는 사람들이 자신의 죄에 비해 약한 처벌을 받고 있고, 그들을 그렇게 다룸으로써 그들에게 '사면'을 내렸다고 확신한다. 현직에 있는 사법관들이 조급하고 잔인하다고 비난할 수 있는 사람은 아

1 에트루리아 도시 카에레의 왕 메젠티우스는 루툴리족의 우두머리이자 아이네이아스의 적수로, '신들을 경멸하는 자'라는 별명으로 불렸으며, 잔혹한 고문을 했다.

무도 없다. 그들은 인간적이다. 나는 내게 이러한 지식을 전해준 사람을 믿으며 세세한 내용들은 적지 않겠다.

그곳에서 그들에게는 아주 작은 쇳조각밖에 남아 있지 않은데, 그것을 가지고 그들은 밀짚으로 수예품들을 만든다. 아래층에 있는 사람들은 가장 특혜를 받는 사람들이다. 그들은 다른 사람들의 부러움을 산다. 왜냐하면 그들은 스스로를 상인이라 자처하며 다른 사람들에게 일을 시키기 때문인데, 다른 사람들은 끊임없이 그 행운을 찬미하고 아래쪽 자리의 장점을 찬양한다.

처음 오게 된 불행한 인물은 이 사소한 작업들이 어떻게 이루어지는지 알지 못한다. 그의 눈에 보이지 않는 가련한 동료 하나가 그에게 자기 직무를 보여주는데, 그들은 아주 능숙하게 교차시키는 여러 개의 거울을 이용하는 것이다. 이러한 방법으로 그들은 서로를 보고, 이야기하며, 신호로 교신한다. 가장 높은 곳에 있는 사람은 가장 낮은 곳에 있는 사람과 연락을 취한다.

일종의 보초 같은 존재가 있어서, 거울을 손에 쥐고 좁은 쪽문을 통과하는 모든 것을 다른 사람들에게 알린다. "여자가 왔다." 그는 흥분해서 외친다. "무슨 색 옷을 입고 있고, 키는 얼마만 해." 그러면 감금된 사람들 모두가 철창에 달라붙어 거울의 굴절에 의해서만 볼 수 있는 그 여자를 관찰한다. 하지만 각자가 거울을 교차시킴으로써 모두가 그 여자를 주시하는데, 그 여자는 감금된 사람들이 자신의 얼굴을 보고 미소 짓고 갖가지 표정을 짓는다는 것을 짐작하지 못한다.

『가제트 드 프랑스』 읽기는 감금된 사람들에게 허용된 오락이다. 일주일에 두 번씩 감금실 전체가 잠잠해진다. 가장 목청이 큰 사람이 창살 사이로 얼굴을 내밀고 읽는다. 이름이 나올 때마다 어떤 사람은 "그 사람 내가 알던 사람이야"라고 소리치고, 또 다른 사람은 "난 그 사람 본 적이 있어"라고 외친다. 머리에 떠오른 생각들을 마음속에 담아두는 일이 없다. 이들 건달들의 생각은 비약한다.

이 독방에는 두 가지가 고려되었다. 각각의 수감자에게 용변을 보는 데 필요한 구덩이 하나와, 미사를 들으러 가는 데 필요한 통로 하나를 내주는 것이 그것이다. 예배당은 중앙에 있다. 수감자들은 일요일마다 그곳에 간다.

경찰 정보원들이 지시 사항을 지키지 않았을 경우, 그들은 비세트르에 감금된다. 하지만 그들은 다른 수감자들과 분리되는데, 왜냐하면 그들에 의해 감금당한 사람들이 그들을 알아보고 그들의 온몸을 발기발기 찢을 것이기 때문이다. 그들은 그들이 수행하던 비열한 일 때문에 남들보다 동정심을 덜 불러일으킨다. 놀랍기도 하고 또 더 고통스럽기도 한 것은, 이들 건달들이 아주 어리다는 것이다. 16세의 나이에 염탐꾼이고 밀고자라니! 오, 얼마나 뒤틀린 삶의 징조인가! 아이들이 그러한 일을 하는 모습보다 더 나를 슬프게 하는 것은 없다. … 그 어린 나이의 아이들을 끌어들여 훈련시키고 타락시키는 사람들! …

지하 독방도 있는데, 그곳에서는 아주 작은 몇 개의 구멍을 통해서만 빛과 소리가 들어온다. '카르투슈'의 공범이자 밀고자가 그곳에서 43년간을 살았다. 그는 그렇게 카르투슈를 배반함으로써 자신의 사면을 얻어냈다. 그게 무슨 사면인가! 그는 지하 감옥 계단 꼭대기에서 약간의 대기를 호흡하러 가기 위해 2~3차례 죽은 시늉을 완벽하게 꾸며냈다. 그래서 그가 진짜로 죽었을 때, 사람들은 그것을 믿기가 어려웠다. 외과의사는 한참 후에야 그에게서 쇠목걸이를 풀어주었다. 그렇게 길고 희귀한 생존의 기적을 보여주었던 터라, 그가 그 지하 감옥에서 영원히 살 것처럼 보였던 것이다.

비세트르에서 때로는 폭동이 일어나기도 한다. 1756년 2월 1일, 이 감옥에서 '라 프티트 포스'라고 부르는 곳에 감금된 수감자들은 해방되기에 가장 유리한 시간인 저녁기도 시간을 기다려 자신들의 거사를 실행에 옮겼다. 그들은 보초를 제압하고, 경비대 안으로 들어가서 무기를 탈취했지만, 보초가 기회를 틈타 호각을 불었고 경비대가 다시 모여들었다. 그 싸움에서 2명의 궁사와 14명의 폭도가 죽었다. 몇몇 사람은 탈출을 했지만, 곧 되잡혔다. 그들이 이 감옥에 수감되면서 걸치는 조잡한 천으로 만든 옷 때문에 그들을 식별할 수 있었기 때문이다.

폭동을 일으킨 원인을 묻자, 수감자들은 자신들의 일상 양식인 얼마 안 되는 빵과 일주일에 단 하루 제공되는 약간의 고기가 줄어들었기 때문이라고 대답했다. 그들은 자신들의 식탁을 더욱 풍성하게 만들기 위해 수감자들을 그처럼 잔인하게 굶게 만든 최고책임자와 경리 담당에게만 원한이 있고, 살기 싫어서 절망의 소리에 귀를 기울였을 뿐이라고 답했다.

즉시 그들의 제안이 받아들여졌다. 몇몇 사람이 교수형에 처해졌고, 다른 사람들은 형리의 손에 채찍형의 처벌과 더불어 더욱 엄중하게 속박되었다.

독일어 원작을 번안한 다음과 같은 이야기가 있는데, 이는 비세트르의 문에 새겨질 수도 있을 것이다. 나는 하층민들이 그 이야기를 읽을 줄 알게 되기를 바란다. 그들에게 그 이야기를 설명하고 해석해 주었으면 한다.

'범죄와 처벌'

어느 날, 테나르 감옥에 감금된 범죄들이 감옥 문을 부수고 무시무시하게 빠른 속도로 땅으로 돌진해 넓은 지역에 대량으로 흩어졌다. 그들의 발길 아래 풀이 노랗게 시들고, 숲이 불타오르고, 마을이 유혈 분쟁으로 가득 찼다. 그들은 보통 때처럼 모두가 서로 손을 잡고 행진했다.

그들이 전율스럽고 의기양양한 기쁨 속에 모두 함께 나아가고 있을 때, 그들 중 하나가 얼굴을 돌리고 멀리서 '처벌'의 모습을 보았다. 그것은 다리를 절며 손에 목발을 짚고 반바지를 걸치고 있었다. 아! 아! 크게 웃음을 터뜨리며 악마의 무리가 소리쳤다. 불쌍한 절름발이 신이여, 네가 계속 이런 상태로 간다면, 너는 지구를 100바퀴 돌더라도 우리를 잡지 못할 것이다. … 처벌이 대꾸했다. 달려라, 달릴 수 있는 한 빨리 달려라. 아마도 그리 오래지 않아 내가 너희를 잡을 것이다. 몹쓸 종자들아, 너희가 아무리 재빠르게 도망친다 해도, 나는 분명히 너희를 놓치지 않을 것이다.

그런데 이 끔찍한 장소에는 죄인들도 있지만, 다른 한편으로 내게 다음과 같은 성찰을 불러일으키는 불쌍한 사람들이 더 많다.

랩랜드 사람은 태어날 때 적어도 자신만의 순록을 한 마리 갖고 있다. 그 아이에게 이가 날 때면 두 번째 순록이 주어진다. 그렇지만 세상에 태어나면서 자신의 '사과' 하나도 가지고 있다고 말할 수 없는 아이들을 나는 본다.

야생동물들도 자신들의 굴이 있는데, 어떤 불행한 사람은 손바닥만한 땅과 초라한 집을 독점 재산으로 규정한 법률에 강제로 떠밀려 자신의 머리를 뉘일 만한 곳조차 없다. 그는 거만한 주인의 허가가 있어야만 갈라진 다락방에나마 기거할 수 있는 것이다. 건물 소유주들은 그를 도시 언저리에서 들판 한가운데로 내몰 것이다. 모든 것을 빼앗기고 모든 곳을 점유당한다.

현대 정치체제 속에서 인간은 자연으로부터 육체를 부여받았음에도, 그곳에서 숨쉴 자신만의 자리는 민법으로부터 획득하지 못한다. 그에게 무덤의 공간은 허용되지만, 요람의 공간은 금지되어 있다.

많은 사람들이 글자 그대로 자신을 사들인 주인에게 봉사하기 위한 팔만을 갖고 있을 뿐이다. 아무것도 소유하지 못한 사람은 당연히 소유한 사람들의 적이다.

빈민에게는 재산이 거의 없다. 그가 사람들의 보살핌을 받으려면 병이 들어야 한다. 그가 죽으면 사람들은 그를 무료로 매장해 준다. 왜냐하면 그의 시체가 전염병을 일으킬 것이기 때문이다. 그에게 죽음이 가까워졌을 때만 도움을 줄 것이 아니라, 그의 병을 예방하는 것이 더 낫지 않을까?

빈민들에 대한 억압은 나날이 늘어간다. 정부 활동이라 불리는 이 거대하고 위험한 기계 장치, 끔찍스러운 마찰음을 내는 그 톱니바퀴는 여전히 그리고 사정없이 가장 약한 부분을 짓누르고 있다. …

이 정치적이고 오래된 폐해들의 치유책은 어디에 있는가? 분별있는 사람들이 열심히 그것을 찾고 있다. 그것은 시간과 애국적 성찰, 천재, 그리고 특히 관리인들의 충심에서 나오는 결실일 수밖에 없다. 이러한 개혁적 생각들을 제시하는 것이 어려운 일인가? 지나치거나 모호한 100개의 생각들 중에 올바르고 실행 가능한 것이 한 가지는 있을 것이다. 그런 경우 그 생각이 제시되는 책의 가격에 대해 보상을 받을 수 없을까?

605 비세트르의 성병 환자 치료에 대하여

남성이든 여성이든, 치안총감의 확인서를 가져오면 성병 바이러스에 감염된 사람도 비세트르에 수용되는데, 그 확인서는 오텔디외 병원 의사에게 발병 확인을 받아야 발급된다. 그 수는 정해져 있지 않다. 성병 환자는 배정된 방에 수용할 수 있는 만큼만 받아들인다.

모든 것에 돈을 요구하는 탐욕 때문에 설립자의 규칙들은 전혀 지켜지지 않았다. 관리자의 이름을 부당하게 가로챈 간호사 하나가 치료를 받으러 오는 불행한 사람들에게 48수를 요구하는데, 그 돈이 없으면 경찰의 확인서가 있다 해도 그들에게 문을 열어주지 않는다고 한다. 이러한 비인간적인 처사의 결과가 어떻게 되리라는 것을 사람들은 알고 있다. 긴급 구조를 요하는 중대한 징후 때문에 그 수를 늘리지 않을 수 없는 경우 외에는, 그들은 한 번에 50명의 여자와 50명의 남자만을 받아들일 뿐이다. 이는 문으로 떼지어 몰려오는 살이 물러진 사람들 무리에 비해 아주 적은 수이다. 이들 불행한 사람들은 죽거나, 아니면 끊임없이 그들을 물어뜯는 잔인하고 눈에 보이지 않는 탐욕스런 자에게 온몸이 갈기갈기 찢기지 않을 수 없다. 그들의 증세는 악화되고 눈뜨고 볼 수 없게 된다. 눈은 퀭하니 들어가고 치료는 더욱 어려워진다.

그 재앙의 기세가 한풀 꺾였다고 말한 사람들, 그것이 유럽에 찾아와 유럽인들을 놀라게 했던 때 나타났던 그 끔찍한 상처는 더 이상 없을 것이며, 이 끔찍하고 탐욕스런 위험물을 기술적으로 억제할 수 있게 되었다고 말한 사람들은 실수이건 기질이건 방종이건 간에 그로 인해 희생된 자들을 와서 보도록 하라.

무자비한 아리만[2]이 자신의 악마 같은 재능을 세련되게 다듬은 곳이 바로 이곳이다. 이곳에서보다 더 추악하고 더 잔인하게 인류를 공격하는 것은 불가능하다. 이 문둥병, 이 상처, 이 외골종, 이 괴저, 이 부패를 낳은 것은 바로 쾌락의 치명적 유혹이다. 무엇보다도 끔찍한 것은, 이처럼 끔찍한 육신의 해체 속에서도 정신과 이성은 멀쩡하다는 것이다. 판단력은 정상인데 육신은 몽땅 침식되어 있다. 자신의 불행을 표현하기 위한 고통의 목소리조차 힘이 없다. 그러한 광경에 익숙해진 의사들도 두려움에 눈을 감는다. 그들은 손이 흔들리고 몸이 떨린다. 맙소사! 인간은 바로 쾌락의 회랑(回廊)을 통해서 이와 같이 어마어마한 불행의 더미에 맞닥뜨렸는데, 그것은 필설로는 설명할 수 없으며, 긴 세월이 흐른 뒤 기억이 희미해지고 단지 몇몇 영상만 남아 있을 때조차 고통스런 느낌으로 모든 감각을 떨게 만드는 불행이다.

이 무서운 곳에서 치료받기 위해서는 8개월 내지 10개월 전에 등록을 해야 한다. 그런데 그 불행한 사람이 기다리는 차례가 여전히 돌아오지 않는 경우가 종종 있다.

그렇게 바이러스는 아주 천천히 진행된다. 병과 치유 사이에 이처럼 일시적 중단이 있다는 것이 너무나 잘 알려져 있고, 또 지망자들이 너무나 많기 때문에 몇몇 방탕한 사람들과 매춘부들은 병에 걸리기 전에 조사를 받게 손을 쓰는 일이 종종 있었다. 자, 모럴리스트들이여, 당신들은 이러한 행동에 대해 뭐라고 하겠는가? 그것을 가늠하고, 그런 다음 설교단에 올라가라.

2 고대 페르시아인들이 생각한 악의 근원 아리만은 어둠으로 상징된다. 페르시에는 특징적이게도 그 이름을 성병에 연결시키고 있다.

몇몇 가장(家長)들은 종교지도자들의 냉혹한 질책, 설교자들의 설교, 지옥의 위협 대신에 수치스러운 병에 걸린 불쌍하고 불명예스러운 상태의 불행한 남녀들이 치료받는 그곳의 역겨운 광경을 이용했다. 그들은 너무나 흥분하기 쉬운 정념을 가진 자기 아이들을 그곳으로 데려갔다. 그들은 가능하면 아이들의 타고난 혈기를 억제하기 위해 이 청춘의 장애물들에 아이들의 시선을 묶어두었다. 이처럼 극단적인 방법이 때로는 성공을 거두기도 했다.

아! 안색이 창백하고 납빛을 띤 사람들이 누워 있는 고통의 침대 행렬을 통과하며 누군들 몸을 떨지 않겠는가? 고통으로 인해 그들은 거의 움직이지 않는다. 움직임 하나하나가 고통이기 때문이다. 발성기관을 잃은 이쪽 여자는 손짓으로만, 또는 진한 절망이 수반된 발음되지 않는 소리로만 자신의 고통을 표현할 수 있다. 꽃다운 나이에 반쯤 몸이 찢긴 저쪽의 여자는 아름다운 모습과 추악한 병을 동시에 보여준다. 일반적인 상처보다 더 두드러진 대비이다. 그녀는 오로지 고통을 겪기 위해서만 존재할 따름이며, 그녀의 어린 가슴이 여전히 후회의 여지가 있는 만큼 그녀의 처지는 더욱더 참혹하다.

더 멀리 떨어진 곳에 있는 저 늙은 매춘부에게는 하늘에서 복수의 여신이 내린 것처럼 보인다. 그녀의 수치스런 죄들이 주름 속에 농축되어 있다. 순진함을 파는 그녀의 시선은 여전히 잔혹하다. 혐오감을 일으키는 그녀의 얼굴에서는 방탕의 뒷거래에 완전히 몸 바친 삶이 보인다. 그녀가 오랜 고통을 겪었다고 해서 그 고통을 목격해온 사람들을 감동시킬 수는 없다. 몸과 마음을 갉아먹는 재앙이 그녀의 노령에 결부되어 진정한 왕좌를 찾아낸 것처럼 보인다.

뿌리 깊은 타락과 징벌의 고통이 각인되어 있는 그 모든 얼굴들의 이미지를 내가 잘 그려내려 한다면, 고통으로 부풀었거나 폭발적인 절망으로 분노한 근육을 부각시켰던 천재 미켈란젤로 같은 그림 실력이 필요할 것이다. 하지만 그곳에는 또한 젊은 나이와 가난 때문에 사고를 당한 희생자들도 있다. 그들의 영혼은 아직까지는 타락하지 않았다. 그래서 마치 그들이 존재하는 순간마다 모든 방탕이 함께 하기라도 한 것처럼, 그들의 감각은 고통을 겪고 있다. 이 공포의 장소에 있는 그들에게 연민을 느끼지 않을 수 없다.

정체불명의 이 독(毒)은 도처에서 파괴하고, 황폐화시키며, 무시무시한 흐름의 흔적을 새긴다. 그것은 살을 갉아먹고, 뼈를 망가뜨리며, 마치 은밀하고 강력한 줄처럼 모든 감각 기관들을 파괴하는데, 육신이 이처럼 무서운 상태에 빠져 있으면 그것은 부패로 인해 온갖 벌레가 우글거리는 시체보다 한결 더 끔찍하다. 왜냐하면 시체들은 비록 썩어가고 있긴 하지만, 최소한 평온을 누리고 있다고 생각되며, 생생한 상처로 덮인 그들 창백한 유령들처럼 격심한 통증에서 나오는 느리고 긴 외침소리를 토해내지도 않기 때문이다. … 이제 그만하자. 이 타르타로스로부터 벗어나자.

비세트르에서 통용되는 방법으로는 마사지가 유일하다. 하지만 그것은 얼마나 많은 위험을 초래하는가? 그렇게 많은 시도가 있었는데도 기술이 더 진보하지 못한다는 것이 가능한가?

606 생루이 축일

생루이 축일에는 튈르리 궁과 기타 궁궐 후원의 산책길이 하층민에게 개방된다. 그들은 이날 하루만 그곳에 들어갈 수 있기 때문에 언제나 그곳에서 한바탕 소동을 벌인다. 그들이 1년 내내 그곳에 입장할 수 있다면 나쁜 짓을 하려 하지 않을 것이다. 그들은 또한 베르사유로도 달려간다. 성이 개방되기 때문이다. 그들은 그곳에 감도는 웅장한 분위기에 기가 질린다. 그들은 자신들이 그 모든 것의 값을 지불했다고는 상상하지 못한다.

궁정의 각 방에는 조신들 대신 초라하게 차려 입은 하층민들이 보인다. 그들은 마루 밟기를 두려워한다. 들어가서 그들은 '헤라클레스의 방'을 왕의 침실이라고 생각하고, 길게 줄지어선 황금빛 방들을 넋을 잃고 바라본다. 깜짝 놀란 수공업자가 깃을 세운 채 천정화들을 뚫어지게 쳐다보고 거울에 제 모습을 비춰보는 것을 보고 문지기들이 웃는다. 1년 내내 멋진 옷과 레이스 세공품만을 보는 데 익숙해 있는 이들 문지기들은 파리의 하층민을 외국인이라 생각한다.

이날은 자유학예의 축제일이다. 아카데미들이 홀을 개방한다. 시인, 연설가, 화가, 조각가, 건축가에게 상이 수여된다. 아침이면 성인의 반열에 오른 국왕을 찬양하는 노래들이 사방에서 울려퍼지는데, 그것들은 웅변적인 과장되고 어색한, 무의미하고 장황한 말들의 최고봉이다. 가장 엉뚱한 거짓말로 가득 찬 그 찬양의 노래들이 프랑스에서는 6만 번 이상 낭송되었다.

저녁이면 루브르에서 아카데미 회원 40명의 모임이 열린다. 15

년 전부터 여성들은 이 모임에 떼 지어 몰려가려 했다. 이전에는 감히 생각하지 못한 일이었다. 그 여성들은 아카데미에서 낭송하는 것을 듣고 싶어 한다. 비록 가장 방탕한 삶을 살고 있긴 하지만, 그들은 최종적으로라도 문학에 대해 평가를 내리고 싶어 하기 때문이다.

낭송자는 언제나 그 여성들을 기분 좋게 하는 무언가를 자신의 글 속에 끼워 넣으려고 신경을 쓴다. 하지만 세련된 문사(文士)의 문장은 덧씌운 듯한 느낌이 든다.

귀족 여성들은 이날 무더기로 몰려온 모든 재치 있는 사람들에 섞여 아카데미에 들이닥쳐서 저녁식사도 건너뛴다. 좌석이 거의 없다. 장소가 비좁기 때문이다. 다행스러운 일이다. 아무도 들어주지 않는 설교를 했던 것을 기억하는 아카데미 회원들은 "아카데미에 들어갈 수 없을 것 같아"라는 사람들의 말을 들을 기회를 포기하지 않을 것이다. 사람들의 불평이 많으면 많을수록 그들은 더욱더 즐거워한다. 시가 낭송되고 산문이 낭독되며, 평소 거만했던 심사원들이 이번에는 자신들이 심사를 받는다.

만일 이날 천장이 무너진다면 파리에는 작가가 더 이상 남아 있지 않을 것이다. 재치를 자랑하는 시끄러운 족속들과 작별하는 것이다. 문학을 혐오하는 야만인이 생바르텔르미 축일의 학살에서처럼 작가들을 학살하고자 한다면, 이날을 잡으면 유리할 것이다. 맙소사! 비극작가와 희극작가들의 상반된 피가 함께 섞여 철철 넘쳐흐르며 소설가, 웅변가, 역사가들의 피와 뒤섞인다. 서사시인이 서정시인의 몸 위로 쓰러진다. 죽어가는 작시가가 산문가를 용서한다. 아카데미 회원은 "나는 작가가 아니다"라고 외치는 신문기자 곁에서 목이 잘린다. 가장 용감한 자들은 상아 의자에 앉아 죽음을 기다렸던 고대 로마의 원로원 의원을 본떠서 자신들의 좌석을 떠나지 않는 반면에, 사무국장은 이러한 야만적인 행위를 규탄하며 그들에게 타키투스의 글귀들을 인용할 것이다. … 얼마나 멋진 역사의 한 장면인가! … 얼마나 불길한 서사시인가! … 하지만 비록 공상적이긴 하지만 이러한 그림이 사제와 재정가, 조신, 이들 문학과 철학 애호자들을 두려움에 떨게 만든다는 것을 나는 알고 있다. 그들의 심오한 감수성을 상하게 하는 이미지들을 그들에게 보이지 말자.

달랑베르는 생루이 축일을 반긴다. 그는 오고가며 방청석을 개방하고, 문지기들에게 명령을 내리며, 찬사를 작성하는 2명의 사제를 거느리고, 화려하게 차려 입은 귀부인들을 안내하고, 아카데미 40인 회의를 주재한다. 마침내 초록색 보가 깔린 긴 탁자 상석에 앉아 그는 개회를 선언하고 팸플릿을 나눠준다. 그런 다음 그는 훗날 배신자가 될 자신의 피보호자에게 후세에 길이 남을 우승 메달을 수여한다.

이어서 그는 용의주도함, 재치, 환희를 섞어 모인 사람들을 즐겁게 해줄 하찮은 사실들을 여기저기 뿌려놓은, 때로 빈정대기도 하는 찬사를 읽는다. 그가 하는 말에는 거의 아무 내용이 없다. 하지만 그가 말하고자 하는 바를 사람들은 안다. 사람들은 하찮은 농담에서 그의 목소리를 듣고 박수를 친다. 20년이 지나면 그 모든 것이 아무런 의미도 갖지 못할 것이다. 그런데 그가 말하는 곳이 어디인가? 루브르이다. 달랑베르는 진실의 추종자이다. 그는 진실을 사랑하며, 그것에 때로는 애교를 부리고 때로는 얼굴을 찌푸린다. 하지만 아카데미의 나쁜 취미로 인해 그는 언제나 지나치게 멋을 부린 언어를 고집한다.

절대 책을 읽지 않는 아카데미 회원들이 있는데, 우리는 그들에게 고마워해야 한다.

우리에게 더 이상 시가 없으며 시를 기대해서는 안 된다는 것을 입증하는 것이 바로 10년 전부터 그곳에서 낭송된 시들이다. 신이여 아카데미 프랑세즈의 시로부터 우리를 보호해 주소서. 아카데미 프랑세즈의 시는 계속해서 쇠퇴하고 있는데, 이는 그곳 회원들 몇 사람이 확신에 차서 취하는 가정교사 같은 태도의 귀착점이다.

아카데미 프랑세즈가 판결을 발표하고 나면, 대중들은 당연히 아카데미 자체를 판결하기 위해 다가간다. 이때 주변 카페들에는 수많은 사람들의 행렬이 줄을 잇는다.

사람들은 경연 작품들을 다시 심사한다. 관찰자는 이 문제에 관한 수준 높은 심의가 낳은 격렬한 논쟁에 대해 흥미로워하는데, 이는 모든 사람이 특이한 열정을 갖고 설득이나 고집을 통해 가장 하잘것없는 견해를 옹호하고 있다는 생각을 불러일으키기 때문이다.

아카데미 프랑세즈는 자신들이 만들어낸 모든 작품들이 세련된 작품으로 평가될 것이라고 미리 판정을 내렸다. 아카데미 프랑세즈가 자신들이 주장하는 바를 진정으로 확신하고 있다고 사람들이 믿을 수밖에 없을 정도로 아카데미 프랑세즈는 그말을 수없이 말하고 또 반복해서 말했다. 아카데미 프랑세즈를 당황하게 만들고 그처럼 달콤한 환상을 빼앗아야 할까? 아니다. 그처럼 순진한 즐거움일랑 그들에게 맡겨두자.

저녁 어스름 무렵 튈르리 정원에서는 사람들이 음악회라고 부르는 큰 소란이 하층민들에게 베풀어진다. 거기서 연주되는 음악은 언제나 옛날 음악이다. 연주는 훌륭하다. 아무도 안 듣기 때문이다. 하지만 몰려든 군중 전체가 보여주는 모습은, 특히나 달빛이 밝을 때면, 가장 특이하고도 가장 생기가 넘치는 풍경 중 하나이다. 그것은 여성들이 특히 좋아하는 심야 축제이다. 여성들은 자신의 연인들을 발밑에 두고 의자에 걸터앉는다. 그 모습이 그 광경에 변화를 주고, 그 모습을 새롭고 특이하며 흥미롭게 만든다. 고인이 된 라모의 곡들보다도 그 심야 축제에 훨씬 더 많은 감동을 주는 달콤한 사랑 고백에 귀가 쏠린다. 이처럼 신분과 인격과 용모의 혼란이 튈르리에 독특한 모습을 부여한다. 이 축제 때 튈르리에는 대략 20만의 사람들이 들어갈 수 있다.

607 볼테르의 승리, 자노

『동정녀』의 저자는 칩거 중에 수도 파리를 다시 보고자 하는 열망에 불타고 있었다. 그곳에는 극장이 있고, 그에게는 1층 객석 관객으로부터 박수갈채를 이끌어낼 비극이 있기 때문이었다.

모든 사람들이 페르네의 영주인 볼테르를 보고 싶어 했다. 그곳을 여행한 외국인은 자신의 조국으로 되돌아가서는 "그를 만났다"고 말하지 않을 수 없었다. 볼테르는 가능하면 귀찮은 사람들을 피했다. 그는 몸을 숨기고, 자신은 죽었다고 외쳤다. 하지만 작위를 가지고 있거나 자신에게 경의를 표하는 사람이면 누구에게나 재빨리 모습을 드러냈다.

마치 작가의 정신이 작품 속에 있는 것이 아니라 그의 용모에 있기라도 한 것처럼 사람들이 유행성 호기심에 사로잡혀 그의 모습을 보기를 열망한 반면, 유일하게 황제[3]만이 그의 기대를 저버렸다. 황제는 페르네 성 아래를 지나가면서도 발길을 멈추지 않았고, 모두가 보고 싶어 하던 그 사람을 만나보려 하지 않았다. 이러한 무시로 인해 작가의 자존심은 상처를 입었다.

파리에 도착한 후 백과전서파 작가는 승리를 준비했다. 그는 작가 한 사람의 이름이 다른 가장 위대한 인물들의 이름에 필적할 수 있음을 증명할 기회를 잡았다. 가문(家紋)에 근거한 자존심과 아마도

3 신성로마제국의 황제 요제프 2세(1741~1790)를 가리킨다.

더 합법적이라 할, 정신의 작업과 성공에 기인한 자존심이 대립하는 순간이었다.

그는 여유를 갖고 전문적 지식을 갖춘 독자 모두가 참여하게 될 웅장한 즉흥극을 준비했다. 그는 이처럼 궁정을 그 승리의 증인이 되느냐 아니면 승리를 방해하느냐의 선택의 기로에 놓이게 했다. 그로 인해 그 승리는 더욱더 완전한 승리가 될 것이었다. 비록 몇몇 대귀족들과 모든 사제들이 평민이자 신을 믿지 않는 자가 대중들의 관심과 환호를 받는 것을 보고 많은 불평을 쏟아내긴 했지만, 사람들은 그 백과전서파 작가를 내버려 두었다. 이름 없는 문인들이 주머니에 편지를 꽂은 채 와서 그에게 "당신이 날 칭찬했소"라고 말했다. 늙은 볼테르는 그들의 이름과 자신이 아낌없이 내주었던 불멸의 증서들 모두 잊어버리고 있었다.

적과 경쟁자들은 고통의 양날 검에 상처를 입었다. 하지만 오로지 우두머리에 의해서만 존재하다가 이 위대한 인물의 이름을 걸치게 된 백과전서파는 대관식을 명했다.

그렇게 많은 종류의 적들을 만들어냈던 노인이 뜨거운 명성을 안전하게 누리고, 수많은 역경과 오랜 세월에 걸친 고난에 굴복하지 않은 모습을 드러내는 것을 보며, 사람들은 관심을 갖지 않을 수가 없었다. 이제 그는 사제들의 증오와 문학계의 시기(猜忌)를 극복한 것 같았다. 반세기 전부터 자신을 불태워버리겠다고 위협해온 벼락을 피한 이 거목(巨木)은 정말이지 기적이었다.

자신이 관심을 쏟아왔던 예술에 너무나 충실했던 늙은 볼테르는 밤낮으로 오로지 자신의 소중한 비극 「이렌」만을 생각했다. 그 작품이 공연되는 것을 보며 그는 우쭐해졌다. 그는 그 작품에서 자신의 모든 욕망과 모든 생각을 풀어놓았다. 자신이 떠난 이후로 완전히 변한 드넓은 수도에서 가장 그의 관심을 끈 것은 바로 1층 객석 층계

참이었다. 그는 그곳에서 아무것도 보지 못했고, 무언가를 보리라고 생각지도 않았다. 그는 그곳에서 오로지 배우들만을 위해 살았고, 낭독법을 가르치기 위해 그 배우들을 몰아치곤 했다.

자존심 때문에 그가 응수하려 했던 손님맞이와 찬사들로 인해 그는 이내 힘을 잃었다. 친구들 때문에 시인의 활동무대는 줄어들었고, 극도의 찬사로 시인은 녹초가 되었다.

그 유명한 대관식 사건은 분별 있는 사람들이 보기엔 우스꽝스런 소극에 불과했다. 본인이 있는 자리에서 누가 그 흉상에 월계관을 씌웠는가? 남녀 배우들이었다. 망측하게도 하녀 역의 여배우 하나는 심지어 극장 한가운데에서 당당한 모습의 작가 흉상을 애무하고 손으로 쓰다듬기까지 했다. 하지만 사람들이 자신들의 시인을 박해하려 한다고 생각한 관객들은 시인을 보호하기라도 하려는 듯이 더욱더 열광했다. 이러한 열광으로 인해 그들은 이러한 해학에 담겨 있는 일관성 없고 기이한 특성을 볼 수 없었다.

구석에 숨어 있던 백과전서파들은 자신들에게 약간의 박수갈채가 다시 쏟아지는 것을 보게 되리라고 생각했다. 삼류 시인은 대시인의 제자로서 비극을 한 편 썼으니 대관식의 영광이 가까워져 자신의 머리에까지 이르게 될 것이라 생각했다. 마지막으로 아카데미 철학자들은 이 '파라몽'을 방패에 새겨넣음으로써 일관성을 깨뜨리는 데 동의하긴 했지만, 그것은 상황을 고려한 것이고 본보기로 그랬다는 것을 넌지시 말하고자 했다. 그가 살아 있는 동안에 그에게 바쳐진 이 분별 없는 경의 때문에 그는 장례식에서도 예우를 받지 못했다. 보다 정확히 말하자면, 백과전서파에 그들이 좋아할 작은 즐거움을 주고 난 뒤여서, 사람들은 성직자 계급에도 그들이 좋아할 만한 것을 불허하려 하지 않았고, 균형을 유지했다. 결국 살아 있는 사람보다는 시체에 박해가 떨어지게 하는 것이 더 나았고, 그럼으로써 모든 것이 조정되었다.

장중한 행렬도 장례식도 없이 그의 시신은 파리를 빠져나가 되는 대로 노상에 묻힐 곳을 찾으라는 명령이 내려졌다. 사람들은 죽은 사람이 매장되기 위해 역마차를 타는 모습을 처음으로 보았다. 볼테르의 흉상에 월계관을 씌웠던 대관식 사건 이후에 사람들은 장례행렬이 장중해질까 두려워했다. 장례에 참석한 군중은 볼테르의 관을 관찰하는 것을 잊지 않았다. 그의 관은 가톨릭 신부들에 둘러싸여 있었고, 신부들은 축성된 양초를 들고 볼테르의 영혼의 휴식을 위해 시신 위에서 미사를 거행하고 있었다. 사람들은 이러한 2차 공연을 보려 하지 않았다.

기괴한 대관식을 허락했던 것을 후회하기 때문이든, 아니면 어떤 다른 이유에서든, 사람들은 갑자기 신문들이 그의 죽음을 알리는 것을 금지할 정도로 엄격해졌다. 사람들은 볼테르가 자신이 태어난 수도에서 마지막 숨을 거두었다는 말을 듣고 싶어 하지 않았다. 볼테르가 죽은 후 2개월 만에 장자크 루소가 에르므농빌에서 죽었을 때도 똑같은 금지령이 내려졌다. 세계적으로 이름이 알려졌던 이 두 사람의 명성과 그들의 사망으로 유발된 소문이 아마도 그들 진영의 자존심을 자극했던 것 같다. 왜냐하면 그들의 자존심은 후대인들이 혹시 믿기 어려워할지 모르는 아주 사소한 것들에 의존했기 때문이었다.

이름이 알려지기 시작한 자노를 솔직히 그냥 내버려두어야 했다. 자노는 볼테르의 진정한 계승자였다. 자노만이 동요를 가라앉히고 모든 사람들의 정신에 균형을 재확립할 수 있었을 것이다.

볼테르가 승리한 지 3개월 후, 남아 있던 39명의 아카데미 회원들을 잊은 파리인들은 볼테르 때와 마찬가지로 열정적으로 이 자노를 받아들였다. 그는 「이렌」보다도 더 운이 좋은 소극, 그 이후로 500

번의 공연을 했을 뿐인 소극에서 위풍당당한 모습을 보였다. 거기서는 최하층민의 말투가 있는 그대로 표현되었다. 배우의 순박한 연기, 확고한 어조는 그 천박함 속에서도 프랑스 무대에서는 극히 드문 하나의 장점을 가진 장면을 만들어냈다. 그 장점이란 바로 완벽한 진실이었다.

"왜 볼테르를 매장하지 않았는가?"라는 질문은 "그만해, 그게 아니야"라는, 훨씬 더 유명한 다른 말에 금세 덮이고 말았다. 이 말은 내가 방금 이야기한 선전공연에서 끄집어낸 것이다.

이 말은 믿을 수 없을 정도의 성공을 거두었다. 최상위 사교계에서도, 그들의 식탁에서도 그 말이 사용되었다. 6개월 동안은 오로지 그 말만이 들렸으며, 그것은 가능한 모든 의미로 말해지고 받아들여졌고, 파리인들이 그 새로움에 흥취를 더한 온갖 재치와 더불어 해석되었다.

마침내 사람들은 볼테르처럼 자노의 모습을 자기(瓷器)로 빚었다. 프레빌과 쌍을 이루는 그 장터 배우의 모습을 오늘날엔 모든 벽난로 위에서 볼 수 있다. 그들이 형제처럼 지내지 않을 이유가 무엇인가?

그러니 살아 있는 사람은 물론이거니와 죽은 사람까지도 박해할 필요가 없다는 것이 입증되었다. 볼테르 현상이 생겨나면 언제나 그에 대적하는 자노 현상이 생겨나는 법이다. 지나치게 많은 군중이 그처럼 무대에 선 인물을 둘러싸고 필요 이상으로 열광하기 시작한다고 하자. 폭력을 사용하지 않고 그 군중을 해산하고 싶은가? 가까운 곳에 다른 무대를 하나 더 세워라. 먼저의 연사는 자신의 청중들이 흩어지는 것을 보며 허공을 향해 말하게 될 것이다.

볼테르의 승리 이후로 백과전서파는 어려운 상황에 처해 있다. 그의 천재성에서 모든 힘을 거두어들인다 해도 백과전서파는 볼테르를 추방자로 만들 수 없고, 심지의 그의 비극작품 하나도 쫓아낼 수가 없다. 오, 백과전서파는 어떻게 될 것인가? 그 진영에 가담했던 사람은 아주 광적이거나 아주 후회하고 있으리라 생각한다. 예전에 거만한 태도로 행진했던 부대가, 이제는 아폴론에 의해 해산되고 아홉 뮤즈와도 무관해졌다.

608 기수(騎手)들

큰 금액을 경마에 걸 때 사람들은 그 전전날 기수들에게 하제(下劑)를 먹인다. 그들의 몸무게를 더 줄이고 힘을 돋우기 위해서이다. 한 시인은 기수들을 경주마와 혼동해서는 안 된다고 말한다.

> 경주마는 '동물'이며,
> 마차를 끌고, 길을 비키게 만들고,
> 달리는 자동인형이자 순수 비스카야인이고,
> 큰돈을 들여 장비를 갖추고, 인간의 얼굴을 하고,
> 바람처럼 날쌔고, 마치 인간처럼
> 이해하고, 대답하고, 훈련받고, 양육되며,
> 나이가 들면 은퇴하고, 죽으면 후임으로 대체된다.

오늘날엔 경주마보다 기수가 더 중요하게 여겨진다. 여성들은 경마를 관람하면서도 머리를 짧게 깎은 이 청소년들을 전혀 불쌍하게 여기지 않는 것 같다. 그들은 공작 나리에게 승리를 안겨주기 위해 숨을 헐떡거리거나 천식증에 걸리는데, 공작 나리는 그 상금을 자기 집으로 가져간다.

아침에는 '경마'를 보고 저녁에는 '도베르발'을 보고 나서, 여성들은 자신들의 감수성에 대해 이야기한다. 그 감수성 중에서 눈에 띄는 것이라고는 오로지 머리단장밖에 없다. 그녀들은 '우정의 제단'을 구상하고, '우정의 찬가'를 읊는다. '매력적인 친구'의 초상은 팔찌 속에 감춰져 있고, 그녀들은 말할 때마다 우정의 매력에 넋을 잃는다. 이러한 '감성' 과시의 연원은 기수와 동일한 시대로 거슬러 올라간다. 하지만 우정으로 수놓은 그 말투들이 경마만큼이나 지속될지는 아무도 모른다.

일련의 동일한 생각을 품고 여성들은 마차를 몬다. 무도회에서 여러 날 밤을 지내고 난 다음, 여성들은 이런저런 말의 편이 되어야 한다. 기수는 자신의 이름을 잃고 단지 자신이 타는 동물의 이름만을 갖는다. 기수는 언제나 관심과 희망을 규합하는 동물보다 훨씬 못한 존재로 여겨진다.

과거의 기사도 정신은 전혀 문제가 되지 않는다. 그것은 완전히 소멸되었다. 터무니없이 사소한 어리석음에 어리석음을 하나 더 추가한들 무슨 상관이 있겠는가? 가장 중요한 것은 지긋지긋하게 단조로운 나날에서 우리를 구출하는 것, 타고난 변덕스러운 성격을 잃지 않기 위해 우리의 심미안, 풍습, 영감(靈感), 열정에 변화를 주는 것이다. 에우로페의 눈에는 그 성격이 우리를 영광스럽게 하고 우리를 특징짓는 것으로 비친다.

사실, 혈기 왕성하고 다루기 쉬운 준마를 얻으려면 가계(家計) 부문이 탄탄하고 동시에 품종 교배의 중요 기술이 있어야 한다는 것을 사람들은 알게 되었다. 하지만 최초의 생각들에 기괴한 생각이 스며들었다. 인류에게 유익해질 수도 있었던 것이 겨우 사치, 제멋대로의 환상에 불과해졌다. 중요한 것은 말의 품종이 계속해서 개량되어 간다는 것이었다. 순전히 겉치레용으로, 때로는 사블롱 평원에서 또 때로는 뱅센 숲에서 사람들의 관심을 끌려고만 했던 그러한 안목으로는 말의 품종이 나아지지 않았다.

1754년 11월, 포스콜 경(卿)이 퐁텐블로에서 파리까지 2시간 내에 온다는 내기를 벌였다. 그 거리는 14리외였다. 국왕은 경주마를 조금이라도 방해할 수 있는 모든 장애물들을 길에서 제거하라고 기마경찰대에 명령을 내렸다. 포스콜 경은 기수를 쓰지 않았다. 그는 아침 7시에 퐁텐블로를 출발해서 8시 48분에 파리에 도착했다. 12분이나 여유가 있었다. 그렇게 해서 그는 이 내기에서 승리를 거두었고, 그에 관한 이야기가 6개월 동안이나 계속되었다. 그 정도로 사람들이 경마에 관해 열광하기 시작한 것이다.

609 다이아몬드

클로리스는 잘 차려 입었을 뿐인데, 스스로가 아름답다고 생각한다.
그녀를 위해 황금이 가벼운 옷으로 탈바꿈했다.
수많은 다이아몬드로 별처럼 장식된 그녀의 얼굴이 빛나고,
다른 수많은 것들, 뻔뻔스러운 장식물들이
그녀의 가슴 위에 굽이치고, 귀에 매달려 있다.
그녀를 아름답게 꾸미기 위해 예술들이 그들의 경이로움을 모았다.
마침내 20개 가문은 행복한 세월을 보낼 것이다.
그녀의 장신구를 위해 없애버린 보물들만으로도 풍족한 모습으로.
스키피오의 딸이여, 고명한 코르넬리여,
어찌하여 이탈리아 전역에서 빛나는 당신의 모습을 나는 볼 수 없었던가?
당신 차례가 되자, 값비싼 보석들을 보여주는 대신,
당신은 조상의 이름을 욕되게 하지 않는 당신 아이들을 보여주었다.
당신은 영웅들을 보여주었다. 그런데 외모에 신경 쓰는 우리의 어머니들은,
목걸이를 자랑삼아 드러내고, 깃털 장식을 과시한다.
-질베르

국왕과 왕자들이 다이아몬드를 구입하는 데에 막대한 금액을 쓸 수 있게 되어 있지만, 전혀 아름다움을 가져다주지 않는 가공된 다이아몬드들에 그처럼 많은 돈을 쏟아 붓는 것은 개개인에게는 터무니없는 미친 짓이 아닌가?

'르피트르'와 '르그랑상시'가 군주의 소유물이고, 그것들이 그랑 모골의 다이아몬드나 토스카나 대공의 다이아몬드와 경합하고 있다는 것은 왕족들의 일일 뿐이다. 하지만 분별 있는 사람들이 아이들을 키우는 데 충분할 금액을 반지, 귀걸이 보석, 팔찌 등에 쏟는다는 것은 부끄러운 일이자 인류의 법정에 세워야 할 범죄가 아닌가?

그렇지만 이처럼 지나친 사치는 과거만큼이나 극렬하지 않다. 보석상인은 과거에 경쟁 때문에 천정부지로 치솟았던 높은 가격으로 그 보석들을 판매하지 않는다. 말하자면, 우리의 화류계 여자들에 의해 품위가 떨어진 이러한 사치는 쇠락하기 시작한다.

호화로운 옷을 입고 온통 보석으로 치장한 크로이소스는 솔론에게 그렇게 아름답고 화려한 모습을 본 적이 있느냐고 물었다. "네." 철학자가 답했다. "나는 공작새가 당신보다 더 화려하게 차려 입고 있다고 생각합니다. 공작새의 아름다움은 자연스러운 것인 데 비해, 당신은 빌려온 광채로 빛날 뿐입니다."

그 철학자는 다이아몬드 세공인, 보석 세공인들을 퇴색시키려 애쓰고 그들을 대중에게 해가 되는 사람, 추악한 사치의 주동자로, 보석을 위해 몸을 파는 수많은 타락한 사람들을 낳는 사람들로 나타내려 애쓰고 있다.

내가 보기에 다이아몬드는 도덕성의 마비를 보여주는 표시이다. 다이아몬드는 자신의 하찮은 화려함을 뽐내는 모든 사람들의 마음을 무디게 하는 것 같다. 어떤 여자가 풍요로운 소작지 4필지의 가치가 나가는 것을 팔에 차고 있는 것을 보면, 그 팔에 입 맞추고 싶은 생각이 더 이상 들지 않는다. 여자들로부터 이러한 장식을 빼앗아 다이아몬드로 치장한 남자는 소름이 끼친다. 그래서 나는 억누를 수 없는 혐오감을 느끼며 그의 곁에서 멀어진다. 그가 으스대는 이 하잘것없는 반짝이는 보석들은 모두가 차갑고 냉담한 마음의 상징이다. 그의 명예가 높아지면 높아질수록, 내겐 그가 가소로운 자기중심주의에 빠진 왜소한 사람처럼 보인다.

보헤미아의 황제이자 국왕인 로돌프는 자신의 신하들을 착취해서 막대한 양의 보석들을 모았다고 한다. 그는 그 보석들로 자연 그대로의 풍경을 보여줄 정도로 아주 예술적으로 세공된 탁자를 만들었다. 그는 왕국과 더불어 그 보석들을 잃었고, 슬픔에 싸여 죽었다.

오, 포키온의 두 번째 아내를 내가 얼마나 좋아하는가! 친구 한 명이 자신에게 화려한 목걸이와 팔찌들을 보여주자, 그녀는 그 친구에게 이렇게 말했다. "20년 전부터 계속 아테네 사람들의 장군으로 선출되어 온 포키온 말고는 내게 다른 장식품이 없어."

빈민의 물질을 탐하는 이 어리석고 몰인정한 하찮은 사치품 애호가들은 마쉴라파트남에서 10만 km 떨어진 무굴제국의 골콘다 왕국으로 떠나길 바란다!

다이아몬드에는 기화(氣化)에 관한 새로운 실험 말고는 유용하고 신기한 것이 없다. 광채라면 채색 유리세공품도 똑같은 효과를 만들어낸다.

몇몇 사람들이 주장하고 있는 것처럼 다이아몬드 가루는 치료제가 없는 독약인가? 다이아몬드 자체가 정신에 너무 해가 큰 독약이어서 신체적으로도 그럴 수 있을지 모른다. 모든 사람이 다이아몬드를 두려워하고, 그처럼 유치하고 미개한 사치를 과시하는 사람을 경멸의 눈으로만 쳐다보도록 그러한 위험한 특성이 다이아몬드에 있으면 좋겠다.

'전당포'에는 보석들이 넘쳐나고, 그 보석들의 가치가 크게 떨어져서 다이아몬드는 형편없는 값만을 가질 뿐이다. 예전에 가장 높이 평가되던 것들이 옛날 가격의 4분의 1로 줄어든다. 하지만 모든 보석세공업자들이 이처럼 천박하고 탐욕스러운 거래를 포기하지 않을 수 없게 되는 모습을 어떤 철학자가 보고 싶어 하지 않겠는가? 그 거래가 완전히 무너지고, 그리하여 풍습을 다루는 작가가 인간들의 괴상한 안목, 즉 정신의 마비와 무용성을 동시에 드러내는 안목을 비난하지 않아도 되리라는 희망을 가져야 한다.

610 소녀들, 장식 인형

아주 어린 시절부터 사람들은 말하자면 여성들의 정신에 허영과 경박성을 주입한다. 아버지, 어머니, 유모, 가족, 친지들 모두가 하나같이 그런 쪽으로 몰고 간다. 귀족 가문의 어린 소녀의 교육에서 무용 선생은 읽기 선생보다, 그리고 소녀에게 하느님에 대한 두려움과 미래의 의무에 대한 사랑을 가르쳐 줄 사람보다 우위에 있다. 여성복 판매상인과 재단사는 그 어린 소녀가 자신의 먹을 것을 생산하는 농부와 자신에게 입을 것을 마련해 주는 직조공이 있다는 이야기를 듣기도 전에 중요하다고 평가하는 존재들이다. 존경해야 할 대상이 있다는 것을 배우기도 전에, 그 소녀는 오직 예쁘기만 하면 된다는 것과 모든 사람들이 자신에게 아첨한다는 것을 알게 된다. 사람들은 그 소녀와 정숙함에 대해 이야기하기 전에, 아름다움에 대해 말한다. 수치심과 단정함이라는 개념에 앞서, 남을 즐겁게 하는 기술과 최초의 교태 강의가 주입된다. 그 소녀는 언젠가 이 첫 번째 환각의 층에 겉치레로 꾸며낸 부자연스런 수치심과 단정함을 붙이는 데 상당한 어려움을 겪게 될 것이다.

우리가 산책길에서 만나게 되는 이들 꼭두각시들이 앞으로의 여생에 저지를 어리석음과 잘못들을 준비하는 모습을 깊이 생각하며 바라보기 바란다. 모직 옷을 차려 입은 '꼬마 신사'와 어른들을 따라 모자를 쓴 '꼬마 숙녀'는 어리석은 유모의 도움을 받아 언젠가 그들이 지니게 될 모습의 모델들을 모방한다. 잘난 체 멋 부리는 청년의 모든 표정과 가식이 그 '꼬마 신사'의 모습에 집결되어 있다. 아이가 이용하는 과장된 태도에 비례해서 사람들은 박수를 치고, 머리를 쓰다듬고, 찬탄을 한다. '꼬마 숙녀'는 작은 몸으로 생각해낸 귀여운 짓을 할 때마다 칭찬을 받는다. 그녀의 조숙한 솜씨가 '꼬마 신사'에게 어떤 영향력을 발휘하게 되면, 우리는 그녀가 사교계에서 갖게 될 흥미로운 역할을 예측하며 어처구니없이 경악한다.

특히 수도 파리에 이러한 악습이 존재한다. 철학의 어조를 쓰는 것이 용인된다면, 나는 결혼 관계가 삶의 최초의 장난의 대상이 될 만큼 신성한 것이 아닌가를 물을 것이다.

꼬마 숙녀가 재잘거리는 소리와 우스꽝스런 몸짓으로 7~8년 동안 아버지와 어머니를 즐겁게 해주고, 풍습에 대해서나 연극에 대해 가장 해로운 유파인 오디노 극단 배우들을 모방할 줄 알게 되었을 때, 사람들은 피상적 지식을 배우고 종교와 무관한 제1막을 채우도록 소녀를 수녀원에 들여보낸다.

이곳에서 장면이 바뀐다. 얌전 빼는 태도, 여성적 현학 취미, 터무니없고 미신적인 나머지 우스꽝스러워진 도덕이 만들어낼 수 있는 영향이 교태와 허영을 위한 교육의 영향 뒤를 잇는다. 아내이자 어머니가 되기 위해 세상에 태어난 여성은 바로 이러한 좁은 길을 통해 결혼 적령기로 나아간다. 이 기간 동안 소녀가 가정 내에서 전념하게 될 의무에 관해서는 한 마디도 하지 않는다. 사실, 이러한 태만은 우리 풍습의 타락으로써 다소 확인된다. 우리가 여성들에게 의무를 가르치는 것을 잊게 되면 그 여성들에게 의무를 면제해 주는 것이기 때문이다. 하지만 이것은 여성들을 무시해도 상관없게 만들고, 우리를 더욱 불행하게 만드는 것 아닌가?

또한 여성과 우리 양편이 얼마나 많은 것을 상실하는지 검토해 보자. 한 마디로 그것을 표현할 수 있다. "사랑이 없으면 더 이상 존경도 없다." 사랑과 존경은 인류가 가진 2개의 가장 위대한 보물이다.

파리는 귀여운 아이들로 가득 차 있다. 그런데 그 아이들이 자라서는 무뚝뚝한 어른이 된다. 어떤 가정에서 또래 아이들보다 뛰어난 재치 때문에 6세 된 아이를 꼭 껴안고, 입을 맞추고, 숨이 막힐 정도로 애정 표시를 하고, 그 아이를 '신동'이라 부르는 것을 볼 때, 아버지와 어머니가 그 아이를 마치 비범한 존재로 생각하는 것을 볼 때, 나는 그 불쌍한 어린아이의 운명에 대해 한탄한다. 분별 있는 사람은 그 아이의 사랑스러움에 대한 찬사에 짜증을 내는 한편, 아이의 운명을 불쌍히 여긴다. 그 이유는 다음과 같다.

그의 감수성을 지배하는 신체기관의 지나친 유연성은 앞으로 그것들이 쇠퇴할 것임을 예고한다. 그 기관들은 그의 머릿속에 쌓이게 될 모든 것에 저항하지 못할 것이다. 그 아이는 너무 조숙하고, 너무 일찍 정신이 발달한 것인데, 그처럼 칭찬을 받은 아이는 시시한 어른이 될 것이 분명하다.

민첩함과 애교로 가득 찬 아이 하나가 정원을 뛰놀다가, 올된 과일인 진홍색 배를 가져온다. 기쁨에 가득 차서 아이는 굉장한 것이라도 되는 양 그것을 어머니에게 내민다. 어머니는 그것을 맛보고 말한다. "이 과일은 가짜야, 아무런 가치가 없어." 현명한 자라면 그녀의 귀에 이렇게 속삭일 것이다. "착각에 빠져 있는 가련한 어머니여, 당신은 당신 아들의 모습을 보고 있는 것이오!"

장자크 루소의 견해에 따라서 사람들은 자연으로부터 받은 이 소중한 자유, 인간 삶의 초창기 비약에 어울리는 자유를 어린이에게 돌려주었다. 하지만 그와 동시에 사람들은 루소가 권유하지 않았던 것을 행한다. 사람들은 어린아이들을 성인에 결부시켜, 아이들에게 무엇이든 말할 자유를 주고, 아이들을 수다로 인도하며, 아이들의 조심성 없고 버릇없는 말투를 칭찬한다. 아이들이 보고 듣는 모든 것은 아이들 생각 속에 가장 커다란 혼란을 퍼뜨릴 수 있을 뿐이고, 분별없는 박수갈채는 아이들에게 거들먹거리는 자만심과 주제넘은 무례를 준비시킬 따름이다.

그러므로 나는 자라나는 세대가 남을 헐뜯고 경멸하고 몹시 거만한 성격을 갖고 있다고 지적하는 것이다. 청년기는 열정의 시기이다. 청년기에 열정을 품기보다 판단하고 논쟁하기를 원한다면, 결코 예술의 심오한 매력을 알지 못할 것이다. 그러한 세대는 심미안을 완성시킨다고 믿고 있지만, 사실은 냉담과 무관심에 빠지게 될 것이다. 본능을 배척하면서 즐거움의 이유를 지나치게 자세히 관찰하고자 할 때, 우리 감정의 샘은 금세 메마르기 때문이다.

611 신문들, 진정한 신문기자

어떤 의미에서 비평가들은 우리의 즐거움을 모두 망가뜨린다. 예술은 그것이 생겨난 초기에는 아주 강렬한 흥분을 유발시킨다. 그 예술이 완성을 향해 나아가게 될 것인가? 세심한 비평은 보조를 맞추어 그 예술을 따라간다. 모든 흠들을 표시하고 그것들을 깨닫게 만드는 이러한 관찰로 인해 즐거움이 방해를 받는 것은 아닌지, 그리고 덜 세련되었거나 보다 더 교양 없는 청중이 순진하게도 그 예술에 영향을 준 방식에 몰두해 있었을 때, 그 예술이 더 완전하고 더 평등하며 더 심오했던 것이 아닌지를 알아보는 일이 남아 있다.

이렇게 신경을 씀으로써 우리가 얻은 것은 무엇인가? 명예는 더 많아졌을지도 모르지만, 즐거움은 아마 더 줄어들었을 것이다. 신발을 잘못 그린 화가의 그림을 고치게 했던 제화공(製靴工)은 옳았다. 하지만 신발이 잘못 그려진 것을 볼 수 있었던 사람은 제화공 한 사람밖에 없었다. 양복장이, 모자 제작자, 해부학자가 그림을 본다면, 그들은 각자 자신의 영역에서 잘못들을 발견할 것이다. 하지만 대다수의 사람들은 그 잘못들을 그들과 똑같이 보지 못한다. 그렇지 않다면 예술은 자연만큼이나 끔찍해질 것이다.

오늘날 예술이 완성을 향해 나아가지 못하는 것은 분명 규칙과 규범이 부족하기 때문이 아니다. 모두 하나가 되어 단조롭고 애처로운 목소리로 퇴폐를 규탄하고 있는 수많은 신문들과는 상관없이, 우리는 매년 연극과 기타 장르에서 막대한 양의 책들이 나타나는 것을 본다. 그것들은 전혀 새로운 성찰들로 채워져 있지 않다. 사람들은 그 책들 속에서 예술을 언제나 코르네유와 라신의 유일한 방식에 집중시키고 그것을 넘어서려 하지 않는다. 그 저자들의 하찮은 이론은 그들의 실제 작품에 놀라울 정도로 들어맞는다.

100년 전부터 극예술에 관해 이야기된 모든 것을 구입하고자 원하는 사람이 있다면, 그는 거대하고 쓸모없는 도서관을 갖추게 될 것이다. 나는 기괴한 비극들을 위해 국민 전체를 움켜쥐고, 모든 일탈이 비현실적이고 터무니없어 보인다는 이유로 맹목적으로 국민 모두를 똑같은 원 안에 밀어 넣은 이러한 어리석은 짓을 후손들이 비웃을 것이라고 생각한다.

수많은 엄정한 비평가들의 눈앞에서 500~600개의 비극들이 사라져 갔는데, 그것들은 완전히 똑같은 용모를 가진 진부하고 생기 없는 비극들이었다. 왜냐하면 천재의 숨결이 그 작품들에 생기를 불어넣어주지 않았기 때문이다. 형식, 장면의 분할, 등장인물의 지위, 운을 맞춘 어법, 이 모든 것이 단조롭고 지긋지긋하다. 엄정한 비평가들이 무슨 쓸모가 있는가?

동일한 작품이 25년마다 다시 검토되었다. 바로 그 점에서 프랑스 비극의 빈곤이 명확히 드러난다. 프랑스 비극은 자신의 결점을 알지 못하고 있다. 헛된 세련미로써 예술과 자연의 모든 풍요를 대체한다고 믿고 있기 때문이다.

쓸모 있는 시학은 오직 하나밖에 없는데, 그것은 모든 신문들을 불 속에 던져버리라고 가르치는 시학이다. 파리에서는 그 신문들을 통해 특별한 심미안을 가진 자로 자처하는 초월적인 판관들과 최고 입법자들이 이웃 국가들에서 만들어진 모든 문학작품에 대해 어떻게 생각해야 하는지를 당신들에게 이야기하고 있지만, 그들은 그 이웃 국가들의 언어조차도 이해하지 못하는 사람들이다.

오늘날의 비평가는 단지 풍자작가에 불과하다. 불꽃 주위를 맴도는 이 날벌레가 당신 눈에 보이는가? 그것은 수많은 재주를 부리다가 마침내 가위질 한 번에 굴복하고 마는 삼류 기자의 모습이다.

문학 비평은 세상에서 가장 쓸모없는 일이다. 검토되는 작품은 이미 출간된 것이다. 잘못은 저질러진 것이고, 무익하고 하찮은 작품들을 망각에 빠뜨릴 시간이야말로 진실되고 최종적인 신문기자인 것처럼 보인다. 어느 누구도 시간의 판결에서 벗어나지 못한다. 시간은 당파에도 편견에도 귀 기울이지 않는다. 시간은 자신의 심연 속으로 책을 빨아들이거나 그 위에 떠 있게 한다.

시간이 어련히 알아서 해줄 일을 수행하기 위해, 경쟁자들을 증오하는 데에 몰두하고 살아 있는 사람들의 자존심에 상처를 입힐 까닭이 도대체 무엇인가?

게다가 비난과 문학 비평은 거의 뗄 수 없는 관계이다. 용어를 골라 쓴다고 해도 소용없는 일이다. 사람들은 언제나 어떤 작가가 바보이거나 무식쟁이라고 말하고 싶어 한다. 사람들은 그 작가의 작품에 조롱을 퍼붓는다. 그런데 작품을 조롱하는 것이나 인격을 조롱하는 것이나 50보 100보이다.

삶에 어떤 매력을 주기 위해 행해지는 문학은, 다른 사람들을 가르치려 하거나 즐겁게 해주려 하지만 성과를 거두지 못하게 될 친절한 사람의 안정을 방해할 구실이 되어서는 안 된다. 가장 현명한 비평가라 해도 때로는 질투나 시기로 인한 약점을 갖고 있다. 재능과 명성의 최고재판관이 될 정도로 충분히 자신의 감정을 억제할 수 있고, 공정하며, 식견을 갖추고, 섬세한 재치를 갖고 태어난 사람이 누구일까? 판결은 시간이 내릴 것이다. 그 일을 할 수 있는 것은 오직 시간밖에 없다.

비평가들 중 가장 가차없는 사람은 언제나 대수롭지 않은 작가라는 것을 보고 작가들은 위안을 얻는다. 스스로 경주장에서 달릴 힘이 있다고 생각하는 사람은 달려가는 사람들에게 딴죽을 걸며 좋아하지 않는다.

이들 '재판관들'은 모두 판결문을 쓰는 데 더 대담하고, 작가들이 자신의 작품을 자랑하는 것보다 더 자신들의 '개설서'를 자랑한다. 그들은 자신들의 실질적·결정적 우월성을 입증하기 위해 모독을 가하고 해를 끼치는 재능을 갖고 있다.

> 그리하여 예술 작업장에서 보이는 것이라곤,
> 쥐새끼들과 도마뱀 무리밖에 없다.
> 독을 내뿜는 그것들의 숨결이 명성을 시들게 하고,
> 핀도스 산맥이 무례한 피그미족들의 침범을 받는다.
> ⋮
> 유감스러운 편집증에 사로잡혀 꼬치꼬치 따지기 좋아하는 이 박식가(博識家)들은,
> 날카로운 칼을 손에 들고 천재를 해부한다.
> 그리고 이 박식가들은 천재가 대담한 비상의 높이를 낮춤으로써
> 자신들처럼 생각하고 쓰기를, 그리고 자신들처럼 굽실거리기를 원하고 있다.
> -기예탕

612 신작로의 간이극장

이곳엔 사람들이 우글거린다. 극장으로 사람들을 이끄는 매력을 조사하려는 이유가 바로 그것인데, 사람들은 모두가 경멸한다고 말하면서도 수시로 극장을 찾는다. 간이극장의 수효, 다양성, 저렴한 입장료, 변화무쌍하고 끊임없이 새로워지는 무대, 이 모든 것이 시민들의 마음을 사로잡는다. 아! 바로 그곳에서 쓸데없는 호기심이 얼마나 구경거리에 목말라 있는지 볼 수 있다. 그들의 호기심은 고상함보다는 오히려 새로움을 원하고 있다.

외설스럽기도 하고 노골적이기도 한 온갖 종류의 수많은 극장들에서 왜 품위 있고 규칙에 맞는 작품이 모두 배제되는지를 알고 싶다. 왜 효용성이 알려지지 않은 독점적 특권 때문에 서민들이 유쾌하고 건전한 양식을 빼앗기는가? 그리고 왜 사방에서 서민들에게 퍼부어지는 조잡한 음료에 눈꼽만큼의 이성을 섞는 것을 금지하는가?

가장 보잘것없는 익살극들은 허용되고, 교훈적이고 도덕적인 모습을 가진 모든 작품에 대해서는 '비난의 소리'가 나온다. 신작로에서 공연되는 모든 작품들에 대해서는 2명의 배우가(누가 이 사실을 믿겠는가!) 천부(天賦)의 검열관이고, 책임 편집자이며, 가차 없는 훼손자들이다.

하지만 특권을 가진 두 극단에만 이익이 되는 이러한 믿을 수 없는 금지는 사회도덕의 관심과 관객의 관심에 굴복했다.

신작로의 간이무대 위에서 완전히 이성을 밀어내는 것이 우스꽝스러운 일이고, 연극을 보러 달려오는 서민들은 무언가 유익한 교훈을 받는 것을 가장 필요로 하는 사람들이라고 생각되었다. 그래서 어리석은 행동과 악취미만을 인정하는 그 기이한 규칙은 포기되었다. 간이극장에 몇몇 합리적인 작품들이 나타나는 것이 허락되었다. 그렇지만 그 작품들은 '단막극'이어야 했다.

어떤 작가가 3막으로 이루어진 감동적이고 규칙에 맞는 작품들을 미발표작으로 갖고 있다 하더라도, 그는 자신이 원하는 극단에 그것들을 줄 수 없을 것이다. 예술이 스스로 선택한 극장에서 자신을 이해시키는 것이 허용되지 않는다면 관객의 기쁨은 한정되고 축소된다.

이 보잘것없는 연극들에 언제나 관객이 꽉 들어차는 이유는 그것들이 귀족들의 제약을 전혀 받지 않기 때문이다. 어디에서건 관객을 편안하게 할 수만 있다면, 이 감동적인 공연들에 대한 보편적인 취미에서 이익을 끌어낼 수 있으리라는 것을 사람들은 알고 있다.

몇몇 배우들의 이득을 위해 재능의 자유로운 발휘를 막고, 소극(笑劇)이나 짤막한 작품들 대신 고상하고 재미있는 구성을 내세우는 그 낡고 하찮은 규칙들을 모두 깨뜨림으로써 즐거움과 대중적인 교육을 동시에 주재한다는 것은 멋진 일일 것이다. 작가가 불르바르극 무대에 대해 이야기하거나 테아트르 프랑세의 무대에 대해 이야기하는 것이 국가에 무슨 상관이 있겠는가? 왜 사람들은 극작법을 넘어서서 작품을 삭제하고, 중단시키며, 고갈시키고, 소멸시키는 강압적인 손길과 마주치는가? 아니, 대신의 입에서 "나는 금지한다"라는 말과 "나는 허가한다"라는 말밖에 나오지 않는 것을 보아야 하는가? 모든 예술을 후려치는 몽둥이질이 없었다면, 아마 프랑스인들의 천재성은 이미 모든 장르에서 다른 국가들을 넘어섰을 것이다.

니콜레는 이들 간이극장에서 5만 리브르의 임대수입을 벌어들였다. 오랫동안 같은 일을 했던 그의 동생은 장사를 잘 하지 못했다.

마찬가지로 2명의 유명한 추기경이자 대신들[4]에게는 형제들이 있었는데, 그들은 최고위직에서 이름이 알려지지 않은 채 살았고 역사에 아무런 흔적도 남기지 않았다.

'타코네'는 니콜레의 재산 축적에 기여했지만, 구빈원에서 숨을 거두었다. '볼랑주'는 '말테르' 가문을 부유하게 만들었지만, 그 자신은 부유해지지 못했다. '오디노'가 자신의 살롱에서 평화롭게 돈 계산을 하고 있는 반면, 그가 부리는 여배우들은 그에게 돈을 벌어다 바친다. '황소가 쟁기질 하는 것은 자기 자신을 위한 것이 아니다.' 그러한 점에서 신작로는 다른 세계와 닮아 있다.

그곳에서는 아직도 어린아이 티가 가시지 않은 소녀들이 놀라울 정도로 상스러운 말들을 입에 올리는데, 그렇게 어린아이의 입을 통해 나오는 방탕한 표현들을 듣는 것보다 더 화가 치미는 것은 없다. 내가 아는 한, 이러한 종류의 타락을 제공한 국민은 없었다.

이 소규모 극장들은 어린 소녀들의 매음 장소이며, 사람들은 이 소극 배우들의 집에서 온갖 방탕한 여자들의 추잡한 전시를 보게 된다. 품위 있는 모든 극장들이 9시에 문을 닫는 반면에, 이 추잡한 극장들은 밤중에도 문이 열려 있다. 하지만 이 추문은 최근에 차단을 당했다.

4 2명의 추기경은 리슐리외와 마자랭인데, 리슐리외의 형은 리옹의 주교였고, 마자랭의 동생 미셸은 도미니크회 수사였다가 엑스의 주교가 되고 1646년에 추기경에 오른 지 2년 후에 죽었다.

613 이기주의자

부자들이여! 나는 당신들과의 화해 작업을 시작하련다. 당신들의 이기주의는 줄어들고 있다. 당신들은 기부를 한다. 그렇다, 당신들은 당신 선조들보다는 더 인간적이다.

> 부자에게 파리는 코코뉴이다.[5]

잘된 일이다. 나는 부자가 즐기기를 바란다. 하지만 그가 홀로 즐기지는 않기를 바란다.

부자여, 나는 당신에게 축하를 보낸다. 당신은 태어날 때부터 다른 사람보다 더 올곧은 마음에 근접해 있고, 부당해질 가능성이 더 적다. 당신은 가난한 자를 범죄나 절망에 빠뜨리는 격렬하고 결코 만족할 줄 모르는 욕망에 사로잡히지 않을 것이다. 밭에서 나는 소중한 것들, 땅에서 나오는 과일들이 당신 것이다. 사람들은 당신을 만나보기도 전에 친절을 다 바치고, 당신을 섬기며, 당신을 사랑한다. 증오, 시기, 질투는 결코 당신 마음속에서 싹틀 수가 없다. 당신 재산은 당신의 가장 하찮은 미덕에도 광채를 부여할 것이다. 사람들은 당신의 모든 자비로운 행동을 헤아릴 것이고, 결국 그것들이 소문으로 퍼질 것이다.

5 부알로, 『풍자』, VI, 119. 코코뉴는 유럽인들이 상상했던 지상의 천국으로, 먹을 것이 풍부하고 전쟁이 없는 곳이다.

행복한 사람들을 볼 때, 당신은 당신과 닮은 꼴들을 보게 될 것이고, 결코 그들을 미워하고 싶지 않을 것이다. 당신은 여유롭게 연구할 것이고, 쉽게 예술의 울타리 안으로 침투할 것이다.

당신은 베풀 수 있다. 당신은 소유자이기 때문이다. 죽음에 닥쳐 자식들이 당신을 둘러싸고 있는 모습을 보며 당신은 큰 불안을 덜게 될 것이다. 당신은 그들에게 삶의 욕구를 충족시켜 줄 것을 남겨준다는 것을 알고 있기 때문이다. 이와 정반대의 모습이 양심의 가책으로 인해 가난한 자가 죽는 것을 한탄하며, 죽기 전에 자기 아이들을 감히 쳐다보지도 못하는 것이다.

부자여, 당신은 얼마나 행복한가! 당신은 눈물을 씻어줄 수 있다. 얼마 안 되는 이 잉여의 부(富)는 당신 손에서 불행한 사람의 손으로 넘어가며 그 가치와 이름을 바꿀 것이다. 그것은 자비라 불릴 것이다. 안토니우스는 패배한 후 이렇게 외쳤다. "이 세상에 내게 남은 것이라곤 내가 주었던 것밖에 없다."

이 웅장한 성이 당신의 눈을 즐겁게 하는 것은 오직 한 번에 그칠 것이다. 이 수집품은 결코 완벽하지 않을 것이다. 이 아름다운 정원들은 당신에게 혐오감을 일으키게 할 것이다. 하지만 당신에게 고마움을 표시하는 불행한 사람의 한숨은 당신이 진심을 간직하고 있는 한 결코 사라지지 않을 것이다!

부자는 다른 어떤 사람보다도 더 미덕에 가까이 있다. 부자가 미덕에서 멀어지면 죄가 더 무거워진다. 가난한 사람은 고결하다기보다는 차라리 방탕을 저지를 수 없기 때문이다. 가난한 사람에게는 그럴 만한 수단이 없다. 누가 믿겠는가? 명예조차도 마찬가지이다. 재능이 같을 경우, 아무 재산도 없이 태어난 사람보다는 부자에게 더 유리하게 작용하는 것이다. 명예는 "자신을 돌봐준 데 대해 부자에게 보상을 해주려는" 듯하다고 누군가는 말했다.

17세기의 대신이었던 벨리옹은 새로운 유형의 오찬을 열고자 했다. 그는 금화와 은화가 가득 담긴 접시를 내오게 했고, 함께 식사하는 사람들에게 각자의 접시에 그것들을 마음껏 덜어가라고 말했다. 모든 사람이 이 새로운 과실에 탐욕스럽게 달려들어 각자의 주머니를 가득 채웠고, 그 노획품을 들고 가버렸다.

이러한 일은 아량이 아니다. 어림도 없는 일이다. 부자여, 더 훌륭하게 나눠주는 법을 배워라. 이 대도시는 지각 있고 인간적인 사람에게 드넓은 영역을 제공한다. 특히 외진 동네에는 신세를 한탄하며 자신들의 수치스러운 가난을 피하러 온 불우한 사람들이 많이 있다. 가서 그들을 찾아보고 생각해보라. 자선이 숭고하고 칭송을 받을 여지가 있는 것은, 그것이 불행한 사람 앞에 갑자기 나타나서 그를 놀라게 할 때밖에 없다.

모든 것이 일치단결하여 이들 천하고 비열한 존재들, 자신의 편협하고 한정된 모임에 모든 생각을 쏟고, 그럴 수만 있다면 주변의 모든 것을 자신이 거주하는 지역에 기꺼이 바치려 하는 존재들을 사라지게 하면 좋으련만! 탐욕스런 용모에서 그들의 냉담한 영혼이 드러남과 동시에, 사소한 말 한 마디에서도 그들의 편협한 이성이 폭로된다. 그들은 사회의 힘이 되는 관계들을 파괴시키고, 상호 원조의 순환을 차단시켰다. 불행하게도 모든 사람들이 그들이 채택한 체계를 따른다면 더 이상 화합의 여지는 없을 것이다. 서로에 대해 반목하는 개개인들 외에는 보이지 않을 것이다.

그러니 아무도 사랑하지 않는 그들이 어떻게 뻔뻔스럽게 누군가가 자신들을 사랑해 주기를 요구할 수 있을 것인가? 탐욕으로 인해 품위가 떨어진 그들을 누군가가 존중해 주기를 어떻게 요구할 수 있을 것인가? 국가를 속박하고 국가에 아무런 기여도 하지 않은 그들의 이름이 국가의 명예와 영광을 높인 사람들의 이름과 어떻게 나란히 있기를 요구할 수 있을 것인가? 자신들의 죄 많은 부를 부러워하기는커녕, 자신들을 미워하는 청렴한 작가를 그들은 경멸의 눈으로 쳐다볼 것이다. 그들이 두려움에 떨게 되기를! 그 작가는 불멸의 필치로 그들의 이마에 치욕의 낙인을 새길 것이다.

이기주의자들이여, 당신들의 원칙대로라면 우정, 호의, 연민처럼 인간에게서 불행의 일부와 결함을 없애주는 모든 것이 어떻게 될 것인가? 배은망덕한 자여! 당신이 완전히 선행에 냉담하고 무관심하지 않다면, 눈을 뜨고 당신 주변을 돌아보며 당신이 주변 사람들에게 무엇을 빚지고 있는지 생각해보라. 사람들은 당신이 태어나기도 전에 당신이 지상에 강림할 것이라 생각했다.

오늘날 당신이 혼자서만 향유하려 하기 때문에, 당신에게 어울리지 않는 즐거움을 사람들은 당신을 위해 준비했다. 이 집들, 줄지어 정돈된 이 길들, 이 도로, 이 오래되고 무성한 나무들, 마음에 안정을 주는 예술들, 바다를 덮고 있는 선박들, 토지를 경작하는 농부들, 당신의 평온에 토대를 마련하고, 당신이 눈을 들어 그윽하게 바라보는 보물의 소유권을 당신에게 확보해 주는 이 현명한 법, 이 조직, 이 모든 것이 선의로 가득 찬 천재의 흔적을 간직하고 있다.

그 천재는 시선을 미래로 넓혔고, 개인적이고 일시적인 편리함에 결코 한정되지 않았으며, 아직까지 무의 어둠 속에 잠자고 있던 존재들을 너그럽게 예측하고 끌어안았다. 나이를 먹어가고 수세기에 걸쳐 축적된 작업과 무한한 술책에 참여하면서 완전한 사회의 즐거움을 누리고 있으면서도, 비겁자! 당신은 부유하고 고독한 인물로 자처하면서 그 사회에 대해 아무런 빚이 없다고 생각할 것이고, 염치없이 태연하게 모든 것을 당신에게 연관시킬 것이다.

당신의 헛된 변덕과 광적인 환상을 충족시키기 위해 당신은 당신의 황금을 마음대로 사용할 수 있다고 믿을 것이다. 당신은 유용한 일이라고는 아무것도, 위대한 일이라고는 아무것도 하지 않을 것이다! … 나는 당신이 혐오스럽다. 당신의 냉정함은 뿌리 깊은 타락이자 무감각의 최종 단계를 알려주는 것이기 때문이다. 아! 당신은 심장이 멎어 인간들에게 유익했던 사람이 느끼던 기쁨을 느낄 수 없겠지만, 그가 최초의 신성한 빚을 갚았을 때, 그가 관대하고 자비로운 영혼의 몇 가지 흔적을 지상에 남겨놓았을 때, 사람들이 그에게 어떤 경의를 표하는지는 최소한 눈여겨보라.

그 공정하고 선한 인간의 영혼을 상쾌하게 만드는 내면의 만족을 맛보는 것이 당신에게 금지되어 있다면, 그의 발자취에 동반되는 평가와 감탄, 존경의 증인이 되고, 황금이 가져다주는 이점 이외에 다른 이점들이 있다는 것을 확인하라. 황금은 인간들의 행복에 쓰일 때에만 진정으로 고귀해지는 것이다.

다음으로 문학적 이기주의자들이 있다. 이들 작가들은 자기 작품과 자신의 입장만을 이야기하고, 당신들로 하여금 억지로 자신들을 찬미하게 만들고, 늘 자신들의 재능 숭배에 빠져 있다. 사회에서 받아들일 수 없는 그들이지만, 그들의 말에 귀 기울일 수 있는 것은 오직 호기심에 이끌려 이기주의의 무분별한 술책들을 따르려 할 때, 그 이기심이 재치 있는 인물을 때로 어느 정도까지 바보 수준으로 깎아내릴 수 있는지를 보려고 할 때뿐이다.

614 문체에 대하여

파리에서 흔히 들을 수 있는 논쟁은 문체에 관한 논쟁이다. 대부분의 작가들이 다른 사람보다 자신의 문체를 더 좋아한다는 것을 숨기지 않는데, 우리 사상이 형성되는 방식을 조금이라도 생각해 본다면 그것은 결코 놀라운 일이 아니다.

어떤 언어에서든 간에 단어들은 관념들, 특히 조합에 의한 것이든 심사숙고해서 만들어진 것이든, 윤리적 관념들과의 대응이 매우 불완전할 뿐이다. 우리 머릿속에서 형성되는 이미지는 생생하고 또렷하다. 그 이미지를 종이 위에 옮기려 할 때, 우리는 우리에게 가장 친숙하고 가장 잘 표현할 수 있을 것처럼 보이는 단어들을 선택한다. 그렇지만 그 단어들은 생각과 이미지보다 더욱 제한되어 있다.

독자는 자신의 방식과 표현을 내세운 사람에 의해 정확히 고정된 의미에 도달할 수 없기에, 그가 쓰지 않은 모든 것에서 모호함을 발견한다. 그러므로 독자의 상상력이 발동되고, 저자의 생각보다 더 멀리 나아간다. 독자는 자신이 작가의 생각에 덧붙인 것을 표현하기 위해 갑자기 다른 용어들을 만들어낸다. 독자는 작가의 표현에 불만인데, 왜냐하면 그라면 그 표현을 쓰지 않았을 것이기 때문이다. 그래서 그는 작가의 표현 대신, 자신이 이해하고 표현하는 방식을 쓴다.

독자는 옳건 그르건 언제나 책에 동참하며, 말하자면 저자가 독자 자신의 생각을 표현했기를 바란다. 독자는 자신이 평소 쓰는 어법에 어긋나는 문장 표현을 작가가 쓰는 것을 허용하지 않는다. 독자가 비난하는 것은 자신이라면 썼을 것을 저자가 쓰지 않았기 때문이다. 또 독자가 비난하는 것은 그가 전혀 다른 관점에서 그 묘사를 보았기 때문이다. 마지막으로 독자가 비난하는 것은 자신이 선호하는 색채가 있어서, 어디서나 그것을 추구하지만 그가 원하는 만큼을 발견하지 못하기 때문이다.

이 세상에 동료의 어투와 방식에 수정을 가하고 변화시키지 않는 작가는 없으니, 각자 자신의 글쓰기 방식이 있으므로 몸짓과 거동만큼이나 바꾸기가 불가능한 그의 문체에 비난할 거리가 있다고 해도 기분 나빠 해서는 안 된다.

어떤 단어는 아무런 이유 없이 생존을 보장받고 새롭다는 것 말고는 다른 장점이 없는데도 승승장구하는 데 비해, 풍부한 표현력을 갖고 조화로우며 꼭 필요한 어떤 단어는 망각 속으로 떨어지는 것은 어떤 이유에서인가? 오래된 어떤 표현이 있다면 왜 그것을 되살리지 않을 것인가? 아니! 일꾼이 손에 잘 맞는 도구로 무언가를 만들어내는 것처럼, 작가가 언어로 무언가를 만들어내지 못한다는 것인가? 가장 힘 있는 문체가 항상 최상의 문체이며, 되도록이면 가장 분명한 표현을 사용해야 한다.

언어 속에는 무언가 지적(知的)인 것이 들어 있다. 모든 표현법들은 자의적이어서 사람들은 의도된 것 이상을 간파한다. 바로 그러한 이유 때문에 지나치게 많은 단어로 가득 찬 문체는 정신을 무기력에 빠뜨린다. 상상력을 움직이게 하고, 상상력을 질리지 않게 하는 것, 그것이 글쓰기의 기술이다.

오늘날엔 책의 형식이 내용보다 우위에 있다. 사람들은 단어의 배열, 용어의 선택과 우아함, 문장의 균형, 문장의 리듬에 대해서만 이야기한다. 들리는 말은 이런 말밖에 없다. "잘못 썼군." 의미, 진리, 개념의 정당성은 까다로운 독자들, 아니 차라리 피상적인 독자들의 마음을 결코 사로잡지 못한다.

유행하는 문체, 즉 아카데미의 문체는 간결한 척하고, 사상과 표현을 고상하게 하며, 모든 담화에 재치를 부리고, 자연스럽기는커녕 답답하고 꾸민 듯한 느낌을 준다. 많은 공을 들이고 섬세하며 꾸며낸 듯한 아카데미의 문체는 한결같이 경구를 지향한다. 그 문체는 15 내지 20년 전부터 몇몇 작가들 사이에서 크게 유행하고 있다. 과장을 피하는 것은 현명한 일이지만, 그로 인해 그 문체는 때로는 석연치 않고 냉정해진다. 이 문체는 언제나 다소 생기가 없다. 그것은 보잘것없는 사상을 담고 위대한 사상을 죽인다.

기발하긴 하지만 편협한 이러한 방식은 명예를 얻지 못할 것이라고 나는 감히 예측한다. 섬세함과 재치보다는 영감과 소박함, 자연스러움, 그리고 양식(良識)이 필요하다. 자연스럽지 못한 작가는 결코 대중의 지지를 얻지 못할 것이다.

장자크 루소와 레날로 신부의 문체처럼 좋은 문체, 박력 있고 명확하며 거침없고 꾸밈없는 문체는 뱀으로 변한 모세의 지팡이와 비슷하다. 그 뱀이 이집트의 뱀들을 집어삼킨 것처럼, 이러한 문체는 열등한 모든 문체들을 집어삼키고 소멸시킨다.

사람들이 궁정인의 문체를 뛰어난 문체로 찬양하고, 심지어 그것을 본보기로 제시할 것을 생각해낸 것은 최근의 일이다. 나는 그들의 문체가 인쇄의 판단 기준을 감내할 수 있을 것으로 생각하지 않는다. 그들의 문체가 꾸밈없다고 사람들은 말할 것이다. 맞는 말이다. 하지만 왜 궁정인들의 문체가 꾸밈없는 것일까? 그럴 만한 이유 중 하나는 그들의 문체에는 열정이 보이지 않기 때문이다. 이 나라에서 열정은 활기뿐만 아니라 개성까지도 상실했다. 모든 것이 일률적인데, 왜냐하면 모든 것이 암암리에 작용하기 때문이다. 누군가 야망에 타오를 때면 차분하게 보일 필요가 있다. 복수의 불길에 사로잡혀 있을 때는 온화하게 보일 필요가 있다. 눈은 평온하게 적을 응시한다. 아주 조금이라도 모습이 두드러져서는 안 된다. 사람들은 무관심의 어조까지도 피해서 방향을 돌리는데, 그러한 어조조차 무엇인가를 표시하거나 암시할 수 있기 때문이다.

소위 아카데미의 문체에 쏟아지는 찬사에도 불구하고, 그 문체는 본질적으로 정열적 인간인 문인에게는 결코 상상할 수 없는 것이다. 왜냐하면 그는 자신이 전하고자 하는, 아니 차라리 그가 전해야 하는 감정을 타인들에게 건네주기 위해 자기 자신 속으로 젖어들고 자기 자신 속으로 들어가 보아야 하기 때문이다. 그는 지나친 열정 때문에 과오를 범하는 것을 두려워해서는 안 된다. 진실을 알리기 위해서는 아무리 열정이 많아도 지나치지 않다. 과장적 수사라는 것이 필요해지기까지 한다. 그런 방식으로만이 대중의 마음을 움직일 수 있기 때문이다. 본질적인 것은 대중이 당신의 사상을 지지하게 만드는 것이다. 짧고 간략하고 정확히 하라. 대중은 당신의 감정을 믿지 않을 것이다. 대중은 몇 번이고 되풀이하여 파도가 자신들을 때리는 것을 보고 싶어 한다. 그런 식으로 대중의 마음을 사로잡는 것이다.

나는 문체를 혁신하는 사람을 좋아한다. 그는 활력에 찬 용어와 표현들로써 언어를 채운다. 여기서 내가 말하고자 하는 것은 새로운 단어들을 창조하라는 것이 아니다. 내 말은 어떠어떠한 표현에 주어지는 새로운 의미를 뜻한다. 더 빠른 전개, 깊이 파고들어 심오해진 용어들, 요컨대 생동감 있는 언어를 뜻한다. 이러한 언어는 언제나 깨어 있고 예민한 상태의 우리를 만난다.

귀족들이 그들의 언어를 사용하는 데 있어 보여주는 이 독특한 자연스러움은 빈번한 사교계 교류와 그들이 하는 모든 일에 대해 갖고 있는 확신에서 비롯한다. 그들은 규칙에 대해서는 아무것도 모른다. 습관이 지식을 대신하고, 관례가 교육을 대신한다. 하지만 그들이 펜을 들면 그들의 부족함이 드러나고, 그들의 문체는 외국인조차도 분노케 한다. 그리고 런던, 상트페테르부르크, 비엔나의 궁정 사람들이 베르사유 궁정 사람들보다 프랑스어 문법을 더 잘 알고 있다는 것은 분명한 사실이다.

말을 잘 하는 것과 글을 잘 쓰는 것 사이의 차이는 쉽게 이해되지 않는다. 어떤 사람은 말을 아주 잘 해서 단어 선택과 표현의 명료성에 대해 당신을 신경 쓰게 만든다. 그러한 사람이 글을 쓰면 맥이 빠지고 따분하다. 다른 어떤 사람은 말을 할 때 제대로 문장을 만들지 못하고 제대로 끝을 맺지도 못한다. 하지만 그는 생각이 견고하다. 그래서 그가 글을 쓸 때면 그 문체가 활기차고 정확해서 당신은 깊이 생각하게 될 것이다.

나는 내가 아는 작가 한 사람을 명확히 규정할 수가 없다. 그는 대화를 할 때는 명확하고 발랄하며 열정적이다. 그런 그가 글을 쓸 때는 모호하고 서투르며 어색하다. 그가 친구들과 말할 때는 허심탄회하게 말하기 때문이다. 그런데 그가 사무실에 있으면 그는 대중을 생각하고, 그들을 두려워하며, 그들을 친구처럼 대하지 못한다. 그는 기술에 도움을 청하는데, 공연히 애만 많이 쓰고 글은 형편없다. 글쓰기 기술은 대단히 어려운 것이라는 생각을 스스로 머릿속에 심어 놓았기 때문에, 그는 자신에게 자연스러운 쉬운 방식을 멀리하고 자신만이 알아보고 이해하는 지나치게 멋을 부린 문장을 짜 맞추는 데 몰두한다.

모든 예술에 대해 파리에서 말을 가장 잘 하고, 화법에 못지않게 화제가 끊이지 않는 그 사람, 작품으로보다도 그의 서재에서 당신을 더 열광시키는 사람, 그 사람은 바로 디드로이다. 나는 그보다 더 유창하고, 더 명확하고, 더 다양하고, 아주 손쉽고 힘 있게 모든 표현들을 배합하고, 마침내 살아 있는 생생한 생각과 표현들을 더 많이 샘솟게 하는 사람의 말을 들어본 적이 없다. 그는 일류 즉흥 연설가라

할 수 있다. 이러한 장점은 오늘날의 문인들에게서는 보기 힘들다. 그들은 대화를 한다. 그렇지만 그들에게는 파도처럼 넘치는 표현력이 없다. 섬세하고 농담을 즐기는 풍조가 표현력을 고갈시켰다.

615 수의과 학교

항상 인간에게 봉사해 왔고, 언제나 자신의 힘을 써온 당당한 동물의 보존에 크게 기여한 유용하고 주목할 만한 기관이다. 왜냐하면 말은 권력의 원천으로 간주되어야 하기 때문이다.

이 학교는 샤랑통에 있다. 처음에 이 학교는 단순한 시도에 불과했다. 모든 것이 굼뜨기 때문에 아직까지 사람들은 동물 전염병 치료에 관심을 두지 않았다. 인간의 가장 고귀한 동반자는 의학의 영역에 포함되어 있지 않았던 것이다.

얼마 가지 않아 수의과 학교들은 실질적 효용성을 드러냈다. 동물들은 주인인 인간보다 동물을 다루는 일에 더 행복해하는 의사들을 만나게 되었다.

이어서 비교 해부학으로 인해 풍요로워질 수 있는 몇 가지 개념들이 생겨났다.

말이 걸리는 병은 인간의 병보다도 더 주의 깊게 치료한다.

방 안쪽에는 무시무시하고 위협적인 눈빛을 가진 피부를 벗긴 동물 해부 모형이 있다. 그것은 밀랍으로 만들어졌다. 그런데 기술자가 자신의 기술을 너무나 훌륭하게 감추는 비법을 가진 탓에, 그것은 아무리 살펴봐도 실물과 혼동할 지경이다. 이 분야에서 탁월한 이 작품은 언제나 내게 큰 충격을 주고 있다.

수의과 학교에서 수익이 끊이지 않고 나온다는 것이 이러한 유익한 기관들을 늘려야 한다는 것을 입증한다.

외과 학교가 프랑스의 모든 집단 중에서 인류에게 가장 많은 도움을 준 집단이라면, 수의과 학교들은 비슷한 도움을 주게 될 것처럼 보이는데, 왜냐하면 인간은 자신이 길들인 이 동물들에 의지해서 살아가기 때문이다.

이 학교 구성원들이 사용하는 기나 나무는 동물들에게 놀랄 만한 효과를 보였다. 그들의 진료는 가금류에까지 확장되고 있다. 그들은 날개 밑에 손을 넣어 가금류들의 맥을 짚는다.

616 대금업자들

이 용어는 한 가지 이상의 해석을 허용한다. 다른 모든 것과 마찬가지로 돈은 하나의 상품이다. 그것은 희귀성이 있다. 돈이 없으면 우리는 아무것도 하지 못한다. 그것은 모든 사업의 원리이자 활력이다. 공장주가 아닌 도매상인은 무슨 일을 하는가? 고율의 이자를 받고 자기 돈을 투자하지 않는가? 실패할 경우까지 계산에 넣지 않았던가? 마찬가지로 상황에 따라 연 6~7% 혹은 8%까지 이자를 받는 어음할인 중개인들을 돈놀이꾼 계급에 포함시켜서는 안 된다. 그들은 정직하고 서로에게 유용한 일을 하고 있다. 돈에 대한 이자는 등락한다. 그것은 정치적 사건들에 종속된다. 아무리 훌륭한 서류라도 사고 또는 지연을 막아주지 못한다. 따라서 이처럼 갖가지 위험에 맞추어 어음할인이 정해진다. 그리고 계약은 제약을 받지 않는다. 이상한 법률[6]이 고정 불변적으로 돈에 대한 이자를 조정하려 한 적이 있는데, 그때 그 법률들은 싼 값으로 돈을 빌리고자 했던 독재자들에 의해 만들어졌다.

이제는 교회 규범 말고는 돈의 흐름을 방해하거나 활동과 산업을 구속하는 것은 아무것도 없다. 교회 규범은 국가의 번영과 부를 일구는 중요한 정치적 규범에 대립하는 맹목적인 규범이다. 최근의

6 1776년에 설립된 할인금고에 관한 법규를 암시하는데, 이 법규는 할인금고가 4%의 고정 비율로 어음할인을 시행할 것을 명시했다.

저작[7]에 아주 자세히 설명된 것이 바로 그것인데, 그 저작은 우리나라에서 거의 해결되지 않은 이러한 문제들에 관해 다른 저작들을 낳았다.

위험한 대금업자, 형벌에 처해야 할 대금업자는 공장도 없으면서 아무런 위험 부담 없이 매년 자본금의 3분의 1을 벌 수 있는 숨어 있는 대금업자이다. 그는 자신이 이용하는 사악한 방법들을 타인의 눈에 띄지 않게 숨긴다. 그 모든 활동들이 악마의 소행인 만큼, 그는 더욱더 잔인하고 뻔뻔한 투기꾼이다.

대금업자이지만 대금업자라는 이름을 갖지 않은 이러한 종류의 사람 곁에서 우리는 자리를 함께 하고 종종 저녁식사를 하는데, 그에게는 불명예와 경멸에 자신들의 얼굴을 노출시키는 하급 직원들이 있기 때문이다. 대부업자의 우두머리인 그로 말하자면 결코 우리 눈에 뜨이지 않는다. 그는 또한 그런 방식으로 돈을 이용한다는 의심을 받긴 하지만, 부당하게 존경을 받고 있다. 하지만 대도시에서는 겉치레를 미덕이라 부르기로 합의가 되어 있다.

모랑지에 백작 사건(랭게의 변론과 특히 그 결과로 아주 유명한)을 사실 그대로 상세하게 설명한다면, 아마도 수도 파리를 황폐화시키는 고리대금이 어떤 명문가의 원천에서 흘러나오는지가 백일하에 드러나게 될 것이다.

"파리인들은 갈색 빵보다 먼저 백색 빵을 먹는다"는 속담이 있다. 아주 어린 나이에 많은 재산의 주인이 된 젊은이들은 그들의 일시적 욕망을 생리적 욕구로 생각하며, 공백을 메울 수 없는 나이가 되어서야 비로소 이러한 광기에서 깨어난다.

7 아마도 1776년에 영어로 출판되었고 1778년에 프랑스어로 번역되었던 애덤 스미스의 『국부론』에 대한 암시인 듯하다.

바로 그들에게 대금업자들은 특히 애착을 갖는다. 여기서 내가 말하는 사람들은 먹고 살기 위해 단기 대금업[8]을 하는 수많은 사람들이 아니다. 그들은 대개 덜 악착스럽고 덜 야비하다. 게다가 그들은 가난하다. 내가 말하는 사람들은 사교계에 입문하는 젊은이들을 벗겨먹을 궁리를 하며, 젊은이들의 약점과 경험부족을 이용하고, 공증인 앞에서 체결한 계약서로 자신들이 훔친 물건들을 향유하는 부자들이다. 그들을 어떻게 규정해야 할 것인가? 사람들은 "모(某)씨가 땅을 샀다"고는 말하지만, 그에게 은밀히 땅을 사도록 만든 바로 그 사람이 헐값으로 그 땅을 가로채는 사람이라는 말은 하지 않는다.

이러한 대금업자들은 담보를 안 받고 돈을 빌려주는데, 그들이 100배는 더 위험하다. 그들은 최고 명문가의 재산과 영지를 교묘하게 훔치는데도, 그들의 발걸음에는 불명예가 따르지 않는다.

8 때로는 며칠간의 초단기이지만 어마어마한 연 이율, 약 500%의 이자가 붙는 대금업을 말한다.

617 집단 이기주의

개개인이 소멸되는 데 비해 집단은 영속적인데, 그 집단은 눈도 귀도 없다. 감각을 상실한 그들은 자신들의 '명예에 관련된 일'을 제외한 다른 명예는 알지 못한다. 가장 보잘것없는 개인조차 표정에 수치심을 드러내는 데 비해, 파악하기 힘든 존재인 집단은 전혀 부끄러워할 줄 모른다. 그들에게는 대체로 정직성이 거의 없다. 그들 외의 모든 것에 적대적인 그 집단은 시대의 도움으로 몇 가지 특권을 획득하거나 술수로 얻어낸 다음에는 모두가 편협하고 비열하며 오만해진다.

파리의 퐁루아얄 근처에 도착해서 루브르 강둑길과 테아탱 수도원의 조명을 본 성 프란체스코회 수도원장은 자신의 도착을 축하하기 위해 사람들이 도시를 밝혀 놓았다고 철석같이 믿었다. 그 거만함에 있어서 성 프란체스코회 수도원장을 조금이라도 닮지 않은 집단의 우두머리는 하나도 없다.

대학 총장의 말을 들어보라. 자신이 왕궁에 들어갈 때 사람들이 '두 문짝'을 열어준다고 그는 당신에게 과장해서 말할 것이다. 그는 자기 집단의 우월성을 확실히 나타내기 위해 옛 어법을 사용하는 것이다.

아카데미 프랑세즈 설립 당시 고등법원은 시기하는 태도를 보였다. 고등법원이 막 '훈계'를 하려 했을 때, 그들에게 아카데미 프랑세즈는 그저 '말을 들먹이는 사람들'일 뿐이라는 것이 전해졌다. 작은 집단은 큰 집단을 모방하고, 그들의 규범을 받아들인다. 그리하여 콜레주의 학급에서도 '황제, 독재자, 집정관들' 등을 보게 된다. 자기 아들이 "저 집정관이에요"라고 말할 때 미소를 짓는 공동체 주민 대표는, 자기 동료들 사이에서 똑같은 역할을 하러 가고, 가장 우스꽝스런 위엄으로 거만해지게 된다.

똑같은 이유로 외부인이 아무리 선서 명인들보다 더 완벽한 구두를 만든다고 해도 '국왕 검찰관 나리' 앞에서 선서를 하지 않았다면, 구두 상인 조합의 우두머리는 그를 쳐다보지도 않는다. 마찬가지로, 아카데미에서는 작가가 작가라는 생각을 갖기가 몹시 힘들다. 그들은 영국, 독일, 이탈리아, 에스파냐 작가들이 루브르의 아카데미 회원 한 사람만큼의 안목을 갖고 있지 못하다는 것을 불쌍히 여긴다. 나는 누군가가 문인들에게 "파리 이외의 곳에서는 사람들이 책을 쓸 줄 몰라"라고 아주 심각하게 말하는 것을 들었다.

하지만 그가 어떤 아카데미에 속해 있건 간에, 그의 건방진 태도를 보고 그가 아카데미 회원임을 알아채지 못할 사람이 누가 있겠는가? '사람들은 내가 뛰어난, 탁월한 장점을 갖고 있다고 판단했다. 나는 선택받은 사람에 속한다. 아카데미 회원이 아니라면 인간이란 무엇인가?'라고 생각하는 사람을 상상해보라.

화가는 자신의 방식을 권하는 횡포를 부리고, 시인은 자신의 시를 위한 파벌을 조성할 것이다. 웅변가는 오로지 자신의 안목만을 격찬할 것이다. 아카데미가 비록 그 사이에서 분할되어 있긴 하지만, 회원들 모두는 외부인에 대항해 결속할 것이고, 외부인을 문외한으로 간주할 것이다.

카페에서나 살롱에서 그곳의 중심인물인 아카데미 회원은 무슨 일을 하는가? 그의 쓰임새는 무엇인가? 그는 권위자인 척하며, 멸시를 우월함으로 착각한다. 그는 젊은이들에게 글을 쓰지 않는 작가들을 존경하라고 가르치는데, 그에 따르자면 그들은 우월함과 안목의 명백한 증거라는 것이다. 이어서 그는 문학의 쇠퇴를 한탄한다. 시대는 그의 글을 읽을 자격이 없다. 그의 문체와 사상을 잘 음미할 수 있으려면, 우선 올바른 정신 자세가 준비되어 있어야 할 것이다. 그래서 그는 거만한 침묵을 가장함으로써 아무짝에도 쓸모없는 역할을 아카데미풍으로 완수하는데, 자신의 출중한 머리에서 나오는 '거드름 피우는(rengorgeurs)' 문체와 사상에도 불구하고, 그는 결코 그 쓸모없는 역할을 넘어서지 못할 것이다.

618 탕자들

젊은 탕자여, 나는 쾌락의 침대 위에 있는 네 모습을 본다! 너는 네 사지(四肢)에 가장 가벼운 운동조차 금한다. 너는 네 사고에 가장 가벼운 성찰조차 금한다. 네가 주변에서 원하는 것은 가장 유쾌한 얼굴들밖에 없다. 네 노예들의 일은 즐거움을 누리는 것밖에 없을 것이다. 나는 네 쾌락을 부러워하는 것이 아니다. 나는 너를 위해 이 행복한 상태를 연장시키고 싶지만, 고통이 네 쾌락의 침대로 찾아와 너를 사로잡는 순간이 오지 않을까 걱정이다. 그 고통을 모르는 만큼 그 고통의 창(槍)은 100배나 더 예리할 것이다. 나는 네가 불쌍하다. 너는 오로지 쾌락에만 네 감각을 열어주고자 했다. 너는 고통으로 가는 가장 넓은 문을 열었을 뿐이다.

내 상상력은 그 외진 거처를 관통한다. 내 눈에 보이는 것이 무엇인가? 추잡스러운 장서, 본성을 욕보이는 음란성 짙은 모형물들이다. 현대 탕자들의 비밀 서재를 장식하고 있는 것은 그런 것들이다. 현대의 탕자에게는 인간의 망상에 기여하고, 인간의 탈선을 낳는 데 영광을 쏟았던 타락한 작가들, 사악한 화가들이 필요하다.

탕자는 이러한 퇴폐적인 작품들을 분석하며 비난의 여지가 있는 세련미를 추구한다. 하지만 즐거움을 부르는 이 은밀한 방 안에 쾌락은 침투하지 못한다. 무디어진 가슴에 현실은 더 이상 매력을 갖지 못한다. 탕자에겐 더 이상 욕망이 없다. 그는 무기력에 빠져든다.

악덕에 바치는 제단이 세워지면, 그 제단은 당신에게 봉헌 의식을 대가(代價)로 치르게 한다. 인간 정신의 결점들은 유쾌한 감각을 낳은 적이 없었다. 이들 선정적인 초상과 외설적인 조각상, 문란한 서적들에 파묻혀 있는 탕자의 마음은 가장 치욕적인 불명예로 상처받는다. 그는 우리가 본성에 바쳐야 할 존경의 한계를 넘어서면 더 이상 달콤한 쾌락이 없다는 것을 너무나 늦게 깨닫는다.

이 서재에서 나오면 그는 건축가, 화가, 장식가, 조각가들에게 돈을 지불하고서 온갖 장점과 재능을 갖춘 것처럼 보이고자 하는, 자신이 모든 것을 알 수 있고 모든 것을 평가할 수 있다고 생각하는 사람들 중 하나이다. 이는 스스로에 대해 과장된 생각을 가진 어리석은 사고이다. 아펠레스[9]를 찾아 그의 작업실을 방문했던 페르시아 제국의 태수가 그 증거이다. 화가는 사치를 좋아하는 그를 알고 있었기에 그림 그릴 시간을 허비하고 싶지 않았다. 자줏빛 드레스를 과시하며 수행원들을 거느리고 이리저리 돌아다니던 태수는 큰소리로 자신의 견해를 밝히며 감히 그림과 화법에 대해 이야기했다. 멀리서 그의 말을 듣고 있던 아펠레스가 그에게 말했다.

> 메가비즈[10]여, 당신은 생각을 밝히는 방법이 서투르군요. 당신처럼 자줏빛 옷을 입고 있으면 말없이 있어야 했습니다. 당신의 팔찌와 보석, 터번으로 인해 당신은 전문가로 간주되었을 것입니다. 그런데 내 물감을 개고 있는 소년들이 두건을 뒤집어쓴 채 당신의 말을 흉보고 있다는 것을 아십니까? 유감스럽습니다만, 저 아이들은 당신에게 더 이상 전과 같은 존경심을 갖지 않을 것입니다.

9 Apelles: 기원전 4세기에 활동한 그리스 화가. 현존하는 그의 작품은 없지만 고대 문필가들이 그에 대해 극찬했기 때문에 고대의 가장 위대한 화가로 꼽힌다.

10 헤로도토스의 『역사』 제3권에서 오타네스, 다리우스와 더불어 정치체제 논쟁을 벌이는 3인의 마법사 중 한 사람. 오타네스가 민주주의를 외치고, 다리우스가 군주제를 옹호하는 데 비해 메가비즈는 귀족정치를 내세운다.

619 샹젤리제

샹젤리제는 산책하기에는 지나치게 일자로 정렬되어 있고, 별로 다채롭지 못하며, 너무나 정형화된 형태를 갖고 있다. 게다가 베르사유로 가는 대로가 가까이 있어서 견디기 힘들 만큼 먼지가 날린다. 그곳에는 연못도 없고 물이 부족하기 때문에, 모든 것이 가장 극심한 가뭄의 특징을 보인다. 유감스러운 일이다. 왜냐하면 그 장소는 넓은 곳이고, 여러 가지 풍요로운 조건들로 인해 다양한 풍경이 만들어지기 때문이다. 그렇지만 우리의 생각을 신선하게 만드는 듯한 물이 눈에 보이지 않는 순간부터 쾌적한 산책로는 존재하지 않는다. 어느 황량한 장소가 왜 매력적이게 되는가? 그곳에 흘러가며 졸졸거리고 휘감아 돌며 사라지는 냇물이 보이기 때문이다.

620 『주르날 드 파리』

그것을 간행하기 위해서는 대신에게 일종의 강압[11]을 행사해야 했다. 흔히 볼 수 있는 온갖 반대가 있은 후, 정부는 이 신문이 얼마나 유용할 수 있는지를 알아차렸다. 파리의 유명인사들은 정확하게 아는 것이 그들에게 얼마나 중요한지를 금세 배우거나 깨닫는다.

루이 14세는 나뭇가지를 자르려다가 사냥용 칼로 허벅지에 상처를 입었는데, 그로 인해 파리는 불안에 빠져 있다. 얼마 되지 않아 사람들은 그 상처가 가벼운 것임을 알게 되고 마음이 진정된다. 대중의 관심을 끄는 상황들은 수없이 많다. 그들은 위험한 쪽으로 착각할 수도 있을 텐데, 갑자기 사건의 진상에 의해 오류가 교정되고 순식간에 동요가 사라진다.

그런데 이 신문을 한없이 소중하게 만드는 것은 그것이 보편적인 자선의 매개 수단이 되었다는 점이다. 선행의 본보기가 자선을 유도한다. 인간의 마음 깊은 곳에 잠자고 있는 미덕에 경고가 내려지고, 일련의 자선 사업이 이루어진다.

지식의 교류는 이 신문의 출판에서 이득을 얻는다. 말하자면, 모든 예술이 자극을 받는다는 것인데, 왜냐하면 예술 분야에서 어떤 흥미로운 사건이 발생하면 그것이 그냥 넘어가지 않기 때문이다.

11 1777년 『주르날 드 파리』의 탄생을 둘러싸고 있었던 난관들에 대한 암시이다. 프랑스 최초의 일간신문은 1777년 1월 19일에서 23일까지, 1781년 6월 19일, 1785년 6월 4일에서 27일까지 정간되었다.

이 신문에서 쓸모없는 수많은 작품들을 요약해 제공하는 문학 분야는 제외할 수도 있을 것이다. 왜냐하면 '세세한 것에 집착하는 비판자'의 예술은 트집쟁이의 예술과는 다르기 때문이다. 이 신문은 오로지 대중의 호기심에 흥미를 일으킬 수 있는 것에 할애되어야 할 것이다.

예술에 관한 모호한 생각들보다는 어제 일어난 사건 하나가 더 많은 것을 말해준다. 시시한 생각들은 곧 금세 바닥을 드러내는 데 비해, 사실은 언제나 참신하다.

수도의 길거리에서 일어나는 모든 사고에 관한 충실한 이야기를 신문에 내는 것은 좋은 일일 것이다. 어떠어떠한 사람이 그들의 마차 바퀴에 깔려 죽었다는 것, 사회의 이익을 위해 운반하는 짐을 과도하게 짊어진 보병 하나를 그들이 깔아뭉갠 것이 그들이 극장에서 보낼 3분의 시간을 벌기 위해서였다는 것을 읽으면, 마부들은 부끄러워 얼굴을 붉힐 것이다.

어떤 불행한 사람이 자신의 신체를 훼손시킨 생면부지의 무뢰한에게 자신의 팔과 다리의 값을 요구하는 것을 보았을 때, 사람들은 경악했다. 이 기사를 읽은 런던 시민 하나는 자신의 눈을 의심했다. 그곳 런던에서는, 절름발이가 길을 건너고 있으면 이유 불문하고 마차들이 줄지어 멈춰 서기 때문이다. 그처럼 기이한 내용을 공표하도록 정부가 허락한 것은, 자신의 마부에게 엄격한 교육을 시키지 않은 사람들의 잔인한 무관심에 제동을 걸고자 했기 때문이다. 그들의 이름은 공개적으로 거명되어야 할 것이다. 시민의 신체를 친 적이 있는 사람은 그 유혈 낭자한 모습을 다시 떠올리게 하고, 그 모습은 그의 이름과 연결될 것이다. 그것이 바로 그의 일차적인 징벌이 되는 것이다. 마찬가지로 폭력을 저지르고도 처벌을 받지 않으면, 그에 대해 대중의 비난이 따르게 될 것이다. 처벌하기 어렵지만 대중의 안정을 방해하는 범죄에 대해 정당한 비판을 행함으로써, 또 명망과 풍요에 기대어 스스로에게 모든 것을 허용하는 부자들의 유치하거나 야만적인 기행들을 밝힘으로써, 이 신문은 경멸이나 조소에 대한 두려움으로 부자들을 억제할 것이고, 사법관들의 특별소환보다도 더 많은 선행을 할 것이다.

런던의 신문은 석간이다. 하지만 아주 사소한 것까지 파리와 런던이 대비되어야 한다는 듯이, 프랑스의 신문은 조간이다.

『주르날 드 파리』는 인쇄비를 감당하지 못하고 있는 『주르날 데 사방』[12]을 지원한다. 그것은 큰돈을 벌고 있는 아이가 늙은 아버지를 부양하는 모습이다.

신문들은 엄격하게 등급이 매겨져 있다. 보조금을 받고 있기 때문에, 아무리 지루하고 형편없는 신문이 된다 해도 신문의 특권은 유지된다. 그런데 다른 데 관심을 쏟는 것은 허락하면서 각각의 신문에 제작 능력을 키울 자유는 왜 남겨주지 않는 것인가?

2~3년이 지나면 좋은 신문들은 승리를 구가하고, 나쁜 신문들은 망각 속으로 사라질 것이다. 적어도 동일한 금액의 돈은 다시 찾을 것이고, 잉크, 종이 및 활자의 거래는 3배나 더 빨라질 것이다. 굶주림을 호소하는 인쇄업자, 가제본업자, 제본업자, 행상인 등의 라틴어 제국은 이러한 것들로써 먹고 살게 될 것이다.

통치자들은 몇몇 작가들에게 연금을 준다. 그렇지만 그 때문에 돈을 지출하지는 않는다. 통치자들은 신문을 세금으로 옭매고, 문인들에게는 일거리로 지불한다. 어떤 작가는 통치자를 혹독하게 비판하는 풍자적인 신문에 글을 쓰고 연금을 받는다. 그처럼 '통치자는

12 『주르날 데 사방』은 1665년에 창간되었다.

작가의 심판과 비난을 꾹 참고 받아들인다.' 정말이지 별난 일이다.

연극 기사와 장례 기사가 같은 지면에 실린다. "맙소사! 모(某)씨가 사망했네. 그 사람 장례식이 치러졌군! 서둘러요, 앙비귀 코믹 극장으로 갑시다. 도로테의 무언극이 있대요"라고 사람들은 말한다.

'광고지'에 대해서 살펴보자면, 그것들은 마구상인, 보석상, 여성복 판매상인, 그리고 말, 그림, 다이아몬드를 내다 파는 젊은 귀족들에게만 도움이 된다. 그들은 그곳에 사망자의 유품 판매를 광고한다.

돈이 있으면 24시간 이내에 지하실에서 다락방까지 집안 전체를 가구로 채울 수 있는데, 그러한 일은 2급 도시에서는 아마 불가능할 것이다. 그곳에는 팔리지 않은 것들과 팔아야 할 것들이 많이 있다.

『주르날 드 파리』에서 그러는 것처럼, 장례식과 연극 기사들이 반복되어 있기 때문에 사람들은 같은 순간에 같은 것을 두 번 읽게 된다. 편집자들은 이러한 중복을 없애는 데 합의할 수 없는 것일까?

매일 간행되는 광고지에는 담겨야 할 것이 담겨 있지 않다. 편집자는 판매해야 할 옷장과 가구들을 광고하는 자신의 본래의 일보다, 자신이 전혀 이해하지 못하는 연극 작품들에 대해 판단을 내리려는 데 집착한다. 그는 자신만의 독점적인 특권을 갖고 제멋대로 하는 폭군이다. 예컨대, 누군가가 파리에서 브뤼셀이나 보르도까지 역마차를 몰고 갔다가 오는 사람에게 그 마차를 '무료로' 넘기겠다고 광고하는 기사를 그에게 가져온다고 하자. 편집자는 이러한 유리한 조건, 두 사람을 만족시키는 기회를 대중에게 광고하기를 거절하며, 그와 같은 일은 마차 임대업자나 운송회사에 해가 될 것이라는 핑계를 댈 것이다. 그런 식으로 보잘것없는 신문에서까지 특권으로 인해 공공의 이익에 편파성과 구속이 가해진다. 나머지도 마찬가지이다. 신문의 편집자는 개인들을 도와주고 무언가 공익에 유익한 일을 하는 것을 두려워하는 듯하다.

621 제2의 테아트르 프랑세에 관하여

대중과 작가들은 2개의 극장을 소리 높여 요구한다. 침전 시종들은 그에 반대한다. 지방에서는 배우들이 대중에게 속해 있는 반면에, 파리에서는 대중이 배우들에게 종속되어 있다. 사람들은 이 기이한 오류를 개선하기 위해 가장 신속하고 확실한 해결책은 코르네유, 라신, 몰리에르의 찬란한 시대에 존재했던 것 같은 경쟁관계를 복구하는 일일 것이라고 생각했다. 하지만 침전 시종들은 제2극단 설립에 극구 반대했다. 그 점에 대해서 그들은 여론, 모든 사람들의 기대, 그리고 모든 작가들의 염원에 맞서 싸운다고 자부해도 좋을 것이다.

그들은 하나의 극단을 갖기도 힘든데, 2개의 극단을 만드는 것은 불가능할 것이라고 한다! 극단이 항상 무력하고 나태하고 활기가 없고 무능한 것은 우리에게 극단이 하나밖에 없기 때문이고, 각 단원이 자신에게 불안감을 안겨주는 새로운 배우를 어떻게 해서든 쫓아내기 때문이다. 그들 자신이 만든 법률에 의해서 그들 각자의 배역은 결코 타인에 의해 수행되지 않기 때문이고, 시간적으로 가장 먼저 온 사람이 결과적으로 자기 마음에 들지 않는 모든 배역들을 없애버리기 때문이다. 그들이 차례차례 돌아가며 합동으로 결석하는 것을 스스로에게 허용하고, 대중들은 그 비용을 지불하면서도 속으로 투덜거리며 묵인하기 때문이다. 그들이 자기들 마음대로 우스꽝스럽고 아무도 모르는 자잘한 규칙들, 오로지 자신의 나태를 정당화하고 자신들의 수준으로 작품들을 격하시키려는 규칙들을 만들어내기 때문이다. 그들 체제의 내적 혼란으로 인해 예술의 발전이 피해를 입고 있고 계속 피해를 입을 것이다. 그들의 끝없는 시비 속에서 예술은 쇠퇴하고 있다.

가정에서는 코르네유, 라신, 몰리에르, 볼테르의 찬란한 흉상들이 보인다. 그들은 주인으로서 그곳을 지배한다. 하지만 그 영광의 경기장에서 달릴 준비를 하는 천재는 자신의 고결한 열망을 가로막는 넘어설 수 없는 장벽 앞에 쓰러져 눈물을 흘린다. 망연자실한 천재는 연필과 물감이 가득 든 팔레트를 놓치고, 예술과 자기 자신에게 불행을 가져오는 무기력에 빠진다. 자신이 우상처럼 숭배하는 영광을 한숨지으며 포기할 수밖에 없게 된 그는 결코 열리지 않는 기회의 문 앞에서 헛되이 몸을 떤다. 그런 식으로 혈기 넘치는 천재의 비상(飛上)에 도움을 주기는커녕, 사람들은 천재를 쓰러뜨리기를 좋아한다.

그리하여 대중은 그들의 감수성에 흥미를 불어넣어 주고 그들의 섬세한 기쁨을 증대시켜 줄 위대한 장면들을 잃는다. 오늘날은 작가의 특권, 국가의 영광 등 모든 것을 배우들 집단을 위해 희생시켜야 한다. 참신하고 감동적이며 교훈적인 걸작이 여배우의 얼굴과 비교된다면, 도대체 그 걸작이 무엇이란 말인가?

이러한 구속 속에서 사람들은 미묘한 문제에 손대기를 두려워하지 않는다. 사교계 인사들은 이렇게 묻는다. "왜 오늘날엔 몰리에르의 것과 같은 극들을 만들지 않는가?" 사람들은 주저하지 않고 이렇게 답한다. "아! 그 원인은 현대 철학에 있습니다. 현대 철학의 그 무엇인들 비난받지 않겠습니까?"

만일 몰리에르가 우리 시대로 되돌아온다면, 사실 그는 자신의 등장인물들의 복장을 바꿀 수도 있을 것이다. 하지만 그럼에도 그는 동일한 힘, 똑같이 솔직한 필치, 동일한 자연스러움을 간직할 것이다. 줄거리 전개와 진솔함에 온 힘을 다하는 그에게는 재치도, 매력적인 미사여구도, 현란함도, 기교를 보이며 본질을 말살하는 그 어떤 것도 없을 것이다. 그는 우리 자신도 모르게 웃게 만들기 위해 고안된 단순한 특징을 간파할 것이다. 그는 인간의 본심을 잘 알고 있을 것이기 때문이다. 존재하지만 숨겨져 있는 이러한 특징은 언제나 우리 눈앞에 있는데, 우리 눈엔 그것이 보이지 않는다. 하지만 몰리에르라면 한눈에 그것을 능숙하게 파악할 것이고, 그럴 때 우리는 그것을 미처 알지 못했다는 놀라움과 함께, 그것을 보게 되는 즐거움으로 웃음을 터뜨릴 것이다.

국민의 특별하고 변화무쌍한 모습과 상관없이 한 국민을 지배하는 것이 천재이다. 천재는 결코 법칙을 받아들이지 않는다. 그는 법칙을 부여한다. 사치, 유행, 시대의 사상, 새로운 뉘앙스, 신분의 혼란, 변화들, 서로 다른 계급에 속한 관객들의 생각, 경박한 변명들! 헛된 망령들! 곧바로 본심으로 뚫고 들어가 감춰진 기질을 들쑤시고 꼬집는 사람은 그러한 것들을 알지 못한다. 그 감춰진 기질에 유쾌하고 강렬한 감동에 의해 생겨나는 생생하고 순간적인 기쁨이 호응한다. 그것은 특별한 손에 의해서만 움직이는 비밀의 끈이다. 인간은 도구일 뿐 언제나 동일하다. 하지만 그 도구는 자연스러운 표현을 이끌어내고, 그 장면을 보고 우리가 희열에 몸을 떨게 할 수 있는 주인을 기다린다.

우리는 여기서 셰익스피어 번역자의 글 한 대목을 인용할 것이다. 그것은 모든 문인들의 입장을 공개적으로 뒷받침해 준다.

> 문학과 예술은 국가의 일상적 근심들에 정신을 팔 권리가 없다. 흙이 잘 준비되어 있으면, 어린 떡갈나무들을 죽이고 성장을 방해하는 가시덤불과 그늘을 가장이 없애주기만 하면, 주변 공기가 자유롭게 순환되게 하면, 그 나무들은 본성과 그 종자의 활력에 의해 정해진 높이까지

저절로 자랄 것이다. 재능 있는 사람에게 필요한 것은 공정성이지 특별 배려가 아니다.

작품을 생산하고 자기 예술의 어려움을 극복하는 데 힘을 다 쓰고 난 다음에도 여전히 막연하게 그리고 양쪽의 힘이 같지 않은 상황에서 인간의 악습과 열정에 대항해 계속 싸워야 하고 집단의 독재와 편견과 사소한 이익에 영합해야 할 때, 그의 재능은 꺾이고 말살된다. 기어들어 가야만 하는 구불구불한 지하실, 진정시켜야 할 케르베레스, 이미 죽은 예술가들만 풍요로운 영광의 강변에 건네주는 카론, 그리고 모든 시시하고 하찮고 덧없는 유령들을 평화로운 예술의 낙원 입구에서 만나게 될 때, 그런데 그것들이 생기발랄하고 불멸성을 위해 태어난 사람들을 경멸적으로 거부할 때, 그는 의욕이 꺾이고 절망에 빠진다.

622 프랑스에는 30명의 작가만, 더 이상은 필요 없다

고대인들의 경우에는 대중의 견해가 살아 있었다. 인류에 대한 봉사의 대가로 얻어진 이러한 명예와 비교할 때, 우리의 영광은 빛이 나지 않는다.

감사하는 마음의 부담에서 벗어나기 위해 사람들은 사방에서 이렇게 외친다. "작가들의 수는 무한하다!" 그렇다. 작가라는 이름을 강탈한 사람들, 혹은 평생에 걸쳐 겨우 소책자 한 권을 쓴 사람들의 수는 대단히 많다. 그런데 실상 프랑스에서 자신의 예술에 항시 매진하는 작가는 30명 이상이 되지 않는다.

작가라는 직업에 첫발을 내디딘 이후, 권태, 무관심, 빈곤, 박해에 대한 두려움, 특히 나태함으로 인해 그들은 4분의 3 또는 반이 그 직업을 떠난다. 그들은 출세가 확실한 길에 몸을 던진다. 몇몇 유명한 작가들[13]은 용의주도하게 간격을 두고 유포되는 몇 개의 작품으로만 명성을 유지한다. 그렇다면 2천만 명 이상으로 이루어진 국민들 속에서 그 명예로운 일을 공개적인 직업으로 하고 있는 사람들이 어째서 30명인가?

마땅히 작가로 간주되어야 할 사람들보다 작가 수가 10배는 더 많을 것이다. 왜냐하면 어떤 관점에서 그들을 보건 간에 그들이 유

13 주지하듯이, 어떤 작가가 일단 아카데미 회원이 되면 그는 문학적 영광의 끝에 도달한 것으로 생각한다. 그는 사교계를 드나드는 것 외에 아무것도 하지 않는다.

용하기 때문이다. 그들이 외국에서 국가에 전해주는 영예 이외에도, 그들이 작품 생산을 통해 얻는 즐거움은 무엇보다도 가장 감동적이고 가장 다양하며 가장 비용이 적게 든다. 그들의 서적, 극작품, 생활방식, 심지어 그들의 경쟁관계까지도 마르지 않는 대화를 낳는데, 그 대화는 모든 것 중에서 아마 가장 유쾌한 대화일 것이다. 왜냐하면 모든 사람들이 아주 빈번하게 그 대화를 재론하기 때문이다. 그처럼 유명한 사람의 삶은 미인의 생활보다도 더 주의 깊게 탐색되는 법이다.

적어도 순화된 언어, 지식의 취미, 이성의 계몽, 그리고 모든 과장을 사라지게 만드는 신선한 농담을 사교계에 확산시킨다는 명예를 그들에게 허용하지 않을 수는 없다. 그들은 개화된 사람들의 그 섬세한 즐거움, 수없이 많은 찬란한 것들을 낳고, 종종 책보다도 더 교육적인 그 대화의 매력을 더욱 활기차게 만드는 데 기여한다.

어떤 사람은 뛰어난 문인들을 '사법관직의 대체자들'이라 불렀는데, 이 말은 정말 참신하다. 그들 문인들은 또한 가장 주요한 악습들을 조롱함으로써 치안을 담당하기도 한다. 우리는 그들이 정치적 악습, 위험한 기벽(奇癖)들, 그릇된 견해들에 대항하는 모습을 보아왔다. 그들은 '메니페아'의 풍자에서부터 최근의 정치 팸플릿까지 이성의 권리들을 부각시켜 왔다. 그리고 얼마 전부터 중대한 위기 상황 속에서 대중의 여론을 결정해 왔다. 그들을 따라 대중의 여론은 여러 사건들에 가장 큰 영향을 끼쳤다. 그들은 민족정신을 만들어내는 것 같다.

질투 때문이든 무지 때문이든, 자신보다 우위에 있는 것이면 무엇이든지 깎아내리려고 애쓰는 사교계 사람들은, 자신들의 하찮은 활동에 대해 사람들이 더 이상 말하지 않는 것을 보고 슬그머니 화가 나서, 자신들을 제치고 소문의 여신의 입을 차지하는 경쟁자들인 문인들에게 가능하면 수치를 안겨주고 싶어 했다. 결과적으로 그들은 몇몇 문인들이 행하는 모든 어리석은 행위들에 문인들 전체가 책임이 있는 것으로 만들려는 생각을 했다.

살펴봐야 할 것은, 문인들이 결코 단체를 구성하지 않는다는 것, 따라서 문인 상호간에 관할권이 없다는 것이다. 문인들은 후안무치한 엉터리 기자나 뻔뻔스런 비방자, 중상모략가, 풍자 작가나 외설물 작가에게 침묵을 강요할 수 없다. 그들은 자신들의 작업에서와 마찬가지로 생활방식 속에서도 고립된 사람들이다. 그들은 처음에는 호기심에 의해 서로를 찾는데, 그들의 기질이 거의 닮지 않았기 때문에 대개는 관계가 유지되지 않는다. 우정은 뜻대로 되는 것이 아니기 때문이다. 그들이 서로를 존중하는 이상 그들이 비난받을 것은 아무것도 없다. 어느 유명한 사람이 자신의 적수 혹은 경쟁자인 다른 어떤 유명한 사람과 같은 도시에 살고 있으면서도 평생 동안 그와 마주친 적이 없었다고 하자. 그에게는 질책할 권리도 훈계할 권리도 없는 것이다.

여기서 문인들이 피할 수 없는 적들에 관하여 완전한 목록을 제시하고 싶은 생각이 든다. 그 적들의 수가 매우 많고 영향력이 크다는 것을 알게 될 것이다. 우선, 비전업 문인들부터 보자. 탈주병들은 자신이 떠나온 군대에 대해 가장 증오심을 가진 군인들이고, 배교자들은 자신들이 믿던 종교에 가장 해로운 적인 것과 마찬가지로, 문학에서 성공을 거둘 수 없었던 사람이 문학에 열중하는 사람들의 가장 무자비한 적이 된다는 것이 분명하다. 가장 음험하고 가장 무서운 상대는 언제나 문학의 길에 단지 한 걸음만을 내딛고서, 무능력 때문에 물러났거나 야유를 받고 축출된 사람들이다. 대개 그들의 운을 틔워준 것이 문학인데, 그들은 문학에 배은망덕하다. 문학의 진보는 그들 스스로가 가리고 싶어 하는 것, 즉 자신들에겐 돈 버는 재주

밖에 없다는 것을 알려주는 은밀한 질책이다.

그런데 그들은 부자이면서도 왜 문인의 파란 많은 명성을 부러워하는 것일까? 그 점에 대해서는, 내 생각이 틀리지 않다면, 완전히 베일을 벗은 인간 감정의 비밀 때문이다. 재물은 아무리 사랑스러운 것이라 해도 그 찬란함으로써 오로지 한 번만 충격을 줄 뿐이어서, 사람들은 재물에 존경이라는 지속적인 공물을 바치지 않는다. 재물은 인격적인 것은 아무것도 가져다주지 못한다. 다시 말해 자존심을 채워주는 것은 아무것도 가져다주지 못한다. 천재의 재능은 찬란히 빛나고, 그 자체의 힘으로 존재하며, 호기심을 불러일으킨다. 부자 한 사람의 집에서 저녁을 먹는 사람은 몇 명에 불과하다. 그렇지만 탁월한 한 편의 작품을 읽는 사람은 수천 명이며, 그들은 자신들이 얻은 즐거움에 감사하지 않을 수가 없다. 정도의 차이가 있지만, 거의 모든 부자들이 호사를 누리면서도 문학의 영예를 취득하는 사람들을 부러워하는 것은 바로 그 때문이다.

어떤 부자가 바보만 아니라면 사람들은 그에게 안목이 있다고 할 것이다. 그 결과 그는 재치를 가진 것으로 간주될 텐데, 그 재치와 천재성은 백지 한 장 차이이다. 그가 훌륭한 책을 쓰지 않는 것은 그가 책을 쓰고 싶어 하지 않기 때문이고, 자신의 시간을 '혁혁한 사업'에 더 잘 쓰고 있기 때문이다. 그는 격에 맞지 않는 말을 많이 늘어놓고, 사람들은 그의 말을 경청한다. 그들이 그의 식탁에 합석하고 있기 때문이고, 세련된 솜씨를 지닌 뚱뚱한 요리사가 부자에 비해 통찰력이 있기 때문이다. 그는 아무리 애국적인 사상이라도, 그것이 다른 많은 사람들을 수척하게 만드는 자신의 지나친 비만의 가치를 깎아내리는 경향을 보이기만 하면, 그 사상을 대담하게 조롱한다. 그는 그러한 문제에 대한 대중의 검토를 아주 잘못된 것으로 생각한다. 그는 현대 재계의 작업에 대해 깊은 존경심이 들어 있지 않은 모든 작품들을 막지 않는 것, 그리고 예컨대 전공(戰功)과 문학적 재능처럼 급속히 이루어진 출세가 찬양을 받지 못한다는 것에 놀라워한다.

그가 자신의 부를 누리게 하라. 좋다. 그가 자기 주변에 모든 관능적 쾌락들을 쌓아두게 하라. 그가 그것들을 실컷 맛보게 하라. 좋은 일이다. 그가 구매하는 쾌락들은 그의 것이니까. 그 쾌락들을 그가 평화롭게 맛보게 하라. 하지만 왜 그는 사람들이 자신을 존중해주기를, 자신에 대해 존경과 경의를 표하기를 원하는가? 무슨 자격으로? 그의 부유함이 우리에게 해주는 것이 무엇인가? 그것은 오직 그 자신에게만 유용할 뿐이다. 그의 집안에서는 모든 쾌락이 그를 둘러싸게 하라. 하지만 바깥에서라면, 그는 고귀한 작업에 대한 유일한 보상으로 문인에게 주어져야 마땅한 대중의 존경을 문인에게 넘겨주어야 한다.

독자들은 모든 작가에게 감사해야 한다. 책을 읽지 않는 사람이라도 언어와 사회, 풍습들이 작가 계급에 많은 것을 빚지고 있다는 것을 알아야 한다.

623 카라바, 요강

8마리 말이 끄는 위풍당당한 카라바,[14] 얼마 되지 않는 4리외의 거리를 6시간 반이 걸려 운행하는 마차를 아는가? 그것은 베르사유로 사람들을 실어 나른다. 그것은 버들가지로 짠 길다란 새장 같은 곳에 20명을 태우는데, 한 시간은 서로 다투고 나서야 비로소 편하게 자리를 잡을 수 있을 만큼 사람들이 빽빽하게 들어찬다. 마차가 출발하면, 이번엔 사람들이 서로 머리를 부딪치곤 한다. 사람들은 수사의 얼굴 위로 혹은 유모의 가슴 위로 넘어지기도 한다. 폭이 넓은 철제 계단으로 인해 노인과 아이들은 지나가는 호기심 많은 모든 통행인들에게 정강이를 드러내 보이지 않을 수 없다.

이 카라바는 하루에 두 번 베르사유 궁 시종들의 하인들을 천천히 실어 나르지만, 운행이 부드럽지는 않다. 노르망디 출신 유모들의 젖을 빨게 될 아이들은 모두가 태어난 그 다음날로 푸아시행 카라바에 태워진다. 그 마차가 주는 충격은 어른들의 단단한 머리가 깨질 정도로 거칠고 끊임없다.

카라바가 국도를 달릴 때면, 빠르게 달리는 마차가 번개처럼 스쳐 지나가면서 카라바를 불쌍한 듯이 쳐다본다. 이 카라바는 화려한 궁정으로 사람들을 싣고 가는 것처럼 보이지 않는다. 카라바의 승객은 해가 비칠 때면 얼굴이 그을린 채 도착하고, 비가 오면 마치 생

14 Carrabas: 베르사유로 가는 사람들로 꽉 들어찬 크고 육중한 역마차.

쥐처럼 흠뻑 젖는다. 왕좌의 위엄을 보고 싶어 하는 파리인들은 바로 이러한 상태로 장엄한 성과 부유한 군주의 황금빛 철책 앞에 내려진다.

이 육중하고 보기 흉한 마차가 왕의 마차와 교차할 때면, 한눈에 드러나는 대비를 표현할 말이 없다. 자신도 모르게 웃지 않을 수 없다. 최초에 고안되었던 마차를 보존한 것은 새로운 마차들의 광채와 민첩성을 드높이기 위해서가 아닌가 싶다. 하지만 선왕 앙리 4세에게는 이런 종류의 마차가 한 대밖에 없었다. 그래서 그는 쉴리에게 이렇게 편지를 했다. "내 아내가 마차를 가져갔기 때문에 오늘은 당신을 만나러 갈 수 없겠소." 200년이라는 세월이 같은 사물의 모습을 완전히 바꿔놓은 것이다!

이러한 카라바를 타거나, 아니면 그보다 덜 불편하지만 계속해서 바람이 그대로 다 들어오는 '요강'[15]이라 불리는 마차를 타야 한다.

요강형 마차를 타면 시동들이 있다. 급료가 전혀 없는 마부는 1인당 12수를 받고 4명을 태우는데, 둘은 앞자리, 둘은 뒷자리이다. 앞자리에 앉는 사람들은 '원숭이'라고 하고, 뒷자리에 앉는 사람들은 '토끼'라고 부른다.

'원숭이'와 '토끼'는 베르사유의 황금빛 철책에서 하차하고, 신발에 묻은 먼지를 털고 칼을 옆으로 차고 회랑으로 들어서서, 드디어 편안하게 국왕의 가족을 바라보고 공주들의 용모와 호의를 판단한다. 이어서 그들은 원하는 한에서 궁정인으로 행동한다. 그들은 두 명의 공작(公爵) 사이에 자리를 잡고, 지나치게 서두르는 방계 왕족과 팔꿈치를 부딪치는데, 그러면 그 방계 왕족은 자신의 행동이 왕

15 pot de chambre: 파리 인근 지역을 운행하는 삯마차.

족으로서의 경계를 넘어선 경우 그 행동을 억제한다. '토끼'와 '원숭이'가 궁정의 종복으로서 별궁과 국왕 공식 만찬에 모습을 드러내는 것을 막는 것은 아무것도 없다.

이 보기 흉한 마차들이 당신을 불구자로 만들거나 지루하게 만들어도, 이 국왕의 도로에서는 놀고 있는 짐수레, 경이륜마차, 텅 빈 삯마차, 안락한 포장마차가 사람을 실어 나르는 것이 금지되어 있다. 독자여, 내가 말하지 않아도 당신은 알 것이다. 고약한 독점적 특권이 또다시 문제라는 것을.

하지만 '카라바'와 '요강'은 얼마나 의미심장한가! 그것들은 이 화려한 장소에서 당신을 기다리고 있는 수많은 불쾌한 일들을 당신에게 예고하는 것처럼 보인다. 그것들은 당신에게 되돌아가라고 말한다. 하지만 '요강'이 주는 교훈을 사람들은 듣지 않는다. 사람들은 나아가서 기도하고, 간청하고, 시간을 보내고, 기다림 속에 삶을 허비한다.

시시한 야심가, 모사꾼, 냉담한 아첨꾼, 끊임없이 계획을 세우는 괴짜들이 이런 마차 속에서 고생하는데, 그들은 그래야 마땅하다. 하지만 오직 사물에 대한 호기심밖에 없는 사람들, 하루에 동물원과 조각상, 그리고 왕자들을 모두 보려는 사람들의 경우, 그들이 마음대로 여행할 수 없다면, 보행에 방해를 받으며 구속당한다면, 아름다운 길들이 무슨 소용인가? 또한 프랑스의 국왕이 자신의 성에서 어떻게 지내는지를 나 혼자 보러 가고 싶은데 관료들이 왜 필요한가?

베르사유 궁을 그저 '카라바'를 타고서만 가보았던 사람은 지방의 자기 마을로 돌아가서 국왕의 거처에 대해 뻔뻔하고 우스꽝스러운 이야기를 지어낸다. 그가 왕, 공주들, 국왕의 공식 만찬을 보았다는 것은 의심의 여지가 없는 사실이다. 하지만 그는 거기에 꾸며낸 상황들을 덧붙이는데, 무지하고 우직한 사람들은 이를 감탄하며 받아들인다. 과장은 무사통과되고 가장 기괴한 이야기까지도 귀 기울여 듣는다. 이야기하는 사람은 고향 사람들에게 자신이 원하는 것을 모두 믿게 만든다. 그는 자신에게 고향의 소식을 물어봐준 왕비의 상냥함을 찬양하는데, 그러면 그가 상상해내는 이 믿을 수 없는 이야기로써 그는 존경받게 된다. 그는 똑같은 이야기를 반복하면서 흥분하고, 마침내 스스로 그 이야기를 진짜라고 믿게 되기에 이른다.

가스코뉴 지방에서, 그리고 스위스의 술집들에서 베르사유에 대해 무슨 말이 오고가는지는 상상할 수 없다. 그 엄청난 묘사들은 관객을 감탄하게 만드는 희극 작가보다도 훨씬 더 놀랄 만하다. 그것은 서로 연관된 익살스러운 거짓말들의 연속이다. 단언컨대, 술을 마시는 동안은 스위스인이 가장 단호한 가스코뉴 사람보다도 그러한 면에서 더 앞서 있다.

'믿을 수 없는 이야기', '황당무계한 이야기', '황새 이야기'들이 있지만, 이 이야기들은 말없이 듣고 있다가 술집 청중들이 제기하는 심각한 지적들로 더욱 유쾌해지는 이들 가공의 이야기 근처에도 가지 못한다.

사람들은 뻔뻔한 거짓말쟁이와 고지식한 시골 사람들의 믿기 힘든 대화를 국왕 전하 앞에서 무대에 올렸다. 이러한 소극의 내용보다 더 진실한 것은 없다. 어디에서나 베르사유 궁에 대해 이야기하는 습관으로 인해, 어떤 곳에서는 보기 드문 기괴한 전통들이 생겨났다. 무엇이 그와 같은 가공의 상세한 이야기들을 낳을 수 있었는지 알 수 없지만, 아무리 논리정연한 말을 해준다고 해도 이미 그 이야기들을 받아들인 사람들을 미망에서 깨어나게 하기는 어려울 것이다.

624 진품들

아무리 치밀하게 탐구한다고 해도 과학과 예술의 모든 분야에 숨겨져 있는 보물들을 발견하지는 못할 것이다.

어떤 분야의 수집가이든 그는 자신이 살펴봐야 할 것들이 무궁무진하다는 것을 알게 될 것이다. 메달, 책, 그림, 골동품, 조개껍데기, 판화는 각기 한평생이 걸릴 수도 있다.

몇 년간 파리에 머물렀던 어떤 학자가 그곳에서 꼭 보아야 했던 무언가를 빠뜨린 채 타계했다. 25년간의 연구 끝에, 기대하지 않았던 새로운 발견이 이루어지는 경우도 자주 있다.

죽음으로 인해 그 화려한 수집실들, 모두의 시선을 피해 알려지지 않고 감춰져 왔던 그 창고들이 개방되었다. 봉인을 뜯어내자 구경꾼들은 그 목록에 놀라서 말문이 막힌다. 한 사람이 어떻게 그처럼 많은 물품들을 모을 여유가 있었는지 납득하기가 힘들다. 시간, 돈, 인내, 그리고 무엇보다도 열정에 의해 이처럼 대단한 소장품들이 만들어졌다.

퐁파두르 후작부인의 가구류 판매는 1년 동안 계속되었다. 전 세계의 모든 부(富)가 이 진귀한 수집실에서 내놓은 값지고 참신하고 화려한 물품들에 몰려든 것 같았다. 사람들은 그 수집실을 방문하며 감탄하고 경악했다.

중국인이든 터키인이든, 아랍인이든 게브르족[16]이든 누구나 우리 도시를 여행할 수 있다. 그들은 함께 이야기할 상대를 만나게 될 것이다. 모세, 조로아스터, 아브라함, 마호메트, 공자가 돌아오기만

하면, 그들에게는 그들의 말을 옮겨줄 통역사가 부족하지 않을 것이다. 호메로스, 에우리피데스, 데모스테네스의 경우, 그럭저럭 그들의 말을 듣는 것이 일상화되어 있기에 그들은 더 이상 특별한 사람들이 아니다.

특별한 재능을 가진 사람들이 적지 않게 널려 있다. 어떤 불구자에게는 팔이 없다. 로랑은 그가 사용할 팔 하나를 만들어 준다. 또 다른 어떤 사람에게는 다리가 하나 없다. 페리에는 계단을 오르내릴 다리 하나를 그에게 만들어 준다.

독특한 성격을 지닌 다른 재주꾼들이 알려지지 않고 있다. 예컨대, 너무나 완벽하게 인체의 골격 모형을 만들어 놓아서 마치 진짜를 보는 것이라 착각하게 만든 아가씨(마드무아젤 비에롱)를 아는 사람이 누가 있는가? 근육과 신경들이 놀라울 정도로 생생하게 만들어져 있다. 그녀가 이용한 재료는 그녀만이 간직하고 있는 비밀이다. 당신은 밀랍을 생각할지도 모른다. 하지만 이 골격 모형들은 불 곁에 갖다놓아도 파손되지 않으며, 천장 높이에서 떨어뜨려도 깨지지 않는다. 이 놀라운 작업을 한 바로 그 사람은 뼈의 모든 부분의 이름을 그리스어와 라틴어로 말할 것이다. 그녀의 지도 아래 학생들이 해부학 수업을 하는데, 그들은 수업을 하면서 해골을 보고 만져야 할 때면 항상 느끼는 극복하기 힘든 혐오감에 사로잡히지 않는다.

거의 모두가 쉽게 마음을 터놓고 이야기하는 학자들의 모임 외에, 다른 비용을 들이지 않고도 사람들은 많은 지식을 쌓을 수 있다. 그래서 홀베르 남작이 "파리에는 이성보다 더 값싼 것도 없고, 광기보다 더 비싼 것도 없다"라고 말한 것은 맞는 말이었다.

16 페르시아와 인도의 몇몇 지방에 퍼져 있는 유랑 민족.

몇몇 개인의 집에는 잘 모셔두긴 했지만 거의 읽지 않은 화려한 책 더미가 있다. 그 책들의 장정에 집착하는 그들은 절대 그 책들을 열람시키지 않는다. 그들은 다른 사람이 자신들에게서 지식을 빼앗아 갖게 될까 두려워하는 것 같다. 그러나 출신과 지식이 탁월한 몇몇 사람들은 자신들 서재의 최초의 사서가 되는 것을 부끄럽게 여기지 않고, 그 서재에 간직되어 있는 계몽 지식을 널리 퍼뜨리고 나누기를 좋아한다.

당신이 어떤 사고로 고통을 겪고 있다면, 기술이 당신에게 도움을 준다. 상이군인의 의수(義手)는 잘 알려져 있다. 당신에게 엉덩이 쪽으로부터 기껏해야 4마디 정도의 넓적다리밖에 남아 있지 않다고 해도, 사람들은 인공 넓적다리 윗부분을 이루는 상자 속에 그 남아 있는 넓적다리를 넣을 것이다. 이 신기한 기계의 각 부분에 자연의 동작을 모방하는 여러 가지 동작을 전달하려면, 엉덩이를 움직이는 것만으로 충분할 것이다. 넓적다리를 따라 놓여서 모든 방향으로 움직일 수 있는 경첩 관절 모양 철판의 도움으로 그 동작들이 실행될 것이고, 당신은 당신에게 없는 무릎, 발, 그리고 발가락을 얻게 될 것이다.

그러니까, 자, 전쟁의 광기와 왕들의 변덕에 희생된 불행한 사람들이여, 오늘날의 기계 장치 발명가들에게서 인공 넓적다리와 정강이를 얻음으로써 당신들이 잃어버린 팔다리의 보상을 받으라. 전광석화처럼 덮친 포탄에 의해 빼앗긴 것을 기술은 상상할 수 없는 굉장한 솜씨로 수리할 수 있게 되었다.

625 외과 콜레주

사람들은 오랫동안 외과의사들과 이발사들을 혼동해 왔다. 그것은 부당한 혼동이었고, 당연히 중지되어야 했다.

실용 학교 혹은 해부 학교의 설립은 아무리 찬미해도 지나치지 않을 공적인 선행 중 하나이다.

이 콜레주는 루이 15세와 루이 16세의 눈부신 후원에 많은 빚을 지고 있다. 800명 이상의 학생들이 수업에 참여한다. 청중은 먼지투성이 옷을 입은 외과의사 겸 이발사 조수들, 의사 겸 면도사의 조수들로 구성된다. 전자는 수업의 4분의 1을, 후자는 6분의 1을 예약한다. 그러고 나서 그들은 가능한 한 그 수업 내용을 실행한다. 몇몇 사람들은 교육을 받는 동안 실습비를 낸다. 하지만 대번에 능숙해지지는 않는다.

비세트르에서 가져온 시신이 검은색 대리석 위에 놓인다. 800명의 학생들은 전날까지 아무도 쳐다보지 않았던 불쌍한 인간의 신체 내부를 들여다본다. 군주의 시신에서와 마찬가지로 그 시신 속에는 창조주의 기적들이 각인되어 있다.

이 아카데미의 구성원들은 40년이라는 기간 동안에 외과학 관련 업적들에 대한 5권의 논문집을 작성했다. 그 5권은 별것 아닌 것처럼 보일 것이다. 하지만 그 논문집에 실린 모든 논문들은 매우 훌륭한 것들이고, 몇 개의 언어로 번역되었다.

매주 목요일 외과의사들은 그들 직업에 관련된 사항을 놓고 2시간 동안 열띤 찬반 논쟁을 벌인다.

외과학 아카데미는 '명예 회원'을 인정하지 않는다는 특이하고 훌륭한 특성을 갖고 있다. 모든 회원들은 자유롭고 완전히 평등하다. 외과학 기술의 진보에 기여할 수 없는 사람들도 지식을 얻기 위해, 그리고 자신들이 진료를 맡은 환자들 치료에 다른 사람들의 가르침을 이용하기 위해 모임에 참여한다. 그곳의 수업은 항상 개방 수업이며, 끊임없이 수술 집도의의 눈과 손을 인도한다.

매주 목요일마다 외과학 질병에 대한 이론적 논의가 이루어지는 한편으로, 그 학교는 같은 건물에 26개 병상이 구비된 병원이 있다는 이점이 있다. 그 병원에서는 가장 희귀한 외과 질환을 무료로 치료해 준다. 그렇게 해서 그 학교는 이론과 실제를 겸비한다. 모든 실용 학문들이 그렇듯이 외과학에도 지식과 경험이 있기 때문이다. 완전한 성공을 거두기 위해서는 지식과 경험을 동시에 갖추어야 한다.

이 특이한 병원은 대단한 교육의 장으로, 교수들이 먼저 견해를 밝히고 해야 할 것과 하지 말아야 할 것을 검토하지 않고서는 아무것도 행해지지 않는다. 또한 그곳에서는 매우 소중한 관찰들이 검토되고 실행되어 왔다.

최하층민이 심각하거나 특이한 외과 질환에 걸리면, 그는 가장 세심한 진료의 대상이 된다. 그에 대해 자연이 무자비한 모습을 보이면 보일수록, 외과학은 더욱더 열의를 다해 그에게 도움을 준다. 그래서 백만장자가 자신의 전 재산을 들이고 받을 수 있는 것보다 더 확실하고 더 세심한 진료를 받는다.

특이한 골절상을 입은 가난뱅이 주변에 의사들이 전부 모여 있는 모습은 놀라운 광경이다. 그 환자에게는 불행 중 다행이다. 그의 병은 치유된다. 왜냐하면 사고가 특별한 경우였기 때문이다. 만일 그의 병이 단순히 폐렴이었다면, 그는 오텔디외 병원에 보내졌을 것이다. 하지만 그의 병이 전문 기술의 관심을 끌고, 그 전문 기술이 기적을 낳는 것이다.

불행에 행운이 따르기도 한다. 하지만 그 불행이 파리 같은 도시에서 일어나야 한다. 짐꾼은 사고를 당한 지 며칠 후면 어깨에 무거운 짐을 지고 나를 것이다. 반면에 다른 곳이라면, 사고가 조금이라도 일상적인 사고의 범주에서 벗어나기라도 하면, 모든 편의시설을 갖추고 사는 사람이라도 사망하게 될 것이다. 전문 기술의 기적은 거지에게 행해지고, 그 거지는 삶을 되찾아 구걸을 계속한다. 외과학은 계속해서 점점 진보하고 있다. 모든 특별한 발견들은 공동 위탁에 맡겨지게 된다. 솜씨 있는 수술이 베일에 가려지는 법은 절대 없다. 모든 것이 백주에 당당히 평가된다.

외과 아카데미는 의과대학과 직·간접적으로 아무 관련이 없다. 그 둘은 명백하게 구분되는 두 단체이며, 각자 독자적인 일을 갖고 있다. 그들의 일은 서로 같은 관련성을 갖고 있는 것처럼 보이고, 명백히 같은 목표를 지향하는 것처럼 보이지만, 절대로 겹치지 않는다.

무척 공들여 해부학을 발전시켜 오긴 했지만 그것이 의학에 진정으로 중요한 소견을 제공하지는 않은 것 같다. 시신을 아무리 검토해봐야 소용없는 일이다. 생명을 유지시키는 메커니즘은 빠져나가고 없기 때문이다. 시신은 누워 있고, 그것을 서 있게 했던 구성은 한결같이 눈에 보이지 않는다. 어떻게 소화가 이루어지는지, 어떻게 유미(乳糜)가 피로 변하는지, 그 피가 어떻게 뇌를 작동시키고 그것을 우리의 사고 기관으로 만드는지, 어떻게 다른 신체 공간에서는 그 피가 생식 기능에 쓰이는지, 이러한 것들을 해부학자들은 알지 못했다.

해부학은 칼에 의한 일격은 치유할 수 있을 테지만, 특별한 장독(瘴毒)의 보이지 않는 화살이 우리의 모공 속으로 침투해 들어올 때는 무기력할 것이다. 외과학과 의학 사이에는 어떠한 것으로도 메울 수 없는 무한 공간이 존재한다.

해부학에서 이루어진 발견들의 명부, 2,000년 전부터 고생하며 얻은 자연에 관한 지식들의 목록이 라쉬에 의해 우리에게 주어졌는데, 유럽 전 지역에서 해부용 칼에 의해 끊임없이 수천 구의 시신이 해체되었는데도 불구하고 18세기에 발견이 가장 적었다는 것을 알고 우리는 놀라지 않을 수가 없다.

해부학에 깊은 관심을 쏟았는데도 불구하고, 외과학은 18세기를 위대한 발견들로 특징짓는 세기에 이름을 올리게 하지 못했다. 치료법은 더 많이 진척되었다.

얼마나 많은 생각들이 산더미처럼 떠오르는가! 우리는 유형체(有形體)의 미로 속에서 길을 잃고 있다. 우리는 신체의 대략적인 부분들을 측정했지만, 눈앞에 펼쳐져 있는 작은 요소들은 모르고 있다.

모든 면에서 육체의 내부를 세밀하게 조사했는데도 아직까지 그에 대해 용어밖에 알고 있지 못한데, 어떻게 자연이라는 진짜 책 속을 꿰뚫어볼 수 있을까? 전적으로 신경계에 속하는 감각과 근육에 속하는 과민성 사이에 존재하는 차이점들은, 해부학의 역사가 다만 산발적이고 고립되고 아무런 목표도 연관성도 없으며 그저 생리학을 희미하게 밝혀줄 수 있을 뿐인 발견들을 제시하고 있음에 불과하다는 것을 입증한다.

인간의 모든 질병의 치료와 관련하여 인간의 본성에 관한 지식은 명백하게 다른 학문에 속한다.

자신의 가설에 의해 해부학의 그 비생산적인 분류법을 지워버리고, 해부학에 의해 손상되는 시체들 때문에 얻게 된 듯한 그 무관심하고 냉담한 표정을 인간에게서 걷어내고, 오로지 단어 목록을 늘리기에 적합할 뿐인 그 침묵의 용어들을 추방할 영광을 갖게 될 것은 물리학일까, 화학일까?

626 '그리제트'

훌륭한 가문 태생도 아니고, 재산도 많지 않아서 먹고 살기 위해 일을 해야 하고, 수공일 이외에 다른 생계유지 수단이 없는 젊은 여성을 '그리제트(grisettes)'라고 부른다. 이 계급에서 가장 수가 많은 것이 모자 제조공, 양장점 여직공, 속옷 직공 등이다. 어렸을 때부터 생계비를 벌어야 할 부단한 작업에 익숙해 있는 이들 하층민의 딸들은, 모두 18세가 되면 자신의 가난한 부모들로부터 독립하여 개별적으로 방을 얻어 그곳에서 제멋대로 살아간다. 조금이라도 여유가 있는 부르주아의 딸이라면 생각조차 할 수 없는 특권이다. 부르주아의 딸은 엄격한 어머니, 헌신적인 아주머니, 자기 시대의 관습을 이야기해 주는 할머니, 똑같은 말을 되풀이하는 늙은 아저씨와 함께 얌전하게 집에 머물러야 한다.

그처럼 아버지의 집안에 갇힌 채 부르주아 소녀는 오지 않는 구혼자를 오랫동안 기다린다. 자매가 여럿 있다면 보잘것없는 지참금으로 인해 어떠한 구혼자의 마음도 끌지 못하며, 즐거움이라고는 오로지 일요일에 나이에 어울리지 않게 꾸미고 예쁜 옷을 입고 가족과 함께 튈르리 정원을 산책하는 것밖에 없다.

그리제트는 가난하긴 하지만 부르주아의 딸보다 더 행복하다. 그녀는 매력이 빛을 발하는 나이에 자기 마음대로 행동한다. 가난이 그녀에게 완전한 자유를 부여하며, 그녀의 행복은 때로는 지참금이 전혀 없다는 데서 온다. 그녀는 자신과 같은 신분인 수공업자와의 결혼에서 단지 예속과 고통과 불행만을 본다. 그녀는 일찍부터 자립 정신을 갖는다. 최초의 생활비에는 치장 비용이 들어 있다. 가난 못지않게 고약한 조언자인 허영이 그녀에게 바느질이라는 수단에 젊음과 용모라는 수단을 덧붙이라고 반복해서 권하는 것이다. 어떤 정숙한 여인이 이러한 이중의 유혹에 저항할 것인가? 그리하여 그리제트는 자유로워진다. 일을 구실로 그녀는 자신의 변덕을 따르고, 얼마 가지 않아 사교계에서 자신을 사랑하고 생활비를 대주는 남자 친구를 만난다. 일시적이긴 하지만 탁월한 연기(演技)를 한 사람도 몇몇 있다. 가장 현명한 사람들은 저축을 하고 중년의 나이에 접어들어 결혼을 한다.

자신의 신분 때문에 결혼과 독신에 무관심해진 결혼 적령기의 처녀들이 엄청나게 많은 것을 보고 사람들은 놀란다. 그 점이 현대 법체계의 커다란 악폐인데, 그 폐해는 오늘날 파리뿐만 아니라 프랑스 전역, 심지어 유럽의 일부까지를 포괄하고 있다. 어느 누가 이전 세기에서는 전혀 볼 수 없었던 것을 치유할 수 있는 새로운 법률의 필요성을 느끼지 못하겠는가?

수많은 여성들에게 그들 성에 적합한 일을 가르쳐줌으로써 최소한 그들에게 더 안락한 삶을 보장해줄 필요가 있을 것이다. 이어서 그녀들이 아무런 억압 없이, 스스럼없이, 어떠한 세금 부담도 지지 않고 자신들이 선택하는 일을 행할 수 있도록 허락되어야 할 것이다. 가난한 남자에게는 곤란을 타개할 수많은 수단들이 있다. 반면 가난한 여성은 그런 수단이 거의 없는 데다가 장애물들로 방해를 받는다. 왜 여성의 일에 조세의 부담을 지움으로써 여성에게서 빵을 거의 뺏다시피 하는가? 아니, 속옷 여직공에게 세금을 부과하다니! 옷을 만들기도 전에 그 대가를 치러야 하다니!

어떤 종류의 억압으로도 이 여성들이 먹고 사는 데 도움이 되는 자질구레한 모든 일들의 선택을 방해해서는 안 된다. 그 여자들이 스스로 만들어낼 수 있는 온갖 수단들을 그 여자들에게 맡겨두자. 그 여자들이 금전적 세 부담을 지지 않게 하라. 그 여자들에게 연약함에 따르는 보호를 허락하라. 미풍양속이 확산될 것이고, 우리 사회에 새로운 일이 생겨날 것이다. 그리고 여성들에게도 그들이 항상 같이 섞여 지내는 남자들이 누리는 것과 똑같은 자유를 주도록 하라. 아니면, 아시아의 관습에 따라 그녀들을 격리 수용시켜 남성들과 외부에서 연락을 하지 못하게 하라. 환경을 만들어주지 말라. 그것은 최악이다.

다른 생각도 떠오른다. 여성들에게서 모든 지참금을 박탈하는 것이다. 이러한 법은 사치에 치명적인 타격을 줄 것이고, 아름다움과 미덕에서 오는 차이 말고는 다른 차이를 만들지 않을 것이다. 깊이 파고들어야 마땅하겠지만, 아직 그렇지 못한 이러한 생각이 사려 깊은 작품의 소재가 될 수 있을 것이다. 그 생각이 우리의 풍습과 법률에서 아무리 동떨어져 있다 하더라도, 모든 것이 차츰 진실과 이성에 따르게 되어 있으므로, 가정의 질서, 우월한 사회도덕, 공공의 안정을 위한 이러한 법률의 필요성을 느끼게 되는 시대가 올 것이다. 프랑스를 가득 메우고 있는 수많은 여성들, 그리고 첩이 되는 것과 동시에 결혼하는 것이 금지되어 있는 여성들의 이러한 상황은 시대, 풍습, 그리고 사치로 인해 너무나 많이 문란해진 법률 면에서의 신속한 변화를 요구하고 있다.

627 관직매매

관직매매가 도처에 산재한다. 그것은 모든 자리에 해가 된다. 가구들과 마찬가지로 요직을 경매에 부칠 수 있을 것이다. 돈은 모든 것을 오염시킨다. 돈에 대한 변함없는 욕구로 인해 혈연, 우정, 정의, 감사의 마음이 변질된다. 돈을 내고 자리를 사는 모사꾼에게, 하찮은 밀고로 보상을 받는 배신자에게, 자신을 두려워하게 만드는 악인에게 요직이 주어진다. 정치는 몇몇 사람들을 배려하면서 그들에게 특혜와 일자리를 부여한다. 그들의 해로운 품성을 약화시키려고 노력하는 것이다. 하지만 교양 있는 사람의 경우에는 아무것도 두려워할 것이 없기에 그냥 내버려둔다. 사람들은 "어떤 점에서 그가 쓸모가 있는가?"라고 공공연하게 말한다. 그렇다, 오늘날 "교양 있는 사람은 아무짝에도 쓸모없다"라는 말은 속담이 되었다.

모든 일자리들이 매매된다. 그리고 공직도 마찬가지이다. 오늘날의 후원자란 돈을 지불해야 할 사람, 어떤 일에서 자신의 이익이 확보되었을 때에만 그 일로부터 얻는 이익에 당신을 참여시키는 일종의 '도박장 딜러'이다.

재무직의 매매는 사법직의 매매를 불러왔다. 몽테스키외도 언젠가 이러한 관직매매를 변호하려 했다는 것을 어떻게 이해할 수 있을까? 그 이유는 아마도 몽테스키외 자신도 돈을 주고 공직을 샀기 때문일 것이다.

그를 기억한다는 것은 언제나 끔찍한 일일 테지만, 다른 수많은 재앙과 더불어 이러한 관직매매를 도입한 사람은 대상서 뒤프라였다. 따라서 『앙리아드』의 저자가 이들 이해관계를 따지는 탐욕스런 사람들에 대해 언급하면서 다음과 같이 말한 것은 당연했다.

그들은 최초로 부당한 경매에 부쳤다,
우리 선조들의 평가 불가능한 미덕의 가치를.

뒤프라의 부적절한 규범들로 인해 자연권, 공법, 법체계와 통치의 원리를 뒤덮었던 두꺼운 구름이 250년 만에 간신히 걷히기 시작했다. 자부심 강하고 열정에 가득 차 있으며 혈기에 넘치고 방탕한 젊은 군인에게 "당신은 무엇이든 할 수 있다. 그리고 당신의 의지가 최고의 기준이다"라고 감히 말했던 최초의 인물이 바로 뒤프라였다. 다른 말로 하면 그 말은 "낭비를 하든, 물 쓰듯 돈을 쓰든, 다른 사람들을 파산시키든 상관없다. 그것은 당신의 권리이다"라는 뜻이었다. 마치 미친 사람이 아니라면 상식에서 벗어날 수 있는 권리가 있고, 난폭자가 아니라면 해를 입히고 파괴할 수 있는 권리가 있다는 것 같다. 관직매매는 아직도 출혈이 계속되는 상처, 결코 치유될 수 없는 상처이다.[17]

루이 12세가 자신의 영지들을 양도한 것은 그럴 수도 있는 일이었다. 관직매매 이외에 어떤 것이 이 계획에 뒤이어 나올 수 있었겠는가! 프랑스처럼 큰 국가의 군주는 어떤 종류에 속하는 토지든 간에 경작할 수 있는 토지 최악의 특별한 지주라는 것에는 이론의 여

17 관직매매는 이탈리아 원정과 오스트리아 왕가에 대한 프랑수아 1세의 전쟁으로 인해 국고에 생긴 큰 손실의 결과였다. 프랑수아 1세 치하에서 관직매매가 공공연하게 대규모로 시행되었지만, 그 이전에도 관직매매는 존재했다. 1493년의 칙령은 관직매매를 금지하고, 새로 임명받은 사람들 모두가 취임과 동시에 자신의 관직을 대가로 아무것도 주지 않았고 약속하지도 않았다는 것을 선서하게 했기 때문이다.

지가 없다.

아마도 이처럼 불행한 행정 및 재정 체계로부터 정신의 타락이 생겨났을 것이다. 언제쯤 인간과 사물이 자신의 진정한 자리에 놓이게 될 것인가? 언제쯤 왕국이 자신의 진정한 토대 위에 놓이게 될 것인가? '신설직'이니 '종신직' 같은 새롭고 이해하기 어려운 용어들 속에서 사고의 혼란은 언제쯤 멈출 것인가?

628 40세의 여자들

오랫동안 남성들에게 욕망을 일으키고 여성들에게 질투를 불러일으켰던 여자에게 고통스럽고 당황스러운 상황이 찾아온다. 그녀의 거울이 "당신은 더 이상 예전처럼 매혹적이지 않습니다. 당신이 스스로에게 관대해봐야 소용없는 일입니다. 당신의 아름다움은 사라지고 있습니다. 눈에는 보이지 않지만 당신의 매력이 소멸된다는 것은 엄연한 사실입니다"라고 말하는 순간이 바로 그것이다.

그녀는 진실을 알리는 수정 거울의 말을 부인하고 싶어진다. 그녀는 말없이 자신의 매력을 점검하고는 깊은 한숨을 내쉰다. 자존심을 내세워봐도 소용없다. 잔인한 진실은 어쩔 수가 없다. 견딜 수 없는 불안에 그녀는 낙담하고, 자신이 매력을 잃음과 동시에 삶을 허비하고 있다고 느낀다.

아니, 그녀에게 완전히 빠져 헤어나지 못하던 사람들이 예의 삼아 눈길을 보낼 뿐이고 더 이상 그녀를 쳐다보지 않게 될 것이라니! 그녀에게 퇴짜 맞았던 사람들이 그녀의 매력이 시든 것을 보며 의기양양하게 될 것이라니! 그녀에게 배신당하고 그녀를 우상으로 여겼던 사람들이 그녀를 거의 기억하지 못할 것이라니! 과거에 사랑 때문에 얻었던 것을 이젠 오로지 친절에 기대지 않을 수 없게 될 것이다. 그녀는 눈길로 이웃 사람들의 시선을 끌어보려 하지만, 소용없는 일일 것이다. 그녀의 시선과 마주치자마자 사람들은 눈을 돌릴 것이다. 특히 마음은 아직도 사랑받고자 하는 욕망에 가득 차 있고 여전히 시선을 끌고 싶은데, 아무도 당신을 주목하려는 열의를 보이지 않는다면, 그것은 얼마나 고통스러운 상황이겠는가!

바로 그럴 때 사교계에서 축출된 여성은 자신이 너무나도 자랑스러워했고 소중히 여겼던 권력을 갑자기 상실한 야심만만한 대신보다도 100배나 더 생생한 비애를 느낀다. 그러한 대신이나 사교계에서 쫓겨난 여성은 세상을 향해서, 자신을 위해 사람들이 행한 모든 일을 배은망덕하게 잊어버리는 이 변덕스럽고 가혹한 주인을 향해서, 멀리서 눈길을 던지며 남몰래 눈물을 쏟는다. 그들 둘은 여전히 은밀한 야망으로 괴로워한다. 여성 쪽의 야망이 더 무기력하다. 더 이상 사교계의 소용돌이 한가운데에 있지 못하다는 것이 그녀에겐 불명예보다 더 잔인한 터무니없는 일처럼 보인다.

이러한 끔직한 상태, 더 이상 아무것도 아니라는 이 수치, 뭐라 말할 수 없는 이 권태로부터 그녀를 구하기 위해 그녀에게 제시되는 방편이 두 가지가 있는데, 신앙심과 재치가 그것이다. 하지만 이 두 가지는 낡은 것이다. 신앙심은 더 이상 유행이 아니고, 재치를 표명하는 것도 계속 유지하기가 너무나 어려워졌다.

그렇다면 그녀는 어떻게 될 것인가? 그녀는 신선함과 아름다움으로 빛나는 젊은 여성들에 둘러싸인다. 그녀는 젊은 여성들에게 영향을 미치고, 그들을 교화하며, 그들의 모든 비밀을 파고들고, 그럼으로써 여전히 자신의 모임을 찾게 만들고, 그녀가 소중히 여기는 이러한 종류의 영향력을 연장시키는 데 성공한다.

사교계의 경험을 통해 그녀는 모든 연애 사건들이 마치 장식 융단처럼 가공된다는 것을 배웠다. 색깔들이 드러나는 것이 보이지만 가공하는 손은 감춰져 있는 것이다. 그래서 그녀는 술책에 전념하여 사무실을 내고 비서를 둔다. 그녀는 하루에 30통의 편지를 쓰지만, 그 가운데 29통은 반송된다. 하나가 성공하면 그녀는 만족한다. 그녀는 후원을 한다. 아니, 그녀가 소리 높여 후원한다고 말하기 때문에 사람들은 그렇게 생각한다. 착각을 불러일으키는 희망 때문에 사람들은 그녀의 약속을 믿게 된다. 그녀는 부대신(副大臣) 지명처럼 400 리브르가 생기는 일에 개입한다. 어떠한 것도 그녀를 물러서게 할 수 없다. 대신들의 집에서 그녀의 이름이 거론되기만 하면, 그녀가 요직(要職)과 결혼을 알선하고 있고, 그녀의 살롱에서 주교와 총사령관이 보였다는 말이 돌기만 하면, 사람들은 그녀가 대단한 존재라고 여긴다. 그래서 그녀는 이따금 명성과 권력의 단순한 겉치레에 만족한다.

말 그대로 자신의 사무실을 갖고 있는 몇몇 여성들은 일정한 나이에 접어들면 이러한 종류의 활동을 소중히 여겨야 한다. 왜냐하면 하잘것없는 자리라도 공석이 되자마자 100여 통의 추천서가 그 자리를 청탁하기 때문이다. 모든 지원자들이 마치 가장 중요한 목표이기라도 한 것처럼 노력을 아끼지 않는다.

이 중대한 역할을 하는 데 필요한 자질을 스스로가 갖고 있다고 느끼지 못하거나 충분한 영향력을 갖고 있지 못한 여성은 은퇴 결심을 하고, 건강이 좋지 않은 체하며 의사들에 둘러싸이지만, 의사들의 처방을 그다지 좋다고 생각하지는 않는다. 그녀는 끊임없는 열에 시달리는 것처럼 보인다. 하지만 그것은 시들어가는 자신의 매력을 더 흥미진진한 날이 없어서 무기력해진 것처럼 보이게 하려는 속임수이다. 무슨 일에서나 무력감을 느끼고, 사교모임에 가서 무례하게 하품을 하며, 시간이 너무 늦게 흘러간다고 원망하는 수많은 사람들에게 그녀는 문호를 개방한다. 결국 수많은 연인들을 거쳐왔지만, 그들 중 한 사람이라도 변함없는 친구로 바꿔놓을 수 있었다면, 그녀는 아마 스스로를 행복한 여자라고 평가할 것이다.

그런데 파리의 여성에게 40세의 나이는 없다. 파리의 여성은 언제나 30세이거나 60세이다. 어느 누구도 그 말에 대하여 반박하지 않는 것처럼, 40대의 여성은 존재하지 않는다.

629 정기간행물

신문은 가장 거짓말을 많이 하고 가장 뻔뻔스러운 소문의 나팔수들이다. 어떤 신문의 필자가 어떤 작가를 독수리 같다고 발표한다. 다른 신문의 필자는 그를 거위 새끼로 다룬다. 같은 날에 작가에 대한 찬사와 풍자가 동시에 나타나는 것이다. 누구의 말을 따를 것인가? 바로 자기 자신이다. 스스로 작품을 읽고, 그에 대해 어떻게 생각하는지를 바보처럼 다른 사람에게 물어보지 말아야 한다.

공정하고 문학적 편견이 없는 비평가는 아직까지 존재한 적이 없었다. 그런데 창작을 할 수 있는 사람은 스스로를 낮춰 작품을 분석하지 않는다. 그는 작품을 쓸 뿐이다.

원하는 사람은 신문기자가 되는데, 그러면 '가장 멸시받던' 작가는 이튿날 자신의 동료들 모두를 '멸시할' 수 있다.

문필 공화국 회원들 간의 경쟁관계, 증오, 질투를 유지시킬 목적으로 사법부는 작가들을 혹평하는 자질구레한 풍자 신문들을 보호한다. 이러한 방법으로 사법부는 문학의 평화와 단결을 방해한다.

게으른 대중은 비방과 독설은 기억해두고, 작가의 재능과 덕성은 잊어버린다. 문필 공화국이 내놓은 업적에 보편적인 존경이 호응할 경우, 문필 공화국이 사람들의 정신에 얼마나 큰 지배력을 갖게 될 것인지를 사법부는 잘 알고 있다. 사법부는 이처럼 소중한 존경심을 문필 공화국에서 빼앗으려 애쓴다. 보잘것없는 재능과 치유할 수 없는 분노를 가진 수많은 트집꾼들이 기대 이상으로 사법부에 봉사한다.

기자들의 말을 반박할 필요가 없다. 왜냐하면 작품이 스스로를 보호하기 때문이다. 가장 악의적인 비평가들을 쓰러뜨리는 데에도 약간의 시간만 지나면 된다. 훌륭한 상대이든 형편없는 상대이든, 경멸이 담긴 침묵이야말로 그 상대에 대한 가장 확실한 무기이다. 자존심 강한 바보들에게 있어서 작가들 사이에서 끊임없이 일어나는 싸움보다 더 재미있는 것은 없다. 이들 속 좁은 사람들, 무지한 사람들은 유명인들이 구경거리가 되는 것을 지켜보며 즐거워한다.

안목이라는 것도 그에 대해 그 자리에서 동의가 이루어지지 않는 경우, 논쟁을 하면 할수록 의견 접근은 더 어려워진다.

그런데 신문기자가 칭찬을 하고 싶은 때가 있을까? 그는 허풍을 떨 줄밖에 모른다. 어떤 배우가 우연히 죽었다고 하면 어떻게 될까? 형편없는 작가인 신문기자는 『메르퀴르 드 프랑스』에 가서 이런 식으로 말할 것이다. "사라지는 사람은 한 개인일 뿐이지만, 위로해야 할 사람은 전 국민이다!" 그가 애석해하는 사람이 누구일 것 같은가? 자비로운 군주인가, 입법자인가, 조국 수호의 영웅인가, 최고의 박물학자인가? 아니다. 그것은 바로 르캥이다.

630 자선금 분배

자선을 행하는 것이 그것을 공정하게 분배하는 것보다 더 쉽다. 예의를 차리는 데 필요한 것이 생리적 욕구에 필요한 것보다 더 중요해서는 안 될 것이다. 그런데 그런 일이 항상 일어난다. 해마다 자선금은 엄청난 액수에 달한다. 그런데 사람들은 말하자면 막대한 범죄적인 특혜에 의해 공적 자선의 효력을 잃게 한다. 진짜 가난한 사람들이 자신에게 주어지는 자선금을 빼앗긴다. 어떤 때는 귀족 가문의 여성을 지원해야 하기 때문에 불쌍한 양장점 여직공이 배제되기도 한다. 예전에는 부유했지만 지금은 사치로 몰락한 가문을 지원해야 할 경우도 있다. 다락방에 갇혀 지내며 거의 외출하지 않는 교구의 가난한 사람들은 자선금을 거의 받지 못하는 반면에, 소위 잘 나가는 집안은 주임사제에게 가서 위압적으로 당당하게 돈을 부탁하고 요구한다. 주임사제가 단호하게 공정한 판단을 하려고 하면, 그들은 거의 경멸하는 듯한 어조를 취한다. 그들은 가난한 평민들은 사회에 불필요하고, 그들이 있건 없건 국가에 크게 상관이 없는 너절한 사람들이다. 가난한 귀족들은 개인과 공공의 무상 공여 자금을 우선적으로 소비할 권리가 있다고 주임사제에게 말하기까지 한다.

신앙심 깊은 사람들은 이들 귀족 칭호를 지닌 거지들이 쳐놓은 성가신 오만의 덫에 자주 걸린다. 열심히 일은 하지만 도움이 없으면 그 가족이 쇠약과 절망으로 죽게 될 장인(匠人)의 가난을 덜어주는 데 쓰게 되어 있던 것이, 가난한 귀족들의 사치, 게으름, 나태 유지를 위해 주어진다.

이처럼 귀족들과 가공의 고위직 인사들은 자선금 분배자들을 속이고, 굶주리는 가난한 계층이 희생하도록 강요한다.

그런데 가난한 귀족이 요구하는 것은 빵을 살 돈이 아니라, 하인을 고용할 돈이다. 귀족의 말에 따르면, 가난하기 때문에 기부금에 대해 똑같은 권리가 있는 것이 아니다.

왕권에 빌붙어 얻을 수 있는 것을 모두 구걸하고 난 다음에, 귀족은 자신의 것을 모두 탕진하고 갑자기 교회로 방향을 바꾸어, 불우한 사람들을 위로하기 위해 종교와 자비가 비축해 두었던 자금까지 탕진한다.

그렇게 많은 후원을 받는데도 구빈원들이 여전히 영원한 절망의 사원인 까닭은 바로 이 때문이다. 특별한 경로에 의해 자선의 흐름이 방향을 바꾼다. 그 흐름은 길을 잃고, 과거에 부유했던 사람, 자신들의 행운을 뒤엎은 사람, 그리고 습관과 결부된 편견으로 인해 유용한 일을 할 줄 모르는 사람들을 찾게 된다.

그들의 대담한 요구와 분배자들의 무능 덕분에 그들은 가난에서 벗어나기 위해 분투하는 사람들보다 더 많은 도움을 받는다. "그들은 유복함에 길들여져 있다"고 사람들은 말한다. 이러한 그릇된 추론 때문에 보잘것없는 계층의 가난한 사람이 필요로 하는 빵을 빼앗기게 된다.

귀족 부인의 손에 들려 있는 돈주머니는 가득 채워지고, 그녀는 자신에게 접근하는 사람이면 누구이건 간에 그에게서 세금을 거둬들인다. 그 돈주머니는 그녀의 이웃 여인이 만들어 가질 수 있었던 것과 같은 크기여야 한다. 허영이라고는 할 수 없지만 일종의 경쟁관계가 그 사이에 들어선다. 하지만 돈을 모으는 사람이 자기가 누구를 위해 돈을 모으는지, 그 성대한 연공이 누구에게 제공될지 알지 못한다면, 이러한 오만은 비난의 여지가 적을 것이다. 그것은 더 이상 연민을 따르는 것이 아니다. 헛된 명예에 대한 막연한 희망을 동정심에 끼워넣는 것, 다른 사람들의 눈에 띄지 않게 하는 것을 최고의 미덕으로 삼는 자선에 대해서 자랑하는 것이다.

하지만 자선가가 공공연하게 스스로를 자선가라 부르는 것에 나는 동의한다. 가장 큰 역경의 구분 이외에 다른 구분을 허용하지 않는 법을 알았다면, 그는 그렇게 해도 상관없다. 그가 틀리지나 않을까 걱정한다면 그로 하여금 여론을 듣게 하라. 은밀하게 사람들의 행동을 판단하는 창조주께서 그의 손에 맡겨둔 이슬이 어떤 메마른 땅 위에 떨어져야 하는지를 여론이 그에게 알려줄 것이다.

자선금 분배자들이 그들에게 맡겨진 신성한 돈 약간을 유용했다고 내가 비난한다는 것은 당치도 않은 말이다! 그것은 우리가 가정조차 해서도 안 될 중죄이다. 그러나 수도 파리의 사제들과 분배 사제들을 속이는 일이 사방에서 벌어지고 있다. 그들은 절박한 간청에 자신도 모르게 넘어간다. 어떤 귀족은 그들에게 청원을 강요하는데, 자비 앞에서는 모든 이가 평등해야 한다. 이쯤에서 볼테르의 다음과 같은 멋진 시구를 인용해야 하지 않을까?

그가 인간이고 불행한 것으로 충분하다.

자선 재단에 프랑스의 3분의 1을 먹여 살릴 것이 있다고들 한다. 그런데 어떻게 그렇게 불행한 사람들이 많을 수 있을까? 그런 것으로 보건대, 분배에 문제가 있다. 가장 어려운 것은 선을 행하는 것이 아니라, 그것을 제대로 행하는 것이다.

맹목적이며 고통을 겪는 민중들은 빈민구호소의 관리자들을 비난한다. 몇 년이 지난 후에 그 관리자들이 화려한 마차 행렬을 펼치고, 굉장한 상점을 열고, 사치스런 식탁을 차리는 모습을 보며, 그들 민중은 이러한 호사가 가난한 자의 몫을 빼앗은 것이라 생각한다. 그렇지만 그 죄가 너무 엄청나 보여서, 나로서는 겉으로는 그렇게 보일지 몰라도 그러한 일은 믿을 수 없는 것이거나, 아니면 최소한 상상에 불과한 것이라는 생각을 갖지 않을 수 없다.

자비로운 사람들은 쓸데없이 과장해서 말하는 대신 실천을 행하고, 능동적인 자선 계획에 대립되는 편견과 장애물들을 극복하려고 애썼다. 그들은 눈으로 직접 보고 손으로 직접 만져보았다. 그들의 일상적인 경계는 하찮은 것들도 내버려두지 않았다. 그들의 계몽 이론은 성공으로 확인되었다. '신 구빈원'[18]의 등록부에 나오는 것처럼, 사람들은 자비와 재정 운영이라는 이중의 목표를 일치시키기에 이르렀다. 그것은 구빈원의 관리 또는 경영을 책임지는 사람들에게 최근에 제공된 훌륭한 예이다. 이 '구빈원'은 이후로 이러한 종류의 모든 기관들의 모범이 될 수 있을 텐데, 아직은 그것을 개선하는 시대, 다시 말해서 그것을 확장하는 시대에 속한다는 것을 사람들은 알고 있다. 그것이야말로 극복해야 할 진짜 문제점이다.

18 1777년 6월 29일에 재무총감이 된 네케르는 구빈원 업무를 개선하기 위한 위원회를 선정했다. 「구빈원 설립에 관한 보고서」를 쓰고 여기서 환자 한 사람이 침대를 하나씩 사용할 것을 주장했던 네케르 부인은 120병상의 구빈원 모델을 설립했고, 1780년에서 1790년까지 그곳을 운영했다.

631 제빵 학교

사람들이 빵을 만들어 온 지 2,000년이 넘었는데, 그 빵을 완전하게 만드는 법을 알지 못하고 있는 것도 2,000년이 된다. 이러한 내용은 입증된 것이다. 모든 사람들이 빵을 잘 만든다고 믿어왔는데, 실제로는 모든 사람들이 그다지 잘 만들지 못했기 때문이다.

밀로 만든 빵의 제조법은 화학자들의 도움을 받아야 하는 화학적 작업이다. 무조건적으로 관례를 따르면 제조법이 변질된다. 오직 경험만이 그 제조법이 받아들일 수 있는 완벽의 단계로 인도할 수 있다. 필수 기술이 초기 단계에 머물러 있었던 것은, 바로 그 기술들이 대중에게 맡겨져 있었기 때문이다.

하녀들은 빵 만드는 방법에 대해 자신에게 무언가를 알려준다는 것은 있을 수 없는 일이라고 확신한다. 이들은 20세기 동안 이어져 내려올 수 있을 테지만, 개선의 생각은 전혀 갖지 않을 수 있다. 이미 그래 왔다.

다른 지방에서보다 파리에서 빵을 더 잘 만드는데, 우선 몇몇 제빵업자들이 그들의 기술에 대해 생각을 할 줄 알았기 때문이다. 이어서 화학자들은 밀을 분석하여 효모의 준비에서부터 굽기까지 그 기술을 따르도록 우리를 가르칠 수 있었다. 이들 덕분에 구빈원에서 먹는 빵이 스위스에서 가장 부유한 식탁에 놓이는 빵보다 더 나은 것이다. 스위스에서는 빵을 만들 줄 모른다. 그곳에서는 하녀들 모두가 빵을 만들 줄 안다고 생각하기 때문이다.

그들은 하녀들이 밀을 변질시키고 그 무게를 감소시키도록 내버려둘 것이다. 그런데 밀이 거의 나지 않고 일반적으로 빵 만드는 기술이 형편없는 스위스는 개선을 하면 지출이 늘어나기는커녕, 상당한 이득이 있다는 것을 알아야 할 것이다. 왜냐하면 제빵의 경우 절약과 완벽성은 같은 선상에서 진행되기 때문이다.

제빵 학교는 무료인데, 더 간단하고도 더 탁월한 방법들로 대체하기 위해서는 서서히 습관을 바꾸어야 한다. 이 학교는 제빵의 근본 원리 중에서 아직까지 제대로 평가받지 못한 기술에 관련된 모든 것을 가르친다. 그곳에서는 모든 종류의 빵에 대해 사용해야 할 서로 다른 처리법들을 설명한다.

그것은 아주 새로운 지식으로, 다른 곳에서는 전혀 짐작조차 못하는 것이지만, 어리석은 무지로 인해 조롱을 받을지도 모른다. 그러는 사이에 화학 교수는 예전에는 전분 제조업자에게 넘기고 가축의 사료로 넘겨주던 것으로부터 질 좋고 맛있는 밀가루를 뽑아낸다.

하지만 빵 만드는 기술에 교수들을 어떻게 맞아들일 것인가? 지금 하고 있는 그대로 빵을 완벽하게 만드는 데 더 이상 보탤 것이 아무것도 없고, 조상들도 그런 식으로 빵을 만들어 먹었다고 말하며 합세하는 빵집 조수들이며 하녀들, 그리고 그들의 안주인들이 보이지 않는가?

몇몇 외국 도시에서는 아직도 한 세기가 지나야 「도시와 시골의 살림꾼 주부들에게 주는 충고」[19]를 읽게 될 것이다. 하지만 그들이 읽는 것은 어리석은 소문 전파자들의 이야기일 뿐이다.

여성들은 영국식 모자, 리본, 그리고 아리에타들을 파리에서 들여오게 할 것이다. 하지만 그들은 화학자 학교에서 공부한 제빵업자

19 이 「도시와 시골의 살림꾼 주부들에게 주는 충고」는 총칭적인 제목이지, 한 권의 분명한 책자를 지시하는 것이 아니다.

를 불러오지는 않을 것이다. 외국인들은 이렇게 말할 것이다. "화학이 뭐야? 우리를 빵도 만들 줄 모르는 야만인들로 보는 거야?" 자기네 하녀들의 예찬자이며 그 하녀들보다 더 많이 알지도 못하는 이들 외국인들은 밀을 거의 갖고 있지도 못하지만, 그들의 고집 때문에 질과 양에서 손해를 볼 것이다.

형편없는 빵을 먹으면서 수도의 사냥 나팔을 열렬히 맞이하는 사람들이여, 제빵 학교 문하생을 불러오게 하라, 그러면 당신의 작은 마을은 피리 소리보다 더 유익한 무언가를 얻게 될 것이다.

제빵 학교에서는 인간의 존속과 보존에 가장 필요한 모든 세세한 부분까지 파고들고, 거기에 육체적 경험이 더해진다. 그들은 가르칠 때 속어가 사용되기 때문에, 조수들은 수업을 잘 이해할 수 있다. 그런 식으로 스스로를 낮추는 것처럼 보이면서 높이는 것이다.

파리인들이 먹는 빵은 맛이 탁월해졌다. 제빵업자들의 사기와 부주의는 동시에 처벌을 받았다. 왕국의 다른 나머지 지역에서도 제빵 기술을 늘릴 수 있는 것이면 어느 것이든 무시하지 않는 것이 바람직하고, 그 기술은 감시를 받아야 한다. 왜냐하면 프랑스에서 빵은 대도시 빈민의 주식(主食)이고, 시골에서는 거의 유일한 음식이기 때문이다. 그런데 빈민이란 곧 국민의 절반을 의미하는 것이다.

수도 파리에 거주하는 80~90만 명을 생각할 때, 그리고 감자를 생각해 볼 때, 나는 더 이상 그것들을 외면할 수 없다. 경제이론가들은 감자를 좋아하지 않는다. 감자가 그들의 체계를 다소 혼란시키기 때문이다. 감자는 식품의 모든 특성을 겸비하고 있어서 무한히 많은 조리법이 가능하고, 귀리, 굵은 밀가루, 살렙, 사고[20]를 대체할 수 있다. 가난한 사람들이 정말 자유로이 이용할 수 있는 자원 아닌가!

소문에 의하면, 이 식물에는 이전에는 밀에만 있다고 생각했던 영양학적 특성들이 모두 들어 있다고 한다. 기술적으로 추출할 수만 있다면, 어떤 식물이든 식물의 일부분이든 인간의 영양에 적합한 물질을 내포하지 않은 것은 아무것도 없다. 그런데 이 기술은 빵 만드는 기술보다 훨씬 덜 복잡하다.

무지의 산물로서 왕국 전체에 퍼져 있는 잔인한 기아(饑餓)를 간단하고 유용한 발견을 통해 없애준 파르망티에, 카데 드 보[21] 같은 화학자들에게 우리는 정말 감사해야 하지 않을까! 그들은 흉작이란 단지 겉으로 드러나는 모습일 뿐이고, 식물이 자라는 모든 곳이 굶주린 사람들에게 영양가 있는 물질을 제공한다는 것을 국왕들과 민중에게 알려줌으로써 하느님의 섭리를 입증했다. 그들은 우리 주변의 식물들로부터 빵의 속성을 추출하는 법을 알게 되면 흉작이라는 단어는 현대어에서 사라지게 될 것이며, 그리고 몇몇 식물들은 그러한 속성을 어느 정도는 갖고 있다는 것을 알려주었다.

되도록이면, 그것도 완강하게, 인간으로 하여금 밀을 고집하게 만든 것은 바로 인간의 무지이다. 우리에게 마실 것이 되는 물과 마찬가지로 영양을 주는 세계는 어디에나 있다.

포도주 역시 어디에나 있을 것이다. 사람들이 밀과 포도에서만 만들 수 있다고 생각하는 이 귀중한 물질들은 자연의 품속에 풍부하게 퍼져 있으며, 개발되어 인류에게 먹을 것을 주고, 자연력의 분노와 그 못지않게 무서운 독점으로부터 인류를 보호하기 위해 기술의 손길만을 기다리고 있다.

20 살렙은 소아시아의 구근(球根)으로 전분을 추출한다. 사고는 마찬가지로 말레이시아 야자나무의 일종인 사고 야자나무에서 추출한 전분이다. 이 식물들은 박애의 관점에서 메르시에 세대가 열광했던 대체품들이다.

21 Cadet de Vaux(1743~1828): 자신의 기술을 농촌 및 가정 경제에 실제로 적용시키는 데 몰두했던 화학자로, 1772년에 파르망티에와 더불어 제빵 학교를 설립했고, 함께 제빵 강의를 했다.

인간이 짐승처럼 땅에 배를 깔고 엎드려 풀을 뜯어먹는 것을 보아왔던 그 끔찍한 세월은 더 이상 없을 것이다. 더 많은 식견을 갖추고, 밀가루를 추출할 수 있는 모든 식물들을 더 잘 알게 된 인간은 더 이상 물리적 혁명도 정치적 혁명도 두려워하지 않을 것이다. 창조주께서 식물이 돋아나게 한 모든 곳에는 창조주를 숭배하고 그 호의에 감사드릴 무언가가 있는 법이다.

최초로 이러한 중요한 지식을 전개한 새로운 트립톨레모스에게 영광이 있기를! 그리하여 아메리카 원주민들은 사전 준비 과정을 거쳐 카사바, 타피오카를 먹고, 또 다른 원주민들은 마니옥과 유카,[22] 더 많은 유독한 식물을 이용한다. 어떤 영원하고 자비로운 신(神)을 가정하는 체제는 그를 식별하고 축복하기 위해 이러한 새로운 도움을 필요로 하지 않았다. 그렇지만 선한 자연이 모든 식물에 영양분이라는 특성을 줄 수 있다는 것을 인간이 마침내 의심하게 된 것은 『일리아드』와 『법의 정신』이 나온 이후라는 것에 주목하자.

얼빠진 사람들처럼 1767년에 밀의 무한 수출을 권장했고, 절제되지 않는 탐욕에 왕국을 기아 상태로 몰아넣으라는 신호를 보냈던 경제이론가들이여, 오라.[23] 오로지 밀만을 보았던 당신들은 달려와서 화학상의 발견 한 가지만으로도 당신들이 침묵하지 않을 수 없다는 것을 생각해보라. 당신들의 체제를 송두리째 뒤집어 엎기 위해서는 감자 한 알만으로 충분하다. 단 하나의 화학 실험 앞에서 당신들

22 북아메리카의 식물로 녹말이 함유된 과실은 가축의 사료로 적당하다. 오늘날에는 장식용으로 쓰이며, 이미 18세기의 오렌지 나무 온실에서 장식용으로 존재하던 식물이다.

23 이러한 자유주의적 실험은 여러 해에 걸쳐 계속되었다. 1763년에는 곡물의 국내 자유 거래가 시행되었고, 1764년에는 국내 시장에서의 가격 상승이 일정 수준을 넘지 않는 한 자유 수출이 시행되었다. 1767~1768년 동안 곡물로 인해 일어난 수많은 폭동들은 이 실험의 종말, 그리고 경제이론가들의 여론 지배의 종말을 나타냈다.

이 떠벌이던 말들이 어떻게 되는가? 그러니 절대로 아무것도 단언하지 말고, 당신들에게 부족한 것이 무엇인지, 화려한 몇 마디 말로 설명할 수 없는 당신들의 심각한 무지에 대해 파악하라. 아! 당신들은 어떤 발견들이 왕국의 통치에 대해 얼마만한 영향을 끼칠 수 있는지를 생각해본 적이 없었다. 심사숙고하라, 그 발견들은 끔찍할 정도로 불평등한 우리 사회를 해체시킬 수도 있고, 인간의 완전함을 최고도에 이르게 할 수도 있다.

얼마 안 가서 검고 흰 나무통, 제작에 너무나 많은 노고가 드는 나무통에 의해 생산되지 않는 질 좋은 포도주를 어떤 화학자가 우리에게 내놓을지도 모른다. 산(酸), 설탕이 우리 수중에 있다. 자연은 하나이지만 우리 눈에는 그것이 보이지 않는다.

경제이론가들과 그 비슷한 사람들은 자신들이 결코 이해하지 못하는 말들에 도취되어 있다. 그들은 타인의 이해력 부족을 한탄한다. 하지만 위대한 체계를 구축하는 듯이 보여야만 한다. 그 모든 것이 그저 이론상으로는 얼마나 그럴듯한가!

632 다르장송

1697년에 그는 경찰 조직을 기획했는데, 오늘날 존재하는 조직의 그런 모습은 아니었다. 그렇지만 그는 경찰의 주요 권한과 기구(機構)들을 처음으로 생각해냈다. 오늘날 이 조직은 저절로 굴러가고 있다고들 한다. 그러나 전혀 그렇지 않다. 경찰의 일은 여러 가지 변화를 수용한다. 하지만 그것들이 모두 똑같이 까다롭지는 않다. 왜냐하면 그 조직은 완전하게 확립되어 있고, 유기적으로 연결된 모든 부서에서 우두머리의 지배력 휘하에 있기 때문이다. 필요한 것은 그것이었다. 경찰관들은 군대 규율과 매우 유사한 엄정한 규율에 따르기만 하면 되었다.

다르장송은 엄격한 사람이었는데, 아마도 최초의 추진력을 가하면서 그의 후계자들이 겪지 못한 저항을 느꼈기 때문이었을 것이다. 오랫동안 사람들은 모름지기 치안총감은 엄격해야 한다고 믿어왔다. 그는 단호하기만 하면 되는 것이다. 몇몇 치안총감들은 지나치게 무거운 처벌을 내리기도 했는데, 그들은 파리 시민을 알지 못했기 때문이었다. 파리 시민들은 열정적이지만 사납지 않고, 모든 행동이 예측 가능한 사람들, 그래서 다루기에 쉬운 사람들이었다. 파리에서 냉혹한 사람이라면 괴물일 것이다.

언제나 방종을 부끄럽게 생각하며, 마치 학생들이 콜레주의 라틴어 교사를 두려워하는 것처럼 치안총감을 두려워하는 파리 시민이지만, 그 직책에 마땅히 보여야 할 존경심을 항상 갖고 있는 것은 아니었다. 유별나게 경박한 사람들은 이 경찰의 우두머리를 마치 옷을 붙잡으며 희롱할 수 있는 경찰관의 한 사람으로 간주할 수 있다고 믿었다. 터무니없이 경솔한 몇몇 젊은 연대장들에게는 이 사법관직이 우스꽝스럽게 보였다. 하지만 치안총감이라는 관리는 나름의 힘과 무게, 위엄을 갖고 있다.

그 '라틴어 교사' 역시 누군가에게 종속되어 있는 것을 보고 싶어 하는 민중들은, 그들 말에 의하면 고등법원 수석 재판장이 치안총감에게 하는 '투명, 청렴, 안전'이라는 말을 되풀이한다. 민중들은 이 말들을 명령으로 간주한다. 그들은 그것이 한갓 헛된 표현에 불과하며, 고등법원은 다른 권력기관에 대해서 모든 것을 책임지는 치안총감을 단지 형식적으로만 지배한다는 것을 알지 못한다.

제멋대로 다른 시민들을 염탐하게 하는 사람이 상황에 따라 염탐 당한다는 생각은 상당히 흥미롭다. 그처럼 사람들을 정치 질서에 묶어두는 고리들은 실제로는 이해할 수가 없다. 사회가 어떻게 존재하고 그 구성원들이 동시에 보이는 반응에 의해 어떻게 유지되는가에 감탄하지 않는 사람, 모든 통치체제를 나타내는 고대 상징인 '입'으로 '꼬리'를 물고 있는 뱀을 보지 못하는 사람은 심사숙고하는 운명을 타고난 사람이 아니다.

파리 경찰과 으뜸가는 귀족 다르장송에 대한 퐁트넬의 단장(斷章)을 여기서 다시 본다고 해도 그다지 불쾌하지 않을 것이다. 오늘날에도 여전히 닮아 있는 것과 더 이상 닮지 않은 것을 은밀히 비교해 볼 수 있을 것이다. 설명은 덧붙이지 않겠다.

> 치안이 잘 된 도시의 시민들은 그곳에 확립되어 있는 질서를 누리면서도, 그 질서를 확립하거나 보존하는 사람들이 얼마나 많은 수고를 들이는지를 생각하지 않는다. 그것은 마치 모든 사람들이 천체의 움직임을 누리면서도 그에 대해 아무것도 모르는 것과 마찬가지이다. 치안 질서

가 한결같다는 면에서, 천체의 질서와 닮으면 닮을수록 그 질서는 더욱 더 지각할 수 없다. 따라서 그것이 더 완벽한 만큼 언제나 더 무시되는 것이다. 하지만 그 질서를 알고 더 깊이 파고들기를 원하는 사람이라면 불안을 느낄 것이다. 수없이 많은 사고들로 인해 언제나 몇몇 원천이 고갈될 수 있는 막대한 소비를 파리 같은 도시에서 항구적으로 유지하기, 대중을 대하는 상인들의 횡포를 비난하고 동시에 그들의 교역에 활력을 불어넣기, 대체로 해결하기 어려운 상호 간의 침해 방지하기, 무수히 많은 사람들 속에서 쉽게 해로운 일을 숨길 수 있는 모든 사람들을 간파하고 그들을 사회에서 제거하거나, 아니면 그들이 아니면 다른 사람들이 맡으려 하지 않거나 제대로 수행되지 않는 일들을 함으로써 그들이 사회에 유용할 수 있는 한에서만 그들을 너그러이 봐주기, 그들이 항상 뛰어넘으려 하는 명확히 필요한 한계 내에서 필요한 악습을 유지시키고, 그들이 선고받은 암흑 속에 그들을 가두어두고, 심지어 아주 명백한 징벌에 의해서도 그들을 그 암흑에서 끌어내지 않기, 처벌보다는 무시하는 것이 더 나을 때는 무시하기, 아주 드물게 유용한 경우에 한해서 처벌하기, 지하 배수로를 통해 가정 내부로 침투하기, 이용할 필요가 없는 한 그 가정이 털어놓지 않은 비밀 지키기, 몸을 드러내 보이지 않고 어디에나 존재하기, 마지막으로 제멋대로 거대한 군중을 움직이거나 멈추게 하고, 항상 활동을 하면서도 거의 알려지지 않는 그 대집단의 중심인물 되기. 이상이 일반적으로 경찰 행정관이 하는 일들이다. 알아야 할 것들의 양으로 보나, 따라야 할 계획의 양으로 보나, 기울여야 할 정성으로 보나, 취해야 할 행동과 지녀야 할 성격의 다양성으로 보나, 한 사람만으로는 충분할 수 있을 것 같지 않다. 하지만 다르장송이 모든 것을 충족시킬 충분한 능력이 있었는지 없었는지는 여론이 답해줄 것이다.

그의 재임 시에 파리 시의 청결, 치안, 풍요, 안보는 최고도에 달했다. 게다가 고인이 된 국왕은 파리 관리를 전적으로 그에게 일임했다. 다르장송이라면 어떤 낯선 사람이 어둠을 틈타 파리에 잠입했어도 그에 관해 보고했을 것이다. 이방인이 아무리 몸을 숨기는 데 재주가 뛰어나다 해도, 그는 언제나 다르장송의 감시의 눈길 아래 있었다. 누군가가 그에게서 벗어난다 해도, 적어도 결과는 거의 언제나 마찬가지인데, 어느 누구도 감히 제대로 숨었다고 확신할 수가 없었다. 몇몇 중대한 경우에 있어서 형식에 매여 있지 않은 최고권력이 그의 방식을 지원한 것은 당연했다. 왜냐하면 법원은 스스로 지고 있던 수많은 분별 있는 굴레를 벗지 않으면 소송을 제기할 수 없을 것이기 때문이다.

대다수가 하층민들로 구성되어 있고, 왜 그 자리에 왔는지를 거의 알지 못하고, 아주 사소한 이해관계에 몹시 흥분하며, 대개는 이해력이 아주 형편없고, 차분하게 생각을 말하기보다는 터무니없는 소리를 지르는 데 익숙한 청중들에 둘러싸여 시달리면서도, 그는 한 치의 소홀함도, 사람들이나 사건들이 불러일으킬 수 있었을 경멸감도 드러내지 않았다. 그는 가장 하찮은 것이지만 그가 보기에 꼭 필요한 공익과의 관계에 의해 중요해진 세세한 것들에 온몸을 다 바쳤다. 그는 거친 사고방식을 따랐다. 그는 아무리 그것이 이상해 보일지라도 누구에게나 자신의 말투로 말했다. 그는 이성을 가장 잘 알지 못하는 사람들의 관습에 이성을 맞추었다. 그는 친절하게 거친 사람들을 화해시켰고, 중재를 할 수 없는 경우에 한해 권위적인 결정을 사용했다. 때로 거의 용인할 수 없는 항의, 신중한 판결에 어울리지 않는 항의가 들어오면, 그는 더 적절하고 그만큼 효율적인 민첩한 행동으로 그 항의를 마무리했다. 그는 심지어 직위에 허용되는 한도 내에서 극도로 따분하고 불쾌한 임무들을 재미있게 만들기까지 했으며, 자신의 돈을 들여 그가 기운을 내서 그렇게 힘든 일을 계속할 수 있는 것을 임무에 부여하곤 했다.

1709년과 1710년[24]에 물가가 지나치게 높아지자, 타격을 받은 사람들의 일부가 부당하게도 다르장송을 공격했지만, 그는 온갖 방법을 통해 그 재난을 타개하려고 노력했다. 몇 차례의 소요가 있었는데, 그 소요를 지나치게 엄격하게 처벌하는 일은 신중하지도 않고 인도적이라고 할 수도 없었을 것이다. 그는 그 소요들을 진정시켰다. 이는 그 소요에 대처하는 과정에서 보여주었던 그의 사려 깊은 과감성과, 분노에 싸여 있긴 하지만 언제나 다르장송에 대해 신뢰를 느껴왔던 하층민들 덕분이었다. 어느 날, 수많은 군중이 방화하려 했던 집안에 갇혀 있던 그는 문을 열게 하고 자신의 모습을 드러내며 대화를 했고, 그로써 모든 것을 진정시켰다. 그는 비무장이라 해도 치안총감의 힘이 어떠한지를 알고 있었다. 그러나 그것을 안다고 해서 능사가 아니다. 그것을 확신하는 데는 상당한 용기가 필요하다. 그 행위에 대한 보상으로 국무참사직이 따라왔다.

그는 공익이 걸린 경우와 마찬가지로 자신의 삶이 걸린 경우에도 용기를 보여주었을 뿐만 아니라, 그가 자청하지만 않는다면 아무 위험이 없는 경우에서까지도 용기를 보여주었다. 그는 반드시 화재 현장에 있었고, 가장 먼저 그 현장에 도착했다. 그렇게 긴급한 순간, 그 끔찍한 혼란 속에서도 그는 구조를 위해 명령을 내리는 동시에, 위험이 너무 커 도움을 요청할 수 없을 때는 직접 모범을 보이곤 했다. 생베르나르 문의 공사현장에 큰 불이 났을 때, 대대적인 화재를 막기 위해서는 불길이 넘실대는 도로를 건너가야 했다. 항구의 사람들과 경비대 분견대원들은 주저하고 있었다. 다르장송이 첫 번째로 길을 건너자, 용감한 사람들이 그 뒤를 따랐고, 화재는 진압되었다. 그의 옷 일부가 탔다. 그런데도 그

24 1709년의 '혹독한 겨울'과 그로 인한 끔찍한 결과에 대한 암시.

는 20시간 이상을 서서 계속 일을 했다.

고인이 된 왕은 경찰 행정이 아무리 광범위하다 해도 다르장송이 그 일에만 전적으로 매여 있도록 허락하지 않았다. 그 일들로 인해 지배자와 맺게 된 직접적인 관계, 언제나 대단히 소중하고 세련된 관계에 의한 것이긴 해도, 국왕은 더 고상하고 더 영광스러운 다른 일들을 위해 종종 그를 부르곤 했다. 때로는 그들의 항의가 통상 법정에서 터져나오는 것이 바람직하지 않고, 대중이 소홀히할 수도 있는 어떤 존경심을 요구하는 가문에 속한 주요 인사들 간의 화해가 문제되기 때문이었다. 때로는 신속한 수단, 교묘한 비법, 민첩한 행동이 요구되는 국정 때문이기도 했다. 마침내 다르장송은 국왕 곁에서 정기적으로 대신의 직을 수행하게 되었는데, 그것은 은밀하고 직함도 없지만 그럼에도 국왕에게 더욱 총애를 받고 더 많은 권력을 지닌 자리였다.

퐁트넬은 다르장송의 엄격함, 엄단의 성향에 대해서는 말하지 않았다. 그러한 것들은 능력이라기보다는 무력함의 표시이다. 아! 불완전하고 세련되지 못한 인간의 법률은 인간의 마음 깊은 곳으로 내려와 엄단해야 할 범죄의 원인을 간파할 수 없는 것인가! 법률은 단지 표면적인 것들만 판결할 뿐이다. 법적으로 유죄인 사람을 법률은 사면할지도 모른다. 법망을 빠져나가는 사람에게 법률은 타격을 가할지도 모른다. 하지만 고백컨대, 법률은 다른 선택의 여지가 없다. 법률은 인간의 내면을 드러내보이게 하는 것은 무엇이든 소홀히 해서는 안 될 것이다. 법률은 자연적이고 파괴할 수 없는 정념의 힘을 결과가 아니라 원인에서 추정해야 한다. 나이, 성별, 날씨, 날짜를 고려해야 한다. 그러한 것들은 입법자의 머릿속에는 들어 있을 수 없지만 치안총감의 머릿속에는 반드시 존재해야 하는 미묘한 규율이다.

물론 길을 잃고 헤매는 수많은 사람들이 과오를 축소시키는 듯한 잘못들이 널리 퍼져 있다. 거기서 징벌이 공익과 모순되지 않도록 하기 위해서는 일종의 신중성이 요구된다. 왜냐하면 징벌이 터무니없이 약하거나 지나치게 비인간적으로 비칠지도 모르고, 법률과 법관에 대해 분노가 솟아날 수도 있기 때문이다.

나는 몇몇 치안총감들의 성격에 대한 기본적인 지식을 갖고 싶고, 가브리엘 타슈로 드 보드리, 니콜라장바티스트 라볼 동브르발, 르네 에로가 어떠한 사람들이었는지, 그리고 그 계보의 첫 번째 인물이었던 가브리엘니콜라 드 라레니에게 어느 정도의 명확한 권력이 있었는지를 알고 싶다. 공적인 사건들에 더 밀접하게 연루된 다른 사람들은 내가 알고 있다.

현재 르누아르가 14대 파리 치안총감이다. 그는 정의와 엄격한 성격의 직무를 여러 차례 연민과 관용의 직무로 변화시켰는데, 그렇다고 해서 공공의 질서가 타격을 받지는 않았다.

633 문학사(文學士)

이는 민망스럽고 무의미한 말이 나열된 몇몇 단장들, 즉 인간 이성의 수치인 스콜라 철학의 토대로 자신의 머릿속을 채운 사람들이다. 사람들은 그 난해한 노트들을 '완벽한 철학 강의'라고 부른다. 이 노트들은 젊은이들을 속이고, 그들에게 부정확한 사유를 주며, 비현실적인 것을 쉽게 믿는 습관을 들이고, 인간 정신의 진보를 지연시킨 사소한 문제들을 제공할 뿐이다. 사람들이 참조하는 '상토니아퇴르'[25]에는 로크, 뉴턴, 데카르트의 생각과 유사한 것이면 무엇이든 담겨 있지 않도록 유의해야 한다. 그런 다음에야 수업에서 똑같은 어리석음을 가르치는 것이 그에게 허용된다.

노트들을 출판하자는 제안이 있었다. 하지만 선생은 신중하게도 그에 반대할 줄 알았다. 교실의 먼지 속에서, 우리 시대의 석학이 될 사람들 앞에서 구술되는 그 뜻모를 말이 무엇이란 말인가?

이런 말이 있었던 것은 당연한 일이다. '수천의 문법가들이 있는데 좋은 문법가는 하나도 없는 것은 어찌된 일인가? 수천의 웅변술 선생들은 있는데 설득력 있는 선생은 단 한 명도 없는 것은 어찌된 일인가? 수천의 수사학자들은 있는데 훌륭한 수사학자는 하나도 없는 것은 어찌된 일인가? 수천의 철학 선생들은 있는데 그들에게서

25 centoniateur: 한 작가의 단장들로 이루어진 수사학자의 연습 문제집 혹은 한 작가의 몇몇 시구들 또는 단장들로 이루어진 저작물로, '이곳저곳을 기운 외투'라는 뜻의 그리스어 '켄토(kento)'에서 유래했다.

나온 훌륭한 철학 서적은 단 한 권도 없는 것은 어찌된 일인가? 수천의 콜레주 교사들은 있는데 좋은 연구 계획은 하나도 없는 것은 어찌된 일인가?' 잘못을 바로잡고 진리를 퍼뜨리는 일이 오로지 출판이라는 방법에만 속해 있기 때문이다. 진정한 보편 교육어의 모습은 이러하다.

그러므로 문학사가 되기 위해 필요한 것은 기억력이지 상식이 아니다. 어떤 사람이 금석학 아카데미의 회원이 되기 위해서는 12수와 뜻하지 않은 고서(古書) 발견만 있으면 되는 것과 마찬가지이다. 그는 14세기의 어눌한 학자들 중 한 사람의 케케묵은 책을 둑길에서 우연히 찾아낸다. 그 책은 신화와 고대의 모든 신들의 이름과 별칭을 다룬 것으로, 이루 말할 수 없이 지리멸렬하지만 놀라울 정도로 박식한 책이다. 어느 누구도 감히 읽을 엄두를 내지 못할 그 박학과 그리스어의 홍수로부터 지망자는 3개의 매달을 차지할 4~5개의 논문을 힘들이지 않고 만들어낼 것이다. 그렇게 되면 그는 아카데미 프랑세즈의 맞은편 방에 있게 되는 것이다.

634 문학의 세기라는 루이 14세 시대에 대하여

사람들은 현재의 작가들을 더 격하시키기 위해 신문을 통해 이 시대를 끊임없이 찬양한다. 이제 그들의 명예를 회복할 시간이다. 루이 14세 시대는 웅변가라는 바로 그 이름 아래 시인들만을 배출했을 뿐이다. 정치 윤리에 관한 것은 아무것도 없었다.

대다수의 사람들이 그 이름을 듣고 외면하지만, 윤리는 아마 설득력 있는 문체들로 가장 잘 장식할 수 있는 학문일 것이다. 윤리는 매력적인 모든 표현방식에 적합하다. 그리고 그것은 의무의 가장 사소한 규칙들까지 포함하기 때문에, 다른 학문에서라면 감동을 주지 못하고 생기가 없을 모든 세세한 것들에 어느 정도의 중요성을 부여한다.

뉴턴 학설의 매력은 확실히 감탄할 만하다. 그렇지만 우리를 서로 가까워지게 하고 더욱 사교적으로 만들며, 우리 마음속의 자비심을 완전하게 만드는 매력이 있다면, 그것을 묘사하고 증명하는 것이 더 바람직하다. 이러한 내면적인 매력은 존재한다. 그것은 인간관계이며 완벽한 경지의 법체계이다.

따라서 이러한 원리에 입각한 우리 시대의 표현 기술이 지난 세기의 것보다 훨씬 더 뛰어나다. 권력에 굽실거리는 시인들, 돈에 좌우되는 웅변가들은 자신이 섬기는 우상들에게조차 경멸받는 향을 피웠다. 루이 14세 치하에서만큼 재주 있는 사람의 타락이 그렇게 심했던 적은 결코 없었다.

사람들은 몸집이 큰 어린아이들이다. 다른 점에서 보면 불행했던 세기가 몇 개의 조각상, 몇 점의 그림, 몇 편의 시 작품들로 예술의 세기, 영광의 세기라는 화려한 이름을 받게 된다.

1685년의 낭트 칙령 폐지는 문인들로부터의 어떠한 항의도 받지 않고 통과되었다. 그래서 우리는 이 세기가 그 명성에도 불구하고 진정으로 계몽적이지 않았다고 말하는 것이다. 오늘날이라면 아마 똑같지 않을 것이다. 문학은 통치체제를 감시하고, 통치체제의 그러한 탈선을 막을 것이다.

세련되지 못한 아첨꾼 부알로의 시적 서한과 변덕스런 은총[26]에 매달렸던 민첩하고 교활한 추종자 라신의 비극들이 그 시대에 있었다는 것이 무슨 상관인가? 이 두 작가가 가질 수 있는 관심과 즐거움 모두를 쏟아부을 수 있는 정치 문제들과 비교해볼 때, 그 서한과 비극들은 하찮은 것들이다.

현대의 철학이 인간에게 베푼 위대한 선행은 수많은 과실과 박해의 시대가 지나고 난 후 종교란 설득되는 것이지 명령되는 것이 아니라는 것, 그리고 종교의 진실성에 대한 최초의 의혹은 그 종교를 받아들이게 하기 위해 사용하는 폭력에서 태어난다는 것을 납득시켰다는 점이다. 경험상 이처럼 사려 깊은 관용을 받아들인 모든 나라에서 그것이 유리하다는 것이 분명하다. 그곳에는 평화가 유지되고, 그곳 사람들은 진정한 기독교를 특징짓는 미덕에 더욱더 호의적이다.

지난 세기의 문학은 모두 가장 전염성 강한 아첨뿐만 아니라 가장 잘못되고 가장 우스꽝스러운 생각들로 황폐화되어 있었다. 고귀한 이성에 따라 말하고 감동을 주고 설득하는 현대의 유익한 작품들

26 '변덕스런 은총'이라는 표현은 예수회 수사 몰리나의 주장에 반대하는 얀센주의 논쟁을 가리킨다.

에 우리가 조금이라도 익숙해 있다면, 소위 말하는 이들 웅변의 전형들에서 우리는 무익한 단어들의 집합, 용납할 수 없는 타락한 언어만을 보게 될 뿐이다.

그것은 아직도 공격당하는 진실들 가운데 하나이다. 그에 맞서 싸우면서 이성은 몇몇 재주 있는 사람들을 조심하게 만들 것이다. 그들은 바로 그 지난 세기의 웅변에 가해진 비난들을 검토할 것이다. 사람들이 아낌없이 모욕을 가했던 그 진실조차도 시간이 흐르면 구름에서 벗어나 보편적으로 인정받을 것이다.

그러므로 반론에 놀라서는 안 된다. 그것은 필요한 것이다. 반론은 해를 끼치는 것 이상으로 도움을 주며, 보기를 거부했던 눈에 빛을 가져다준다. 편견과 어리석음이 문학적 전례를 포기하는 것은 언제나 가장 멋진 변론이 있은 다음이다.

처음으로 용기 있게 그 문학적 전례들에 맞서 싸운 사람은 현학주의가 준비해두고 있는 비난의 집중 포화를 받는다. 하지만 그 현학주의의 공격에 미소로 대응해야 한다.

'언론'이 여전히 추방하고 싶어 하는 단어, 몇몇 사려 깊은 현대 작가들의 글에서 언급되는 인간성이라는 단어는 위대하고 감동적인 생각들을 가장 많이 불러일으킨다. 그러므로 그 단어는 언어가 갖고 있는 것 중 가장 아름다운 것이 될 만했다. 그 단어는 인간의 평등과 그들 각자의 의무를 보여주었다. 그 단어는 밭을 가는 일꾼들을 인식하게 했고, 그들의 노동을 존중할 만한 것으로 만들었으며, 농업, 인구, 산업, 상업에 관한 새로운 지식, 대중의 행복과 매우 밀접한 관련 지식들을 낳았다. 그 단어가 더 확장될수록 인간의 영광은 더욱 커질 것이다. 보편 이성의 진보를 재촉하는 작가들이 끊임없이 자신의 서재에서 숭배하게 만드는 데 애쓰는 그 단어의 이름으로 이루어질 자선에 대해 우리는 작가들에게 신세를 지고 있다.

하지만 우리 시대가 갖고 있는 이점에도 불구하고, 우리 시대는 진리의 세기라기보다는 가장 중요한 진리로 이행하는 세기로 간주되어야 한다. 어쩔 수 없이 확정된 원리들을 무너뜨려야 했기에, 우리에겐 그것들을 확고부동하게 정착시킬 시간이 없었다. 또한 (이것을 고백할 필요가 있을까?) 우리의 견해에는 아직도 무언가 자의적이고 확실하지 않은 것이 유지되고 있는데, 그것은 윤리와 정치의 완전함과 대비를 이루고 있다.

이제 주요한 오류들이 축출되었으니, 지나치게 신속한 열정이 진척시킬 수 있었던 위험한 것을 바로잡는 것이 유익할 것이다. 허구의 체계를 전복시키는 데 사용된 도구들까지도 검토해야 한다. 폐허에 둘러싸여 있으니 우리 모두 건축가가 되자.

어디에선가 세네카가 말했다. 미치지 않고는 1,000년 더 일찍 태어나지 못했다는 것에 화를 내지 않을 것이다. 덧붙여서 그는 말한다. 1,000년 뒤에 태어나길 바란다면, 마찬가지로 미쳤다고 할 것이다. 고백하건대, 나는 이런 식으로 미쳐 있다. 나는 내가 태어난 시기가 500~600년 후였으면 좋겠다. 왜냐하면 위안을 가져다주기에 적절한 기술이 점점 완전해질 것이고, 이제 막 탄생했을 뿐이지만 이미 상당히 큰 부를 산출한 인쇄술이 마침내 세계를 밝히고 인간의 진정한 관심사를 사람들에게 가르칠 것이라 추정할 수 있기 때문이다.

오늘날 계몽철학의 횃불을 끄려 하는 것은 부질없는 일이다. 등대는 불이 밝혀졌고 유럽을 지배하고 있다. 절대 권력의 바람이 그 불꽃을 굽히려 하지만, 그저 그 불길을 일으키고 더 강렬하고 찬란한 광채를 부여할 수 있을 뿐이다. 한 사람의 목소리를 억누르면, 이미 준비하고 있는 20명의 다른 목소리들이 더 크게 인간의 권리를 요구할 것이다. 국가 통치자들로서는 공정하고 온건해지는 것 외에 더 이상 달리 취할 방도가 없다. 그들이 공정하고 온건하지 않다면,

그들은 살아 생전에 그들의 불공정성이 청동 테이블에 새겨지는 것을 보게 될 것이다. 그들의 벼락은 무엇을 하는가? 그것은 으스러뜨리고 죽게 한다. 고결한 작가의 벼락은 목숨은 살리면서, 그 목숨을 수치심과 공분(公憤)에 처하게 한다. 세계 곳곳에서 진리가 소리 높이 외칠 것이다. "이러한 사람이 독재자이며 인류의 적이다!" 그리고 그의 이름을 구성하는 음절들은 욕설이 될 것이다. 어떤 언어로든 간에 그의 이름을 들먹이면, 그 이름은 불쾌하기 짝이 없는 소리가 될 것이다.

인간은 자신의 권리들을 알았다. 거짓이 지배하는 시기는 지나갔다. 오늘날 인간은 농부, 상인, 박물학자, 미덕 예찬자를 공경하는 법을 알고 있다. 그 모든 것이 결국 사회를 구성하고, 사회를 아름답게 한다. 인간은 궁정에 거주하는 게으른 아첨꾼을 미워한다. 제단을 섬긴다고 말하는, 이 지나치게 많은 쓸모없는 사람들을 그는 경멸한다. 그는 '나르키소스들', 사고의 폭군들, 그리고 사고를 훼손하기 위해 종교의 탈을 쓰고 있는 사람들을 지적한다. 그로 인해 유럽 전역에서 빛을 발하는 이 계몽철학의 합법적인 힘이 늘어나는데, 왜냐하면 작가들의 지식은 오늘날 사회의 모든 개개인이 사용할 만큼 자세하기 때문이다.

그러나 하찮은 신문들과 아카데미의 판결에 영향을 받는 수많은 유약한 작가들에게 극진한 대접을 받는 파리인은 아직도 거의 모두가 단어에 구속되어 있다. 오늘날 사람들은 마치 모든 문장을 노래로 만들어야 한다는 듯이, 달콤하고 유려한 용어, 우아하고 부드러운 용어만을 요구한다. 그러한 것이 작가의 정신이고 작가의 관용어법이다.

우리는 사용되지 않는 단어들을 상기해야 될지도 모른다. 어쩌면 그런 말들을 만들어내야 할지도 모른다. 모든 유형의 사상들이 풍부하게 축적되려면 언어를 확장하고 강화해야 할 것이다. 우리의 사고가 언제나 우리의 표현 능력을 넘어서 있다는 것, 그리고 복종해야 할 도구가 반항적이라는 것은 유감스러운 일이 아닌가? 그 도구가 덜 세련되었고, 변화가 더 많다고 해도, 그것은 더 많은 정당성을 갖게 될 것이다. 우리의 정신이 사려 깊은 한, 우리의 대화는 훌륭하다.

언어에 영향을 미치고 그것을 미화할 이 관례적 취향에 복종하는 작가를 당신이 보게 된다면, 그의 정신도 똑같다고 생각하라. 말은 내면적 특성을 나타내는 얼굴이다. 이처럼 기교를 부리는 작가에게서는 박력 있고 거침없는 것은 아무것도 기대하지 말라.

나는 코르네유의 충만하고 다듬어지지 않은 문체에서 솔직함과 정직함을 본다. 라신의 문체에서는 온순하고 재주가 있는 사람을 감지할 수 있다고 생각한다. 페늘롱은 글을 쓸 때 자신의 가슴속에 펜을 적신다. 나는 우화의 시구 하나하나에 새겨진 라퐁텐의 천진난만한 얼굴을 본다. 라브뤼예르의 정확성은 단호하고 엄격한 성격을 내게 고해준다. 루소의 문체는 그가 열정적이고 격렬한 인물임을 내게 보여준다. 마지막으로 나는 한 웅변가가 경쟁자 모두를 굴복시킬 확실한 방법을 물어오자 제논이 해준 대답을 높이 평가한다. 그에게 제논은 이렇게 말한다. "여보게, 정직하게 살게, 결국 정직한 작품들은 그렇지 못한 것들 모두를 퇴색시키거든."

635 독창성

독창성처럼 관습이나 유행, 그리고 의식(儀式)에서 벗어나는 것은 없을 것이다. 어떤 사람은 자기 머리에 떠오르는 모든 것을 허물없이 말하고 사회의 의무와 예의범절을 스스로에게 면제하기 때문에 독창적이 된다. 그는 모든 것에 대해 모든 면에서 비난을 받는데, 그 이유는 그가 독창적이기 때문이다. 이러한 힘든 역할을 상실하게 되면 시시한 인간보다 못한 존재로 전락한다. 그처럼 확실한 탁월성으로써 스스로의 역할을 유지할 수 없을 때, 독창성은 어리석음에 가까워진다. 그 역할은 배울 수 없는 것이며, 따라서 그것은 본능에서 나오는 것이 틀림없다.

여성들이 그들의 문체에 많은 재치를 쏟는다면 철자법을 몰라도 되는 것과 마찬가지로, 남성은 진정으로 자신에게 속하는 특징적인 기법을 가지고 있다면 독창적일 수 있는 특권이 부여된다. 또한 지식이나 기술에 뛰어난 사람에게는 엉뚱한 면이 묵인되기도 한다.

그러나 수도 파리의 거대한 군중 속, 언어와 기교가 일률적인 대중 가운데서는 진짜 독창적인 사람을 찾지 못할 것이다. 기질이 첫눈에 알아볼 수 있는 고유한 특징을 갖는 것은 지방에서, 농촌에서, 수도원 깊은 곳에서, 관습의 폭압적 영향을 받지 않는 곳에서이다. 이러한 점에서 영국인들은 필연적으로 프랑스인들과 다르다. 스턴이 말한 것처럼, 영국인들이 양각이 온전한 메달이라면, 프랑스인들은 친교의 남용으로 생기는 지나치게 잦은 마찰 때문에 양각이 더 이상 보이지 않는 동전들이다.

636 건물들

25년 전부터 수도는 3분의 1이 석재 작업에 의해 재구성되었다. 토지들에 대해 투기가 이루어졌다. 사람들은 수많은 석공들을 불러왔고, 석재더미들이 하늘을 향해 올라가고 건축의 열기를 입증하는 것을 보아왔다.

이러한 유행이 공공의 편의에 이용된다면 찬사를 보낼 수 있을 것이다. 하지만 승리를 구가하는 것은 건축이 아니라 석재 작업이다. 갑작스레 부자가 된 사람이 넓은 아파트를 갖고 싶어 하고, 상인은 군주처럼 살기를 바란다.

어느 곳에서나 극장 건물들이 올라가고, 오페라 극장, 테아트르 프랑세, 테아트르 이탈리앵이 다시 지어진 반면에, 오텔디외 병원은 비위생적인 구역 내에 위축된 모습으로 남아 있다. 규방이나 목욕탕들이 건축되었다. 모두가 자신을 위해 집을 짓고 욕망 추구에 탐닉했지만, 병원의 병상은 똑같은 수를 유지했다.

투기자들이 건축업자들을 불렀고, 건축업자들은 한 손에는 설계도를, 다른 손에는 견적서를 들고 자본가들의 마음을 달구었다. 옥토가 석회로 뒤덮였고, 채소가 자라는 것이 보이던 자리에는 높은 집들이 시선을 사로잡았다.

도시의 환경은 석공의 그칠 줄 모르는 망치 소리로 변모를 겪었다. 캥즈뱅 구빈원이 사라졌고, 그 터에는 새로이 나란히 줄지어 선 건물들이 들어섰다. 들판 한가운데서 쉬고 있는 듯했던 앵발리드는 신축 가옥들에 둘러싸여 있다. 구(舊) 조폐국은 2개의 길에 자리를 내주었다. 앙탱 둔덕은 새로 조성된 광대한 구역이다.

생탕투안 성문은 더 이상 존재하지 않는다. 바스티유만이 꿋꿋이 저항하며 자신의 추악한 모습으로 우리의 눈을 끊임없이 놀라게 하려는 것 같다. 프롱드 난의 유혈극을 지켜봤던 이곳 외호에는 포탄이 빗발쳤던 성벽이 그곳에 있었는지 의심하게 만들 건물들이 들어서고 있다.

거대한 석재들을 허공에 들어올리는 기중기들이 생트주느비에브와 마그들렌 소교구를 둘러싸고 있다. 이웃한 몽루주 평원에서는 지름이 25~30피트에 달하는 바퀴들, 채석장의 돌을 몽땅 다 캐내는 바퀴들이 돌아가는 모습이 보인다.

이렇게 많은 신축 건물들에도 불구하고 임대료는 내려가지 않았다. 주민 수도 늘어나지 않았고, 외국인들과 호기심 많은 구경꾼들, 할 일 없는 시골 사람들, 하인들 무리가 찾아왔다. 그들은 파리에 살지만, 겨울에만 거주할 뿐이다. 파리는 여름에는 사람들이 거의 없다. 그럼에도 불구하고 연중 절반은 텅 비는 넓은 아파트들이 필요하다.

방을 찾는 임차인들은 언제나 있게 마련이다. 몇몇 저택에는 관리인 겸 거주인으로 문지기밖에 없는 반면에, 가난한 사람들은 누추한 방, 다락방을 얻기 위해 서로 아귀다툼을 벌인다.

건축은 새로운 형식들을 추구했다. 보석에 새겨 넣었던 우아함과 기괴함이라는 특성이 현대 건축물들에 적용되었다. 기이한 형태의 장식물들이 보이고, 대저택은 쓸모없는 것들이 되었다. 고(故) 텔뤼송 부인의 집은 끔찍한 거처의 모습을 보여준다. 하지만 건축에서 무겁게 보이는 근엄함을 제거하고, 어디에서나 지루한 표준의 흔적을 보여주는 단조로운 규칙들에서 건축을 벗어나게 할 때가 되었다고들 한다.

예전에는 장엄하고 체면을 손상시키지 않았던 건축이 우리의 문란한 풍습과 사상에 굴복했다. 그것은 방탕과 방종의 모든 의도를 미리 고려하고 만족시켰다. 비밀 출구와 숨겨진 계단들은 오늘날 소설의 취향과 일치한다. 마침내 우리의 방탕의 공범인 건축은 우리의 연애시에 못지않게 외설적이다.

사람들은 파리를 떠날 생각이 없는 것 같다. 왜냐하면 앞다투어 거처를 더 화려하게 꾸미려 하기 때문이다. 당대의 모든 세련된 취미에 어두운 건축가는, 아무리 미켈란젤로 식의 무언가가 있더라도 상상력이 없는 사람으로 판정받는다.

법원 건물이 다시 지어졌다. 오, 심판을 내리는 기술도 마찬가지로 재건할 수 있다면 좋으련만, 그리고 모든 것이 갖춰지고 적합한 환경이라도 되듯이 소송이 번식하고 자라나는 이 난해한 법규와 이 비인간적인 형식들이 그 고딕식 벽과 더불어 무너지는 것을 보게 되면 좋으련만!

2배의 주민들이 거주할 곳이 있으면 인구가 증가하는 것을 보게 될까?

석공들은 많은 돈을 벌었음에 틀림없다. 그들은 몇 년 동안 일을 하고 나면 아주 안락하게 살아간다. 그들보다 수입이 더 좋은 직업은 없었다. 하지만 석회에 손을 담그는 불쌍한 석공은 군인과 마찬가지로 10년이 지나서도 여전히 가난한 채로 있다. 반면에 흙손을 살펴보긴 하지만 거기에 손을 대지 않는 석공은 호화 마차를 타고 여기저기 흩어져 석회를 만지는 사람들을 방문하는데, 마치 사열하는 연대장을 닮았다.

사람들은 파리를 떠나 시골에 가서 사는 것에 대해서 말을 하지만, 끊임없이 그 도시에 집을 짓는다.

언젠가는 집들이 주민들을 불러들이게 될지 어떨지 모르겠다. 집들이 반드시 가득 차야만 하는 것인지, 집이라는 것이 그 빈 곳을 메꿔줄 동물을 반드시 필요로 하는 것인지, 도시가 사람들을 끌어들이고 정착시키는 것인지 아닌지 모르겠다. 하지만 집에 산다는 것이 전부는 아니다.

거주의 안락함에 다른 모든 안락함들이 결합되기를 기대하며, 사람들은 과거에 그랬던 것보다 훨씬 더 많이 지방을 떠나고 있다. 사람들은 겨울에 각지에서 수도로 되돌아온다. 그것은 거의 보편적인 경향이다. 사람들은 조형예술이 승리를 구가하는 곳을 사랑한다고 말하면서, 마음껏 향락적이고 불법적인 생활을 할 수 있는 이 안식처들을 찾아오는 이유가 바로 쾌락의 취미 때문이라는 것, 그리고 대체로 방종의 취미 때문이라는 것은 고백하지 않는다.

637 건축 인부들

건축을 원하는 사람은 그 기쁨을 아주 비싼 값에 사들이게 된다. 인부들은 자신의 집에 거주하고 싶어 하는 시민을 괴롭힌다. 그 시민은 건축가, 석공, 대목, 자물쇠업자, 소목, 기와장이, 포석 인부들에 둘러싸인다. 그리고는 행실이 바르지 못한 건축물 심의관들이 갑자기 찾아온다.

그 시민은 단 한 사람과 견적서를 작성하고 그로부터 '열쇠를 손에 쥐고' 집을 넘겨받으려 해도 헛일이다. 살기 좋은 도시인 파리에 대해서는 이상한 법률들에 의해 이러한 거래가 금지된다. 일괄 계약이 금지되어 있는 것이다. 각각의 공사에 대해서 한 가지씩 거래를 해야 한다.

단 한 사람만이라면 그는 적절한 이익에 만족할 것이다. 하지만 여러 장인들, 각자 직업이 다른 장인들에게는 뜯어 먹히는 수밖에 없다.

따라서 '2명의 건축업자'를, 즉 석공 작업을 하는 업자와 목수 일을 하는 업자를 불러 그 둘과 따로따로 교섭을 해야 한다. 하지만 석공과 목수는 먼저 자기들끼리 합의를 보고, 이어서 다른 인부들과 합의를 하여 각자 자신들의 잘못과 비리를 감춘다. 건축가가 은밀하게 비용을 늘리도록 사주하는 이 수많은 군소 업자들은 집주인을 괴롭히기 위해 서로 결속한다. 낡은 관행과 구두(口頭)에 의한 어떤 기만행위가 집주인에게 발각되면 그들은 연합하여 사태에 대해 서로 보증을 서고, 예상 밖으로 그들의 술책이 드러나게 되면 손해를 나누어 부담한다.

건축물 심의관의 판결문은 미리 준비된다. 그들은 건축 인부들과 한통속이다. 그들끼리는 그들이 이익이라고 부르는 모든 것을 서로 공유한다. 이들 허울뿐인 사람들 손에 일단 넘어가면, 집주인은 미궁에 빠져 결코 헤어나지 못할 것이다. 인부들 한 사람 한 사람이 각각 견적서를 손에 들고 집주인에게 2배의 임금을 요구하러 올 것이다. 건축물 심의관의 조서는 형식상으로는 무언가를 줄일 것이다. 아무리 잘못된 작업이라도 그에 대해 비용이 지불된다. 건축물 심의관은 합의에 의한 파산을 받아들이지 않을 모든 사람들의 심판관이기 때문이다.

건축 인부들은 훔치는 일에 있어서 소송대리인보다 더 교활하고 훨씬 더 탁월하다. 왜냐하면 그들은 지금까지도 자신들의 명성을 간직하는 수완을 가졌기 때문이다.

올바르지 못한 소송대리인의 경우, 그가 부자가 되려면 통상 200개의 소송 사건을 맡아야 한다. 그럴 경우 그는 탈이 난다. 그의 상대방과 고객들이 적이 되고 그에게 욕설을 퍼붓기 때문이다. 몇몇 사람은 그를 고발하고, 그가 지나치게 많이 사용한 인지(印紙) 붙인 서류 전체를 당국에 제출한다. 하지만 건축가, 건축 인부는 일반적으로 한 해에 한 사람의 시민만, 한 사람의 가장만 파산시킨다. 그래서 이의를 제기하는 사람이 단 한 사람밖에 없다. 집 한 채의 석조 작업은 소송 10건 이상의 수익이 나온다.

건축가는 설계도를 변경하고 증액을 요구할 구실이 넘쳐난다. 치장을 조금만 바꾸어도 금액은 2배가 될 것이다.

어떤 '견적서'는 서류상으로는 30~40단 리브르까지밖에 오르지 않는다. 건축가는 지출이 그 이상이 되지 않을 것이라고 약속했다. 건축이 시작되고 건물이 반쯤 지어졌을 대, 비용은 이미 70만 리브르가 들어가 있다. 이는 집주인에게 약간의 변덕이 생겼기 때문인데, 그것이 바로 원죄이다. 집주인은 염증을 낸다. 그는 건물을 팔아넘길 수도, 건축을 계속할 수도 없다. 그는 파산하지 않을 수 없다. 그의 파산은 계산된 것이며, 건축가는 그것을 설계도면으로 그에게 입증하게 된다. 집주인에게는 토지도 주택도 없다. 그가 가진 것은 석재와 지붕을 얹어야 할 테라스뿐이다.

건축주에게 몇 가지를 변경하고자 하는 생각을 불어넣은 것은 바로 건축가이다. 건축주가 계략에 걸려들자마자 계약은 무효화되고, 거의 언제나 자기 동료인 인부들에게 충실한 건축물 심의관들이 떼지어 달려와 그들의 과도한 요구액을 편든다.

638 석공들

이런 부류의 노동자가 벽을 쌓으면서 '음악'을 연주한다고 누가 상상할 수 있을 것인가? 그는 다음과 같이 페르골레시, 글루크, 그레트리의 예술에 참여하려고 한다.

도시 주택의 모든 벽은 전체적으로 석재나 잡석으로 쌓을 것이다. 혹은 일부는 석재이고, 일부는 잡석으로 쌓는 경우도 있다. 이러한 세 가지 방식은 석공들의 일에 속한다. 이 세 가지 방식 중 하나에 의해 쌓은 돌벽의 최악의 결함은 균형이 전혀 잡혀 있지 않다는 것인데, 석공들이 이러한 잘못을 저지르는 일은 거의 없다. 그러한 잘못은 바로 눈에 띄기 때문이다. 석공들은 곧바로 그러한 잘못을 알아차릴 것이다.

잡석 벽의 경우 석공들은 허물어진 벽난로의 '잔해'들을 사용한다. 이 잔해들은 거의 비용이 들지 않기 때문이다. 비용이 전혀 들지 않는 경우도 있다. 그 잔해들을 사용하면 그것들을 경찰이 지정한 장소로 옮기는 데 드는 운반 요금까지도 절약된다.

석공들의 술책과 사기가 승리를 거두고 숨겨지는 것은 부분적이든 전체적이든 석재 벽을 쌓을 때이다. 벽이 아주 튼튼하려면 돌 하나하나가 벽과 같은 두께여야 할 것이다. 집주인은 이러한 기본적인 경비로 비싼 값을 지불한다.

사기꾼 석공들은 어떻게 하는가? 그는 3인치 두께의 타일을 사용하는데, 그 타일 2개가 완벽하게 하나의 석재처럼 보이도록 벽 안팎에 하나씩을 세워놓는다. 눈으로 보면 속아 넘어간다. 하나의 석재로 벽이 20인치 두께가 되어야 하는데, 타일 2조각으로는 6인치에 불과하다. 석재값이 6리브르라면 타일 조각 2개의 값은 겨우 20~30수에 불과하다.

2개의 타일 사이에는 14인치의 공간이 남게 된다. 대담한 석공은 돈을 아끼기 위해 그 공간을 내버려두는 경우도 가끔 있다. 하지만 그에게 약간의 염치라도 남아 있으면, 그는 그 공간을 벽난로의 잔해로 메우거나, 모르타르나 석회와 함께 섞은 자잘한 잡석들로 메운다.

처벌 대상이 되는 이러한 범죄가 오선지의 선과 공간과의 유사성으로 인해 은어로 혹은 석공들의 용어로 '음악을 한다'고 하는 것이다. 이렇게 해서 석공은 부당 이득을 취할 뿐만 아니라, 그에 대해 농담까지 한다.

그는 집주인에게서 견고한 벽을 탈취하는 것인데, 이러한 절도를 반복할 때마다 집주인의 지갑에서 6리브르 중 4리브르 10수를 갈취해간다.

같은 일에 종사하는 사람들만이 그것을 알아볼 수 있는 만큼, 많은 석공들이 더욱 대담하게 그러한 범죄를 저지른다. 그러한 석공들의 작업이 허술하지 않을 수 없다. 작업이 허술하지 않을 때, 즉 석공들이 어떤 술책을 부렸을 때, 같은 일을 하는 사람일지라도 석재의 가운데 혹은 '타일로 의심되는' 석재 곁의 벽을 뚫어보지 않고서는 거기서 아무것도 알아내지 못한다.

석재가 망치의 뾰족한 끝으로 쪼아지지 않았다면, 혹은 석재가 평면 결 방향으로 톱질되지 않았다면, 사람들은 그것을 눈치 챈다. 하지만 솜씨 좋은 석공들은 타일로 의심되는 돌을 석재를 연상시키는 평면 결 방향으로 쪼거나 톱질하게 한다.

이들 건축업자들의 재빠른 성공은 얼마나 놀라운가! 바로 이러한 종류의 '음악'을 함으로써 그들은 오페라 극장에 갈 마차를 갖게 되는 것이다. 글루크는 탁월한 악보를 그리면서도 그만큼의 돈을 벌지 못했다.

이러한 범죄는 거의 드러나지도 않지만, 건축업자가 그것을 알고 있었다 해도 전혀 처벌받지 않는다. 어떤 개인 또는 공동체의 머릿속에서 신용을 상실한 석공은 단지 그 후에 할 수도 있을 절도의 기회를 잃게 될 뿐이다. 그 석공은 파산을 초래할 건축 욕망에 사로잡혀 있고, 그 석공이 '음악' 전문가라는 것을 모르는 다른 시민을 속일 것이다.

콜로세움 건설자들은 대단한 '음악가들'이었다. 그곳의 모습을 주시해보라.

로마인들이 세운 콜로세움의 유적들은 아직도 볼 수 있다. 하지만 우리의 콜로세움은 15개월을 넘기지 못하고 망가지기 시작했다. 해마다 한 부분이 부서지거나 쪼개지고 붕괴되는 모습을 보아왔다. 7년째 되는 해에 부실 건축과 그곳에 드나들면서 일반인이 입게 될지도 모를 위험 때문에 콜로세움은 영구 폐쇄되었다. 소송의 판결을 기다리는 동안 수많은 받침대를 세우지 않았다면, 그것은 아마 이미 완전히 붕괴되었을 것이다. 하지만 얼마 안 가 전체적으로 붕괴됨으로써 콜로세움에 관한 것은 더 이상 아무것도 존재하지 않을 것이다.

부실 건축 관련 소송들로 인해 건축 인부들이 얼마나 중대한 잘못들을 저질렀는지, 그리고 불행한 집주인들이 이들 망치를 든 사람들에게 얼마나 속아왔는지 백일하에 드러났다.

아무리 체계적으로 사고하는 사람일지라도 이러한 사법적 혼란은 해결할 수 없을 것이다. 이러한 교훈으로 인해 집주인들은 앞으로는 자신들이 절대권을 가진 주인이 되지 않는 모든 건축물들에 대해서는 자금을 주지 말아야 한다는 것을 알게 되었을 것이다.

아르투아 백작 전하의 공식 매입에 의해 이곳의 토지는 깨끗해졌다.

인부들은 아직도 콜로세움 지주들에 대해서 소송을 제기하고 있다. 판결이 어떻게 날지 모르지만, 법조인들이 펜으로 시민들에게 상처를 주는 것보다도 건축가, 석공, 대목, 소목, 열쇠공들이 망치로 시민들을 훨씬 더 괴롭힌다는 것은 사실이다. 건축업자는 궁정의 소송 대리인을 비난할 것 없다. "입증해야 할 것은 그것이었다."

639 목수들

그들은 우선 집주인에게 '골조용 목재'를 자신들에게 제공할 것을 요구한다. 그것들이 도끼질로 훼손되었다면 새로 요구한다. 견적서를 통해 이들은 천장의 길이와 폭보다 더 많은 서까래를 요구하는 경우가 많은데, 그럼에도 모든 서까래들은 서로 빈틈없이 나란히 놓일 것이다.

어떤 목수는 견적을 5만 에퀴까지 올리기도 하고, 스스로 4만 5천 리브르로 줄여 주기도 한다.

비용이 많이 드는 부분인 대들보 골조의 값을 절약할 새로운 건축 방식이 아주 최근에 고안되었다.

사람들은 쓸데없이 건물을 짓누를 정도의 무게를 골조에 부과하곤 했다. 이제는 전 못지않게 견고하면서도 훨씬 더 가벼운 방식으로 골조를 세우게 될 것이다. 그 방식이란 엄밀한 단면도를 이용하는 것인데, 이는 매우 기발하면서도 아주 단순하다. 하지만 그것은 연필로 그려야지 펜으로 그려서는 안 된다.

30년 전부터 파리의 건물에 쓰인 목재들은 적절한 시기에 벌목되지 않았기 때문에 50년이 채 안 되어 썩게 될 것이고, 100년이 지나면 가옥의 모든 골조들이 벌레가 먹어 먼지가 되어 무너질 것이라고 사람들은 말한다. 그때까지 살아 있는 사람들은 이러한 단언이 확실한 것인지 아닌지를 확인하게 될 것이다.

만일 그 단언이 확실하다면, 목수들은 후예들에게 이익이 되는 일거리들을 물려준 것일 테고, 그들의 태만에는 아마도 단결심에 매우 유리한 아주 특별한 선견지명이 있었던 셈인데, 그러한 선견지명은 그들의 모든 작업에서 발견된다.

목수들이 성 요셉을 자신들의 후원자로 삼았다는 것을 밝힐 필요는 없다. 성모 마리아의 남편이 한 일과 같은 일을 수행한다는 것으로 자신을 고귀한 존재로 생각하는 사람들이 여럿이다. 그들은 신앙심과 관련된 경건한 행위를 익살스런 농담에 끌어들인다. 왜냐하면 다른 사람들과 마찬가지로 목수들은 모든 것이 양립한다고 생각하기 때문이다. 목수들이 자신의 아내와 아이들 앞에서 후원자의 순박함에 대해 다소 외설적이고 상스런 농담을 감히 하고 있긴 하지만, 그렇다고 해서 그들이 반종교적인 사람들로 간주되지는 않는다. 그들은 성 요셉을 농담의 대상으로 삼기도 하고, 그에게 가호를 빌기도 한다.

640 건축물 심의관

건축물 심의관은 건축업자에게서 어떠한 선물도 받지 못하게 되어 있다. 이러한 규칙이 성실하게 지켜질 것으로 생각하는가? 이들 건축물 심의관들은 때로는 숨겨진 진짜 건축업자이기도 하다. 그러나 그들은 건축업자가 아니어야 인부들에 의해 선정된다. 건축물 심의관으로 지명되기 위해서 그들은 되도록이면 인부들에게 특별대우를 해 준다.

오늘날 석공들이 구입하는 이 관직은 심각한 매관매직 때문에 만들어졌다. 건축물 심의관의 두 계열, 즉 '부르주아 건축가 겸 건축물 심의관'이라는 지위를 갖고 어떠한 공사도 청부를 맡는 것이 금지된 계열과, '건축업자 겸 건축물 심의관', 다시 말해서 건축업자이면서 석공 혹은 목수인 계열을 생각해내지 않았다면, 건축을 하려는 모든 부르주아들은 건축물 심의관이 그들 동료인 인부들에 대해 갖고 있는 애정으로 인해 필연적으로 파산하게 되어 있었다. 지명된 두 전문가의 의견이 부르주아와 관련된 분쟁에서 서로 일치하지 않을 때, 세 번째 전문가가 갑자기 나타난다. 하지만 그는 첫 번째 계열 안에서만 이해될 수 있다. 세 번째 전문가는 따라서 어느 한편으로 균형이 쏠리게 한다. 하지만 그는 대개는 중간적인 방침, 어느 한쪽보다는 더 높고 다른 한쪽보다는 더 낮은 방침을 내린다. 그런 경우 '일의 요령을 알고 있다'고 일컬어진다. 인부 역시 자신의 견적서가 얼마로 깎이게 될지 미리, 그리고 착오 없이 짐작한다. 그는 자신이 완벽하게 예견한 그 축소된 금액으로도 여전히 성공을 거둔다. 그리하여 건축주는 3명의 건축물 심의관에게 비용을 지불하는 셈이다. 건축주는 이득을 얻긴 하지만 언제나 소송 비용으로 망가지게 된다.

건축물 심의관은 리브르당 1수의 소송 비용을 받아낸다. 이 때문에 인부가 견적을 부풀리게 되는 것 아닌가? 사실, 가장 정직한 사람도 6분의 1은 더 부풀린다. 다른 사람들에 대해서는 어떻게 생각해야 할까? 그리고 금전의 유혹에 어떻게 대비해야 할까? 건축물 심의관들이 쉽게 뇌물을 받는 것을 어떻게 막을 것인가?

641 군대식 말투에 대하여

프랑스에서는 오랫동안 군대식 말투가 유행했다. 경박하고 상스럽고 거만한 태도가 보이지 않을 수 없었다. 그렇게 함으로써 사람들은 신의 있고 용기 있는 사람이라는 것을 나타낸다고 생각했다. 이러한 사고방식은 국민성에 기인한 것이었는데, 프랑스 국민의 국민성은 극단적으로 경박한 경향이 있다. 하지만 도가 지나쳤다.

새로운 지식들로 인해 공명정대의 정신이 널리 퍼졌고, 그래서 지나칠 경우 더 이상 매력적이라 할 수 없었던 이러한 태도가 완화되었다.

그 이후로 사람들은 외적인 품성에 덜 집착해왔다. 사람들은 더 실제적인 품성이 있다고 분별 있게 판단했다. 그리하여 군인은 보다 더 예의바르고 더 고상한 태도를 보였다. 나이가 들면 곧 고쳐질 것이기 때문에 모든 것이 용서되는 몇몇 젊은이들을 제외하고는, 마침내 진정한 예절의 단계에 도달하게 되었다.

군대는 위험을 두려워하지 않는다. 하지만 피로와 특히 사치스런 향락의 결핍은 두려워한다. 군대는 취사 및 의상용 수레를 끌고 다녀야 한다. 군대는 마차를 포기하느니 차라리 삶을 포기한다. 따라서 장군들의 관심은 온통 식량과 사료에 쏠려 있다. 1756년과 1757년의 원정길[27]에서 장교들의 식탁에는 파리에서 온 빵과 커피를 마실

27 1756년에 7년 전쟁이 시작되는데, 이 전쟁은 특히 로스바하의 패배(1757년 11월 5일)와 영국인들에 의한 프랑스 식민지의 압류로 특징지어진다.

센 강의 물이 필요했다.

파리는 왕국의 다른 어떤 도시보다도 더 군인들의 용기를 꺾는다. 파리에서는 군인들이 규율 준수에 없어서는 안 될 습관과 군사 훈련의 열의를 상실한다. 파리에서 그들은 그들이 알아서는 안 될 위험한 금언과 추론들을 듣는다. 그러므로 수도로부터, 수도가 제공하는 쾌락과 방탕으로부터 가능한 한 그들을 떼어놓는 것이 안전한 정책이다.

자유와 감각적 쾌락 추구의 원칙과 표현을 가슴으로 느끼기보다 입으로만 외치는 게으르고 유복한 사람들 무리 속에서 명령 불복종의 경향과 경솔한 검토의 경향은 강화된다.

젊은 장교들은 지휘하는 데 있어서 가장 엄격한 사람들이다. 자신의 가문을 자랑하며 경험과는 거리가 먼 나이에 궁정에서 벗어난 몇몇 군인들은 선두에 서서 자신에게 맡겨진 부대를 훌륭하게 지휘했다. 그들은 '훈령', '규정집'이라는 이름으로 자신들의 전권에 관한 법규들을 출판했다. 군주의 명령만이 그에게 강요할 수 있었던 복종이었는데, 완전히 새로운 복종에 지치고, 막대한 양의 훈련과 (최소한 검열관의 검열에 대비해) 알아두어야 할 '규정'상의 작전들에 물린 장교는 자신의 상황을 혐오했고, 상관들의 변덕으로 인해 생기는 언짢은 기분을 병사에게 전가했다.

자신이 지휘하는 집단의 천성을 잘 알고 그 용도를 결정하는 것이 모든 장군이 갖춰야 할 주요 기술이다. 흔들림 없는 용기를 가진 차분한 국민이 무모하지 않고서는 감행할 수 없는 것을 격정적이고 열렬한 프랑스인은 실행할 수 있다.

국민의 진정한 품성에 맞춰 세운 주도면밀한 계획으로부터 한참 벗어났던 지휘관들이 여럿 있었다. 그들 모두는 어떻게 국민을 특성에 맞게 지휘할 필요성을 느끼지 못했을까? 어느 정도 단계적 변화 없이 독일식으로 장교와 병사들을 다루려는 대부분의 우리 연대장들의 망상(妄想)으로 인해 국민성은 상처를 입었고, 병사는 절망의 모든 단계를 거칠 수 있었다. 프랑스 국민은 어느 시대에서나 '명예'와 '신뢰'라는 두 단어로 모든 종류의 기적을 일으킬 수 있는 유일한 국민일 것이다.

이따금 군사학교 근처의 샹드마르스에서 귀부인들은 무도회 대신 열병식 광경을 볼 수 있었다. 그녀들은 지명을 받아 그곳에 초대되었다. 그러면 머리에 분을 칠한 병사들, 머리 기름을 바른 '다이아몬드 킹'은 정면으로 둥근 원을 그리면서 그녀들을 위해 열병식을 거행했다. 그런데 독일 군주들의 '열병식'은 전혀 다르다는 것을 말해야 한다.

642 결투

오늘날엔 결투가 그다지 흔하지 않은데, 그것은 계몽철학 덕분이다. 젊은 장교들은 더 이상 특별한 싸움에 끼어드는 데에 용기를 발휘하지 않는다. 사람들은 젊은 장교들로부터 결투 교습을 받았지만, 그들을 본받아 그 터무니없고 야만적인 관습을 버렸다.

그래서 칼을 든 2명의 근위병이 좁은 길에서 서로 부딪치게 될 때, 누군가가 실수로 발을 밟을 때, 우연히 눈길이 마주쳐서 특별히 무례하지 않게 눈길이 교환될 때, 혹은 의견이 같지 않을 때, 그리고 고집스럽고 자유분방하게 자신의 의견을 주장할 때에도 더 이상 다툼은 일어나지 않는다. 이제 인간은 '시시비비'를 가리기 위해 서로를 물어뜯으려고 하는 야만적인 동물이 아니다.

불과 60년 전만 해도 싸움의 열기가 너무 높아서 가장 현명하고 가장 신중한 사람일지라도 피를 부르는 싸움을 피할 수 없었고, 극히 모호한 몸짓에도 그리고 가장 하찮은 이유로도 서로를 결투장으로 부르지 않으면 명예가 위태로워졌다.

섭정 시대에도 여전히 무분별하게 서로의 목을 베고자 하는 편견을 따르는 여러 사람의 죽음으로 하루하루가 얼룩지곤 했다. 심지어 허영에 관련된 모든 언쟁에서 사람들은 자신을 위한 조수를 선정하기까지 했다. 이 조수는 자신에게 맡겨지는 위험한 명예를 거부할 자유가 없었고, 그리하여 왜 그런지 이유도 모른 채 스스로 만족하여 목을 베이러 가곤 했다.

자신이 가진 능력으로 자기 존재의 값을 매기던 검객들은 아무에게나 자기 목숨을 걸곤 했다. 어떻게 설명해야 할지 알지 못하는 만큼 더욱더 저항할 수 없는 이 가련한 명예로 인해, 가장 신중한 사람조차 아주 사소한 도발에도 최근에 검술 사범에게 지도를 받은 상대방의 칼에 자기 가슴을 드러내놓을 수밖에 없었다.

관련 법제가 개입되지 않은 채로 이 이해할 수 없는 광기는 쇠퇴했다. 그래도 역시 사교계에서는 자신의 명예가 중시된다. 하지만 그곳에서는 언어 구사가 훨씬 더 자유롭다. 그리고 그 권리가 상호적이기 때문에 아무도 그로 인해 기분 나빠 하지 않는다. 아테네는 치밀하고 논쟁적이었다. 파리도 그에 못지않게 논쟁적이지만, 활발한 논쟁은 정신을 자극할 뿐이지 정신을 격하게 만들지는 않는다. 복수를 하지 않을 수 없으려면 즉답에 어떤 명백한 모욕의 흔적이 들어있어야 한다. 누군가가 어떤 사람의 말에 강하게 오랫동안, 그리고 이성 혹은 세련된 익살이 부여하는 모든 권리를 동원하여 반박한다고 해도 그가 그 사람을 모욕했다는 소리를 듣지는 않는다. 60년 전에는 그러한 것이 아직 사교계에 받아들여지지 않았다.

다른 계급 사람들보다 더 격하기 쉬운 군인들까지도 반론을 참고 견딘다. 그렇다고 해서 그들이 덜 용감한 것도 아니고, 모욕에 신속하게 대응하지 않는 것도 아니다. 그러나 그들은 분별없는 경솔함을 제압하거나 불손함을 응징하기 위해서 언제 자신들의 용기를 사용해야 하는지를 알고 있다.

사람들은 무장하지 않고 어디든 다닌다. 더 이상 아침부터 저녁까지 칼을 차지 않는다. 그 불필요한 무기를 차지 않고 사람들은 공원에 간다. 허리에 칼을 차는 것은 정장을 할 때뿐이다.

파리인들의 무장해제는 아주 힘겹게 이루어졌을 것이다. 그들이 스스로 무기를 내려놓은 것은, 아무도 그들에게 그것을 강요하려 하지 않았기 때문이다.

원수(元帥)들은 이전보다 훨씬 적은 소송을 겪고 있다. 서로 다툼이 일어났다 해도 법정은 그에 관여하지 않는 것이 일반적이기 때문이다. 그래서 '도원수(都元帥)의 위병들'로부터 통지를 받는 사람들에 대해서는 예측이 매우 비관적이다.

가장 온순하고 가장 정직한 사람이 개인적 명예 때문에 자기 적수와 맞서지 않을 수 없는 난처한 상황들이 있다. 그럴 때 여론이 판결을 내리고 싸움 당사자들 중 한 사람을 무죄 처분한다. 왜냐하면 모든 단체, 모든 신분에는 자체의 법이 있어서, 적절하게 모욕을 격퇴하고 각 개인이 처해 있는 위치에서 존엄성을 유지하려는 이 정당한 감정을 억누르는 것이 좋지 않다고 생각되기 때문이다. 하지만 지혜와 이성과 진정한 가치의 견지에서 보면, 이러한 경우는 아주 드물다.

주둔지 내에서 싸움에 앞장서고, 순전히 허세로 싸움을 유발하며, 칼싸움을 벌이는 것을 자랑으로 삼고, 자신의 생명을 걸고 타인의 생명을 공격함으로써 자신의 비행을 덮으려 하는 이 하찮고 미치광이 같은 검객들에 대해 보자면, 이들에게 서로 죽이고 죽게 허용하고, 어떠한 법률의 지혜로도 찾아낼 수 없었는데, 그들이 생각해낸 방법에 의해 우리가 그들의 존재를 벗어날 수 있게 하는 것이 정책적으로 잘못이라 생각하지 않는다고 스위프트 박사는 말한다.

그들의 유혈 분쟁 속에 무언가에 대한 증오나 복수심이 개입되어 있는 것이 아닌데도, 수많은 사람들이 결투장에서 목이 잘려 죽는 것을 루이 14세의 결투 금지령으로도 막을 수 없었다. 이 난폭한 사람들이 군주와 엄격한 법률에 인정하지 않았던 것을 이성과 인간성의 명분을 내세우는 몇몇 계몽철학자들은 말로써 그들에게서 얻어냈다.

643 원수 법정[28]

원수 법정이 군인과 귀족들에 관한 최고이자 최종적인 관할권을 갖고 있었다는 것을 우리는 역사를 통해 알고 있다. 오늘날에도 원수 법정은 여전히 명예에 관한 모든 증명서와 약속의 내용을 꿰고 있다.

원수 법정은 사기꾼들이 두려워하는 유일한 법정이다. 몇몇 군인들은 그다지 양심적이지 못해서 돈을 빌리고 갚지 않는다는 점을 말해야만 하겠다. 우리의 세련되지 못한 법률이 침묵하거나 충분히 다루지 못하는 명예에 관련된 모든 소송들을 시민들은 이 법정에 제기하는 것이 바람직할 것이다.

법정은 '돈'이 걸려 있을 경우에만 우리의 요구에 귀를 기울인다. 섬세하고 민감한 사람들을 슬픔에 빠뜨리는 그 수많은 모욕들은 대부분 처벌받지 않고 있는데, 왜냐하면 목숨 못지않게 귀중한 이 특별한 명예를 회복시킬 만한 재판관들이 없기 때문이다. 우리 선조들은 우리보다 더 행복했다. 그들에게는 그들의 고귀한 긍지에 반하는 모든 것에 대한 공개 법정이 있었다.

원수들에게는 2개의 관할권이 있는데, 하나는 부분적으로 소송을 다루긴 하지만 귀족과 군인들 사이의 명예에 관련된 자발적인 권

28 1651년 국왕 칙령에 의해 설립된 원수 법정(tribunal des maréchaux de France)은 원수가 주재했고, 지방의 경우에는 총독과 총독 보좌관들이 대표했다. 귀족과 군인들 간에 발생해서 결투를 부를 수도 있는 싸움에 대해 알고 있는 모든 사람은 이 법정에 그 내용을 알려야 했다.

한이고, 다른 하나는 전적으로 소송을 다루는 것으로 사법 행정을 위해 제정된 일반 법률에서의 통상적인 절차에 의해 규제되는 권한이다. 원수들은 직접 자신들의 법정에서 첫 번째 권한을 수행한다. 그들은 자신들에게 알려진 분쟁을 그 법정에서 마무리한다.

궁내 도원수 재판소는 원수들이 직접 감독하는 재판소이다. 그곳에서는 귀족이나 군인들과 개인들의 모든 소송사건, 원수 재판권에 대한 반항들을 심판한다. 이 재판소의 판결은 언제나 원수들의 이름으로 이루어진다.

원수 법정의 재판관 앞에 소환될 수 있는 사람들의 관할에 대해서는 그것을 얼마나 확장할 수 있는가가 아직 정확하게 결정되지 않았다. 그것이 오래전부터 사람들이 만들어 오고 있는 규정의 목표이다.

명예를 가진 사람이라면 누구나 자발적으로 이 엄숙한 법정의 관할에 속해야 하고, 자신의 맹세, 언약, 소권(訴權)을 그 법정에 미리 위임해야 할 것이다. 그 법정이 귀족과 장교들 사이에서 일어나는 명예에 관련된 모든 분쟁의 재판권을 갖고 있지만, 군인은 아니어도 고결하게 살아가며 그 또한 명예를 갖고 있는 사람들의 층 역시 많이 있지 않겠는가? 모든 자유인의 맹세가 그 법정으로 인도된다면, 그 법정이 인간들 사이의 실제적인 차별을 지우는 특별 교육을 받은 모든 사람들을 포괄한다면, 사회를 욕되게 하는 수많은 수치스런 절차들이 사라질 것이다. 소란스런 광경을 연출하고 명예로운 직업들의 품위를 떨어뜨리는 그러한 논쟁을 더 이상 겪지 않을 것이다. 가장 신성한 약속들이 굼뜬 법률들에 의해 무효화되지 않을 것이다. 우리의 조상 때부터 알려져온 자존심이라는 강력한 감정이 온전하게 품위를 갖추고 다시 태어날 것이다. 말이 곧 계약이 될 것이다. 모든 모욕이 사라질 것이다. 근거 없는 모든 비난은 처벌받을 것이다. 교활하고 음험한 소송 절차들이 더 이상 보호막이 되지 못하기 때문에 사기꾼이나 모사꾼, 거짓말쟁이가 재판관들의 솔직함과 공정함 앞에 모습을 드러낼 것이다. 명예의 영향력이 다시 나타날 것이다. 사람들은 엄정한 법률에 복종할 것이고, 그러한 법정의 판결을 회피하거나 무력화시키려고 하는 사람은 비열한 자일 것이다.

선임 원수는 문장(紋章) 오른편에 칼집에서 뺀 칼이 있고, 왼편에는 2개의 오른손에 의해 떠받쳐 지탱되는 황금 백합꽃이 새겨진 쪽빛 단장이 있어 다른 사람들의 것과는 구별된다.

리슐리외 공작 겸 프롱삭 공작이자 프랑스의 대귀족인 루이 프랑수아 아르망 뒤 플레시스는 현금(現今)의 선임 원수이다. 그는 자신의 문장 아래쪽에 '도원수'라는 직함을 새겼다. 그의 성 안에서 법정이 열리고 도원수 예하의 부대가 그곳에서 상근(常勤) 복무를 한다. 그는 1696년 3월 13일에 태어났다. 그의 가문, 군 복무, 성격, 재산, 명성, 정신적 영향력, 그리고 나이로 볼 때, 그는 동시대의 호기심을 자극하며 실물을 꼭 닮은 초상화가 후대에 반드시 전해지는 비범한 사람 중 하나이며, 오직 후대만이 최종적으로 평가할 수 있을 것이다.

644 포도주

파리 주변 지역에는 형편없는 포도밭들과 교수형에 처해야 할 포도주 상인들만 있다고 해서 질 나쁜 포도주만을 마시게 된다고 생각하지 말라. 술집 주인의 지하 저장고와 포도주 감정가의 지하 저장고는 구두수선공과 군주 사이 이상으로 비교의 여지가 없다.

오, 모든 것을 끌어모으는 돈의 힘이여! 포도주, 이 귀중한 액체는 외진 지역에서 자라나고 새나가는 경향이 있긴 하지만, 사람들은 그것을 묶어놓고 그것을 이동시킨다. 그것은 발효통을 압착한 사람의 입을 위한 것이 아니다. 부자는 한 푼의 돈으로는 그가 그것을 마시지 못하게 한다. 솜씨 있게 운반된 이 액체는 유럽 각지에서 도착하여 생제르맹 포부르와 생토노레 포부르의 아치형 천장에 바닥에 모래가 깔린 지하 저장고로 내려간다.

그곳에 풍요로운 자줏빛 샘의 밸브가 있고 그곳에서 가장 감미로운 포도주들이 흘러나오는데, 마치 수도 주변에서 그 포도주들이 불어나기라도 하는 것 같다. 탁월한 부르고뉴 포도주, 맛있는 샹파뉴 포도주 통이라고 해서 브리 포도주 통보다 더 많은 반입비를 물지는 않는다. 재단사의 목구멍에 고통을 안겨주는 포도주나 국무참사의 입에 향기를 주는 포도주나 같은 비율의 세금이 매겨진다.

다락방을 차지하고 있고 지하 저장고가 없는 재기 넘치는 사람들, 철학자들, 화가들, 그리고 음악가들이여, 내려와서 부자들의 식탁으로 오라. 그곳에서 내놓는 것들은 그럴 만한 가치가 있다. 전날 선술집의 포도주를 마시고 난 다음, 같은 도시의 지하 저장고에서 보여주는 극단적인 차이를 느껴보라. 백포도주든 적포도주든 '로마네', '생뱅상', '시토', '샹베르탱', '생조르주', '그라브'산 포도주들을 마셔보라. '로타', '쉬프르', '파카레', '사모스'산 포도주, '마데르의 말부아지 포도주', '말라가 포도주', '말라가뮈스카 포도주', '시라쿠즈 포도주'의 향내를 맡아보라. '아이(aï) 포도주', '로제(rozé) 포도주' 병에서 솟아나는 포도주를 손님들에게 조금 내놓아보라. 그리고 만일 '토카이(tokay) 포도주'를 만나게 되면 그 맛을 보라. 왜냐하면 내가 보기에 그것은 그 지역의 으뜸가는 포도주이고, 그 포도주를 마실 수 있는 사람은 오직 그 지역의 지배자들뿐이기 때문이다.

오, 프랑스인의 기쁨이 바뀌었도다! 사람들은 더 이상 포도주를 마시지 않거나, 아니면 마시기를 꺼린다. 사람들은 은으로 만든 통과 잘게 부순 얼음 속에서 차가워지는 이 포도주 병을 앞에 두고 물을 들이킨다. 하지만 작품과 건강에 꼭 필요한 경쾌하고 찬란한 유머는 오직 술잔 속에 있다. 그런데 계산에 밝은 탐욕스런 사람은 식탁에 하인들을 동반한다. 그들은 식탁에서 자신의 출세를 생각하며 자신의 야망에 찬 계획들을 이야기한다. 그들은 풍자의 이름으로 희생자들을 제물로 바친다. 아니, 식탁에서조차 여전히 엄격하다니! 오, 중죄로다! 그들은 더 이상 식사를 즐기지 못한다. 그들은 이따금 강제로 모든 위선을 없애는 바쿠스가 가장 중요한 마음속 비밀을 털어놓으러 오지나 않을까 두려워한다.

부자들이여! 당신들은 훌륭한 포도주들을 어떻게 하고 있는가? 당신들은 그것을 들이킬 뿐, 맛을 음미하지 않는다. 그것들을 예술의 후예들이 마실 수 있게 하라. 그들의 감흥은 그것으로 뜨거워질 것이다. 거기서 몇 개의 탁월한 표현들이 태어날 것이다. 그리고 아무것도 하지 않는 당신들은 그로써 반은 용서받을 것이다.

어는 조만간에 비천한 것이 될 것이다. 하지만 모든 분야에서 천재적인 모든 사람들은 걸어다닌다. 마차 안에도 재치는 있다. 하지만 천재성은 걷는 데 있다.

가혹한 운명에 시달리는 재능 있는 사람이 마차를 소유한 사람들로 가득 찬 살롱에서 나와, 한가한 말들이 재갈을 물어뜯으며 입가에 거품을 흘리고 흰색의 포도(鋪道)를 발굽으로 두드리고 있는 네모난 마당을 가로지를 때, 그는 아직도 움직이지 않고 있는 바퀴 사이를 지나 부끄러운 듯이 도망치며 눈으로는 거리의 삐거덕거리는 삯마차를 찾는다. 그는 다소 혼란스런 태도로, 그리고 뒤돌아보지도 않은 채 낡은 마차 안으로 황급히 올라탄다. 떠나는 황금빛 마차의 횃불이 그의 불운한 모습을 비추고 있지만, 그는 지나가는 여인들, 방금 전만 해도 그가 함께 이야기를 나누었던 여인들에게 인사조차 하지 않는다. 마차에는 호메로스나 플라톤이라는 이름이 붙어 있긴 하지만, 콧수염을 기른 마부는 시간당 30수짜리 마차와 마차에 포함된 모든 것의 품위를 떨어뜨린다.

마차는 출세의 험난한 길에 들어선 모든 사람이 도달하고자 하는 목표이다. 행운이 따르는 첫걸음에 그는 자신이 직접 모는 이륜마차를 구비한다. 두 번째 단계로 사륜마차 쿠페가 온다. 세 번째 단계는 신사용 사륜마차이다. 마지막이 숙녀용 사륜마차이다.

재산이 늘어나게 되면 아들이 자신의 '이륜마차'를 갖는다. 집사가 자신의 '이륜마차'를 갖는다. 급식 관리인은 '이륜마차'를 타고 중앙시장에 간다. 조만간 요리사가 자신의 이륜마차를 갖게 될 것인데, 끔찍스런 이 모든 이륜마차들은 아침이면 뻔뻔스런 하인들 손에 맡겨져 인도(人道)도 없는 거리를 악마처럼 내달린다.

의사가 하는 첫 번째 일은 사륜마차를 갖추는 것이다. 그것의 겉모습은 수수하다. 차고(車庫)는 대문 아래에 있고 문을 꽉 막고 있다. 말들은 거의 의사의 대기실에 있다. 마부의 나이는 70세이지만 상관없다. 이것이 그가 살고 있는 구역을 위한 마차 장비이다. 그는 분칠한 가발을 쓰고 검은 옷을 입고, 70대 마부와 함께 중문을 나선다. 그가 외출을 하고 나서야 비로소 사람들은 계단을 올라갈 수 있다. 아무려면 어떤가? 그는 마차를 갖춘 의사이고, 사람들은 그에게 진찰을 받는데. 걸어다니는 부르하버[29]를 상상해보라. 아무도 그를 찾으러 가지 않을 것이고, 그가 왕진을 한다 해도 아무도 그에게 돈을 지불하지 않을 것이다.

어떤 젊은이는 시골 별장, 서재, 아름다운 애인을 갖추는 대신, 마차를 구비한다. 그는 그 마차에 자기 수입의 반을 사용한다. 갑자기 그 마차가 그의 요리사와 별장 역할을 한다. 그는 매일 저녁 시내에서 저녁을 먹는다. 그는 여인들을 배웅하며, 그들을 집에 데려다주고, 다음날엔 경마장으로 데려다준다. 그가 그 여인들에게 일주일에 2회 자신의 마차를 보내는 데 비해, 어리석게도 항상 분주한 몰상식한 남편들은 그들의 말들을 다른 곳을 헤매게 한다.[30] 그러니 마차를 갖고 있는 젊은이는 소중한 사람이다. 그는 시골의 각 부분들을

29 Boerhaave(1668~1738): 홀란드의 의사·화학자·식물학자로, 유럽 전역에서 사람들이 그에게 진찰을 받으러 레이덴으로 오곤 했다.

30 파리의 가장 명망 있는 가문 부부 사이에서 벌어지는 다툼의 큰 이유 중 하나는 바로 매일 누가 말을 사용하는가 하는 문제였다.

연결하는 끈이다. 사람들은 돌아가면서, 물론 따로따로, 그의 말들과 그를 빌린다. 남편들이 소홀해진 이후로 여성들 역시 마차를 갖고 있지 않은 젊은이들에겐 더 이상 눈길을 돌리지 않았다. 모든 것을 고려할 때 그녀들이 옳다.

그런데 말[馬]이 없다면 여성은 어떻게 존재할 수 있을 것인가? 12시간 사이에 오페라와 열병식과 장터극을 보고, 무도회, 파라오[31]에 참여해야 하는 것 아닌가? 그런 다음 그녀는 작은 악마의 춤만큼이나 대신과의 접견 또한 놓칠 수가 없다. 여성들은 가장 방탕한 삶을 보내고 도처에 모습을 드러내면서, 그들의 생활방식에 변화무쌍한 특색을 부여했다.

따사서 지방 출신자가 해야 할 첫 번째 일은, 그의 정기 수입이 1만 리브르에 불과하더라도 마차를 구하는 것이다. 그는 우선 매달 100에퀴만 내면 될 것이고, 그 마차를 어디에 써야 할지 알게 될 것이다. 그는 마차 대금을 지불하면서도 그것을 사용할 일이 거의 없을 것이다. 그에겐 다행한 일이다. 이러한 전략이 있다면 그는 출세할 것이다. 모든 것을 감안할 때, 그가 빌릴 마차는 고맙게도 그에게 절약 품목이 될 것이다. 이러한 지출을 하지 않으려 고집을 부리면 그는 파산한다.

어떤 젊은이들은 겨울 동안만 마차를 빌린다. 그들은 날씨가 좋기 때문이라고 말하며 여름에는 걸어다닌다. 하지만 사실은 그들에게 그렇게 쓸 돈이 1,800리브르밖에 없기 때문이다. 그들은 여름과 겨울 중에 한 계절을 선택할 수밖에 없기 때문에, 12월 1일이 되면 갑자기 마차에 오르고, 사교계 사람들이 시골로 몰려나갈 때인 5월

31 당시의 카드놀이.

31일에는 마차에서 내린다. 그런 식으로 지출할 돈이 1,800리브르 밖에 없을 때, 두 계절 중에 어느 계절을 선택해야 할지를 아는 것은 매우 중요한 문제이다. 그에 대해서는 의견이 분분하고, 문제가 한층 애매하다. 그래서 어떤 젊은이는 혼자서 '카스토르'와 '폴룩스'라는 인물을 연기한다. 그는 때로는 올림포스에 있고, 때로는 진흙탕에 있는 것이다. 그는 때로는 흙탕물을 튀기고, 때로는 흙탕물을 맞는다. 그런데 공적이니 재능이니 천재성이니 용기니 하는, 당신이 상상하는 모든 미덕들이 걸어서 다니는 사람에게 있으면 그것들은 아무것도 아니다. 모든 면에서 그 반대의 것을 상상해보라. 우아한 마차를 타고 다니면, 모든 문들이 스르르 열리고, 바라보는 모든 눈길들이 부드러워지며, 지위가 확립된다. 불쌍한 인간들이여, 너희는 그렇게 만들어져 있는 것이다!

646 왕립 의학협회의 보고서

나날이 이 기관의 유용성이 더 크게 느껴진다. 시대의 취향은, 다행스럽게도 인간과 관련이 있는 과학들을 향하면서 치료술에 관심을 두었다.

지역에 흩어져 있고, 자신들의 일에 몰두해 있으며, 반복되는 왕진에서 벗어나지 못하고 있던 의사들은 자신들의 지식을 서로 교환하지 못하고 고립된 채 살고 있었다. 그러나 왕립 의학협회의 설립으로 그들은 하나의 단체로 결집되었다. 그들과 학회와의 교신은 새로운 발견과 관찰들이 왕국의 한쪽 끝에서 다른 쪽까지 가장 신속하게 전달된다는 점에서 일반인들에게 이익이 되었다.

전염병이 창궐하게 되면, 그 즉시 왕립 의학협회는 그 내용을 통고받고 적절한 치료법이 처방된다. 사람들은 의학이 존재하는지를 문제 삼곤 했다. 회의적인 사람들의 이러한 의혹은 어떻게 보면 이유가 있는 것인데, 그것은 의학을 발전시킨 사람들의 무기력 때문이었다. 이러한 문제는 곧 해결될 것이고, 의학이 실제로 완벽해질 수 있는지 여부가 알려질 것이다. 지난 20년 동안 이루어진 발전으로 볼 때, 나는 그럴 것이라고 확신한다.

왕립 의학협회는 루브르에 설립된 아카데미 중 하나이며, 그곳에서 공백기 없이 일주일에 2차례씩 회의를 연다. 1년에 2차례 열리는 공개회의는 매우 활력이 넘친다. 이러한 종류의 약장수 같은 행동이 다른 아카데미뿐만 아니라 그 학회에도 좋은 결과를 가져다준다고 할 수 있다. 게다가 속세의 모든 것은 벽보와 채색 장식을 필요로 한다.

왕립 의학협회를 반대하는 사람들의 수는 현저하게 줄었다. 의학부 교수단의 의사들은 왕립 의학협회 회원들과 함께 진찰하기를 거부했다. 하지만 그들은 환자에게 다음과 같이 말하는 것보다 더 부당하고, 더 범죄적이고, 더 잔인한 것은 없다는 것을 금방 알아차렸다.

> 내게는 당신의 고통을 감소시키고 당신에게 건강을 되찾아줄 치료법이 있습니다만, 내가 존경하지만 좋아하지는 않는 동료와 함께 당신 집에 가는 것보다는 차라리 당신이 고통을 겪고 죽게 놓아두고 싶습니다. 왜냐하면 그 사람은 왕립 과학 아카데미처럼 국왕에 의해 합법적으로 설립되어 루브르에서 회합을 갖는 아카데미의 회원이기 때문입니다.

지방 행정관들은 1779년과 1780년, 그리고 1781년에 각종 전염병들의 치료법에 관한 조언을 요청했다. 사람들은 이 단체의 조언을 따랐고, 큰 성과를 얻었다.

왕립 의학협회는 분명히 약제들을 단순화시킬 수단들에 관심을 둘 것이다. 그 협회는 약제사들의 불결한 조제실을 없앨 것이다. 협회는 약제사들의 뻔뻔스런 무지로 인해 환자들이 집어삼켰던 끔찍한 혼합물의 사용을 금지할 것이다. 왜냐하면 수치스럽게도 의학은 약제사와의 긴밀한 결속 혹은 이해관계에 얽힌 결속에 의해 신뢰를 모두 잃었기 때문이다. 마침내 건전한 철학이 식자층에서 승승장구하던 스콜라 학파의 알아들을 수 없는 말을 몰아냈던 것처럼, 화학과 건전한 자연학은 이러한 상점의 '혼돈'을 추방할 것이다.

647 의문점들

아! 병무, 법무, 재무의 삼중 총관직을 갖고 있던 궁재(宮宰)[32]는 어떻게 되었는가? 그러나 궁재는 제3의 가문에 의해 리슐리외라는 인물로 다시 모습을 나타냈다.

칼로써 왕홀과 경쟁을 벌였던 도원수[33]는 어떻게 되었는가?

궁내부 총관[34]은 어디에 있는가? 그 직함은 보존되었지만, 그 관할은 어디에 있는가?

출납총관[35] 역시 사라졌다. 이전의 궁정 가신들은 무언극 배우들처럼 우리 왕들의 대관식에 참석하는 허상들에 불과하다.

권한이 부여되었던 이전의 직무 중에서 남은 것이라고는 대상서밖에 없다. 대상서는 아직도 유일한 특권을 누리고 있다. 하지만 군주의 말 한 마디로 그 개인은 추방된다.

재무총관은 불운했던 푸케라는 인물에서 끝이 났는데, 그에게 기식하던 사람들은 그를 저버렸지만, 문인들은 시종일관 그를 옹호

32 궁재는 왕실의 관리였는데, 원래는 왕가의 하인 우두머리 혹은 지사들이었다. 그들은 메로빙거 왕조 때 점차 권력을 독차지했다. 단신왕 피핀은 마지막 궁재였는데, 752년 그는 힐데리히 3세를 퇴위시키고 왕위에 올랐다.

33 도원수는 궁정 대신 중 하나로 왕의 부재 시 군대의 우두머리였다. 레디기에르 공작인 프랑수아 드 본이 죽고 난 후인 1627년 1월의 칙령에 의해 도원수직은 폐지되었다. 이 직위는 군주권에 위험한 것으로 간주되어 이미 16세기에 여러 차례에 걸쳐 중단된 바 있다.

34 궁내부 총관은 궁내부의 모든 세속 관직들을 이끌었다.

35 출납총관은 궁정 관리였는데, 재무총관으로 대체되었다.

했다.

재무총감[36]은 '지불명령자'도 '회계원'도 아니다. 그는 언제나 특이한 상황에 처해 있다. 왜냐하면 그는 재정가들에 맞서 싸울 수도 없고, 그들과 행동을 함께할 수도 없기 때문이다.

오늘날 재무총감은 국민들이 가장 크게 눈을 뜨고 주시하는 대신인데, 그럴 만한 이유가 없지 않다. 다른 대신들의 활동이 오래도록 베일에 가려져 있는 만큼이나, 재무총감의 활동은 선명하게 드러난다. 그는 매일 평가를 받는다. 그가 거액을 주무르는 사람이고, 끊임없이 희망과 두려움을 내기에 걸고 있으니, 그가 얼마나 커다란 관심을 불러일으킬지 상상해보라! 그는 국민의 신뢰를 혼자서 떠받치며, 또한 국민의 신뢰를 유도하여 자신의 계획을 받아들이게 한다. 그는 자신의 공평성과 능숙함을 확인할 수 있게 되었을 때는 국민의 돈주머니를 적당히 강요하기도 한다.

다른 대신들은 그들이 현직에 있는 동안은 거의 평가를 받을 수 없다. 그들의 모든 활동은 말하자면 은밀하게 이루어진다. 사람들은 그 활동에 대해 이의를 제기할 수 없을 것이고, 시간이 흘러 그들의 작업이 어느 정도 무르익기를 기다려야 한다. 신대륙과 구대륙에 걸쳐 퍼져 있는 몇몇 대신들의 활동에 대해서는 반세기가 걸린다는 견해들까지 있다.

그러나 재무에 관해서는, 지상을 통과할 뿐이면서 자신의 연간 소득을 기대하는 사람이 목청을 높인다. 왜냐하면 그는 고통스럽기 때문이고, 하루에 두 끼 식사를 해야 하기 때문이다.

36 재무총감직이 생겨난 것은 1547년으로 거슬러 올라간다. 재무총감이 재무 행정뿐만 아니라 모든 국내 행정을 총괄하는 중요성을 획득한 것은 재무총관직이 폐지된 이후인 1661년의 일이다.

"테레[37]가 우리를 잡아먹었을 때…" 고인이 된 볼테르의 이 시구는 탁월한 것이고, 계속 탁월한 시구로 남을 것이다. 테레보다 더 노골적인 파괴자를 사람들은 본 일이 없었다. 국민을 상대로 그는 마치 외과수술을 하듯이 일을 했다. 폐지하고, 다시 만들고, 무효화시키고, 4분의 1을 징수했다가 2분의 1을 징수하고, 새로운 세금을 부과하고, 예전의 세금을 확대하고, 이러한 것이 그에게는 식은 죽 먹기였다. 그는 나아가 '참사회령'으로써 가장 공식적인 약속들을 깨뜨렸다. 마침내 그는 외국 자본을 수중에 넣었고, 징세청부업체들의 지불명령서와 어음에서 돈을 징수했으며, 이처럼 국민의 신뢰를 위반하는 일에서 전대미문의 대담성을 보여주었다.

그는 재정에 있어서 커다란 정치적 타격을 줄 수 있었고, 그로써 무언가 위대한 결과를 얻을 수도 있었을 것이다. 하지만 그가 비록 두려움과 후회를 훨씬 뛰어넘어 있긴 하지만, 그처럼 중요한 타격을 가할 줄은 몰랐다.

그의 후임자인 튀르고는 지식과 미덕을 갖고 있지만, 지나치게 자신의 생각을 고집했기 때문에 사람들을 전혀 알지 못했다. 신학적인 엄격성을 가진 반박할 수 없는 어떤 학파는 튀르고가 전적으로 자신들의 관점에 따르기를 원했다. 절반은 경제이론가이고, 선의로 가득 차 있으며, 선을 원하고 선을 추구하지만, 고집스런 성격 때문에 그는 무지한 사람과 마찬가지가 되었다. 왜냐하면 그 성격 때문에 그는 상세한 식견(識見)과 소위 말하는 정치인의 진정한 품행을 보여주지 못했기 때문이다.

그는 자신이 불러일으켰고 자신이 누리고 있던 호평과 열광의

37 Terray(1715~1778): 1769~1774년 재무총감을 지낸 그는 매우 강력한 재무 정책을 펼쳤으며, 모든 것에서 수입의 증가와 지출의 감소를 모색했다.

순간을 이용하기는커녕, 대담한 계획을 숨기지도 않은 채 전혀 도움이 안 되는 2개의 개혁부터 시작했다. 강력하고 단호하게 쇄신의 승부수를 던지기 위해서였는데, 그 승부수가 적대자들의 의견까지도 복종시켰다면 자신의 지위를 지킬 수 있었을 것이다.

그는 전반적인 변모를 공표했지만, 반대자들을 놀라게 하지도 못했고 침묵하게 만들지도 못했다. 일의 진행 상황을 거의 알지 못하고, 게다가 궁정에 대해서는 더더욱 알지 못하여 역풍을 맞은 그는 올바르지만 경직되고 실현 불가능한 노선을 따라 항구로 향하고 있었다. 그는 자신과 마찬가지로 다른 사람들도 그의 원칙들이 자명한 것으로 생각한다고 믿었다. 고결한 마음이 남겨놓은 것은 단지 아무런 도움이 되지 않는 공론(空論)뿐이었다. 하지만 프랑스의 모든 지방들을 왕국에 편입시키려는 다행스럽고 애국적인 생각은 그에게서 나온 것이다.

베르사유에서는 평평한 작은 가루담배 상자를 '튀르고틴' 또는 '플라티튀드'라고 불렀는데, 그것은 동의어가 되었다. 몇몇 조신들은 그것을 주머니에 넣고 다니며 그 명칭에 대해서 생각하는 척했다. 이러한 하찮은 것들이 궁정과 사람들을 생생하게 묘사해 주고 있다.

재임 기간이 겨우 5개월밖에 되지 않았던 드 클뤼니가 사망함으로써 클뤼니에 반대해 일어났던 여론은 중단되었다. 그는 전임자가 해놓았던 모든 일을 망가뜨릴 생각인 것처럼 보였다.

나는 14~15명의 재무총감들이 죽는 것을 보아왔다. 그리고 때때로 추억 속에서 그들의 직무 정신의 초상을 다시 그려보며 즐거워한다. 추억은 환등기이다.

프랑스 전체가 주목했던 사람을 어떤 작시가가 높은 위치에 끌어올려 놓았던 것을 생각하며 나는 홀로 웃음 짓는다. 그 시인은 갑자기 판화를 곁들인 '서한체 시가(詩歌)'와 마드리갈을 포기하고 배의 키를 잡기로 결심했고, 그 일에 아주 가까이 접근했다. 독특한 짜임새! 정치적 망상!

사리사욕이 없는 사람에게 가장 신기한 광경은 영국의 은행이나 프랑스 왕국의 재무성에서 최초로 '자비'를 부르짖을 사람을 기다리는 것이다. 수많은 극약 처방, 수많은 치명적 조작에 저항해 온 것으로 보아, 프랑스는 매우 굳건하다. 영국 은행은 이제껏 있어 왔던 가장 이해할 수 없는 정치 현상이다. 영국 은행은 국민에게 특이한 운명의 지속적 토대를 약속해 주는 힘, 기력, 활력을 준다. 우리의 계약서를 적은 양피지가 얇은 종이 지폐보다 더 강할 것인가? 지금부터 50년이 지나면 알게 될 것이다.

따라서 지급명령자에게 재무총감 자리는 가장 부담스러운 짐이 되었다. 프랑스에서 그것은 끌채에 매달려 국가를 이끄는 말과 같다. 짐수레의 무게가 모두 그에게 걸려 있기에, 그에게는 모든 지식들이 필요하다. 라베르디[38]가 재임하던 때 재무 개혁이나 재무 행정에 관해서는 어떠한 것도 글로 쓰지 못하고 출판하지도 못하게 하는 '국왕의 선언'이 나오는 것을 보았다. 또한 '죽음을 각오하지 않고서는' 종교에 반대하는 것은 어떠한 것도 쓰지 못하게 하는 '국왕령'도 있다. 국왕령 중에는 '금요일에 고기를 먹는 사람은 누구를 막론하고 대중 앞에서 이빨을 모두 뽑는 형벌에 처한다'는 한 세기 전의 것도 있다. 그 법률들이 비록 새로운 것이라 해도, 그 역시 입법자인 시간(時間)이 다행스럽게도 그 법률들의 효력을 잃게 만든다. 왜냐하면 그러한 법률들은 엄정하게 공표된 지 며칠 후에도 더 이상 실행에 옮겨질 수 없게 하는 오류와 부정확이라는 특징을 갖고 있기 때문

38 라베르디는 1763~1768년 재무총감을 지냈다.

이다.

모든 시민이 재무 행정에 대해 생각하고 글을 쓸 수 있게 허락하는 국민에게는 얼마나 큰 이점이 있는가! 그들이 좋은 생각을 내놓는가? 그들이 유용한 규칙을 탄생시키는가? 그 규칙은 검토되고, 논의되며, 채택되고, 완전해진다. 그들이 허튼 소리를 하는가? 사람들은 코웃음치고 소책자는 사라진다. 진리는 국민의 중심부로부터 나온다. 사지(四肢)가 정신의 뜻에 따르듯이, 진리는 국민의 의지에 따른다. 머리가 둔하거나 확신을 갖지 못한 사람들의 피신처인 모호함, 애매한 암흑의 상태는 전혀 없다. 편파적인 외침, 과장, 매문(賣文)과 풍자적인 글들이 때로는 진실을 흐리게 하지만, 진실 역시 의견대립의 결과일 뿐이다. 진실은 짙은 구름 같은 것들에서 나온다. 그리고 이성은 그 절정에서 하층민 작가들을 침묵하게 만든다. 또 한편으로는 국민정신이 일관성을 갖고, 변화를 읽고 예측하게 되는 모습을 갖는다. 그러한 것이 정치에서는 성공의 담보가 된다.

재무(財務), 다시 말해서 우리를 짓누르는 압착기는 특이한 요인들이 너무 많아서, 오늘날엔 그것을 옹호하는 목소리가 여러 사람의 입에서 나오기 시작한다. 징세청부업자는 선조들보다 돈을 덜 거둬들인다는 것에 대해 동정을 받는다.

재무직은 언제나 흥미로운 검토 대상이다. 그것은 농부, 수공업자, 상인, 구매자, 판매자, 상품을 유통시키는 사람을 압박한다. 그것은 세금들을 분류하고 더 세분하며, 같은 것에 불과한 것을 위장하기 위해 붙일 수 있는 모든 이름을 만들어낸다. 그런 다음 그것은 목숨을 빼앗는 우박처럼 이웃 지역을 위해 아무런 이익이 되지 않는 지역을 파괴하고 유린하는 일들을 고안한다.

또한 재무는 국가 기능이 갖고 있는 가장 신성하고 가장 무서운 권력으로부터 끊임없이 입법 기능을 빼앗는다. 그것은 함정을 파고 준비하는데, 선의를 그곳에 빠뜨리기 위해서이다. 그것이 자신의 먹이를 잡으면, 먹이를 데리고 가서 군주의 법정을 피하게 해준다. 그리고 자신의 캄캄한 소굴에서 그것은 증인인 동시에 재판관이며, 소송 당사자인 동시에 처형자이다. 하지만 파리에서는 그러한 모든 것이 망각되기 시작한다. 그래서 자칫하다가는 재무직 종사자들과 화해하게 된다! 사람들은 이미 이 직업을 완전히 용서하고, 그것이 존경받게 되기를 기대하고 있다! 우리 생각이 얼마나 많이 변했는가!

너는 인간의 마음에 무엇을 강요하는가,
황금을 향한 저주받은 욕망이여!

648 통치체제

영국인이라면 다음과 같이 말했을 것이다.

> 프랑스 왕은 거의 무한한 권력을 갖고 있다. 그는 한 손에는 칼을, 다른 손에는 황금을 쥐고 있다. 그는 종이 한 장으로 중간 집단을 굴복시킨다. 왕이 원하면 귀족 계급은 그의 명령을 따르는 것이 확실하다. 법관들이 그에게 간언을 하면 그 자리에서 물러난다. 국민은 투표권도 힘도 없다. 국민은 지배자에게 자신의 재산과 인격을 맡겼다. 그 지배자는 100년 전부터 자신의 금전적 자산을 갖고 있으며, 말 한 마디로 자신의 막대한 빚을 변제할 수 있다. 그는 또한 더 큰 권력을 갖고 있다. 그는 생각의 발표를 금한다. 그는 자신의 마음에 들지 않는 사상들을 규탄하거나 조롱한다. 영원히 그러지는 못하지만 한동안은 그렇게 한다. 아카데미 회원의 자리까지도 왕의 선택이 아닌 것은 없다. 그래서 루이 14세는 코르네유에게 "그대는 아카데미에 들어가지 못한다"라고 말할 수 있었다.

이러한 것이 특권이라는 것이다! 그런데 영국인은 겉모습을 보고 잘못 판단한 것이다. 그러한 모든 것에도 불구하고 프랑스인들은 예속되어 있지 않다. 사회도덕은 절대권력에 항거한다. 그것은 절대권력을 절제되고 정중하며 교화되게 만들고, 절대권력에 고려하고 배려할 것을 명한다. 군주의 권력은 말하자면 자주 바뀌는 대신들의 특성과 하나가 되어 조심성 있고 신중해지며, 국민이 사는 곳의 지속적인 안전을 혼란에 빠뜨리지 않는다. 국민은 군주의 권력 자체에 대해 확고한 신뢰를 보이는데, 그 권력이 지나치게 독단적인 행동을 멀리하기 때문이다. 몇몇 집단의 특권이 갑작스레 폐지될 수는 없다. 비록 힘이 없고 썩긴 했지만, 가혹해질 수 있는 권력을 막는 오래된 방책들이 저지하고 있고, 국민성은 신하에게는 불복종을 금하면서 군주에게는 권력의 지나친 남용을 허락하지 않는다.

그들이 갖고 있는 지식에 비교해볼 때 프랑스 국민보다 더 순종적인 국민은 없었다. 하지만 그것은 프랑스 국민들이, 말하자면 고취되었다고 말할 수 있는 이성을 갖고서, 자신들의 자유의 반을 포기해야 나머지 반의 자유를 확실하고 기분 좋게 누릴 수 있다는 것을 고려했기 때문이다.

군주는 최고 입법자이며 모든 권력을 갖고 있다. 하지만 그는 몇몇 시민 계급의 권리와 특권을 감히 폐지하려 하지 않는다. 군주는 그것들을 존중하거나 혹은 더디고 교활하고 완곡한 방식으로만 그것들을 공격하는데, 그 방식은 상대방에게 개인 재산을 보전할 시간과 힘을 남겨준다.

천성적으로 몰인정하고 냉혹하거나, 자신의 정념을 달래줄 거대 권력을 남용하는 군주가 있다고 한다면, 정치가 그에게 자신의 의무를 알려줄 것이고, 무모한 계획의 결과를 상기시켜 줄 것이다. 대담하고 흔들리지 않는 풍자는 국민들의 머릿속에서 군주의 권력을 서서히 약화시킬 것이다. 군주는 곧 몇 명의 간신들에게 둘러싸여 외톨이가 될 것이다. 간신들은 오로지 궁정 안에서만 자신들의 안전을 확보하게 될 것이다. 그리고 그들은 국민 앞에서처럼 군주 앞에서도 두려움에 떨게 될 것이다.

이처럼 나쁜 군주(물론 우리의 경우는 이와 거리가 멀다)라면 그는 신하들의 마음속에서 왕위를 지키고자 하는 용기를 말살할 것이다. 이러한 품성을 파괴한다는 것은 또한 자기 힘의 원동력을 없애는 것이다. 프랑스의 군주는, 군주 자신이 그렇게 말했듯이, 다행스럽게도 시민의 자유를 공포에 빠뜨리는 권위적 행동을 할 수 없다. 군주가 뛰어넘을 수 없는 한계가 있는 것이다. 사람들이 그에게서 기대할 수도 있을 모든 보편적 선행이 (국가와 동일시된 과거의 수많은 악습 때문에) 그에게 금지되어 있는 것처럼, 커다란 악행도 그의 권한을 벗어나 있다.

신하들은 이 절대군주에게 저항 없이 복종한다. 이성과 정치가 자신에게 규정하고 있는 한계를 절대군주가 결코 넘어서지 않으리라는 것을 보증해 주는 개연성에 신하들이 만족하고 있기 때문이다.

일종의 심증에 의해 그들은 '악습'을 못 본 체한다. '통치체제'를 파괴하는 것이 아니기 때문에 그들에게 용서할 만한 것처럼 보이는 것이다. 그들은 마치 절대군주제의 어쩔 수 없는 혼란을 인정하기라도 하는 것 같고, 여러 집단의 소란스럽고 편안치 않은 자유를 향해 달려가기를 원하지 않는 것 같다.

마침내 그들은 신하들의 이득이 왕권의 이득과 분리되어 있지 않다는 것, 모욕적이고 폭압적인 구속이 아니라면 모든 것을 참을 수 있는 국민의 적(敵)으로 자처하는 것은 터무니없는 일이라는 것을 강력한 절대군주가 인식하지 못할 리가 없다고 생각한다.

그런데 몇몇 사람들은 권력의 무게 혹은 전횡을 잘못 느끼고 있다. 때때로 아무렇게나 나도는 '봉인장'들이 소수의 희생자들을 낳는다. 하지만 민중 집단은 이러한 대담하고 격렬한 행동으로부터 안전하다. 공개적으로 법률을 손상시킨다면 절대군주 자신도 암초에 부딪혀 부서질 것이다.

신뢰는 절대군주의 힘을 북돋아준다. 불신은 그에게서 실질적인 힘을 빼앗을 것이다.

그처럼 우리들 사이에서 견디기 힘든 타격을 받고도 살아 있는 공적 자유는 성문법보다는 관습법과 풍속에 의지하여 더 많은 성과를 거둔다. 풍속의 영향력은 법률보다 더 절대적인데, 왜냐하면 그것은 영속적이고, 절제를 경험하지 못하는 쪽으로 끌리는 사람들에게 절제를 명하기 때문이다. 법률은 입법자가 그것을 풍속과 전 국민의 생각에 결합시키는 기술을 가진 한에서만 존중받기 때문이다. 마지막으로 이성에 의해 창조된 특권을 경계하고 보호하는 작가의 펜은 그 특권을 공격하려고 하는 군주들에 맞서 그것들을 유지하고 방어한다.

압도적인 모든 힘이 한쪽에 있고 다른 쪽에는 단지 균형을 잡기 위한 지식, 사회도덕, 그리고 선천적인 명예 원칙만 있는데, 일종의 균형을 제공하고 있으니 통치체제란 정말 놀라운 현상이 아닌가? 왕권의 거대한 힘을 억제하는 것을 생각할 때 사람들은 놀라서 얼어붙게 되고, 지나치게 격앙된 권력의 열정을 상쇄시킬 또 하나의 잔잔한 비무장의 권위를 일종의 존경의 눈으로 주시한다.

프랑스인의 풍속과 지식이 이러한 불문율들을 부추겼는데, 왜냐하면 지배력의 실제 기반은 관습법과 사상에 토대를 두고 있기 때문이다. 따라서 우리 절대군주들이 그것들을 파괴하고 그것들을 변경시키는 것은 불가능할 것이다. 그러려면 그들은 신속하고도 완전한 예속상태에 의해 우리가 모든 명예 의식과 자유사상을 상실하게끔 해야 할 것이다. 절대군주들은 그런 생각을 하지 않는다. 그들은 오히려 자기 신하들을 행복하게 만듦으로써 신하들이 자신들의 크나큰 행운에 관심을 기울이게 할 것이다.

사람들은 그러한 절대군주제가 정치보다는 오히려 운명의 산물이라고 말할 것이다. 나도 그렇다고 인정하겠다. 또한 작가들이 그들에게 준 지식을 포기하는 순간부터 국민 대중은 예속을 향해 나아가게 되고, 군주들은 독재를 향해 나아가게 될 것이다. 왜냐하면 권력의 대담성과 국민의 수치스러운 무지 사이에는 어느 정도 관계가 있기 때문이다. 하지만 이는 더 이상 두려워할 필요가 없다. 절제된 통치체제를 보증하는 것은 언제나 교양을 갖추고 타인들을 깨우치는 수많은 사람들일 것이다.

대외적인 통치체제의 위력은 국민성 안에 내재하는데, 내게는 그 국민성이 불멸의 것처럼 보인다. 루이 14세는 50년간의 통치 경험을 통해 그 사실을 잘 알고 있었기 때문에, 패배하면 자신의 왕위가 흔들릴 수도 있는 전투 개시를 명하면서 빌라르 원수에게 이렇게 말했던 것이다.

> 그대에게 혹시 불행한 일이 일어나면, 오직 짐에게만 편지로 알리시오. 짐은 말에 올라 그대의 편지를 손에 쥐고 파리를 경유할 것이오. 짐은 프랑스인들을 알고 있소. 짐은 20만 명을 그대에게 데리고 갈 것이고, 그들과 함께 왕국의 폐허 아래 묻히겠소.

이러한 방법은 항상 틀림없는 효과를 거둘 것이다. 절대군주는 신하들의 마음을 수중에 쥐고 있다. 그는 자기 뜻대로 신하들을 다른 국민에게서는 거의 찾아볼 수 없는 열정으로 불타오르게 할 수 있다. 그처럼 열정적이고, 군주에 대한 애정에 빠져 있고, 뜨거운 열정과 영웅주의에까지 이르는 사랑의 증거들을 그렇게 많이 보여주었던 국민을 배려해야 한다. 군주가 그처럼 용감한 국민과 품위 있게 교섭할 줄 아는 한, 그 믿을 수 없는 힘은 언제나 한결같이 유지될 것이다.

국가들 사이에는 그들이 차지하고 있는 위치에서 기인하는 우월성이 존재한다. 유럽의 중심에 놓인 프랑스는 주변 국가들의 질투를 유발하고 있음에 틀림없다. 이러한 질투심 때문에 프랑스가 호전적이고, 쉽게 흥분하며, 경계심이 강하고, 때로는 수선스럽게 되었을 것이다. 일단 승리를 거두자 프랑스는 자신의 의복, 유행, 양식으로 모범을 보였을 것이다.

프랑스가 갖고 있는 가장 크게 유리한 조건들 중 하나는 도로(道路)이다. 생명과 활동의 근원인 운하를 도로에 연결시킬 수 있다면, 프랑스는 최고도의 번영에 도달할 것이다. 도로와 운하는 정치 집단이 이루어낸 진정으로 놀라운 성과들이다. 강물이 흐르는 곳, 도로가 뻗어 있는 곳이면 어디에서나 왕래와 노동으로 인해 그곳에 산업이 정착된다. 신체든 정치든 폐색(閉塞)은 죽음을 낳는다. 새로운 길을 뚫고 출구를 열면, 이러한 통로들과 더불어 생명이 스며들고 모든 것이 활기를 띨 것이다. 왜냐하면 왕래가 일어나는 즉시 태엽이 풀리고 재능이 터져나올 것이기 때문이다.

지난날 봉건 통치체제의 분산된 특권들의 결과로 산업이 더 궁색했던 나라는 없다. 그렇지만 자유를 빼앗긴 산업이 무엇인들 하지 않았겠는가! 어떤 사람이 머릿속에서 되새기는 방대한 생각들은 너무 자주 시들고 마는데, 그 까닭은 그가 예상하거나 마주치는 난관들 때문이다.

프랑스의 통치체제는 군주제이다. 하지만 본래 1년 365일 내내 그런 것은 아니다. 프랑스의 통치체제에도 진폭이 있지만, 그것은 틀림없이 지속될 것처럼 보이는 부동점(不動點)을 금세 되찾는다. 대중이 국내의 안정을 보장한다. 반죽을 부풀게 할 수 있는 현대의 효모는 없다. 지난날의 효모들은 모두 작동하지 않는다.

하지만 이러한 통치체제에는 얼마나 많은 문제점이 있는가! 어떤 사람은 이렇게 말한다. 언제나, 말하자면 어떤 계획이든 모든 현금 자원을 수중에 쥐고 그것들을 빌려줄 수도 있고 거부할 수도 있는 100여 명의 자본가들에 그 성공 여부가 달려 있을 때도, 통치제도는 정말 군주제일 것인가? 주요 수단들은 그 자본가들이 갖고 있다. 그들의 협력이 없으면 주요한 활동을 할 수 없다. 국왕의 권력은 그들의 의지에 종속되어 있다.

이러한 점 때문에 갈등이 있어도 정치체제에 아무런 변화도 가져오지 못한다. 가장 확고하고 가장 존경받으며 가장 평온한 유럽 왕좌를 향유하는 군주, 모든 사람들의 존경과 신하들의 사랑, 그리고 모든 쾌락으로 둘러싸인 군주가 악독할 수 있을까? 그렇지 않다. 신하가 군주를 살해하려는 터무니없는 계획을 세우지 않는 것과 마찬가지로, 군주는 변덕이나 증오심에 의해 신하를 짓누르려는 생각을 할 수가 없다.

개인이나 집단이 어떤 성격의 것이든, 절제된 통치체제가 항상 그 개인이나 집단 위에 있을 때, 그 통치체제는 완전하지는 않아도 선한 것이고, 그 최초의 필수적인 동력으로부터 질서와 평화가 태어나는 것이다. 내가 보기에 그 나머지 일은 정확히 예측할 수가 없을 것 같다.

자신들을 통치하는 지배자가 보장해 주는 특권을 누리는, 평화롭고 자유로운 2,200만의 사람들은 모든 것을 고려하여 불행한 결과를 초래하지 않는 정부를 제안한다. 그 정부의 장점들은 일부의 단점들을 상쇄한다. 대부분의 국민이 명백하게 자신의 힘과 기쁨을 잃지 않고 살아간다는 것, 대개의 시민이 조국 땅을 떠나려 하지 않는다는 것, 외국인이 절제된 법률이 요구하는 온건한 풍속을 보면서 그 무엇으로도 약화되지 않는 매력에 의해 그곳으로 끊임없이 이끌린다는 것이 그 증거이다.

다양하게 해석되는 이 수많은 사소한 법률들은 또한 소유권을 지키는 방책이기도 하다. 야만의 특징은 모순된 법률들이 복잡하게 얽혀 있다는 것이다. 하지만 이렇게 복잡하게 얽혀 있는 것을 무수히 많은 소유의 필연적 결과인 다수의 재판 관련 법률들과 혼동해서는 안 된다.

산업이 발달해 있는 국가, 각 개인에게 자신의 존재 방식이 있고 있어야만 하는 국가에서는, 일반 원칙에 따라 세분되어 있으면서 개개인이 소환되는 각종 법정으로부터 지지를 받는 이러한 규정들이 유용해진다. 몽테스키외는 그 규정들이 사적 소유를 보호하고 보전한다는 것을 제대로 지적했다. 대국적 견지에서 법체계는 단순하고 명확한 원칙들로 환원되어야 한다. 사람들의 상황, 결혼, 상속 등은 지나치게 실증적인 법률에 전적으로 따를 수 없을 것이다. 하지만 이해관계에 따라 나타나게 되고, 천재조차도 예견할 수 없으며, 서로 인접하고 서로 교차하는 그 모든 속성들의 결과인 매일매일의 심리(審理)에 대해서 보자면, 이처럼 되풀이되는 심리들은 각자가 군주들에 대항해 권리를 옹호하고, 군주 역시 자신의 권리를 옹호할 수 있다는 점에서 정치 단체의 수명과 힘을 입증해 줄 것이다. 그로 인해 일종의 평등이 확립될 것이다.

그러니 이 사소한 법률들을 끌어들이는 강한 열정과 마찬가지로, 이 법률들이 유동적이고 고정되어 있지 않기를 바란다. 그 움직임이 더 활발하면 할수록 국가는 더 건강하고 더 강건해질 것이다.

649 파야스

모든 극단이 '파야스'[39]를 필요로 한다. 유능한 흥행사 치고 막이 오르기 전에 '파야스'를 준비해 두지 않는 사람은 아무도 없다. 중요한 역할을 맡는 인기 배우가 항상 무대에 등장할 수는 없다. 인기 배우의 거만한 태도는 언제나 다소 뻣뻣하다. '파야스'가 와서 주의를 돌리고, 관객을 즐겁게 만들고, 동료의 진지한 태도를 보강하지 않는다면, 결국에 가서는 인기 배우가 익살을 떨 수도 있을 것이다. 하지만 모든 작품에는 아무도 나오지 않는 막간이 있게 마련이다. '파야스'는 적절한 때에 나타나서 빈 공간을 채운다. 그는 빠진 사람들을 대신해서 공연한다.

예전에 코메디 프랑세즈에서 초 심지 절단 인부가 '파야스' 역을 하게 되어 사람들이 "그가 웃길 것이다, 웃기지 않을 것이다"라고 왈가왈부했을 때, 그리고 이어서 막이 올랐을 때, 그리스의 왕 중 왕 아가멤논은 더욱더 위풍당당해 보였다. 다음과 같은 시구는 더욱 더 과장되고 더욱더 낭랑해졌다.

그렇소, 아가멤논이오, 당신을 깨우는 사람은 바로 당신의 왕이오.
오시오, 당신의 귀를 두드리는 목소리를 가려내시오.

39 '파야스(paillasse)'라는 이름은 그가 입는 옷의 옷감인 '파야스 천'에서 따온 것이다.

아가멤논은 자기 역할이 끝날 때까지 위엄을 간직했다. 우리 현대 비극들이 야유를 받는 것은 오로지 더 이상 초 심지 절단 인부가 없기 때문일지도 모른다. 그 장면에서 대중의 놀림감으로 '파야스'가 없다면 가장 심각한 상황이 우스꽝스러워질 것이다.

장터에서는 그 이상의 노력이 필요하다. '미남 레앙드르'[40]는 끊임없이 관심을 불러일으켜야 한다. 그는 멋진 옷을 입고 감성적인 역할을 연기해야 한다. 하지만 결국 다른 사람과 마찬가지로 그도 공공연한 농담에 에워싸인다. 어느날 갑자기 그가 그 농담의 대상이 될지 모르는 것이다. 그렇게 되면 작품은 엉망이 될 것이다. 대형 연극 기획자들은 어떻게 할까? 본능적으로든 성찰을 통해서든 그들은 '미남 레앙드르'의 지혜와 침착성, 그리고 품위를 부각시키기 위해서는 극단에서 어떤 배우가 매일 '파야스' 역을 맡아야 한다고 느꼈다.

'파야스'가 이 사람처럼 모자를 돌리고, 저 사람처럼 머리를 자르고, 그 이전에 어느 누구도 하지 않았던 도약을 하고, '아르장틴'의 치마 밑에 머리를 넣게 해보는 것이 어떤가? 모자를 겨드랑이에 낀 위대하고 진지한 배우 '레앙드르'가 그때부터 자신의 모든 말과 행동 속에 이성과 친절과 품위를 나타내지 않을 것인지 어떤지를 알아보라.

당신도 알다시피 '파야스'는 바보 역을 한다. 하지만 그는 다른 배우들 모두를 합한 것보다도 더 재치가 많다. 눈에 띄게 드러나는 그의 얼간이 짓 속에서 그는 동료와 관객들을 조롱한다. 공연 기획자는 그를 애지중지하며 그에게 많은 급료를 준다. 파야스가 극단을

40 선전극의 고정 배역.

떠나거나 역할을 그만두고자 한다면 기획자는 겁을 먹을 것이다. 그를 보고 웃는 데 익숙한 1층 객석 관객의 마음을 사로잡기 위해 기획자는 그의 얼굴 표정이 필요하다. 그가 1층 객석 관객에게 대꾸하는 반면에, '미남 레앙드르'는 결코 그 정도까지 자신을 낮추지 않는다.

"아니! '파야스' 없이 어떻게 작품을 공연한다는 거야?" 기획자는 침통해져서 이렇게 소리칠 것이다. "그럼 군중은 누가 웃기지? 관객과는 누가 연락하고? 누군가가 관객과 연락을 취해야 해. 결국 … '파야스'가 없으면 다른 배우들이 뻣뻣하고 어색하다는 것을 알아차리게 될 텐데. '미남 레앙드르'와 '이자벨' 양이 놀림을 받을지도 몰라. '파야스'가 더 이상 나오지 않으면 내 극단은 쓰러질 거야."

외국인들이 이 장의 내용을 이해하지 못한다고 해도, 그들은 불르바르 극장에서 '파야스'가 무엇인지를 점차 이해하게 될 것이다. 그들은 사전에서 '경비대 파야스', 즉 브랜디를 마시고 병사들에게 몸을 맡기거나, 브랜디를 마실 필요도 없이 아무에게나 몸을 맡기는 여성을 찾게 될 것이다. 하지만 그들은 내가 말하는 '파야스'는 찾지 못할 것이다. 이로써 사전이 얼마나 불완전한지 우리는 알 수 있다. 우리는 과장된 어휘를 뛰어넘으려고 온 힘을 다해 노력한다.

650 귀족

중세 통치체제가 완전히 무너지고 난 뒤, 평민들은 단 한 사람의 권력만을 예감했을 것이다. 왜냐하면 그들은 경쟁관계에 있는 모든 권력들을 허물어뜨렸고, 그것들을 무너뜨리는 데 왕에게 협조했기 때문이다. 하지만 귀족들은 자신들이 더 이상 맞서 싸울 수 없는 왕권 주위에 금세 다시 모여들었다. 그들은 별개의 집단을 형성했다. 자신들과 관련되지 않은 모든 것을 경멸하게 만드는 오만한 규범들을 그 집단은 결코 버리지 않았다.

원래 귀족은 국왕과 평민 사이에서 움직였다. 오늘날은 국가 내에서 귀족이 무엇인지 정확하게 말하기 어려울 것이다.

대귀족들은 절대군주 치하에 굴복했다. 하지만 그들은 자신들의 영향력, 부유함, 세세한 면에서 일반대중에게 부담이 되는 수많은 특권들은 잃지 않았다. 왕들은 자신들에게 적대적인 위험한 힘을 대귀족에게서 없애버렸지만, 그 대귀족들이 하층 계급에 행사하는 힘은 단지 일부만 빼앗을 수 있었을 뿐이다.

우리 왕국에는 수많은 성(城)이 있다. 그 성들은 대토지의 일부를 포함하고 있고, 사냥, 낚시, 벌목에 대한 과도한 권한을 갖고 있다. 그 성에는 현실적으로 다른 사람들과 스스로를 구분하는 오만한 귀족들 일부가 몸을 숨기고 있다. 이들 귀족들은 군주의 세금에 얹어 특별 세금을 더 징수하며, 농민을 죽인 후 그의 무덤 구덩이에 10에퀴를 던져주면 되는 특권은 잃었지만, 가난하고 힘없는 농민을 쉽게 탄압한다.

나머지 다른 귀족들은 왕 주위를 둘러싸고 끊임없이 손을 벌리며 연금과 지위를 구걸한다. 그들은 자신들을 위한 모든 것, 즉 체면, 일자리, 절대적 편애를 원한다. 그들은 평민이 아무리 천재성을 갖고 있고 조국을 위해 봉사하더라도 그들에게 승진이나 보상을 허락하지 않는다. 그들은 평민의 육상 복무도 해상 복무도 금지한다. 그리고 복무를 원하지 않는 경우, 그들은 주교직, 수도원장직, 성직록이 따르는 성직 등등을 원한다.

이 집단이 왕권과 조국 수호를 위해 자신들의 피를 흘린다는 것은 사실이다. 하지만 칼을 차고 있다는 것을 내세운 귀족 집단의 소유욕은 좀처럼 충족되지 않는다. 만사에 개입하고자 하는 그 집단은 다른 집단이 군주에게 접근하는 것을 절대 허용하지 않는다. 왕권에 이르는 길을 모두 막고 난 후, 그 집단은 보다 균등하게 분배될 수 있는 모든 것을 독차지한다.

절대군주 국가에서 어째서 귀족 계급이 이처럼 오만불손할 수 있는가? 어디에나 특전이 있게 마련이라고 하자. 좋다. 하지만 왜 귀족 계급은 자신과 국민들 사이에 그처럼 큰 차이를 만들려고 하는 걸까? 그것은 봉건 통치체제 형태이다. 그것이 우리에겐 오직 한 사람의 지배자만이 있을 것이라고 했던 새로운 통치체제에 와서 섞인 것이다.

하층 계급 출신이지만 귀족 계급과 마찬가지로 명예라는 행동 동기를 갖고 있는 수많은 용감한 병사들보다 그들 귀족 계급이 군 복무를 더 잘 하는가? 그들이 무지몽매한 것으로 치부하는 수많은 열성 국민보다 그들이 무슨 일을 더 많이 했는가? 돌격을 감행하기 위해 성벽에 자신의 총검을 꽂는 척탄병의 군복무는 고귀하지 않은가?

군직 이야기는 그만두고, 교회, 법률, 예술, 그리고 상업 분야에서 귀족 계급의 전리품들을 살펴보자. 그들에게서는 특별한 우월성과 위대성이 보이지 않는다.

교육을 통해 거의 동일한 정도의 지식을 갖게 된 이후로, 사람들은 누구나 국가를 위해 봉사할 수 있는 능력을 갖추고 있다. 모두가 같은 일을 할 수 있다는 점에서 지식은 사람들을 거의 평등하게 만들었고, 더 이상 모욕적인 차별은 필요 없다. 오늘날에는 일자리 수보다 사람의 수가 훨씬 더 많기 때문이다. 하지만 300년 전에는 그 반대였다.

과거에는 무능하고 무지해도 귀족 행세를 할 수 있었다. 왜냐하면 그들은 당시의 교육, 승마술, 싸움 기술, 널리 사용되는 세련된 화법, 요컨대 하층민보다 훨씬 우월한 지식들을 독차지하고 있었기 때문이다.

계몽되고 애국적인 일부 국민보다 귀족 계급이 참된 용기를 더 많이 갖고 있는 것도 아니고, 재능을 더 많이 갖고 있는 것도 아닌 오늘날에는 서서히, 그리고 당연하게도 평등이 회복되고 있다. 왕권, 국민, 예술에 바쳐지는 봉사는 이제 귀족 가문인가 아닌가에 따라 구별되어서는 안 된다. 그 어느 때보다도 더 인간은 자신이 이룬 업적으로 평가되어야 한다. 가진 것이라고는 쓸모없는 오만함밖에 없는 족속들은 생생하고 죽지 않은 용기를 보여주게 될 때까지 군중 속으로 되돌아와야 한다.

군주에게 세금과 영광을 바치고 복종과 존경을 맹세하는 국민이, 자신들과 무관해졌고 같은 군주의 신하들 사이에 부당하고 부단한 항구적 구획을 인정하려 하는 이 귀족 계급의 영향력을 여전히 인정해야 할 것인가? 과거처럼 백성들을 탄압할 수 없지만 자신들의 오만함으로 그들에게 타격을 가하고, 자신들이 잃어버린 아주 오래된 특권들을 언급하며, 농민에게 "너는 농부야, 너는 아무것도 아니야" 라고 말하고, 전체의 이익을 위해 이제 한 명의 군주와 신민들만이 존재하기를 원했던 새로운 통치체제 속에서 과거 통치체제의 기만적인 형식을 자랑삼아 떠드는 그 귀족 계급의 영향력을?

귀족이 정치의 산물에 불과했고 그 지위가 실제 공로의 정당한 보상일 뿐이었다면, 바로 그 정치는 일부의 사람들을 인정하기 위해 다른 사람들을 물리쳐서는 안 되고, 일부를 육성하기 위해서 다른 사람들을 쓰러뜨려서도 안 되며, 변치 않는 편애를 택해서도 안 된다. 그러한 일은 국민 계층에게 부당한 일일 것이고, 국가에 대한 봉사를 위해서도 신중하지 못한 일일 것이다.

최근에 한 작가가 귀족 계급에 관한 두꺼운 책 속에서 아담의 고귀성(高貴性)에는 이론의 여지가 없고, 예수 그리스도는 타고난 '신사'라고 말했다. 이 작가의 말이 모순되지 않는다면, 그는 어느 아이도 고귀한 아담 가문에서 배제하지 않을 것이다. 특히 그 아이가 그 '신사'를 숭배하거나 사랑한다면 말이다.

바로 그 작가가 다음과 같이 이해할 수 없는 두 문장을 썼다. "귀족은 정치의 산물이 아니라 자연의 특별한 걸작이다. 자연이 최상의 목적을 두고 모든 힘을 결집한 것이 바로 귀족이다."

책 속에 온갖 것이 조금씩 다 들어 있다는 말은 이 경우에 딱 들어맞는다. 하지만 자기 작품에 대해 스스로 판단을 내리려면 작가는 이 2개의 출산 과정을 지켜보아야 할 것이다.

그런데 왜 '출산 과정'이냐고 누군가는 내게 물을 것이다. 그것은 바로 그 작가가 또다시 다음과 같은 글을 썼기 때문이다. "그(귀족)가 태어나는 바로 그 순간, 그가 다른 사람들보다 우월한 존재임이 공표되는 것 같았다. 그의 탄생을 목격한 사람들은 그가 용감한 어머니의 모태로부터 힘차게 솟아나와, 그를 받쳐줄 대지 위에 떨어져 뛰어오르는 모습을 보았다. 그의 재빠른 눈길" 등등….

651 키스, 포옹

파리인들은 툭하면 포옹을 한다. 밖으로 드러나는 애정의 표시로 이보다 더 흔한 것은 없다. 뜻하지 않게 포옹하는 사람들이 있는데, 그들은 당신을 화나게 한다. 때로는 알지 못하는 사람, 잊혀진 사람, 거의 면식이 없는 사람이 길모퉁이에서 당신을 껴안기도 한다.

때로는 망설이기도 하고, 때로는 멈칫하기도 하고, 또 때로는 완전히 호의적으로 포옹을 한다. 하지만 사람들은 언제 누구를 포옹해야 하는지 잘 알지 못한다. 그 모든 것이 일시적인 기분이나 충동에 의해 결정되기 때문이다. 한 사람은 포옹을 원하는데, 상대방은 회피하거나 시간을 끈다. 왜냐하면 상대방은 포옹할 생각이 없거나, 그것을 방해하는 무언가가 마음속에 있기 때문이다.

사람들은 길에서나 집안에서 서로 포옹한다. 부르주아 계층에서는 포옹을 기대하고 있는 여성들을 껴안으러 달려간다. 한 어머니가 자신을 소개하면, 사람들은 그녀의 볼에 키스를 하지만, 어린 딸에게는 그냥 인사만 한다. 다음번에는 아주 힘차게 어머니를 끌어안는데, 딸의 볼에 자신의 볼을 갖다댈 권리를 갖기 위해서이다.

강렬한 키스로 처녀들을 놀라게 하는 무지막지한 사람들이 있는 반면에, 섬세한 사람은 그 젊은 피부를 건드리기를 두려워한다. 그는 가까워질까, 다시 말해서 불꽃이 튈까 두려워한다. 그는 너무나 예민해서 장밋빛 얼굴에 달려드는 그 철면피들을 따라할 수가 없다. 그 철면피들은 화분에 날아드는 돌멩이와 같다. 예민한 사람에게는 여러 사람 앞에서 여성의 얼굴에 키스하는 것보다 더 두려운 것이 없다. 목격자를 만드느니, 그녀의 손, 아니 그게 아니라 그녀의 옷자락 끝도 건드리지 않는 것이 더 낫다.

여성들은 남성들 앞에서도 언제나 활발하게 서로 키스한다. 하지만 그것은 관심을 끌기 위한 교태이다. 여성들은 자신들의 애정을 보여주고, 그러한 애정 표시를 얼마나 부드럽게 할 수 있는지를 보여주고 싶어 한다. 여러 번 반복되는 이 키스는 작위적이다. 눈빛은 입술과 일치하지 않는다. 키스로 쪽쪽 소리가 나지만, 눈빛은 자연스럽지 못하고 감춰지지도 않는다.

어린아이에게 키스하는 것은 금지되어야 할 것이다. 사람들은 여드름 난 얼굴, 담배로 더러워진 코, 거친 수염으로 아이들의 민감한 얼굴에 달려들면서도, 순하고 상큼한 살결의 부드러운 감촉을 시들게 하는 것은 걱정하지 않는다. 어떤 남자의 가구에는 손 하나 얹지 않으면서 5세 된 그의 딸 뺨에는 입을 가져다대는 것이다! 아이들에게 달려드는 사람들은 내게는 언제나 섬세한 감수성이 부족한 것처럼 보였다. 악(惡)이 순결을 포옹하는 것을 목격하고 있다는 생각이 든다.

영국에서는 남자들끼리 서로 포옹하지 않는다. 길에서 볼 수 있듯이 그들은 서로 손을 마주잡고 악수하며 모자를 벗지도 않고 고개를 숙이지도 않는데, 그 두 사람은 마치 하나의 역할을 연기하는 것처럼 보인다. 하지만 누군가가 여성을 소개하면 그는 그 여성에게 키스를 하는데, 얼굴에 하는 것이 아니라 입술에 한다. 그것이야말로 여성에게 하는 진정한 키스이다. 영국 여성은 그런 식으로 '인사를 받는' 데 익숙해 있어서, 자신의 볼을 상대의 볼에 갖다대는 데 만족하는 외국의 '인사'를 무의미하고 심지어 모욕적이라고 생각한다.

프랑스에서 새해 첫날에는 이처럼 관례적이고 예의에 맞는 키스들이 현저히 눈에 띈다. 이날 사람들은 여러 사람 앞에서 얼마나 많은 포옹을 하는가! 하지만 이들을 보라. 그들이 포옹을 하면 할수록 열기는 점점 더 줄어든다.

섬세한 애정 표시의 불완전한 반영인 이 모든 냉담한 포옹은 영원히 사라져야 할 것이다. 파리인은 우정에 매우 열정적인 것 같다. 그런데 파리인이 그처럼 열렬하게 포옹하는 사람은 그의 친구도 아니고, 그의 친구도 될 수 없는 경우가 거의 대부분이다.

652 노총각들

우리 시대에 아주 흔하고 특히 수도에 널리 퍼져 있는 독신에 대해 할 말이 많을 것이다. 독신의 원인을 검토하고 그 치유법을 소개하는 것은 사소한 일이라고 할 수 없을 것이다. 모든 교훈적인 웅변이나 시시한 연극으로는 결혼을 더 많이 성사시킬 수 없을 것이다.

본성에 의해 서로 이끌리지만 속박의 무게가 무거워질까 두려워 도망치는 두 존재 사이에 장벽을 세우는 악습을 개혁해야 할 것이다.

자연은 인간에게 예지력을 주었기에, 인간은 사치와 빈곤의 어쩔 수 없는 결합을 알고서 몸을 떤다. 인간은 아이들이 태어나는 것을 보는데, 아마 그 아이들의 외침은 모두 결핍의 외침일 것이다. 그 아이들은 도시의 마룻바닥보다 아무것도 없는 곳이 더 편하다. 도시에서라면 그들은 세상에 나오면서 한 뼘의 땅도 갖지 못할 것이기 때문이다.

선금을 치르지 않으면[41] 아이들에겐 양육할 젖이 모자랄 것이다. 일정한 나이에 도달하면, 대개의 경우 그 아이들은 부유한 일부 계층의 임시 하인이 될 뿐이다.

독신자는 자신의 삶이 이렇게 될 것이라고 생각한다. 위험을 피하기 위해 그는 방탕을 선택한다. 그는 혼자이다. 그의 마음은 굳어

41 다시 말해, 유모에게 미리 예약금이 지불되지 않았다면.

지고 냉담해진다. 그는 애정 어린 포옹을 회피하며 방탕의 포옹 속으로 떨어진다. 그는 아내를 받아들이지 않았기에 오만한 정부(情婦)를 만난다. 그 오만한 정부는 절약에는 전혀 관심이 없고, 그가 피하고자 했던 속박보다 더 부담스러운 구속을 그에게 가한다. 탐욕으로 인해 편협해진 그녀의 애정은 절약을 멀리하고, 그녀는 자신이 가로챌 수 있는 모든 것을 가로챈다. 교제를 통해 그는 한 여성에게 얽매이고, 그녀는 약탈 대상인 그에게 남아 있는 것들로 은밀히 자신의 재산을 늘린다. 그는 서서히 늙어가고, 자연이 그에게 권했던 친구들을 배척한 탓에 노년에 접어들어 친구가 하나도 없는 불행을 자초한다. 그는 자신의 진심에 완전히 호응하는 진심을 맛보지 못한다. 사랑은 가능했지만, 거기에 그윽한 존경심은 더해지지는 않는다. 왜냐하면 그는 잠자리의 여자 친구 이름을 공개적으로 부를 수 없기 때문이다. 그가 합법적으로 인정받지 못하는 아이들에게 해주는 키스는 남의 눈을 피하는 은밀한 키스일 것이고, 그로 인해 그는 부정(父情)에 대한 약간의 가책을 느끼게 된다.

'독신으로 지내는 총각은 품행이 나쁘다'라는 속담이 있다. 일반적으로 속담은 거짓을 말하지 않는다. 예외는 드물다. 노처녀는 이렇게 말할 수 있다. "사람들이 나를 받아주지 않았다. 나는 못생겼고 가난했다. 내가 거부한 것이 결코 아니다." 하지만 살아오는 동안에 한 여자를 받아들일 용기가 없었던 노총각, 그리고 (그가 찾는 여성이 존재하지 않았다고 해도) 자신과 마음이 통할 만한 사람을 만들어내지 못한 노총각의 경우, 그가 어떤 변명을 할 수 있을 것인가? 어떤 결점을 인정하지 않을 것인가?

이들 독신자들이 하는 일이 무엇인가? 사교계를 떠돌면서 그들은 계속해서 순진한 여성에게 덫을 놓고, 가정에 불화를 일으킨다. 자기 자신에 대한 애정이 너무나 큰 그들은 미녀의 수치심, 노리개가 된 연약한 여자의 눈물과 한숨을 대수롭지 않게 여긴다.

더 온당치 못한 어떤 독신자들은 결혼을 비난한다. 결혼이라는 죄악을 거부하면서 그들은 자신들의 불성실함에 덧붙여 방탕한 생활을 더 잘 감추고, 그 결과에 대해 안심하려는 역겨운 희망을 품는다.

미인에게나 어울릴 찬사를 남발함으로써 여성의 자존심을 우쭐하게 만드는 위험한 언어를 처음으로 만들어낸 것은 바로 독신자였다.

독신자들의 최대 논거는 그들이 자유롭다는 것이다. 그들이 자유롭다니! 그들은 대개의 경우 가장 비천한 화류계 여자들의 노예이다. 그들은 화류계 여자들의 발밑에 자신들의 재산을 갖다 바친다. 그들은 화류계 여자들의 변덕과 환상의 노리개이다. 그들은 쾌락을 맛보았다고 생각하지만, 단지 치명상을 입히는 애정 표시에 직면한 것뿐이다. 그들은 젊은 시절에는 속임수에 넘어가고, 늙어서는 재산을 도둑맞는다. 그들을 둘러싸고 있는 무관심으로 인해, 즉 과거의 삶을 통해 얻어진 당연한 결과로 인해 그들의 죽음이 앞당겨지지는 않는다 해도, 그들은 임종의 순간에 버림을 받게 될 것이다.

653 절망

얼굴이 창백해진 채 낙심한 모습으로 주먹으로 자신의 이마를 치며 우리 집으로 들어오는 사람이 누구인가? 바로 어제 보았던 그 사람, 침착하고 차분하며 현재도 미래도 두려워하지 않고 개인적 쾌락에 몰두해 있던 그 사람이다. 그가 외친다.

> 나는 파산했어! 어제는 빵이 있었는데, 오늘은 더 이상 없어. 누군가가 내게 이렇게 말했지. "당신의 형제, 조카, 부모, 친구들이 당신과 무슨 상관이야? 우리 집으로 와. 친족들의 상속권을 빼앗아. 당신은 당신 몫으로 11%를 받게 될 거야." 나는 그 기만적인 말을 들었어. 나는 같은 말을 되뇌었어. "내 형제들, 조카, 부모, 친구들이 나와 무슨 상관이야? 나는 내 몫으로 11%를 받게 될 거야." 나는 공증인에게 달려가서 친족들의 상속권을 박탈했어. 하지만 나는 천벌을 받았어. 차용자의 파산이 선포되었고, 어느 집행관도 그를 잡을 수가 없어. 이제 나는 무엇을 하지? 내가 할 줄 아는 것이라고는 시내에서 저녁을 먹고, 연극을 보러 가고, 1년에 네 번 영수증에 서명하는 것밖에 없는데. 당신은 내게 어떤 충고를 하지? 왜 당신은 차용자가 실패할 수도 있다는 것을 내게 알려주지 않았지? 어떤 법률에 호소해야 할까? 어떤 법정이 내게 돈을 찾게 해줄까? 또 내 가족이 모두 투옥된다면, 그리고 짐승이고 사람이고 원숭이까지 가족이 모두 경매로 팔린다면 어떻게 하지?

그는 휘적휘적 걸어간다. 그는 이렇게 큰소리로 외친다. "1수의 종신연금도 갖고 있지 않은 사람들은 행복하여라!" 자신의 분노를 뿜어내고 나서, 그는 시골 깊숙이 파묻혀 지낼 것이며, 이 가증스런 수도, 사람들이 유산을 몽땅 가로채기 위해 자기 부모의 상속권을 박탈할 것을 권하고, 수익을 2배로 늘리기 위해 재산 전부를 투자하고, 오직 자신만을 위해 살고, 남은 생애를 편안히 한가하게 보낼 준비를 잘 했는데도, 양피지에 작성한 계약서에도 불구하고 어느 날 노역형을 선고받는 이 수도를 떠날 것이라고 말한다.

이처럼 스스로 식견이 있다고 믿는 자기중심주의는 판단력을 잃고 벌을 받는다. 파산은 훌륭한 충고가 된다.

이러한 교훈은 치즈 한 조각의 가치가 충분히 있어. 틀림없이.

654 오페라

오페라 양식을 축소시키고자 했던 것은 잘못이다. 그것은 본래 상상력의 공연이기 때문에 한계를 받아들이게 되어 있지 않다. 마법, 신화, 역사, 모든 것이 오페라의 영역에 속한다. 환상의 나라는 아무리 넓어도 지나치지 않을 것이다. 이 환상의 여왕은 돈을 물 쓰듯 하는 경이로운 화려함 속에서만 살아가며, 그 안에서만 만족하기 때문이다. 환상이 나래를 펴는 거대한 공간을 제한하려는 것은 그 공간을 없애는 것과 마찬가지이다. 환상은 자신의 주위에 원이 그려지는 것을 결코 용납하지 않을 것이다.

따라서 화려한 환상과 손을 잡는 즉시 시인은, 말하자면 자신에게 전제적으로 명령을 내릴 수 있는 권리를 가진 이 초자연적 대행자에게 넘어간 것이다. 시인은 하늘에 올라가고, 지옥에 내려가고, 신과 악마들, 신전과 동굴들을 찾아보아야 한다. 시인은 춤을 추고, 노래하고, 선잠을 자고, 구름 위를 날고, 그 괴물이 주는 사슬이나 날개를 결코 불평하지 말아야 한다. 시인은 구성원들, 노래, 반주, 발레 그리고 무대장치를 제어하는 그 마법 지팡이에 완전히 종속된다. 시인은 자신에게서 논리를 강탈해간 일종의 마법사에게 마침내 항복한 것이다.

이 세상에 순수극과 오페라보다 더 대조적인 것은 아무것도 없다. 활발하고 지속적인 관심은 순수극의 몫이다. 오페라 역시 단 하나의 동일한 감정이 연장된다는 것을 신뢰하지 않는다. 오페라는 모든 감정을 요구한다. 오페라에는 거대하고 다양한 수단(手段)들이 필요하다. 말하자면, 모든 예술의 일치보다는 그것들의 수행, 경쟁, 아우성과 그것들 간의 어수선한 대립까지 필요한 것이다.

문제는 그처럼 많은 잡다한 것들로부터 사람들의 마음을 꿰뚫는 감동적인 통일성이 나올 수 있는지, 그리고 마법을 아낌없이 쓰려고 한 탓에 눈을 피곤하게 만들고 귀를 멍하게 만드는 데 이르지는 않는지를 알아보는 것이다. 여하튼 간에 관객의 상상력은 자신들에게 제공되는 다양한 것들 속에서 즐거움을 발견한다. 관객은 자신들의 감각에 가장 잘 와 닿는 것이 무엇인지를 대뜸 파악한다. 온갖 느낌들이 그들에게 찾아와 묻고, 마음에 드는 느낌들이 받아들여진다.

사람들은 이 예술의 이론을 세우려 했다. 이는 미친 사람에게 이치를 따지게 하려는 것과 같을 것이다. 무엇 때문에 그것의 기묘한 파격을 제거하려 하는가? 오페라가 강렬한 인상을 주는 까닭은 오로지 그것이 기상천외하고, 주제가 다양하고 혼란스럽기 때문이다. 앞뒤가 맞지 않는 이 찬란한 예술에 변칙의 차원을 남겨주어야 한다. 오페라가 호기심을 자극하고, 감성의 관심을 끌며, 놀라움을 유발하는 것은 오로지 환상적이고 변화무쌍한 독특한 형식 때문이다.

오늘날 사람들은 오페라에 절도 있는 흐름, 체계적인 구성, 단 하나의 재미만을 부여하고자 한다. 그래, 좋다. 오페라는 규칙에 더 부합하게 될 것이다. 하지만 내가 느끼는 즐거움은 줄어들 것이다. 오페라는 동화여야 한다. 논리정연하고 감동적이며, 그래서 이성에 호소하고 심금을 울리는 작품들은 다른 곳에서 충분히 찾을 것이다. 오페라에서 내가 보고 싶은 것은 이상하고 환상적인 세계이다.

655 발레

팔을 흔들어대고, 뚜렷한 목적 없이 발을 번갈아 올렸다 내렸다 하며, 춤을 위한 춤을 추는 그러한 발레가 무슨 의미를 갖는지 진리와 자연 애호가는 종종 묻곤 했다. 예술들이 유치하고 뿌리 깊은 타성에 너무 매여 있기 때문에, 오랫동안 오페라 극장에서는 기괴한 도약, 인위적인 자세, 애매하고 막연한 동작, '붉은색, 파란색, 초록색 등'의 가면들이 눈에 띄었다. 그때는 어느 누구도 예술이 고상하게 춤으로 모사된 흥미진진한 줄거리를 만들어낼 수 있다고 예상하지 못했다. '발레'는 아무 이유 없이 쉬지 않고 움직이는 무용수들의 원형 운동에 불과하다는 것, 그 무용수들의 스텝은 아무런 의미가 없다는 것이 일반적인 생각이었다. 춤이 유동적이고 우아하며 활기에 찬 묘사를 만들어낼 수 있고, 장면들을 창조하며, 그것들을 마음대로 변주시키고, 스스로를 고양시켜 인간의 정념을 재현하기까지 한다는 것은 꿈속에서조차 알 수 없었다.

그렇지만 인간의 정념들은 그 언어가 더 제한되고 더 압축될수록 표현이 더욱더 풍부해진다. 무언극의 침묵은 인간 정념의 섬세함과 에너지에서 무언가를 가로채기는커녕, 그 정념이 만들어내는 몸짓과 기발하고 재빠른 동작을 통해 거기에 무언가를 덧붙이는 것 같다. 그 말 없는 줄거리 속에서 답답함이 표현력을 자극하는 것처럼 보이는 것이다. 그럴 때 인간들에게는 모든 것이 언어가 되고 강력한 어법이 된다. 발이 눈처럼 말하며, 감정은 아주 세세한 뉘앙스로 표현된다. 정신은 신체의 모든 자세를 통해 새어나온다. 모든 것이

의도적이고 결정적이며 생생하다. 모든 것이 이미지를 공들여 다듬고 이미지의 특징을 이룬다. 무언극은 부자연스럽지도 않고 모호하지도 않다.

아! 번개처럼 빠르고 순간적인 동작, 섬세하고 미묘한 감정을 명확하게 표현하는 그런 동작을 본다는 것은 얼마나 즐거운 일인가! 사랑, 공포, 절망이 얼굴빛을 바꾸며 자신들이 말하고 싶은 모든 것을 말하지만, 사람들은 거짓에 속지 않는다. 사람들의 입이 닫히는 순간부터 거짓은 더 이상 존재하지 않는 것처럼 보인다.

고대인들은 이 예술을 우리가 모르는 완성의 단계에까지 올려놓았다. 바틸, 필라드, 그리고 일라스는 로마의 연극을 파벌로 분열시켰다. 이들 무언극 배우들이 불러일으켰던 비상한 열광을 우리에게 알리면서 역사가들은 그들이 자칫 내란을 유발할 뻔했다고 말한다.

노베르는 프랑스에서 무용을 고찰한 최초의 인물이다. 그는 모든 새로운 고안에 대해 편견이 항상 내세우는 반론들에 부딪혔다. 그는 그 반론들에 용감히 저항할 줄 알았고, 무용 예술의 한계를 넓혔다. 이때부터 무용은 극예술의 중요한 한 부분으로 간주될 수 있게 되었다.

노베르의 재능에 의해 '검은색 가발, 둥글게 부풀린 치마와 반바지'들이 축출되었고, 위대함, 표현력, 섬세함, 장중함으로 가득 찬 역사 그림 혹은 우아한 그림들이 억지로 우리의 감탄을 불러일으켰던 재미없는 풍자화들의 뒤를 잇게 되었다.

이제 현대 발레는 뛰어오르며 양발을 마주치는 카브리올이나 공중에 떠서 양발을 서로 엇갈리게 하는 앙트르샤로 이루어지지 않는다. 생기 있는 무언의 웅변이 새로운 무대, 활기찬 무대를 구성한다. 그리고 가장 큰 관심을 불러일으키고 있다. 발레의 성공은 너무나 경이적이어서 무언극은 다른 무대들에서 하차했고, 사람들은 발레가 다른 극예술 부문들 모두를 질식시키게 되지나 않을까 두려워한다. 이 무언의 웅변적 분야는 모든 사람들을 깊이 사로잡는 매력을 갖고 있다.

656 각운

조잡한 시의 유행이 사라지지 않고 있다. 카페들은 엉터리 시인들이 이러한 유치한 시에 심취해 있는 전염 장소이다. 『메르퀴르』가 아카데미 경연대회를 알리는 방식만큼 우스꽝스러운 것은 아무것도 없다. 어떤 조잡한 시에 대해 미사여구를 늘어놓는 보잘것없는 사람, 즉 프라지에(phrasier)가 '그리스', '올림픽 경기', '나부끼는 월계관'에 대해 이야기한다. 과장되고 우스꽝스러운 주장을 펴는 사람들은 순진하게도 메달이 곧 영광을 의미한다고 생각한다. 그렇게 그들 생애의 상당 부분 동안 그들의 두뇌는 망가지는 것이다. 시구 때문에 서로를 잡아먹는 조잡한 시인들만이 눈에 띈다. '시'에 대해 수여하는 이들 상(賞)보다 더 위험한 것은 없다. 정부는 이 상들을 금지시켜야 할 것이다. 젊은이의 절반이 아카데미 상을 받기 위해 노력한다고 말하며 빈둥거리고 있다.

우리 시인들은 모두가 각운을 시를 구성하는 일부분으로 간주한다. 각운은 우스꽝스러운 것이며 골칫거리이다. 그 암초에 걸려 좌절하지 않고 긴 작품을 낳는 것은 불가능하다.

이러한 전제적인 각운, 동음으로 끝나는 상투적인 어구, 종소리 같은 유치한 소리들로 인해 언어는 명확함, 정확함, 유연함까지 잃게 된다. 이 거추장스러운 휴지(休止)가 사고를 억압하고, 그로 인해 문체는 일률적이고 짧고 단속적이 된다. 솔직함도, 충만함도, 장중함도 없다. 가장 진부한 산문일지라도 더 자유로운 특징이 있고, 그런 만큼 분별 있는 사람들 모두가 산문을 좋아한다. 프랑스에서 시를 거의 읽지 않는 28세 이후에도 시를 쓰려면 미치광이가 되거나 볼테르 같은 사람이 되어야 한다.

나는 각운에 몰두해 있는 이들 수많은 젊은이들을 매우 불쌍하게 생각한다. 그들은 그들의 '리슐레'[42]를 소유하기 위해 나머지 것 모두를 소홀히한다. 그들은 고대의 모든 시인들을 운문으로 쓰고 싶어 하는데, 그것은 무엇보다도 판단력이 결여되어 있다는 것을 보여준다. 골머리를 앓지만 그들이 얻는 것은 아무것도 없다. 나는 그들이 겪는 고통에 대해 연민을 느끼면서, 결실을 맺지 못하는 그들의 노력을 측은한 눈길로 바라본다.

우리 이웃들은 우리가 어리석게도 우리 자신에게 부과했던 이 야만적 굴레를 벗어났고, 그들 나라에서는 시가 태어나기 시작했다.

내겐 금세기가 각운의 속박을 떨쳐버릴 만한 세기처럼 보인다. 참을 수 없는 이 단조로움에서 벗어남으로써 많은 것을 얻게 되는데, 우리 극 분야의 걸작들은 아직도 습관적으로 유지되고 있는 이 부자연스런 매력에 의해 엉망이 된 것처럼 보인다.

일반적인 혐오의 두드러진 증거로, 운문 작품들은 서로에게 걸려 비틀거리지만, 사람들이 싫증낸다고 해서 서투른 삼류 시인의 버릇이 고쳐지지는 않는다. 그들 서투른 삼류 시인들은 톰슨, 자샤리, 텔레마코스, 게스너, 뷔퐁의 작품을 무겁고 부담스러운 알렉상드랭 시구로 고집스레 운문화한다. 그러고 나서 그들 삼류 시인들은 시를 닮은 잡탕을 시라 부르는데, 그로 인해 대중들은 10년 동안은 소화불량을 느낀다.

우리 시인들 중 가장 위대한 시인조차도 각운으로 인해 얼마나

42 리슐레가 출판한 『새롭게 정리한 각운 사전』(1667)을 가리키는데, 이 사전으로 사전 편찬자 리슐레(1631~1698)의 이름이 유명해졌다.

사고(思考)의 고통을 겪는지 사람들은 생각하지 못한다. 사람들은 극작품에서 심중을 헤아린다. 사람들은 각운을 즐기지 않는다. 따라서 단지 평범한 사상만을 표현하는 각운이 제시된다. 사람들은 무엇보다 각운을 받아들이지 않는다. 사람들은 문장을 늘이고, 줄이고, 다듬고, 어순을 달리하는 데 골머리를 앓는다. 사람들은 머리를 쥐어짠다. 융통성 없는 언어가 까다로운 각운이 거부하지 않는 어떠한 표현도 제시하지 못하기 때문이다. 결국 피상적인 표현에 어울리는 각운이 사용된다. 그러면 고생의 흔적이 역력한 용모를 갖게 될 예정이던 등장인물은 단지 평범한 모습만을 보이게 되는 것이다.

각운으로 인해 코르네유는 종종 산만하고, 어색하고, 이해할 수 없게 되며, 시적 감흥과 고양된 감정으로 가득 찬 몇몇 작품들이 망가진다. 라신은 언제나 자신의 등장인물 뒤에 숨어 있고, 그들에게 자신의 조화로운 언어를 능숙하게 주입하는 것처럼 보인다. 나는 정념의 과도한 소란 속에서조차 유려한 문장에 리듬을 부여하는 그의 부드러운 플루트 소리를 듣는다. 나는 시인을 시야에서 절대 놓치지 않는다. 그래서 스스로 목을 매려는 계획을 꾸미면서 모님[43]이 목매다는 데 쓸 천을 의인화해서 부를 때, 나는 감동적이고 고통스러운 이 상황을 거의 잊어버리고, 탐구와 기술의 최고 표현인 시구들에 탄복한다. 그 부분은 탁월하게 쓰였다. 하지만 그것이 너무나 아름다운 이유는, 그 부분이 탄식하고 침통해하는 모님보다 라신의 모습을 내게 더 보여주기 때문이다.

「오이디푸스」, 「알지르」, 「세미라미스」, 그리고 「오로스만」에서 볼테르는 어조가 웅장해진다. 1층 객석의 박수갈채를 차지하는 그

43 라신의 「미트리다트」에 나오는 등장인물.

화려한 웅변에 이끌리기 때문이다. 그의 심복 역들의 말은 종종 그의 가장 아름다운 시구들로 가득 차 있는데, 왜냐하면 볼테르가 자신을 드러내기를 좋아하기 때문이다. 그렇지만 시구가 시인을 찬미하게 만들면, 그 시구는 등장인물을 죽게 만들 수밖에 없다. 그렇게 되면 환상은 어떻게 되겠는가?

더 생생하고 더 소중하며 더 자연스러운 아름다움을 파괴하고 있는 이 관례적인 아름다움은 여전히 소중하게 여겨질 것이다. 볼테르는 여전히 당분간은 이러한 기이한 편견에 따를 것이다. 하지만 결국은, 단순성과 본질에 접근하면서 소박한 진실의 매력을 느끼게 되면, 무대에서의 시구는 감정과 이미지에 온통 신경 써야 하는데도 정신을 타락시키려 하는 가짜 장식에 불과하다는 것을 알게 될 것이다. 각운은 노래와 보드빌로 넘어갈 것이다. 각운은 오로지 그것들을 위해서만 만들어진 것처럼 보인다.

이런 조잡한 시를 쓰는 사람들은 모두 창의력이 절대적으로 결여되어 있다는 데 주목하라. 그들은 형편없는 소설 한 편도 쓸 수가 없다.

어떤 작가든 젊은 시절에 소설을 쓰지 않은 작가에 대해 나는 좋게 평가하지 않는다. 그로써 그는 상상력의 메마름, 일종의 불모성을 드러내는 것이다. 소설을 쓰기 위해서는 지성, 세상에 대한 경험, 정념들에 대한 지식이 필요하다. 그런데 단어들을 평탄하게 고르는 작시가들에게는 그런 것들이 아무것도 없다.

내겐, 소설을 쓸 수 없었던 작가는 솟아오르는 재능에 이끌려 문학계에 입문한 것처럼 생각되지 않는다. 각운을 맞춘 작품은 같은 표현, 같은 생각을 되풀이한다. 독창적인 작가가 드물다. 형편없는 비극만 써왔고 레티프 드 라브르톤의 작품처럼 특색 있는 글 100쪽을 쓸 수 없는 어떤 작가는, 레티프 드 라브르톤과는 비교도 되지 않는데도 뻔뻔스럽게 자신이 그보다 더 뛰어나다고 생각할 것이다. '잘난 체하지만 보잘것없는 것'을 반복하면서 그는 자신이 자신의 유죄 판결을 언도하고 있다고 생각하지 못한다.

그러니 이들 조잡한 시를 쓰는 사람들은 무엇인가? 무엇보다도 먼저 『메르퀴르』에서 일하기를 꿈꾸며 그들은 시시한 파당의 깃발 아래 모인다. 이 순간부터 그들은 그 파벌에서 비난하는 모든 것을 같이 비난하며, 그 파벌이 칭찬하는 것만을 칭찬한다. 그들은 시시하고 평범한 사람들은 공격 및 수비 동맹을 맺어야 하는 본능에 따라 작은 문학 전투부대를 형성한다. 그들이 선택한 삼류 지도자에게 박수갈채를 보내면서 그들은 스스로에게 찬사를 보낸다고 생각한다. 그들이 그 삼류 지도자의 자리를 빼앗을 때까지 그들은 그의 환심을 사기 위해 까다롭고 심술궂어진다.

657 부상자들

사고의 위험에 노출되어 있는 수도 시민들에게는 그 사고에 이어 그에 못지않게 고통스러운 상황들이 있다. 사람들이 모여들어 수많은 상반된 의견들을 내놓으며 불행한 부상자를 난처하게 만드는 것이다. 찾아와야 할 들것은 가까이에 없다. 경찰관을 찾아야 하는데 그는 멀리 떨어져 있다. 작성해야 할 조서는 끝이 나지 않는다. 이처럼 곤란한 절차들이 진행되는 동안 환자는 고통에 방치되어 있는데, 그 더딘 절차 때문에 그 불행한 사람은 구빈원에 도착하기도 전에 죽는다.

이 소란스런 거리에서 부상 위험에 노출되지 않은 사람이 누구인가? 기와, 사륜마차, 흔들리는 들보, 석공의 망치, 말, 덴마크 개, 귀먹고 말 못하는 짐꾼이 당신에게 상처를 내고, 혹이 생기게 하고, 타박상과 골절상을 입힌다.

이렇게 심각한 사고가 아니라 해도 성실한 무명 시민이 갑자기 뇌출혈을 일으킬 수도 있다. 정보가 없기 때문에 사람들을 그를 오텔디외 병원으로 데려갈 것이다. 그는 5층이나 6층에 있는, 자기 것과는 아주 다른 침대에 누워 있게 될 것이다. 이런 일이 몇 년 전에 내가 아는 어떤 변호사에게 실제로 일어났다. 그는 깨어났다가 전혀 알지 못하는 두 병자 사이에 자신이 누워 있는 것을 알고 다시 기절했다.

이러한 뜻밖의 경우를 방지하기 위해 사람들은 수도의 각 동네마다 경찰서나 외과병원에 하나의 대피처, 즉 부상자들을 위해 침대를 비치한 천장이 낮고 안락한 방, 의료 상자와 약품 상자를 마련해 둘 생각을 했다. 어떤 사고를 겪게 된 시민을 즉시 옮겨와서 도움을 줄 수 있도록 하기 위해서였다.

처음에 사람들은 이러한 의료 계획을 환대했지만, 그 계획의 실행은 받아들이지 않았다. 그래서 치명적인 부상을 당한 사람은 대중들의 손에 맡겨진다. 부상자의 신원이 확인되지 않으면, 혹은 그가 어떤 선량한 사람의 흥미를 끌지 못하면, 그는 고통스럽게 경비대로, 경비대에서 경찰서로, 경찰서에서 오텔디외 병원으로 옮겨진다. 그가 만일 시내에서 마차에 깔렸다면, 불운 속에 있는 것이 더 행복할 것이다.

이처럼 선행은 쉽사리 이루어지지 않는다. 자비로운 이 계획, 모든 시민 계급의 관심을 끌 수 있었던 이 계획은 같은 의도를 가진 여러 사람의 협력이 없어 실행되지 못했다. 조직력만으로는 충분하지 않다. 행동할 수 있는 사람들의 결합이 필요하다. 그런데 목적의 중요성과 유용성에도 불구하고, 르누아르는 이러한 결합을 찾아내지 못했다.

658 기적

사람들은 부제(副祭) 파리스의 무덤 위에서 춤을 추었다. 사람들은 그의 무덤의 흙을 먹었다. 이러한 광기보다 더 불가사의한 것이 어디에 있는가? 인간이 이성의 불꽃을 끄고 도시 전체가 환영(幻影)에 몰두하는 모습을 보는 것, 이보다 더 놀라운 것이 무엇인가?

이어서 나온 것이 '묘혈' 여인[44]의 기적 같은 치유인데, 그 여인은 그 증거로 30년 동안 성체첨례 행렬을 따라다녔다. 그러한 일에 반박할 만한 이유는 없었다. 또한 반론도 없었다.

파리에서 일어난 마지막 기적, 혹은 대중이 기적이라 생각한 것은 생탕투안 포부르의 성모 마리아 석고상과 관련이 있었다. 이 성모 마리아 상은 길모퉁이의 벽감 속에 있었는데, 어느 누구도 그 석고상의 얼굴 방향이 어느 쪽으로 향했는지에 주의를 기울인 적이 없었다. 성체첨례 행렬이 지나가게 되었을 때, 누군가가 성모 마리아 상이 마치 자신의 숭고한 신도에게 인사를 하려는 듯이 사제 쪽으로 얼굴을 돌렸다고 소리쳤다. 이 기적이 입에서 입으로 퍼져나갔다. 하층민들이 달려갔다. 한 노파는 성모 마리아 발밑에 양초를 켰다. 그 다음날 5만 명에 이르는 사람들이 석고상 주변을 둘러쌌다. 그것이 1752년의 일이었다.

성모 마리아 상이 양초를 판매하는 잡화점에 등을 대고 있었다

44 묘혈 여인은 생트마르그리트 소교구의 생탕투안 포부르에 사는 고급 가구 세공인의 아내로서, 기적으로 추정되는 그녀의 치유는 1725년 대 성체첨례일에 일어났다.

는 데 주목하라. 그 잡화상 주인은 곧 물건을 다 팔았을 것이다. 사람들은 제각기 앞다퉈 양초에 불을 밝히려 했다. 경쟁이 너무 심해져서 경찰은 그 열기를 어떻게 가라앉힐지, 그 생탕투안 포부르를 가득 채우고 있는 엄청난 군중을 어떻게 해산시킬지 알지 못했다. 사람들은 성모 마리아 상을 치웠다. 그것은 다른 곳으로 옮겨졌고, 사람들 눈에 띄지 않는 곳에 감춰졌다.

사람들 말에 의하면, 장사가 신통치 않았던 잡화상인이 석고상을 떼어내었고, 놋쇠줄을 이용해서 석고상의 얼굴을 돌리게 했다고 한다. 자신의 훼손된 행운을 다시 끌어올릴 수 있을 정도로 많은 양초를 독신자들에게 팔게 될 것이라 확신했기 때문이었다.

무아노 길의 예언자 역시 가만히 있지 않았다. 그는 간단히 손을 대는 것만으로 정말 설명할 수 없는 전기 충격을 주어 모든 사람들을 치료하곤 했다. '그는 예수 그리스도가 그랬던 것처럼 병을 낫게 한다. 그는 예수로부터 그 능력을 부여받았다.' 그 예언자는 조용히 왔던 곳으로 되돌려 보내졌다. 도시 전체에 번졌던 이러한 동요는 그것이 일어났던 것만큼이나 신속하게 사그라졌다.

갑자기 생겨나며, 원인이 무엇인지 알 수 없고, 그 결과도 예측할 수 없는 정신적인 전염병이 정말 있다. 그 맹렬한 기세를 능란하게 잠재우고, 화재를 초기에 진화하듯이 일반인의 터무니없는 행동을 진압하는 경찰이 통치체제의 실질적인 효용이다. 어느 순간 사람들의 머릿속에 불을 당기는 불씨를 멈추게 하지 못하여 지난 여러 세기 동안에 얼마나 많은 재앙이 있었던가!

659 책

파리는 세계에서 책이 가장 많은 도시이다. 파리에서 학식이 있는 사람과 편찬자는 아주 넉넉하게 산다. 그래서 그들의 수가 급격히 늘고 있다. 사람들은 유지(油脂)를 다시 녹이듯이 책을 다시 만들어 낸다. 팡쿠크를 보라. 그는 양초 제조의 명인이 아니던가?

무식한 사람들조차 지식에 경의를 표하여 사상누각을 세운다. 서적상들을 본떠 거대한 서재를 소유한 어리석은 사람들이 얼마나 많은가! 그들은 수많은 양서(良書) 속에 묻혀 살지만, 그것들을 한 번도 들쳐보지도 않는다.

어떤 의미에서는 책을 너무 많이 만들고, 또 다른 의미에서는 책을 충분히 만들지 않는다. 오늘날 현학적이고 무용한 것들을 너무 많이 쓴다고 생각하면 너무 많은 책들을 만들고 있는 것이다. 저작물들이 사실들 간의 정신관계를 추구한다고 한다면 책을 충분히 만들지 않고 있는 것이다.

사상의 수보다 사람의 수가 더 많다. 정확하거나 유용한 단 하나의 사상도 공동의 보관소에 보내지 않고 여러 세기가 흘러가는 모습을 사람들은 보아왔다. 수많은 위대한 사상들로 세상에 두각을 나타냈던 타키투스, 베이컨, 로크 같은 사람들은 무엇인가?

하지만 그러한 작가들은 오랜 시간 간격을 두고서만 출현한다. 대중이 보기에 이러한 작가들은 생각이 너무 많은 사람들이다. 루소가 말한 것처럼 “하녀처럼 아이들에게 빵을 잘라주는” 다른 사람들도 필요하다. 그리고 이러한 작가들은 모든 사람이 도덕에 다가갈 수 있는 대중적인 작품을 써야 칭찬받을 자격이 있다.

유용한 지식 여부를 측정하는 어떤 척도가 있다. 그것을 넘어서면, 나머지는 단지 호기심에 불과한 것으로서 끝없는 논쟁을 제기하기 위한 무의미한 가설의 상태로 버림받는 것 같다. 그것은 정신의 사치이다. 인간의 정신은 통찰력과 깊이가 있음을 보여준다. 하지만 인간의 정신이 휴식이나 행복을 증대시키지는 못한다.

사람들은 많은 것을 비교하고 난 후에야 비로소 이 유용한 지식에 도달한다. 그러므로 책들이 많다는 것은 불편한 것이지 나쁜 것은 아니다. 사람들은 책을 고르고 선택한다. 누군가에게 아무것도 말해주지 않는 그런 책들이 또 다른 누군가에는 많은 것을 말해준다. 그래서 나는 세비네 부인과 같은 의견인데, 그녀는 평상시처럼 우아하게 이렇게 말했다. "폴린은 책벌레인데, 나로서는 그녀가 독서를 싫어하는 것보다는, 나쁜 책이라도 많이 읽었으면 좋겠다."

왕립 도서관의 사서 자리에 자신의 친척을 지명한 한 대신이 그에게 공개적으로 말했다.

이보게, 이번이 글 읽기를 배울 좋은 기회일세.

아주 인상적이면서 프랑스에서 최초의 일자리가 어떤 방식으로 주어지는지를 묘사하고 있는 이 말은 그 응용 가능성에 의해 더 재미있어진다. 그 이후로 사람들은 얼마나 많이 다음과 같이 말할 수 있었던가?

아, 선생님, 당신이 알아야 할 것을 배울 수 있는 좋은 기회군요!

660 민간치료사들

그들은 서민의 의사이다. 서민들은 마차를 타고 다니는 사람들에게 지불할 돈이 없다. 서민들은 진찰도 하고 약도 주는 사람들에게 간다. 약사에게 돈을 지불하지 않아도 되기 때문이다.

민간치료사들은 전제적이지 않다. 사람들은 그들을 찾아가서 흥정하고 그들이 지은 약을 먹어본다. 그 약이 잘 들으면 계속 찾아가고, 약의 효력이 없으면 치워버린다. 그러나 의사는 자신의 엄격한 처방을 포기하지 않는다.

이치를 따져 생각하는 의사라도 사람을 죽이는 경우도 있고 치유하는 경우도 있다. 민간치료사도 마찬가지이다. 하지만 적어도 그는 이치를 따지지 않는다. 그는 경험에 의해 처신한다. 이처럼 매우 모호한 지식이 문제가 될 때, 우리는 모두 어느 정도는 회의주의자들이기 때문에, 자신들의 놀라운 치료를 끌어댈 수 있는 민간치료사들을 백안시하지 않는다.

민간치료사는 계속해서 가난한 사람들의 의사, 극빈자들의 의사로 남을 것이다. 허비할 시간이 없는 사람은 무뚝뚝한 아이스쿨라피우스[45]를 찾아간다. 그러고는 다급한 목소리로 그에게 말한다. "당신은 날 낫게 해주실 건가요? 나는 한가하게 아플 틈이 없어요." 아이스쿨라피우스는 이렇게 단언한다. "네, 내가 당신을 낫게 해드리지

45 Aesculapius: 그리스 신화에서는 아스클레피오스로 나오는 의학과 치료의 신.

요." 환자에게 강한 인상을 주는 이 단호하고 확신에 찬 어조만 있다고 해도 그것은 커다란 득이 될 것이다. 왜냐하면 그것이 우선 마음을 강하게 만들 것이기 때문이다. 그런데 확신 없는 말과 망설임으로 의학부 교수단의 의사는 환자의 마음에 용기를 불어넣지 못하고 희망을 되살리는 위로를 해주지도 못한다. 의학부 교수단의 의사는 냉담한 데 비해, 열정적이고 격렬한 민간치료사는 강하고 확신에 찬 어조로 당신에게 이렇게 말할 것이다. "약을 드세요, 그러면 나을 겁니다."

이처럼 웅변적인 어조는 환자를 고무하고 위로하며, 공포를 몰아내고, 아마도 치유를 시작하게 될 것이다. 민간치료사들에게서 흔히 볼 수 있고, 그들로 하여금 산송장 같은 사람들에게 다음과 같이 말할 수 있게 하는 이 상상의 힘을 과소평가해서는 안 된다. "나는 다른 병들도 많이 낫게 했습니다. 당신은 지금 소화가 되지 않고 있어요. 하지만 보름 후에 당신은 나와 함께 등심이라도 먹을 수 있을 겁니다."

목소리는 가늘고 눈은 흐릿한, 창백한 안색의 의사가 무기력한 모습으로 당신의 맥박을 재고 우아한 말들을 하지만, 그 말들은 공허하게 느껴진다. 그는 병과 더불어 지연 작전을 쓰는 것 같고, 그 병을 호기심의 대상으로 삼는 것 같다. 그의 부드럽고 달콤한 어조는 오늘날 여성들과 고상한 척하는 사람들이 갖고 있는 체질이다. 반면에 민간치료사의 말은 과감하고 그의 눈은 확신에 차 있다. 그는 환자를 돌아서게 하고, 그의 어깨를 두드리고, 그의 망상을 불식시키고, 자신을 찾아온 것을 축하하는데, 그럼으로써 그는 벌써 환자의 정신 상태를 변화시켜 놓은 것이다.

그래서 대중은 의사들이 화술에 재능이 없다고 생각한다. 그리고 각자의 판단에 따라 대중은 서민적인 어조를 갖고 있고, 그들이 얼마 안 되어 건강해질 것임을 입증하며, 죽어가는 사람을 웃게 만들고, 24수의 싼 값으로 의학적인 명언과 약병을 나눠주는 민간치료사들에게 도움을 청한다.

그런 사람들 중 누군가에게 "어떤 사람이 말하길 당신이 돌팔이라는군요"라고 말해보라. 그는 전혀 당황하지 않고 단호하게 답할 것이다. "그가 나를 돌팔이라고 부르면, 나는 그를 의사라고 부르겠습니다. 그는 내 이름도 알지 못해요. 다행스럽게도 나는 의사가 아니고, 병을 낫게 하는 사람입니다." 이 힘찬 목소리, 이 단호한 얼굴, 이 확고한 몸짓을 따르는 대중은 이렇게 되뇐다. "그는 병을 낫게 하는 사람이야!" 병이 나을 것이라 생각하니까 이미 그는 반쯤은 나은 것이다.

약을 취급하는 사람들은 모두 경찰에 등록되어 있다. 그들은 왕의 수석시의(首席侍醫)에게 그들의 조제 비밀을 털어놓고서야 허가를 받는다. 의학에서 이용되는 몇몇 약들은 원래 민간치료사에게서 나온 것이다. 그런데 거의 모든 상황에서 인간의 신체에 유용한 약은 있을 수 없는 것일까? 오늘날 우리는 진짜 의사들 수중에 들어간 모든 약사들이 토주석(吐酒石), 얄라파 뿌리, 기나피(皮), 코르시카 이끼, 에테르[46]를 결국 사용하는 것을 보고 있지 않은가? 그것들이 바로 생명을 구하는 것들이다. 그러니까 수많은 병에 응용할 수 있는 좋은 약이 민간치료사의 수중에 있을 수도 있는 것이다. 그리고 보편적인 것은 아니지만 거의 모든 경우에 효험이 있는 약이 흔히 말

46 이들 일련의 평범한 약들에서 '토주석'은 안티몬을 주성분으로 한 구토제이다. '얄라파'는 수종(水腫)을 치료하는 데 쓰는 마데이라 제도산 식물이다. 기나피는 열병을 치료하는 아메리카 인디언의 치료제로서, 멕시코 정복 때 그곳에서 들어왔다. 코르시카 이끼는 서양 삼나무 또는 전나무의 이끼이다.

하는 것처럼 그렇게 허황된 것은 아니다.

어쨌든 간에 귀족들과 마찬가지로 죽고 싶지 않은 대중은 민간치료사에게 달려가고, 그들의 말을 믿고, 그들과의 교제를 끊지 않는다. 대중은 민간치료사를 부르고 질책할 권리가 있다. 환자는 힐난하고, 항의하고, 불평한다. 그런데 항의 불가능한 의사 앞에서는 그런 일을 할 수 없다.

결론은 민간치료사들이 병을 치료하며 모피 옷을 입은 의사들보다 사람을 더 많이 죽이지는 않는다는 것이다.

결의론자(決疑論者)들이 50만 가지의 죄가 있다고 말하는 것처럼, 2만 가지의 병이 있다고 말하는 의사들이 있다. 의사들은 신체를 다루고, 결의론자들이 다루는 것은 도덕이다. 의사들은 병의 성격, 병의 증상, 병의 고비를 고대인들보다 더 잘 알고 있다. 하지만 약은 어떤가! 그것은 다리이다. 당신은 이렇게 말할 것이다. "다리라니! 그게 무슨 소리야?" 당신에게 그것을 설명하겠다.

격류(激流)로 인해 길이 끊겼다. 기사(技士)들이 와서 물살의 속도, 깊이, 수량, 둔덕의 높이를 측정했다. 요컨대, 기하학적으로 엄밀하게 모든 것이 측정되었다. 하지만 길은 여전히 끊어져 있었고, 강기슭 양쪽을 다리로 연결하지 못하고 있었다. 건축가도 아니고 측량기사도 아닌 석공 한 명이 와서 말했다.

> 나는 격류의 크기, 속도, 격류가 흘러가는 하상(河床), 격류에 의해 움푹 패이거나 침식되는 강바닥에 대해 그다지 신경 쓰지 않습니다. 나는 당신들에게 다리를 놓아드리겠습니다. 당신들은 그 위로 다니게 될 겁니다. 격류로 인해 어떻게 당신들이 통행할 수 없는지 더없이 훌륭하게 말하는 그 양반들은 절대로 할 수 없는 것이지오.

그러고는 격류의 강도와 크기를 계산하지도 않고 측량하지도 않은 채 그는 견고한 아치를 만들었다. 다리가 세워졌고 사람들이 통행했다. 측량기사들은 격류가 무엇인지를 아주 잘 아는 사람들이었다. 그런데 석공은 격류가 있을 때 가장 중요한 것이 그곳에 다리를 만드는 것임을 아는 사람이었다.

의사가 격류의 유량을 측정하는 사람이라면, 무면허 민간치료사는 석공이다.

661 극장 환풍기

화학자들은 우리에게 극장 안에 세 종류의 공기가 퍼져 있다는 것을 가르쳐 주었다. 아래쪽에는 무겁고 악취가 나며 매우 위험한 공기가 있고, 맨 위쪽에는 더 가볍지만 해롭지 않다고 할 수 없는 공기가 있다는 것이다.

'들이마시는' 공기 전부가 '들이마실 수 있을' 만하지 않다. 소형 칸막이 관람석들은 모두가 극장의 상층부나 아래쪽에 있다. 바로 그곳에서 신경이 예민한 여성들은 넌더리를 내고 지긋지긋해 한다.

오페라 극장의 가(假)공연장[47] 건축 당시 사람들은 환풍기를 달겠다고 우리에게 약속했다. 이 환풍기는 값이 100에퀴쯤 될 텐데, 그것은 코메디 프랑세즈에도 없고 코메디 이탈리엔에도 없다. 이 영광은 '오디노 극장', '니콜레 극장', 그리고 '바리에테 아뮈장트 극장'에 예정되어 있다.

하지만 동향인들의 보건위생과 건강유지에 관련될 수 있는 모든 것에 끊임없이 그리고 효율적으로 관심을 두고 있는 위생용품 검사관 카데 드 보가 제시했던 것처럼, 이 환풍기보다 더 간단한 것은 없다.

이 환풍기는 벽난로 굴뚝으로 이루어져 있는데, 그것은 반사로 역할을 하면서 철제 격자로 분할되어 있어 공연 중에는 그곳에 정화

47 생마르탱 문에 위치한다. 건축가 르누아르가 1781년에 6주 만에 지은 이 공연장은 임시 공연장으로 여겨졌지만, 10여 년간 사용되고 난 후 포르트생마르탱 극장이 되었다.

된 석탄을 땠을 것이다. 재받이에는 공연장 여러 곳에서 나오는 관들이 연결되었을 것이고, 그래서 그 관 입구를 통해 불이 악취를 풍기는 공기를 빨아들여 신선하게 했을 것이다.

공연장에서 들이마시는 공기는 모든 질환의 원인이다. 공연장에서 느끼는 지나친 더위로 인해 사람들은 심미안을 키우려다가 자신의 건강을 해치게 된다. 작품들에서 불량한 말들을 추방하려 애쓰는 경찰은 더 이상 '호흡에 적당치' 않은 '들이마시는' 공기를 공연장에서 몰아내는 일에 몰두해야 할 것이다.

662 별난 결혼

우아한 척하는 파리의 여자들, 잇따라 높은 가격으로 제시되는 새침떠는 아가씨들에 싫증난 임대차 총괄대리인 하나가 무턱대고 시골에서 여자를 찾으려는 계획을 세웠다.

그는 역참에 가서 자기 마차에 말을 매게 했다.

"어디로 갈까요?" 마부가 물었다.

"당신 마음대로 아무데나 가시오."

"하지만 선생님…."

"똑바로 앞으로 가시오."

마부는 그를 생드니로 인도한다. 생드니에서 그는 마부에게 똑같은 명령을 내린다. "당신 마음대로, 직진하시오." 역참에서 역참을 지나 그는 국경의 ○○○ 지역에 도달한다. 그는 마차를 멈추고 교회 안으로 들어가서 좌우를 둘러본다. 교회 안에서는 사람들이 성체현시와 더불어 '구원'을 노래하려 하고 있었다. 그는 18세의 아름다운 소녀를 앞세우고 한 여인이 들어오는 것을 본다.

그는 교회에서 나와 그 여인의 집에 가서 말한다.

"따님과의 결혼을 청하러 왔습니다."

"뭐라고요! 누가 당신을 이곳으로 데려오셨나요, 선생님?"

"마부들입니다, 부인. 나는 임대차 총괄대리인입니다. 책임자를 부르세요. 그는 내 서명을 알아볼 것입니다."

책임자가 왔고, 재계의 군주 중 한 사람인 그에게 거의 무릎을 꿇는다. 그들은 함께 저녁을 먹는다. 식사 후에 임대차 총괄대리인이 소녀의 어머니에게 말한다.

“내겐 1만 리브르의 연금이 나옵니다. 그중 반을 당신 딸에게 주겠소.”

보잘것없는 수입으로 딸과 함께 살아오던 그 부인은 부자의 청혼을 거절하지 않았다. 며칠 후 같은 역마차가 어머니와 딸과 남편을 태우고 파리로 의기양양하게 돌아왔다.

끊임없이 수도에 대한 공상에 빠져 있는 시골 아가씨들은 언젠가 그곳에 이르기를 단념하지 말지어다. 많은 부자들이 우리가 방금 언급한 실례를 따를지도 모르는 일이다. 그러니 시골 아가씨들은 자신의 매력에 합당한 행운을 바치기 위해 남편감이 역마를 타고 오는 것을 보리라는 즐거운 생각에 익숙해지라. 이러한 기대감으로 파리가 그들 눈에 더욱 아름다워지는 만큼, 시골 아가씨들은 소홀히 하고 있는 재능들을 더욱 발전시켜라. 이러한 생각은 부모의 지출을 헛된 것으로 만들지 않을 것이고, 그들을 귀찮게 따라다니며 자신이 애인으로 그리고 남편으로 이 세상에서 유일하다는 생각에 자만심을 내보이는 하찮은 시골 남자들의 지나치게 버릇없는 도취를 진압할 것이다.

663 미덕을 기리는 농촌 축제

이 축제들은 수도 근교에서 만들어졌다. 살랑시[48]는 왕국의 타 지역에 축제의 모범을 보여주었다.

해마다 시골 주민들의 하찮은 미덕에 왕관을 씌워준다는 것은 감동적인 제도이다. 사실, 그들 시골 주민들은 자신들이 도덕군자라는 지위를 받을 만한 것 아닌가라고 생각하지 않으며, 그들이 선행을 하는 것은 정 때문이지 감탄의 눈길과 보상의 손길을 기대해서가 아니다.

오직 피라미드의 정상만을 보려 하고 그 토대는 보려 하지 않은 작가들에 의해 중생(衆生)은 비방을 받아왔다. 하지만 그들은 가장 고귀하고 가장 영웅적인 인간들을 보호하는 이엉이다. 오만한 사람들에게 멸시받는 계급 사이에서 친숙하고 보편적인 이러한 고귀함과 위대함이라는 특성에 크게 놀랄 수 있는 사람은 타락한 인간밖에 없다.

오직 부자들 사이에서만 박정한 사람들, 자기 아버지를 무시하고 어머니를 버리는 등의 배은망덕하거나 파렴치한 아들들이 눈에 띈다. 가난한 사람들 사이에서는 혈연이 더 느껴지고 더 존중된다. 이렇게 평화스럽고 투박한 미덕들에 보상을 해주는 것은 틀림없이 좋은 일일 것이다. 하지만 그 보상은 결국 그들의 행동 속에, 그리고 그

48 Salency: 누아용에서 5km 떨어진 곳에 있는 우아즈 지역의 마을로, 이 마을에서는 535년부터 매년 6월 5일, 그 지역에서 가장 정숙한 소녀에게 왕관을 씌워주었다.

들이 전혀 의심하지 않는 것 속에 크게 찬양할 만한 것이 있고, 미덕을 갖는다는 것은 놀라운 일이라는 것을 그들에게 알려줄 수 있을 것이다.

그러나 아무도 모르게 조용히 이루어지는 선행, 인류에 대한 깊은 사랑으로 인해 연민을 갖게 되는 불우한 사람들 무리 사이에서 드러나지 않게 퍼져 나가고, 오로지 신의 눈에만 보이는 선행 다음으로 공개적으로 이루어지는 선행보다 더 훌륭한 것은 아무것도 없다. 그 동기가 때로는 뻔히 드러나 보인다 해도, 어쨌든 선행은 선행이다. 인간의 미덕과 타협하자. 그리고 선행을 보게 되면 그 동기는 따지지 말자.

664 인간혐오자

실제 인간혐오자는 찾아보기 힘들지만, 등장인물로서의 인간혐오자는 흔해지고 있다. 이 배역보다 더 연기하기 쉬운 것은 없다. 그래서 평범한 사람이 그 역을 독점한다. 무뚝뚝한 사람, 우울한 사람, 무기력한 사람이 인간혐오자로서 제시된다.

모든 일에 불만스러운 모습을 보이고, 사실 모든 사람이 미덕과 성실성을 가질 수 없는 까닭에, 모든 사람을 맹렬히 비난하고, 서로 다른 삶의 입장을 정당화하는 데 쓰이는 것을 검토하려는 노력을 기울이지 않고 끊임없이 통렬한 풍자를 하면서 악과 뒤섞인 선을 인정하려 하지 않고, 어디에서나 오로지 혼란만을 보고, 악행 자체보다 악을 행하는 사람에게 더욱더 원한을 품는 것, 이러한 것은 자신에게도 필요한 관용을 다른 사람들에게는 절대 베풀 줄 모르는 몇몇 사람들이 취하는 태도이다.

모든 사람들과 더불어 살아갈 줄 아는 사람, 가시나무 울타리를 통과해 오솔길을 지나가는 사람처럼 타인의 악과 결점 사이를 능숙하게 빠져나갈 줄 아는 사람, 인류를 욕하지 않고 봉사하며 불쌍히 여기는 사람, 어둡고 슬픈 양상으로 제시되는 색깔을 더 어둡게 만들지 않고 사회생활의 정수(精髓)를 거둬들이는 사람, 이런 사람은 얼마나 현명한가! 이런 사람의 삶은 끊임없는 비난도, 분노의 폭발도, 헛된 열광도 아니다.

665 상투적인 접견

사람들은 인간의 외면만을 드러내는 이 불명확한 관계에 흔히 무관심하게 동의하곤 한다.

그 자리에서 깊이 생각하지도 않은 채 아무에게나 속마음을 털어놓고, 새로운 인물에게 모든 이야기를 하고, 모르는 사람과 악수하고, 처음 보는 사람에게 도움을 제공하는 것이 수도에 사는 주민들의 커다란 약점이다.

눈앞에 보이는 사람이면 누구에게나 이처럼 정신을 내맡기는 것, 경솔하게 낭비되는 이러한 애정과 우정 어린 말들은 감정과 섬세함의 절대적 결함이 아닌가? 40명을 친구라 부른다는 것은 단 한 명의 친구도 가질 자격이 없다고 말하는 것 아닌가?

그렇게 많이 개방되는 살롱들은 공공장소인가? 곧 공연하게 될 희극인가? 누가 봐도 명백한 그 세심한 배려, 존경의 행동, 애정 어린 찬사는 무엇인가? 바보나 재치 있는 사람이나 신사나 사기꾼 모두가 똑같은 대접을 받는다. 권태를 몰아내기 위해서인가? 하지만 그 권태는 사랑하지 않는 사람, 서로에게 겉모습만을 보여주기 위해 모이는 수많은 사람들 속에서 생겨나는 것 아닌가?

이러한 소용돌이 속을 전전하는 것은 영혼을 훼손하는 것이다. 어떤 시대가 참된 우정을 죽이고 그것을 완전히 사라지게 만드는 일시적인 관계에 대한 이러한 편애를 없애려 하지 않겠는가? 사람들이 매일 서로를 피하고 자신의 참모습을 찾지 않을 때, 변함없고 다정한 친구를 어떻게 선별하거나 간직할 것인가?

이러한 상투적인 접견, 순전히 체면치레적인 생활은 정신의 공허함을 가장 잘 특징짓는다. 그렇지만 또한 바로 이러한 사소한 경험에 의거해 우리는 사람들을 판단하려 한다. 우리는 한 번밖에 보지 못한 사람의 초상화를 감히 그리려고 한다. 화가라고 해도 얼굴 윤곽을 파악할 시간이 없었을 텐데, 우리는 그의 정신적 특징을 결정지으려 한다.

이러한 상투적인 접견이 사교계의 커다란 악습이다. 한 여자가 30명의 서로 다른 사람들의 중심인물이 된다. 사람들은 그릇되게 판정되고, 또한 더 그릇되게 판단한다. 아무런 느낌이 없는데도 말을 해야 한다. 말을 하는 사람은 자기 말을 들어주는 많은 사람들 속에서 위안을 찾는다. 바로 그것이 언제나 자만의 제1막이다. 당신이 의견을 갖고 있다 해도 그 의견은 타인의 의견들 속에 파묻혀 있다. 그것은 더 이상 대화가 아니라, 막연하고 생기 없고 특징 없는 교제이다.

세련되고 명예로운 사교계가 생기 있고 섬세하고 다양한 기쁨의 원천이 되는 만큼이나 새로이 바뀌는 대중에게 개방되는 살롱들은 카페를 닮았고, 일률적이고 짜증나는 움직임만이 존재한다. 가장 절대적인 무관심이 체면치레의 탈을 쓰고 있다. 사람들은 그 무관심을 꿰뚫어보고 있으며, 대화하는 쌍방의 모든 말 속에서는 그것이 느껴진다.

이러한 상투적인 접견으로 인해 너무나 쉽게 요청하여 얻을 수 있는 추천장들이 생겨났다. 그 추천장에서는 대개의 경우 허영이 비열함을 돕고, 자신이 관찰하지 않은 사람, 그러면서 타인의 보고서에 제시되는 사람의 성격이 경솔하게 언급된다. 말[馬] 한 마리가 문제가 된다면 사람들은 결코 이렇게 경솔해지지 않을 것이다. 그런데 사람들은 오로지 귀찮은 사람을 쫓아버리려고 하는 것처럼, 어찌되든 간에 신용할 수 있는 사람을 보낸다.

요직에 있는 사람은 많은 사람들에게 자유로운 접견을 허락하지 않을 수 없다. 그는 그로 인한 불편을 호소한다. 신분상 그렇게 하지 않아도 되는 사람들은 왜 자발적으로 그리하는 것일까? 허풍 때문이다. 어떤 여성은 모든 시민을 다 받아들여야만 만족한다. 방문자들이 많을 때, 그 여성은 이웃 여자에게 이렇게 소곤거린다. "내 살롱은 모든 것이 잘 갖춰져 있답니다."

666 보지라르의 시설

성인(成人)이 자신의 방탕이나 경솔함으로 인해 벌을 받고 있으면, 사람들은 그를 불쌍히 여긴다. 하지만 그는 위험을 알고 있었다. 이성과 도덕은 벼랑 끝에 있는 그를 멈추게 하지 못했다. 그러나 신생아들이 성병 바이러스에 감염되고 마음을 괴롭히는 이 재앙이 그들의 허약한 어린 시기에 연결되는 것을 보라. 불쌍해서 눈물을 흘리지 않을 사람이 누가 있겠는가? 그리고 이 세상의 어떤 광경이 더 강력하게 자비와 연민을 불러일으키는가!

오염된 기원에서 세상에 나온 이 아이들을 양식 있는 자선단체가 도우러 오지 않는다면, 그 아이들은 사춘기에 이를 때까지 그 방탕을 징벌하는 고통을 느끼다가 이어서 한창 나이에 죽음에 이르는 형에 처해질 것이다.

그것만으로는 별것 아니다. 그 아이들의 입은 자신들에게 젖을 먹이는 유모의 가슴에 그 미세한 독을 흘릴 것이다. 자선에 대한 보답으로 이 신생아들은 유모에게 고통스런 죽음에 이르는 기나긴 형벌을 가져다줄 것이고, 그것은 또한 그녀의 남편을 포함하여 후손에게도 전달될 수 있을 것이다. … 아! 경험에 의해 그러한 재앙을 확인하지 않았다면 아마 그러한 재앙은 믿을 수 없을 것이다. 오, 잔인한 아리만이여! 어째서 아이들에게까지!

순진무구한 존재들 속에 감춰져 있고 그로 인해 더욱 무시무시해질 뿐인 그 전염병을 막는 것이 중요했다. 어린아이의 입술은 독과 죽음을 감추고 있다. 당연히 찾아오는 불안에 의해, 그리고 공포로 인해 가장 신성한 임무가 중단될 것이었다.

보지라르에 구빈원이 세워졌다. 어머니가 자기 아이에게 준 치명적인 선물로 인해 어머니라는 그 신성한 단어가 불러일으키는 경건한 마음이 약화되지 않는다면, 그 아이들은 모두 어머니와 함께 그곳에서 성병 치료를 받는다.

배신당한 유모들, 어머니 역할을 한 대가(代價)로 그들의 혈관에 죽음의 씨앗을 받아들인 유모들은 이 경건한 자선단체의 보필을 받을 권리가 있는데, 사실 국가는 그 유모들에게 손해배상을 해야 할 것 같다.

부모들의 방탕의 부끄러운 흔적을 갖고 태어나는 아이들의 3분의 1이 구제를 받는데, 이 구제되는 3분의 1이라는 수는 정말 기적이나 마찬가지이다. 왜냐하면 유기아 보소호에서도 아무런 탈 없이 태어나는 아이들을 그만큼 구제하지 못하기 때문이다. 그러나 이곳의 치료는 섬세하고 다양하다.

설립자의 이름을 영원불멸하게 만들기에 충분할 이 시설은 르누아르의 용의주도한 행정에 힘입은 바가 컸다.

오, 대도시에 몰려 있는 지나치게 많은 사람들이여, 당신들이 천재적인 예술공연과 장엄한 건물들을 제공한다고는 하지만, 그렇게 모여든 개인들로부터 얼마나 큰 부패가 나타나는가! 그리고 새로 태어나는 세대가 이처럼 수치스런 흠을 지니는 그 비극적인 유아기란 얼마나 가관인가! 이 구빈원이 제시하는 모습만으로도 진정 놀라운 일이며, 이웃 국가들에까지도 아주 끔찍한 일일 것이다. 이웃 국가들은 보여줄 만한 걸작은 없지만, 감춰야 할 이러한 종류의 수치스런 상처도 없다.

667 자선사업

파리에서는 자선사업이 이루어진다. 그것이 없으면 파리는 존속하지 못할 것이다. 자선을 권하는 글들, 자선을 다른 미덕의 토대로 삼는 글들이 효과가 없지는 않았다. 사람들은 '인간성'이라는 말에 많은 것을 빚지고 있는데, 작가들은 지치지 않고 모든 형태로 그 말을 재생시켜 왔다. '자선'이라는 말은 오로지 동냥만을 의미했다. '인간성'이라는 말에 의해서 의무가 더 확대되고, 보편적인 자선의 개념이 확장되었다.

'많은 자선사업이 이루어지고 있다.' 그런데 도움이 널리 확산되는 것은 더 이상 당파심에 의한 것이 아니다. 얀센주의자들은 자신들의 원조를 받는 가난한 사람이 자신들과 생각이 같은지 어떤지를 더 이상 알지 못한다. 신교도가 구교도에 의해 도움을 받기도 한다. 사람들은 광신적이지 않고 관대하다.

'많은 자선사업이 이루어지고 있다.' 그 자선사업들이 종종 절망의 손길을 막는다고 단언할 수 있는데, 그 때문에 수도에서 더 많은 범죄가 일어나지 않는 것이다. 책을 통해서, 또 무대를 통해서 기자들을 난처하게 할 정도로 '인간성'을 내세웠던 작가들에게 통치체제는 감사해야 한다. 하지만 이 고결한 작가들은 자신들이 무슨 일을 하는지 잘 알고 있었다. 그들은 심미안을 놓칠지언정, 도리는 놓치고 싶지 않았다.

'많은 자선사업이 이루어지고 있다.' 모든 검토가 이루어지고 나면 그것들을 공표해야 한다. 오늘날 자선은 홍보에 의해 이루어진다.

나는 한 가지 자선사업이 공표되면, 그로 인해 두 번째 자선사업이 생겨나는 것을 언제나 주목해왔다. 우리 모두는 마음속에 선한 씨앗, 오로지 싹틔우기만을 바라고 있는 씨앗을 지니고 있다. 어떤 관대한 행동에 대한 이야기는 우리에게 감동을 준다. 우리는 감동을 받고서 존경과 찬탄을 바치지 않을 수 없는 존재를 닮고 싶어 한다.

그러니 『주르날 드 파리』를 위시해서 모든 신문들은 선행과 너그러운 행동을 게재하게 하라. 수많은 악행 속에 감춰진 미덕들을 자극하게 하라. 그 신문들이 그러한 미덕들을 대중에게 보여주게 하라. 대비를 통해 더 고무되는 이 고귀하고 감동적인 인상들 앞에서 각자는 마음속 깊숙한 곳에서 이렇게 소리칠 것이다. "나 역시 사람이다, 나도 좋은 일을 해야겠다."

가장 멋진 설교보다 솔선수범이 더 가치가 있다. 솔선수범을 절대 억압하지 말자. 국민들은 그 귀감을 통해 자선을 행한다. 정도의 차이는 있지만 모든 유용한 시설이 모방되어 왔고, 그래서 도덕군자라면 이렇게 생각할 수 있는 것이다. "내가 이곳에서 행하는 선행은 더 멀리 전파될 것이다." 모든 고결한 행동을 널리 세상에 알리자. 그래서 인간의 본성이 왜곡되는 것을 그치게 하자.

또한 행정기관을 정당하게 평가해야 한다. 행정기관에서는 사람들이 더 이상 말하지 않는 것에 그 어느 때보다 더 주의를 기울인다. 즉 파리에서는 모든 것이 귀족들을 위해 이루어지고, 하층민들을 위해서는 아무것도 행해지지 않는다는 말에 신경을 쓴다. 실제로 대중편의시설을 짓기 위한 노력이 이루어지고 있다. 우리의 아이들은 우리가 소유할 수 없었던 것을 향유하게 될 것이다. 이는 최소한 마음에 위안이 되는 예측이 아닌가?

행정기관은 자선을 행하려 애쓴다. 하지만 불행하게도 자유롭고 대중적인 홍보자들이 없기 때문에 행정기관은 방법상의 착오를 일으킨다. 가장 모사에 능한 사람들과 가장 민첩한 자들이 행정기관을 규정하거나 강제하기 때문에, 최악의 계획이 실행되고 난 다음에야 적절하고 현명한 계획이 나타난다.

하지만 모든 행정관들은 공익에 관련된 물품들에 관심을 두고 있다. 40년 전에는 생각하지도 않던 것들이다. '위생용품 검사관'이 신설되었는데, 그것은 시민 입장에서는 영광스러운 자리였다. 하지만 그러한 직위를 수여했다는 것은 단 한순간도 공익성에서 눈길을 돌리지 않겠다는 것을 의미한다. 그것은 수도와 맺은 공식 약속이다. 이 고귀한 임무를 처음으로 맡은 사람은 명백한 열의를 갖고 그 임무를 수행한다.

모든 것은 보이지 않는 사슬로 얽혀 있는데, 오늘날엔 모든 것이 새로운 형태를 취하고 있다. 루이 15세 광장 맞은편에 세울 다리는 통로 너비가 400피트이고, 아치가 하나밖에 없는 철교[49]이다. 이처럼 거대한 아치는 다리를 만드는 데 더 이상 좁은 아치를 사용하지 않는다는 것을 뜻하는 것은 아니다. 그것은 모든 사상들이 한목소리에 맞춰 형성되리라는 것, 편협하게 우리를 억압하는 사상은 더 이상 발생하지 않으리라는 것, 사람들이 아치만큼이나 거대한 행정 개념을 갖게 되리라는 것을 의미한다. 왜냐하면 다리를 확장하면서 애국적 계획을 축소하는 것은 모순된 일일 것이기 때문이다.

대신들은 기사-건축가들 같은 존재일 것이고, 분명한 것은 통로 너비가 400피트인 아치는 내 소중한 『2440년』의 서막이 된다는 것이다. 그처럼 아름다운 아치를, 그것도 초라하고 보잘것없는 상품취급소 바로 곁에 세운다는 것은 더 이상 가능하지 않을 것이다.

49 현재의 콩코르드 다리로, 이 다리 건설을 위한 경합이 1784년부터 시작되었다.

통로 너비가 400피트에 이르는 아치에 경의를 표하자. 그 아치는 이후로 프랑스에서는 모든 것이 대국적으로 처리될 것임을 내게 알려주고 있다. 더 이상 속 좁은 사무원들도 없고, 어리석은 후원자들도 없다. 잘 연결된 거대한 아치, 그것은 영원히 그 다리를 장엄하고 견고하게 만들 것이다.

668 무대 뒤

당신은 비극 「자이르」에서 다정한 인물이자 시기심 많은 인물 오로스만과 아름다운 풋내기 아가씨인 고귀한 네레스탕, 그리고 세월의 무게에 허리가 굽은 위엄 있는 뤼지냥을 본다. 당신은 곧 희생 제물이 될 이피제니를 본다. 태양과 시의 신이 9명의 뮤즈에게 둘러싸인 채 눈부신 마차를 타고 올림포스 산에서 내려온다. 배우, 무대장식, 연극 장비, 그 모든 것은 놓여 있어야 할 곳에 있을 때 얼마나 아름답고, 고귀하고, 찬란히 빛나는가! 그 모든 것은 눈을 즐겁게 하고 생각까지도 즐겁게 하는 세트이다.

하지만 무대에서 본다는 것이 가장 중요하다. 당신이 즐기기를 원한다면 절대 무대 뒤에 가지 마라. 당신이 칸막이 관람석을 벗어난다면 모든 매력이 사라지기 때문이다. 오로스만의 얼굴은 붉게 물들어서 두려움을 준다. 자이르는 요란한 장식으로 치장하고 자신의 가발 제작자에게 이야기를 하고 있다. 이피제니는 죽음을 가져오는 칼날에 목을 내밀 수 없다. 그녀에겐 목이 없기 때문이다. 아폴론은 몸이 마르고 보잘것없으며, 그의 리라는 나뭇조각이다. 안색이 창백한 뤼지냥은 말 꼬리에서 잘라낸 흰색 털로 만든 가발을 쓰고 있다. 초롱불, 과장되게 꾸민 하인, 트랩, 장식물의 뒷면, 여배우가 바른 루즈, 이 모든 것이 형편없고, 불쾌감을 주며, 보기 흉하다. 더 이상 형태도 균형도 없다. 박수갈채를 받으며 무대 뒤로 돌아오는 배우의 얼굴은 보기 흉하게 일그러져 있어서 그가 방금 박수갈채를 받았던 사람이라는 것을 납득할 수가 없다.

무대 뒤에 보이는 것만큼 예술을 혐오하게 만드는 것은 없다. 상상의 환상이 깨지기 때문이다. 이들 루즈, 도르래, 싸구려 장식, 회반죽, 연기가 피어오르는 초롱불, 혐오감을 주는 하인들을 보는 것은 석재 내부를 관찰하기 위해 아름다운 대리석상을 깨뜨리는 것과 마찬가지일 것이다. 1층 객석에 있을 때 연극은 얼마나 아름다운가! 연극에 쓰이는 기계 옆에서 연극을 판단할 때, 그것은 얼마나 추악한 모습인가! 연극을 움직이게 하는 것들을 가까이에서 보는 작가와 배우는 더 이상 자신들이 전달하는 기쁨을 누리지 못한다. 새로운 작품을 시도하려면 무대 뒤를 보지 말아야 한다. 다시 말해, 그것들을 잊어야 한다.

예술을 소중히 여기며 그 섬세한 느낌을 잃고 싶지 않은 사람은 우리 극장의 구석구석을 보는 것을 삼가도록 하라. 멜포메네와 탈리아를 가장 집요하게 좋아하는 사람들을 치유할 만한 것이 있다. 이 들 여신들은 초롱불에서 나오는 연기로 그들이 가진 매력을 상실했다. 그 모든 연극 주인공들은 유리한 관극 위치에서 당신들을 매혹했던 것만큼, 당신들에게 불쾌감을 주는 용모만을 보여준다.

그러므로 환상이 유지되기를 원한다면, 가장 유리한 관극 위치를 떠나서는 안 된다. 지나친 연극 사랑에 빠진 젊은이를 변화시키는 최선의 방법은 몇 달 동안 무대 뒤를 돌아보게 만드는 일일 것이라고 나는 생각한다. 그곳에서 문학적 명성의 허울이 갑자기 붕괴된다. 그 갑작스런 광경을 극복하려면 강인한 기질이 필요하다. 그 갑작스런 광경은 우리의 필치를 의기소침하게 만들고, 울적하게 하며, 무디게 만든다.

막(幕)과 얼굴에 조잡한 색채가 칠해져 있는 그 좁은 길에서 한 걸음 한 걸음 예술을 따라다니는 것보다는, 멀리 떨어져서 자신의 상상력에 기대는 것이 더 낫다.

'무대 뒤'라는 말은 또한 작가가 겪어야 하는 시련을 의미하기도 한다. 작품 공연, 낭독, 리허설, 배역 조정, 무대 배치, 이러한 성가시고 하찮은 세세한 것들을 극복하려면 작가에게 얼마나 영웅적인 인내와 의연함이 필요하겠는가!

자신에게 애정 표시를 거부한 어떤 미녀를 미친 듯이 사랑하는 젊은이에 대해 사람들은 이야기한다. 그는 그녀에게 구애하고, 그녀의 발자취를 따라다니며, 그녀의 발 아래 쓰러지고, 그녀의 무릎을 끌어안는다. 욕망에 못 이겨 초조해진 손길로 그는 그녀의 매력을 탐닉한다. 그 미녀는 가슴에 종양이 있었다. 정신을 차린 젊은이는 뒷걸음치고 달아난다. 그와 마찬가지로 수많은 멜포메네와 탈리아 숭배자들은 그녀들의 매력을 탐하고 그녀들에게 일종의 폭력을 행사하고 난 뒤, 어느 날 감춰진 종양을 발견하고는 줄행랑친다.[50]

당신이 예술을 향유하고 예술의 달콤한 환상을 간직하고자 한다면, 1층 객석에 머물러 있고 그곳에서 나가지 마라. 출연자 대기실에도 가지 마라. 작가들, 당신 욕망의 희생자들이 무대 뒤에서 배회하게 내버려두라.

50 갑작스런 종양의 이미지는 마리보에서 장자크 루소에 이르기까지 18세기에 폭발적 반응을 얻었던 환상 전개의 어조를 바꾸었다. 그 이미지는 연극계에 대해 메르시에가 느끼는 분노의 척도가 된다.

669 여성들의 우정

분별 있는 남성이 여성 친구를 찾아야 할 곳은 바로 파리이다. 파리에서는 매우 많은 여성 친구를 만나게 되는데, 그들은 일찌감치 사려 깊은 생각에 익숙해 있고, 다른 곳의 여성들보다 더 자유롭고 더 깨어 있어서 편견들에서 벗어나 있으며, 여성들이 당연히 갖고 있는 감수성은 물론이고 남성들의 강한 정신력까지 갖고 있다.

온갖 연애 사건에 연관된 이곳의 여성들은 옹졸한 태도를 버렸다. 파리 여성들은 스스로의 가치를 높이는데, 그들에겐 그럴 능력이 있기 때문이다. 파리 여성들은 남성들을 주의 깊게 관찰한다. 가장 사소한 낌새도 그녀들은 놓치지 않는다. 파리 여성들은 남성들을 알고 있다. 섬세하고 확실한 직감을 갖고 있어 파리 여성들은 남성들에게 최선의 조언을 해줄 수 있다.

최초의 정념에 대한 헛된 기대가 사라지고 나면 그들의 이성은 완벽해진다. 30세의 여성은 훌륭한 여성 친구가 되어, 자신이 존경하는 어떤 남성에게 애착을 느끼고, 그에게 여러 가지 도움을 주며, 신뢰를 주고받는다. 그녀는 남성 친구의 명예를 소중히 여기고, 그것을 보호하며, 그의 약점들을 건드리지 않도록 조심하고, 모든 것을 눈여겨보며, 자신이 알게 된 것을 그에게 알려준다. 그녀는 중요한 상황에서 효과적으로 그를 돕고 근심과 수고를 아끼지 않는데, 그래서 부호(富豪)와 귀족들로부터 총애를 잃은 불행한 남자는 자신이 잃은 모든 것을 여성의 우정에서 되찾는다.

여성들의 우정은 남성들의 것보다 더 부드러운 매력이 있다. 그것은 적극적이고 세심하며 다정하다. 그것은 고결하고, 무엇보다도 지속성이 있다. 여성들은 젊은 애인보다 오래된 남성 친구들을 적어도 더 포근하게, 더 확실히 사랑한다. 여성들은 간혹 애인을 속이지만, 친구는 절대 속이지 않는다. 그들에게 친구는 신성한 존재이기 때문이다.

루소의 말을 빌려 결론을 내리자. 루소는 여성들에 대해 가혹하게 말했는데, 그 이유는 그가 여성들을 사랑했기 때문이다.

> 파리에서라면 나는 내 아내는 물론이고 애인도 얻지 않았을 것이다. 그렇지만 그곳에서 여성 친구는 기꺼이 사귀었을 것이고, 그 보배 같은 존재는 아마 내가 파리에서 아내와 애인을 찾지 못하는 것을 위로해주었을 것이다.[51]

51 이렇게 말한 사람은 루소가 아니라, 루소의 작품 『신엘로이즈』에 나오는 생프뢰이다.

670 갇혀 있는 동물들

파리에서는 가난한 사람일수록 개, 고양이, 새 따위를 좁은 방안에서 뒤죽박죽으로 더 많이 기른다. 들어가기도 전에 그 동물들의 냄새가 난다. 경찰의 금지에도 불구하고 대부분은 지저분한 집 안에서 수많은 토끼들을 키우며, 길에서 주워온 배추 잎사귀를 먹이로 준다. 나중에 그들은 이 토끼들을 잡아먹는데, 이로 인해 그들의 얼굴빛은 파리하고 노래진다. 그들이 냄새 나는 동물들과 함께 살며 굳이 그것들을 번식시키는 것은 식탁에 도움을 주기 때문이다. 토끼 사육장은 그들의 침대 옆에 있다. 이 토끼들이 갇혀 있는 상자에서 토끼 고기를 굽는 꼬치까지는 불과 네 걸음도 되지 않는다. 이처럼 오염된 곳에서 아이들이 숨을 쉬는데, 극빈자가 이렇게 고약한 냄새 나는 방편을 생각하게 된 것은 바로 가난 때문이다. 인두세 담당관이 코를 막고 들어오면, 그들은 그에게 토끼 한 마리를 대납한다. 토끼는 땅굴에서 사는데, 그런 토끼들이 파리의 지붕 밑에 있다는 것을 누가 믿겠는가?

양복 재단사, 구두 수선공, 수놓는 사람, 세공사, 틀어박혀 일하는 직업을 가진 모든 사람들이 마치 자신들의 노예 같은 상황에서 오는 권태를 함께하기 위한 것인 양, 이런 동물을 우리 속에 가두어 키운다. 그것은 작은 새장 속에 갇혀 있는 새이다. 그래서 그 불쌍한 동물은 아침부터 저녁까지 도망갈 길을 찾기 위해 팔짝팔짝 뛰고 움직이며 일생을 보낸다. 재단사는 갇혀 있는 새를 바라보며, 그 새가 영원히 자기 곁에 머물기를 바란다.

모든 서민층 여성, 특히 나이 든 여성들은 개를 키우는데, 그 개들은 계단에 똥을 눈다. 사람들은 이렇게 역겨운 불결함을 서로 묵인한다. 왜냐하면 파리 사람들은 깨끗한 계단을 갖기보다는 개를 키우기를 더 좋아하기 때문이다.

분을 바르고 잘 차려 입은 멋쟁이 여자들이 아이들은 하녀에게 맡기고 작은 개를 산책에 데리고 나오는 것이 보이지 않는가?

가난한 사람이 혹시 개를 잃어버릴까 두려워하거나 아니면 개가 날뛰기 때문에 개를 뒤따르게 하지 못할 때, 그는 그 개를 가두어둔다. 개는 자기 주인이 돌아올 때까지 고통스럽게 울부짖는다. 이웃집은 휴식에 방해를 받는다. 그래서 가난뱅이 주인은 이름 없는 존재이지만, 그의 개는 갖가지 방식으로 동네 전체에서 유명해진다.

또 어떤 사람은 창문에 앵무새를 키운다. 역사나 의학이나 음악을 공부하는 이웃 사람은 이 앵무새의 성가시게 되풀이되는 수다를 귀가 아프게 들어야 한다.

너무 많아진 이 모든 동물들은 위생에도 도시의 휴식에도 도움이 되지 않는다. 대부분의 방들이 그 동물들로 오염되어 있다. 그렇지만 무엇보다 고약한 것은, 그 동물들이 가난한 사람의 아이들에게 먹일 빵을 나눠 먹는다는 것이다. 가난한 사람은 자신의 세금 부담이 더 커짐에 따라 그 동물들을 양자로 들여 번식시키는 것 같다.

671 묘비명

나는 귀족들의 무덤에 쓰인 묘비명들을 많이 보았다. 나는 런던에 있는 것과 유사한 묘비명을 우리 교회에서는 단 하나도 발견하지 못했다는 것에 화가 난다. 그 묘비명은 다음과 같다.

포더길 박사[52]가 이곳에 잠들다.
그는 가난한 사람들을 위로하기 위해
20만 기니를 썼다.

이 자선가는 널리 이용되고 있는 설탕이 건강에 좋다고 판단하고, 가장 가난한 사람도 살 수 있도록 그 값을 내림으로써 유럽에 설탕을 돌려주려는 계획을 세웠다. 때때로 신이 세계를 위로하고 인간 본성의 존엄성을 높이기 위해 지상에 보내는 위대한 영혼들 중 한 명에 의해 계승되거나 계속될 만한 가치가 있는 이 계획 속에는 흑인 해방도 포함되어 있었다.

52 Fothergill(1712~1780): 영국의 유명한 의사로, 자연사와 농촌 경제에 열중했다. 그의 묘비명은 그가 프랭클린이 찬미하던 인류의 친구, 고아와 흑인들의 수호자임을 나타낸다.

672 맑아진 센 강물

이 놀라운 도시에서 무엇인들 상품이 되지 않을 것인가! 우리에게 센 강물을 판매할 회사가 설립되었다. 그 회사는 센 강물로 마실 물을 만들고, 3만 권의 간행물을 배포하여 그 물을 자랑했다. 그 회사는 의학부 교수단의 법령과 과학 아카데미의 인증서로 지지를 받았다. 필요한 것은 이제 특허장밖에 없다. 그 회사는 감독관, 그 특출한 물을 유통하는 마차꾼, 사무실, 사무원들을 정한다. 성대하고 화려한 기이한 계획으로 우리에게 센 강물을 판매하다니, 이 경이로운 도시에서 그들이 돈을 벌기 위해서라면 무엇인들 생각해내지 못하겠는가!

이 시설이 입증하는 것이 무엇인가? 연중 4분의 3 동안 센 강물이 흙탕물이라는 것, 그리고 직원들과 감독관이라는 관리 방식에 대한 온갖 자랑에도 불구하고, 담백하고 위생적인 물을 마시려면 각자의 집에서 센 강의 물을 정화해야 한다는 것이다.

20년 전에는 사람들은 별다른 주의를 기울이지 않고 센 강의 물을 마셨다. 하지만 '가스 계열', '산과 염류'라는 말들이 '팡탱'과 '실루엣'의 바로 뒤를 이어 시계(視界)에 나타난 이후로 사람들은 화학자들의 발표를 검토했다. 모든 배수구와 지하 하수도가 바로 강으로 통한다는 것이 알려졌다. 그래서 사람들은 여기저기서 '유독성 가스'에 대비했다. 이 새로운 용어는 어마어마하게 큰 조종 소리처럼 울려 퍼졌다. 도처에서 유해 가스가 눈에 띄었고, 후각 신경이 놀랄 정도로 민감해졌다.

이러한 상황은 농담의 대상이 된다. 좋다. 하지만 우리가 삼키거나 들이마시는 물질의 해로운 특징 또는 건강에 좋은 특징들에 대해 우리가 무지하다는 것은 틀림없는 사실이다. 대기의 부패에 관한 새로운 화학 실험들을 보고 우리는 당황스럽고 놀라서 어쩔 줄 모른다.

그래서 사람들은 물을 분석하기 시작했다. 오늘날 우리는 물을 한 잔 마실 때에도 심사숙고한다. 아무 걱정이 없었던 우리 선조들은 그러지 않았다. 이어서 사람들은 대기를 분석했다. 이전에는 어디에서나, 또한 아무 염려하지 않고 호흡하던 대기였다.

우리는 '동물 자기설'이 결국 어떻게 될지, 그리고 메스머[53]와 델롱이 우리를 속이려 했던 것인지 아닌지를 알게 될 것이다.

또한 내가 바라는 바이지만, 우리가 현재 무엇을 모르고 있는지, 의례적인 조심성 때문에 지금 무엇을 아랑곳하지 않고 있는지를 몇 년 후면 알게 될 것이다. 또한 쓸데없는 것으로 여겼던 몇 가지 관심들 때문에 위생이 유지된다는 것을 알게 될 것이다. 하지만 이러한 개혁과 보편 위생의 시대가 올 때까지 경박한 파리인들은 마치 컵 마술사들처럼 화학자들이 공기를 다른 곳으로 옮겨 붓고, 이어서 악취 나는 변기 구멍에 코를 갖다대는 모습을 보며 몹시 즐거워할 것이다.

파리인이 교훈적인 훈계를 할 때면 우선 조롱으로부터 시작한다는 것을 우리는 알고 있다. 효율성을 더 높이기 위해서이다. 그래도 재치 있는 말들로 인해 아메리카 전쟁과 가스의 발견이 좋은 쪽으로 인도되었다. '동물 자기설'이 델롱에게 그랬던 것처럼 전 세계에 자신의 존재를 드러내게 되기를, 그것에 헌신했던 델롱이 당시 자신들

53 Mesmer(1734~1814): '동물 자기설'로 유명한 독일 의사로, 그 이론에 의해 그는 불치병들을 치료할 수 있다고 주장했다. 1778년 그의 마법 나무통이 선풍적인 인기를 끌었던 파리에 온 그는 아르투아 백작의 수석 주치의인 샤를 델롱(Deslons)을 만났다.

도 모르게 '동물 자기설'에 젖어들었던 의학부 교수단의 품으로 되돌아갈 수 있기를! 100년 전에는 의학부 교수단이 '부드러운 빵'을 금지했다. 오늘날 의사들은 작고 부드러운 빵으로 아침식사를 한다. 진리라는 문제에서 한 세기가 무슨 대수인가?

이 시대에 문제가 되는 것은 오로지 전복(顚覆)밖에 없다. 지금은 오류의 전당이라 불리는 오래된 여론의 전당이 도처에서 파괴되고 있다. 사람들은 물리학, 화학, 박물학, 뉴턴 학설 체계, 정치, 그리고 훨씬 더 터무니없고 경솔하게도 프랑스 비극의 신성한 형식을 전복시키고 있다. 오, 코르네유여! 오, 뉴턴이여! 오, 슈탈[54]이여! 오, 베커여! 당신들의 모든 사상을 새로 주조하기 위해 당신들 모두를 같은 플라스크 안에 담아야 할 것인가? 정말이지 그렇게 될까 두렵다.

54 Georges-Ernest Stahl(1660~1716): 프로이센 왕의 주치의였던 그는 요한 요아힘 베커(1628~1685)의 이론에서 영감을 얻어 플로지스톤(산소가 발견되기 이전인 17세기 말에서 18세기 초에 물질을 연소시키는 것으로 간주되던 성분)에 관한 화학적이고 유심론적인 이론을 할레 대학교에서 발전시켰다.

673 몽트뢰유

수도 근처 마을인 몽트뢰유에 3아르팡의 땅을 갖고 있는 사람은 연 2만 리브르의 소득을 벌어들인다. 그는 세상에서 가장 맛있는 복숭아를 재배한다. 그 복숭아는 어떤 때는 개당 6리브르까지 값이 나간다. 왕이 다소 화려한 축제라도 열면 사람들은 300루이 금화를 내고 복숭아를 먹는다.

몽트뢰유에서 1아르팡의 토지는 600프랑에 임대되고, 그중에 60프랑은 인두세로 국왕에게 지불된다. 몽트뢰유는 포모나[55]라도 자랑스러워할 만큼 가장 아름다운 정원이다. 유실수 재배, 특히 복숭아 재배 산업을 더 본격적으로 추진한 곳은 아무 곳도 없다. 일드프랑스 지역에서는 몽트뢰유 출신의 정원사를 두기 위해 서로 다툰다. 그곳은 아주 한정된 지역이다. 그곳에서는 보기에도 탐스러운 꽤 맛있는 과일들이 풍부하게 생산되는데, 식탁에서 고기와 곁들여질 때 그 과일들은 사람들이 가장 많이 찾는 음식보다 더 낫다. 사냥한 고기와 가금류보다 과일과 채소를 선호할 것을 권하는 자연의 본능 때문이다.

이들 솜씨 좋은 경작자들은 가지치기와 나무 관리를 완벽하게 함으로써 자연의 지배자가 되었다. 토지를 살필 줄 아는데 그 토지가 무엇인들 돌려주지 않겠는가?

55 로마 신화에서 정원 가꾸기와 과일 재배를 담당하는 님프.

성벽은 가장 탐스러운 과실들로 뒤덮여 있고, 줄지어 선 나무들 사이로는 딸기, 콩, 온갖 종류의 채소들이 심어져 있는 모습을 보는 것은 정말 흥미로운 일이다. 수도 파리는 이 정원사들의 놀랄 만한 솜씨에 어느 정도 감사해야 한다. 그들이 탁월한 산물로 시장을 가득 채우고 있으며, 취향을 만족시켜 주고 건강을 유지시켜 주기 때문이다. 다른 지역에서는 경쟁과 재능의 결여, 불합리한 관례로 인해 원예업이 파괴 상태나 부끄러운 야만 상태에 놓여 있다. 어떤 고장에서는 챙 없는 모자를 쓴 파리인들을 불러들일 것이고, 적합한 과일을 옮겨 심을 줄도 재배할 줄도 모를 것이다. 작은 마을에서 원예업의 발전은 하찮은 것이 아니다. 그 작은 마을에서 오늘날의 머리 맵시와 희극 오페라를 받아들였다. 머리에 푸프 모자를 쓰거나 아리에타를 망치는 것보다 땅에 씨를 심는 것이 더 고통스러운 일일까?

674 역사편찬관

진짜 '역사편찬관'이 있다. 다시 말해, 통치 기간의 역사를 작성하는 임무를 갖고 있고, 그로써 은급을 받는 사람이 있다는 말이다. 그러한 자리가 있다고 누가 생각하겠는가? 역사편찬관은 루이 14세가 창설했는데, 루이 14세는 전쟁에 2명의 시인을 데리고 다니며 자신의 승리 이야기를 자세히 쓰게 했다. 재미있는 설화 작가 마르몽텔은 '역사편찬관'이다. 그는 서문만을 남겨놓았던 뒤클로의 뒤를 이었다. 설화를 썼고 지금은 오페라를 손질하고 있는 마르몽텔이 역사를 기술한다고?

또 한 명의 역사편찬관이 있다. 하지만 그는 책을 펴냈다. 어디서 펴냈는가? 바로 국왕 인쇄소에서였다. 모로가 바로 그 사람이다. 사람들은 그의 정치 원리를 알고 있고 그것을 평가할 수 있었다.

후손에게 루이 14세의 역사를 전하는 임무를 맡았던 부알로와 라신은 자신들은 서술 대상의 위업, 위대함, 존엄에까지 문체를 드높일 수 없을 것이라고 외쳤다. 평생 그 문제를 생각하면서 그들은 보수를 받아 챙겼다. 그리고 그들의 명예를 위해서도, 우리를 위해서도 다행스럽게 그들은 아무것도 쓰지 않았다.

역사를 기술한다는 것은 얼마나 무시무시한 일인가! 시대가 흘러가고, 얼마 안 가서 동시대의 모든 행위들이 역사가의 붓에 의해 또는 극작가의 붓에 의해 되살아난다. 현재 세대를 그린다면 누가 거짓말하고 속이고 아첨했는지 알게 될 것이다. 약간의 황금을 얻기 위해 자신의 영혼과 재능을 팔아넘기는 겁쟁이는 어떤 사람인가?

"나는 궁핍과 자유와 더불어 은신처에 틀어박혀 있었던, 연금도 지위도 없는 사람이다!"라고 말할 수 있는 사람은 행복하리라! 그 사람은 다른 사람보다 덜 속아왔다는 것을 자랑할 수 있지 않겠는가?

돈에 매수되어 아첨하는 무리들에 둘러싸여 있고, 권력의 매력적인 기운에 도취될 수도 있는 국가 관리자들이 이러한 위험한 상황을 이겨내려면, 자신의 전임자들에 대해 떠도는 말들을 읽어보기만 하면 될 것이다. 그들은 정치적 문제들의 영원한 종속관계를 갑자기 알아차리게 될 것이다. 그들은 철학에서 통솔하는 법과 사랑받는 법을 배울 것이다. 하지만 철학은 이 극비(極秘)를 자신이 총애하는 측근의 귀에다가만 속삭여준다.

675 알프스의 전망

나는 파리를 더 잘 묘사하기 위해 파리를 떠났다. 묘사 대상으로부터 멀리 떨어져 있어 나는 상상력을 발휘하여 그것을 전체적으로 파악하고 온전히 마음속에 그려본다. 나는 더욱 집중해서 그 대상을 관찰한다. 나는 평화롭고 안정된 곳에 체류하면서 수도 파리의 소음과 혼란, 그리고 악습들을 묘사하고 있다.

알프스의 장엄한 산세가 눈 아래 펼쳐져 있건만, 내 생각은 파리의 악취 나는 도랑과 풍습의 진창 속에서 허우적댄다. 너무 길기도 하고 또 동시에 너무 짧기도 한 이 책을 쓰는 동안, 나는 내가 색칠하고 있는 그림을 전혀 눈치 채지 못하는 주위 사람들을 살펴보고 있다.

천지간의 바위산에서 양육되는 알프스 주민은 행복하여라! 그는 맑은 공기를 마시고, 장엄한 태양을 바라보고, 절제력을 갖고 있고, 만족하고 있다. 호사(豪奢)의 결점과 어리석음을 알지 못하고 그는 스스로를 부자라고 생각한다.

미신적인 생각은 그에게 접근하지 못한다. 미신적인 생각은 언제나 모든 것을 유린하는 세금의 습격으로 고통을 겪는 가난하고 불행한 사람들 속에 자리 잡는다. 이곳에서는 세금이라는 말조차 모른다. 보잘것없는 보수에 붙는 경직되고 성가신 세관 수속들로 인해 자유로운 일이 불안에 빠지지 않는다. 전적으로 토지에서 나오는 이득을 누리는 이들 소규모 부족들은 어느 정도 풍요롭기 때문에 파리인을 괴롭히는 미래에 대한 불안에 사로잡히는 법이 없다. 걱정은 파리인의 기본 요소이다. 파리인은 자신의 생계가 다음날 자기 손을 벗어날 수 있는 것으로 여긴다.

이곳 산악 주민은 조금만 일하면 자기 주변의 소박한 풍요를 자기 것으로 만든다. 그는 너무나 간절한 욕망과 배신당한 희망으로 인해 생기는 정신의 혼란을 전혀 알지 못한다. 정신이 육체에 의존하는 것처럼 모든 것이 연관되어 있기 때문에, 이 고장의 평온함은 그의 평온한 얼굴에 반영된다. 전원에 있는 그의 작은 집에는 부끄러운 악습들이 접근하지 못한다. 그가 키우는 양떼의 젖은 그의 딸들의 순결을 보장하는 것처럼 보인다. 그의 정신력은 육체의 힘과 명백히 연결되어 있는 것 같다. 그에게 빛나는 재능은 없다. 하지만 그는 저열한 비행(卑行)에 굴복하지 않는다. 그는 찬란한 예술을 알아보지 못하지만, 해로운 선입견에 빠져 있지도 않다. 그는 강렬한 쾌락을 모른다. 하지만 그는 엉뚱한 의견을 무시하지 않는다.

오! 이러한 광경은 수도에서 받아들였던 생각들을 얼마나 변화시키는가! 자신의 정신을 이처럼 자유롭고 소박한 환경에 잠기게 한 것, 부산스런 정략의 방약무인한 눈에는 보이지 않지만, 행정관들을 비난하지 않고, 그들을 존중하며, 그들을 고향 친구로 간주하는 사람들을 본 것은 정말이지 좋은 일이고 또 유용하다!

오! 바로 이곳 황량한 바위산 꼭대기에서 대도시의 분주한 모습을 바라보고, 탐욕의 열정들이 부딪히는 모습을 보고, 귀족들이 하층민들에게서 가진 것을 빼앗으려 하는 모습, 하층민들이 은밀한 반감과 쌓이고 쌓인 저주로 복수하는 모습을 바라보아야 한다. 이곳에서라면 우리는 진실을 말할 수 있을 것이고, 긴장을 이겨낸 어조로 힘차고 격렬하며 위엄 있게 진실을 반복해서 말할 수 있을 것이다. 이 산봉우리들 앞에서 글을 쓰면, '국왕 검열관'이라도 타락한 관리들의 비판자가 되는 것을, 그리고 인간성 또는 공적 자유에 적대적인 자들의 얼굴에 낙인을 찍는 것을 방해하지 못한다.

예언가가 당신의 귀에 대고 다음과 같이 속삭이는 듯한 곳이 바로 이곳 아니겠는가?

> 목청껏 소리쳐라, 너 자신을 너그럽게 대하지 마라. 뿔피리 소리처럼 목소리를 높여라. 들으려 하지 않는 사람을 괴롭혀라. 네 정신력을 약화시키지 마라. 가장 위엄 있는 대신의 직책을 맡아라. 도시의 악습을 비판할 것이 아니라, 개혁으로 전 인류의 관심을 끌게 될 악습을 비판하라. 유럽을 굽어보고 있는 이 바위산에서 전 세계를 위해 글을 써라!

하지만 잠깐 동안 인간의 영혼을 뜨겁게 하는 이러한 열정의 순간은 너무나 크고 격렬하기 때문에 미약하고 한정된 존재의 가슴속에서 오랫동안 억제될 수 없다. 천국에 가장 가까이 있는 인간은 자신의 영혼을 태우는 신성한 불꽃을 감지했다. 장엄한 하늘 앞에서 그는 지상의 광기와 불행을 더욱 뼈아프게 인식했다. 하지만 많은 것을 느끼고 난 뒤, 그가 가장 크게 느낀 것은 바로 그 자신의 무력함, 편협함, 무능함이다. 그는 정치적 해악들이 물리적인 힘, 압도적인 힘과 어쩔 수 없이 연결되어 있음을 본다.

그 압도적인 힘은 그의 머리 위에 군림한다. 천둥소리를 내며 굴러떨어지는 이 눈사태는 관찰자와 개혁가, 그리고 고귀한 계획들을 쓸어버릴 것이다. 무력하고 편협한 그가 신체적인 질병보다 정신적인 질병에 타격을 가하게 될까? 마음속으로 몹시 뜨겁게 감동을 받은 그가 어떤 힘을, 어떤 수단을 발견할까? 그는 무엇인가? 그는 무엇을 원하는가? 그는 무엇을 할 수 있는가?

하나의 고리가 거대한 사슬에 연결되어 있고, 그 사슬에 대해 아무것도 할 수 없음을 알고서, 그는 자신의 망상에서 빠져나오며, 인간 정신의 신기하고 현명한 움직임처럼 다만 누그러진 느낌만을 간직한다. 그의 마음은 오직 연민의 탄식으로 고통받는 느낌이 든다.

그는 인간을 개혁하고 싶었다. 그런데 그가 아는 것이라고는 자연을 찬미하는 것밖에 없다. 그를 둘러싼 자연은 그에게 이렇게 외치는 것 같다.

> 나는 위대한데, 너는 편협하다. 이곳의 조망은 광대한데, 네 인식은 한정되어 있다. 이 바위산은 우주의 초창기를 지켜봤다. 이 바위가 말을 할 수 있다면, 그것은 너를 꼼짝 못하게 만들 것이다. 이 거대한 바위산 앞에서는 침묵하라.

그렇다. 이곳에서는 인간을 둘러싸고 있는 그 수많은 악습들이 평원 밑바닥을 기는 인간에게 달라붙어 있는 듯이 보인다. 땅을 파고 그 속에 집을 지은 두더지처럼, 인간은 천국 일대에서 멀어졌다. 인간은 산꼭대기에 기어올라 영혼을 기품 있는 미덕으로 끌어올리는 그 공기를 들이마실 줄을 전혀 몰랐다. 산꼭대기의 집을 향해 기어오른다면, 인간은 아마도 상스런 정념들을 털어버릴 것이다. 인간의 모든 생각들이 저열하고 세속적인 것은, 아마도 인간이 진흙과 진창으로 둘러싸인 집들 속에 파묻혀 있기 때문일 것이다. 인간이 높은 곳에 올라가면 그의 생각은 그와 함께 높아질 것이고, 인간은 자신이 밟고 다니는 대지처럼 그 모든 비굴하고 단조로운 생각들을 상실할 것이다. 바로 이곳에서 인간은 더 강하고 더 선량한 것이다. 막연하고 순수하고 엄격한 모습일 때, 자연은 위엄 있고 창조적인 손길의 흔적을 더욱 명확하게 지니고 있는 듯하다. 이곳에서는 빽빽한 전나무 숲이 장중한 그림자를 드리우고 있다. 저곳에서는 꼭대기에서 기슭까지 산을 가로질러 와서 끝 모를 심연 속으로 떨어지는 듯한 급류가 요란한 소리를 내며 흐른다. 사람들은 탄성을 지르며 두려움에 물러선다. 눈을 다시 들어 그 깊이를 가늠한다. 다리는 떨고 있고 정신은 황홀경에 빠져 있다.

빙하로 이루어진 거대한 계단식 지형, 장엄한 풍경, 주위를 둘러싼 높고 낮은 산봉우리를 비추고 있는 호수, 밑바닥이 지구의 토대인 듯이 보이는 피라미드 형태, 마치 유성이 우리 지구 위로 떨어진 것 같고, 떨어지면서 와해된 세계의 뼈와 사지가 불규칙하게 펴진 것 같은 혼돈의 이미지이며 혼돈의 잔해인 거대하고 장엄한 폐허들. 인간이 오두막을 지어놓고, 그 장엄한 공포 속에서 자유롭고 행복하게 살아가고 있는, 낭떠러지에 돌출한 바위 조각들. 이러한 것들이 영혼 전체를 붙잡아 매고, 영혼을 공포에 빠뜨리지 않고 가득 채우는 거대한 물체들이다.

박물학자와 시인은 그곳에서 풍부한 교훈과 새로운 심상을 얻는다. 지구는 발가벗은 채 자신의 내장과 윤곽이 잡힌 강물의 지하 작업을 보여주는데, 그 강물들은 사면(斜面)에서 흘러나와 왕국을 비옥하게 하고 왕국의 번영을 제공한다.

그곳에서 인간은 완전히 자유롭고, 절대 예속될 수 없을 것이다. 천둥은 이 행복한 공화주의자들의 발밑으로 불타는 화살을 쏜다. 유럽이 화염에 휩싸여 있을 때, 그들은 멀리서 전투의 연기를 바라본다. 피로 물든 국가 간의 알력은 이 산기슭에서 소멸된다. 이 산들은 현자와 명상가의 진정한 체류지인 것 같다.

참고문헌

1. 사전류

Dictionnaire de L'Académie, 1694.

Encyclopédie, 1751-1772.

Dictionnaire de Trévoux, 1771.

Bely, Lucien, *Dictionnaire de l'Ancien Régime*, PUF, 1996.

Bluche, François, *Dictionnaire du Grand Siècle*, Fayard, 1990.

Bollème, Geneviève, *Dictionnaire d'un polygraphe, textes de L. S. Mercier établis et présentés par G. Bollème*, collection 10/18, Union Générale d'Éditions, 1978.

Chéruel, Adolphe, *Dictionnaire historique des Institutions, moeurs et coutumes de la France*, Hachette, 1855.

Franklin, A., *Dictionnaire historique des arts, métiers et professions exercés dans Paris depuis le treizième siècle*, H. Welter, 1905-6.

Hillairet, Jaques, *Dictionnaire historique des rues de Paris*, 1957.

Lalanne, L., *Dictionnaire historique de la France contenant pour l'histoire civile, politique et littéraire... pour l'histoire militaire... pour l'histoire religieuse... pour la géographie historique*, Hachette, 1872.

2. 파리에 관한 연구

Bancquart, Marie-Claire, *Le Paris des surréalistes*, Seghers, 1972.

———, *Images littéraires du Paris, fin de siècle*, La Différence, 1979.

Benjamin, Walter, "Paris, capitale du XIX siècle" (1935), *Essais 1935-1940*, Denoël-Gonthier, 1983.

———, "Paysages urbains", *Sens unique*, Letters nouvelles-Maurice Nadeau, 1972.

Bourguinat, Elisabeth, *Les Rues de Paris, au XVIIIe siècle*, Paris-Musées, 1999.

Caillois, Roger, "Paris, mythe moderne", *Le Mythe et l'Homme*, Gallimard, 1938.

Caramaschi, Enzo, "Ville et individu", *Corps écrit*, n° 29: *La Ville*, PUF, 1989.

Citron, Pierre, *La Poésie de Paris dans la littérature française de Rousseau à Baudelaire*, Ed.

de Minuit, 1961.

Corbin, Alain, *Le Miasme et la Jonquille. L'Odorat et l'Imaginaire social. XVIIIe-XIXe siècles*, Aubier, 1982.

Davies, Simon, "Paris and the Provinces in 18th Century Prose Fiction", *Studies on Voltaire*, n° 214, 1982.

Ehrard, Jean, "L'Ami des hommes, Paris et la Capitale du Royaume", *Les Mirabeau et leur temps*, Société des études robespierristes, 1968.

Guichardet, Jeannine (éd.), *Errances et parcours parisiens de Ruteboeuf à Crevel*, Sorbonne Nouvelle, 1986.

Hillaire, Norbert, "L'Ange et le Flâneur", *Lumières de la ville*, n° 1, 1989.

Joly, Robert, *La Ville et la civilisation urbaine*, Messidor, 1985.

Jüttner, Siegfried, "Grossstadtmythen. Paris-Bilder des 18 Jahrhudert. Eine Skizze", *Deutshe Vierteljahsschrift für Literaturwissenschft und Geitesgeschichte*, 1981.

Kahn, Gustave, *L'Esthétique de la rue*, Charpentier, 1901.

Macchia, Giovanni, *Paris en ruines*, Flammarion, 1988.

Oster, Daniel et Jean Goulemot, *La Vie parisienne. Anthologie des mœurs du XIX siècle*, Sand/Conti, 1989.

Plumyène, Jean, *Trakets parisiens*, Julliard, 1984.

Rieger, Dietmar, *Diogenes als Lumpensammler. Materialien zu einer Gestalt der französischen Literatur des 19* Jahrhunderts, München, Fink, 1982.

Roncayolo, Marcel, *La Ville et ses territoires*, Gallimard, 1990.

Sansot, Pierre, *Poétique de la ville*, Klincksieck, 1971.

Simmel Georg, "Les grandes villes et la vie de l'esprit"(1903), *Philosophie de la modernité. La Femme, la ville, l'individualisme*, Payot, 1989.

La Ville au XVIIIe siècle. colloque d'Aix-en-Provence, Édisud, 1975.

La Ville. Histoire et mythe, éd. par M.-C. Bancquart, université de Nanterre, 1984.

Paris au XIXe siècle. Aspects d'un mythe littéraire, colloque de Francfort, Presses universitaire de Lyon, 1984.

Paris et le phénomène des capitales littéraires, carrefour ou dialogue des cultures, Paris-Sorbonne, 1986.

3. 파리의 역사와 건축사

Babeau, Albert, *Paris en 1789*, Firmin-Didot, 1889.

Benevolo, Leonardo, *Aux sources de l'urbanisme moderne*, Horizons de France, 1972.

Bertaud, Jean-Paul, *La Vie quotidienne des Français au temps de la Révolution 1789-1795*, Hachette, 1983.

Braham, Allan, *L'Architecture des Lumières de Soufflot* à *Ledoux*, Berger-Levrault, 1982.

Chagniot, Jean, *Paris au XVIIIe siècle*, Hachette, 1988.

Couperis, Pierre, *Paris au fil du temps. Atlas historique d'urbanisme et d'architecture*, Joël Cuénot, 1968.

Farge, Arlette, *Le Vol d'aliments* à *Paris*, Plon, 1974.

———, *Vivre dans la rue* à *Paris au XVIIIe siècle*, Gallimard, 1979.

———, *La Vie fragile. Viloence, pouvoirs et solidarités* à *Paris au XVIIIe siècle*, Hachette, 1986.

Fournel, Victor, *Le Vieux Paris. Fêtes, jeux et spectacles*, Tours, Mame, 1887.

Gallet, Michel, "Ledoux et Paris", *Cahiers de la Rotonde*, n° 3, 1979.

Gaxotte, Pierre, *Paris au XVIIIe siècle*, Arthaud, 1968: rééd. 1982.

Godechot, Jacques, *La Vie quotidienne en France sous le Directoire*, Hachette, 1977.

Histoire de la France urbaine, t 3: *La Ville classique*, éd. du Seuil, 1981.

Kaplan, Steven L., *Les Ventres de Paris, Pouvoir et Approvisionnement dans la France d'Ancien Régime*, Fayard, 1988.

Kapufmann, Emil, *L'Architecture au siècle des Lumières*, Julliard, 1963.

Lacombe, Paul, *Bibliographie parisienne. Tableaux de mœurs (1600-1880)*, Paris, 1887.

Lavedan, Pierre, *Histoire de Paris*, *3e* éd., PUF, 1977.

L'Uranisme à *l'époque moderne*, Arts et métiers graphiques, 1982.

Le Parisien chez lui au XIXe siècle. 1814-1914, Archives nationales, 1976.

Lepetit, Bernard, *Les Villes dans la France moderne (1740-1840)*, Albin Michel, 1988.

Le Roy Ladurie, Emmanuel, *La Ville classique*, *Histoire de la France urbaine*, t. III, sous la direction de Georges Duby, Seuil, 1981.

Le Sain et le Malsain, numéro spécial de la revue *Dix-huitième siècle*, n° 9, 1977.

Les Architectes de la liberté. 1789-1799, École nationale supérieure des beaux-arts, 1989.

Loyer, François, *Paris XIXe siècle. L'immeuble et la rue*, Hazan, 1987.

Moser, Monique et Daniel Rabreau, *Charels de Wailly, peintre architecte (1730-1798)*, Caisse nationale des monuments historiques, 1979.

Paris et la Révolution, colloque de Paris, éd. M. Vovelle, Publications de la Sorbonne, 1989.

Paris, genèse d'un paysage, sous la direction de Louis Bergeron, Picard, 1989.

Quétel, Claude, *La Bastille. Histoire vraie d'une prison légendaire*, Robert Laffont, 1989.

Rabreau, Daniel et Moser, Monique, "Paris en 1779: l'architecture en question", *Dix-huitième siècle*, n° 11, 1979.

Radicchio, Giuseppe et Michèle Sajous d'Oria, "Parigi: i teatrinegli anni della Rivoluzione", *Atoria della citta*, n° 47, 1989.

Roche, Daniel, *Le Peuple de Paris. Essai sur la culture populaire au XVIIIe siècle*, Aubier-Montagne, 1981.

———, *La France des Lumières*, Paris, 1993.

———, *La Ville promise: Mobilité et accueil à Paris fin XVIIe-début XIXe siècle*, Paris, 2000.

Soufflot et son temps. 1790-1980, Caisse nationale des monuments historiques, 1980.

Soufflot et l'architecture des Lumières, Paris, 1980.

Tulard, Jean, *Paris pendant la Révolution*, Hachette, 1989.

4. 루이세바스티앵 메르시에 연구

Aggéri, Robert, *Louis-Sébastien Mercier, la Brouette du vinaigrier*, Nouveaux classiques Larousse, 1972.

Béclard, Léon, *Mercier. Sa vie, son œuvre, son temps d'après des documents inédits. Avant la Révolution (1740-1789)*, Champion, 1903.

Bonnet, Jean-Claude, *Louis-Sébastien Mercier: un hérétique*, Paris, 1995.

Bruneteau, Claude et Bernard Cottret, *Louis-Sébastien Mercier, Parallèle de Paris et de Londres*, Didier érudition, 1982.

Cousin d'Avallon, Charles-Yves, *Merciériana, ou Recueil d'anecdotes sur Mercier; ses paradoxes, ses bizarreries, ses sarcasmes, ses plaisanteries*, P. H. Krabbe, 1834.

Darton, Darnton, *The Forbidden Best-Sellers of Pre-Revolutionary France*, New York, W. W. Norton, 1996.

Delisle de Sales, "Funérailles de L. S. Mercier le 27 avril 1814", suivi de "De Mercier considéré comme homme d'Etat" et d'une "Notice raisonnée des ouvrages de Mercier", Imprimerie de L. P. Sebier fils, 1814.

Frantz, Pierre, "Appropriation bourgeoise et populaire de l'Histoire nationale dans le drame historique de Sébastien Mercier", *Cahiers d'Histoire des littératures romanes*, Heft 3-4, Carl Winter. Universitätsverlag, Heidelberg, 1979.

Girard, Gilles, *Louis-Sébastien Mercier, dramaturge*, thèse pour le doctorat de troisième cycle, université d'Aix-Marseille, 1970.

———, "Inventaire des manuscrits de L. S. Mercier à la Bibliothèque de l'Arsenal", *Dix-huitième siècle*, n° 5, 1973.

Guyot, Charly, "Mercier à Neuchâtel", *De Rousseau* à *Mirabeau, pèlerins de Môtiers et prophètes de 89*, Victor Attinger, 1936.

Hofer, Hermann éd., *L. S. Mercier précurseur et sa fortune*, München, Fink, 1977.

Majewski, Henry F., *The Preromantic Imagination of L. S. Mercier*, New York, Humanities Press. 1971.

Monselet, Charles, "*Mercier*", *Les Oubliés et les Dédaignés Poulet-Malassis*, 1857, repris dans *Le Plaisir et l'Amour*, anthologie choisie et présentée par Sylvain Goudemare, Ed. du Griot, 1988.

Mormile, M., *La Néologie révolutionnaire de L. S. Mercier*, Rome, 1973.

Patterson, Helen, "*Poetic Genesis: Sébastien Mercier into Victor Hugo*", *Studies on Voltaire and the 18th century*, XI, 1960.

Pons, Alain, Edition de *L'An deux mille quatre cent quarante*, F. Adel, 1977.

Pusey, William, *Louis-Sébastien Mercier in Germany. His Vogue and influence in the eighteenth century*, Columbia University Press, 1939.

Rufi, Enrico, *Les Conceptions esthétiques de Louis-Sébastien Mercier, aperçu d'une poétique laïque*, thèse pour le doctorat, université de la Sorbonne nouvelle, 1992.

———, *Le Rève laïque de Louis-Sébastien Mercier entre littérature et politique*, Oxford, 1995.

Senancour, Étienne Pivert De, "Remarques sur deux notices relatives à L. S. Mercier, mort le 24 avril à l'âge de 73 ans dix mois et demi", *Mercure de France*, mai 1814; "Sur L. S. Mercier", *Le Mercure du XIXe siècle*, vol. 6, 1824, pp. 461-470.

Trousson, Raymond, *L'An deux mille quatre cent quarante, édition, introduction et notes*, Ducros, 1971.

Varrot d'Amiens, "Tribut de mon dernier hommage aux mânes de M. L. S. Mercier, Mathiot, 1814; "Mémoires sur la vie et les ouvrages de L.-S. Mercier", 1825, B. N., dép des ms. nouv. acq. fr. 10260.

Vecchi, Paola, "La balance et la mort; progrès et compensation chez Louis-Sébastien Mercier", Actes du Septième Congrès international des Lumières, *Studies on Voltaire*, n° 264, Oxford, 1989.

Wilkie, Everett C., jr., "Mercier's *L'An 2440*: Its Publishing History during the Author's Lifetime", *Harvard Library Bulletin* vol. 1 XXXII, 1984.

5. 『파리의 풍경』에 관한 연구

Bouard, Alain de, *Table analytique de Tableau de Paris*, Imprimerie nationale, 1908.

Hayer, Horst Dieter, "Paris dans *Les Caractères* de La Bruyère et dans le *Tableau de Paris* de Mercier", *Paris au XIXe siècle. Aspects d'un mythe littéraire*, colloque de Francfort, Presses universitaires de Lyon, 1984.

Julien, Jean-Rémy, "Paris: cris, sons, bruits. L'environnement sonore des années pré-révolutionnaires d'après le *Tableau de Paris* de S. Mercier", *Orphée phrygien. Les Musiques de la Révolution*, Ed. du May, 1989.

Küpper, Joachim, "Merciers Dramentheorie und die faktographische Gattung des Tableau de Paris", *Ästhetik des Wirklichkeitsdarstellung und Evolution des Romans von der französischen Spätaufklärung bis zu Robbe-Grillet*, Stuttagart-Wiesbaden, 1987.

Lough, John, "Women in Mercier's *Tableau de Paris*", *Woman and Society in Eighteenth-Century France. Essays in honor of John Stephenson Spink*, London, The Athlone Press, 1979.

Patterson, Helen "L. S. Mercier's *Tableau de Paris* (1781-1788)", *The Modern Language Review*, Cambridge, Oct. 1948.
Vissière, Jean-Louis, "La culture populaire à la veille de la Révolution d'aprés le *Tableau de Paris* de Mercier", *Image du peuple au XVIIIe siècle*, Colin, 1973.

단턴, 로버트, 『책과 혁명』, 주명철 옮김, 길, 2003.
뒤비, 조르주·로베르 망드루, 『프랑스 문명사』, 김현일 옮김, 까치, 1995.
샤르티에, 로제, 『프랑스 혁명의 문화적 기원』, 백인호 옮김, 일조각, 1999.
주명철, 『서양금서의 문화사』, 길, 1996.
주명철, 「루이 세바스티앵 메르시에의 앙시앵 레짐 문화비평」, 『서양사』, 책세상, 2007.
최갑수 외, 『프랑스 구체제의 권력구조와 사회』, 한성대학교출판부, 2009.

6. 『파리의 풍경』 선집

• 프랑스어본

Desnoireterres, Gustave, *Mercier: Tableau de Paris* (choix de textes) avec en préface "une étude sur la vie et les ouvrages de Mercier", Pagnerre, 1853.
Tableau de Paris. Collection des meilleurs écrivains. Librairie de la Bibliothèque nationale, 1884.
Tableau de Paris. Nouvelle édition avec notice. Dentu, 1889.
Tableau de Paris, édition abrégée, préface et notes par Lucien Roy, Louis-Michaud, 1908.
Tableau de Paris. Avant-propos de Louis Chaumeil, Horizons de France, 1947.
Tableau de Paris, anthologie choisie et présentée par Jeffry Kaplow, collection "La découverte", Maspero, 1979.
Paris le jour, *Paris la nuit*, par Michel Delon et Daniel Baruch (anthologie de textes de Mercier et de Rétif de la Bretonne, à partir du *Tableau de Paris*, du *Nouveau Paris* et des *Nuits de Paris*), collection Bouquins, Laffont, 1990.
Tableau de Paris. Édition établie sous la direction de Jean-Claude Bonnet, Mercure de France, 1994.

7. 『파리의 풍경』 번역본

• 독일어 번역본

Schilderung von Paris, aus dem französischen. Auszugsweise übersetzt [von Samuel Gottlieb Bürde], Breslau, Löwe, 1783-1784, in-8°.
Paris, ein Gemählde von Mercier, verdeutscht von Bernhard Georg. Walch. Leipzig, Schwickert, 1783-1784. In-8°.
Kleines Tableau von Paris, übersetzt und mit anmerkungen begleitet, von Bernhard Georg

Walch, Halle, 1784.

Historisch-kritische enzyclopädie über verschiedene Gegenstände, Begebenheiten und charaktere berühmter Menschen, herausgegeben von H. G. Hoff. Pressburg, Mahler, 1787.

Merciers neuestes Gemälde von Paris, für Reisende und Nichtreisende. Leipzig, Jacobäer, 1789.

Pariser Nahaufnahmen, Frankfurt am Main, Limitierte und numerierte, 2000.

• 네덜란드어 번역본

Nogle stykker af Tableau de Paris fremstillede med anmaerkninger til dem, hvis Indflydelse paa en Stats Regering er betydelig, af Professor Olivarius, Kiel, 1786.

Ansichten der Hauptstadt des französischen Kayserreichs, vom jahre 1806 an, von Pinkerton, Mercier und C. F. Cramer, Amsterdam, im Kunst und Industrie-Comptoir, 1807-1808, in-16.

Niemand ontbijt meer met een glas wijn: ableau van Parijs, 1781-1788, Amsterdam, De Arbeiderspers, 1999.

• 영어 번역본

Paris in Miniature: taken from the French picture at full length, entituled *Tableau de Paris*, together with a preface and a postface. By the english Limner [J. P. Macmahon]. London, G. Kearsley, 1782, in-8°

Paris delineated, from the French of Mercier, including a description of the principal edifices and curiosities of that metropolis, London, H. D. symonds, 1802.

Paris: including a description of the principal edifices and curiosities of that metropolis... [translated and adapted from the French] London, 1817. In-8°.

The Picture of Paris, before and after the Revolution, by Louis-Sébastien Mercier (The Broadway Library of Eighteenth Century French literature). Translated with and introduction by Wilfrid and Emilie Jackson. London, G. Routledge and Sons, 1929.

The Waiting City: Paris, 1782-1788. Being an abridgment of Louis-Sébastien Mercier's *Tableau de Paris*. Translated and edited with a preface and notes by Helen Simpson. London, Harrap, 1933.

Panorama of Paris, Selected from Le Tableau de Paris, J. D. Popkin(ed.), Pennsylvania State University Press, 1999.

• 일본어 번역본

十八世紀パリ生活誌: タブロー・ド・パリ, Jūhasseiki pari seikatsushi, taburō do pari, 原宏, 1929.

Louis-Sébastien Mercier; Hiroshi Hara, 東京: 岩波書店, 1989.

찾아보기

[사항]

[인명]

집필진 소개

지은이

루이세바스티앵 메르시에(Louis-Sébastien Mercier, 1740~1814)
파리의 전형적인 노동자 계층 출신이지만, 정규교육을 받고 교사·신문기자 생활을 하며 문학작품을 발표했다. 1771년 익명으로 발표한 『2440년, 한 번 꾸어봄직한 꿈』으로 큰 성공을 거둔 뒤, 파리의 살롱, 문학클럽, 카페에 드나들며 당대 최고의 철학자들과 교류했다. 1781년부터 출판하기 시작한 『파리의 풍경』이 18세기 최대의 베스트셀러가 되어 인기작가가 되었다. 1789년 혁명이 일어나자 일간지 『프랑스의 애국 문학 연보』를 창간하고 1791년 국민공회 의원에 선출되었으나, 루이 16세 처형 반대를 계기로 감옥에 갇혔다. 테르미도르 반동 이후 감옥에서 나온 뒤, 1797년 에콜 상트랄의 역사 교수가 되었으며, 1798년 『파리의 풍경』의 후편 격으로 혁명 당시의 파리를 묘사한 『새로운 파리』 6권을 출판했다.

옮긴이

송기형(건국대학교 영화예술학과)
『프랑스 문화와 예술』(공저, 한국방송통신대학교출판부, 2011)
『프랑스의 열정, 공화국과 공화주의』(공저, 아카넷, 2011)

양희영(서울여자대학교 사학과)
자크 고드쇼, 『반혁명』(역서, 아카넷, 2012)
『프랑스의 열정, 공화국과 공화주의』(공저, 아카넷, 2011)

이규현(서울대학교 불어불문학과)
미셸 푸코, 『말과 사물』(역서, 민음사, 2012)
『한국근현대문학의 프랑스문학수용』(공저, 서울대학교출판문화원, 2009)

이영림(수원대학교 사학과)
미셸 페로, 『방들의 역사』(공역, 글항아리, 2013)
『루이 14세는 없다』(푸른 역사, 2009)

장진영(서울대학교 불어불문학과)
장 도르메송, 『세계창조』(역서, 솔, 2008)
레미 코페르, 『앙드레 말로, 소설로 쓴 평전』(역서, 이룸, 2001)

주명철(한국교원대학교 역사교육과)
『오늘 만나는 프랑스 혁명』(소나무, 2013)
『서양 금서의 문화사』(길, 2006)

최갑수(서울대학교 서양사학과)
『근대 유럽의 형성 16-18세기』(공저, 까치, 2011)
『프랑스 구체제의 권력구조와 사회』(공저, 한성대학교출판부, 2009)